"十二五"江苏省高等学校重点教材

本书编号：2014-1-147

Education

Principles and Strategies

教育原理与策略

薛晓阳　蔡　澄　申卫革　主编

第2版

江苏大学出版社
JIANGSU UNIVERSITY PRESS
镇　江

图书在版编目(CIP)数据

教育原理与策略/薛晓阳,蔡澄,申卫革主编.—2版.—镇江:江苏大学出版社,2016.8(2022.8重印)
ISBN 978-7-5684-0299-6

Ⅰ.①教… Ⅱ.①薛… ②蔡… ③申… Ⅲ.①教育理论—师范大学—教材 Ⅳ.①G40

中国版本图书馆CIP数据核字(2016)第201429号

教育原理与策略(第2版)
Jiaoyu Yuanli yu Celüe(Di-er Ban)

主　　编/薛晓阳　蔡　澄　申卫革
责任编辑/米小鸽
出版发行/江苏大学出版社
地　　址/江苏省镇江市京口区学府路301号(邮编:212013)
电　　话/0511-84446464(传真)
网　　址/http://press.ujs.edu.cn
排　　版/镇江文苑制版印刷有限责任公司
印　　刷/镇江文苑制版印刷有限责任公司
开　　本/787 mm×1 092 mm　1/16
印　　张/24
字　　数/572千字
版　　次/2010年8月第1版　2016年8月第2版
印　　次/2022年8月第2版第7次印刷　累计第12次印刷
书　　号/ISBN 978-7-5684-0299-6
定　　价/55.00元

前言

随着高校研究性教学的逐步推广，教学方式的改革势在必行，这一改革也推动着公共教育学课程指导思想的变化。学者们从不同角度对公共教育学的课程价值进行了反思，而受到批评最多的是以知识理论为主体的课程教学内容体系。许多学者认为，教育学的教学应当成为一种真正意义上的教育活动，而不是简单的教育学知识的传授。学者们批评公共教育学课程目标定位太过宽泛，反对“万能化”的教育学课程理念，在他们看来，那种试图让教育学承担所有师范教育任务的做法是不明智的。还有一些学者把批判的目标指向过于强调实用性的目标定位，认为公共教育学主要解决的是教育的价值观及专业情感问题，而不是像备课、上课这类具体的专业技能问题。

就研究的总体情况看，存在着一定的局限性，主要表现为：(1)研究者的视野大多局限于专门化的师范院校，而对综合性大学教育学课程改革关注不多。(2) 对教材内容体系的改革未能突破原有通论式体系，对专题化、模块化及操作性研究不够。(3) 教学改革已经关注学生自学能力培养，甚至提出案例教学等改革措施，但对案例教学的研究局限于理论的具体化，而缺乏与探究性学习、教育体验的结合，对公共教育学实践教学的研究尚未受到普遍关注。(4) 鉴于以往对网络教学资源建设的不足，许多学者对公共教育学课程实施网络化教学还缺乏深入的研究。总体而言，诸多研究仍然没能真正提供公共教育学课程教学改革的出路，虽然在内容上融入了新课程思想，推进了知识与理念的更新，但没能改变以知识为主体的课程内容和教学模式。这些研究为我们的改革与探讨提供了借鉴，同时也让我们认识到，公共教育学课程的改革是一个既迫切又艰巨的课题，改革之路还存在广泛的空间和可能。

在国家教师教育改革的推动之下，从2008年秋季学期开始，我们以公共教育学教材改革为突破口，开始了我们学校课程教学的改革与尝试。我们试图从公共教育学面临的主要实践问题着手，进而寻找公共教育学课程的整体改革。我们以公共教育学教学面临的普遍问题为出发点，这些普遍问题即既缺乏理论的学术性，又缺乏实践的丰富性，教学以有限的理论知识为主体，课堂教学氛围死板，学生参与度低等。公共教育学课程长期处于教与学的矛盾之中，教师和学生同时陷于教学的困惑和尴尬境地。学生不愿听，教师不愿讲，成为教育学课程的一种常态。面对这样的教学困境，我们改革的基本思路和出发点是：打破传统公共教育学教学模式，尝试一种新的教育学课程教学方式——以情感教育为目的，以感受体验为过程，以案例教学为线索，建立以专业精神和职业体验为主要任务的公共教育学的课程价值观。这个课程价值观不是以单纯的知识学习为主要任务，而是强调学生职前对教师职业的感受和体验，从建立专业精神和课堂教学着手进行改革，力图建立以培育教师专业精神为主要目标、以案例场景的感知体验为基本形式的公共教育学课程教学的新体系，突出基础性、实践性、情景性的统一，从课程价值观上实现公共教育学课程目标及教学模式的结构性改革。在这一思想指导之下，2009 年我们申报并获批江苏省高等教育教改立项研究课题“以情感目标为主体的公共教育学教学模式实验研究”，扬州大学将公共教育学课程立为精品课程重点建设项目。

具体来说，我们的改革设想包括以下三个方面的目标：（1）以培育教师专业精神为课程教学的价值目标。新的课程改革实验突显以情感目标为主体的公共教育学的课程价值，把知识和技能融于对教育案例与场景的感知与体验之中，构建知识与情感并重的课程教学新体系。（2）以感知体验、探究与对话为课程教学的基本形式。新的课程改革实验把感知体验作为课程教学的主要内容和形式，力求使课堂教学场景化和问题化，把对概念知识的学习变成对教育场景的感知和领悟，使单纯的知识学习过程变成专业精神与职业情感的陶冶过程。（3）以案例教学为课程教学的主要内容。新的课程改革实验继续重视教育基本理论的学习，但同时强调把教育理论的学习融于典型案例及其他教育场景与问题讨论之中。在课堂教学中，突出案例和场景的主体地位，使理论知识专题化、问题化、场景化。

在这一改革思路之下，借助于新的教材平台，教育学课程教学发生了积极的改变，原本难以开展的教育改革一下子打开了思路，包括课堂讨论的话题和氛围的改变，教育学课程的学术性、问题性与情境性、资料性、案例性能够很好地结合起来，打破了教育学课程既缺少理论又缺少实践的尴尬局面，使课堂教学给人一种焕然一新的体验。教育学课程教学进入一种新的境界：它可能不是最具学术性的课程，但却是对师范生最具影响力的课程之一。在教育学课堂的实践性和情境性得到改善之后，教育学的理论性、问题性和前沿性等要求也随之更容易实现了。在这一改革的过程中，师范生对待课程教学的态度的改变，他们的积极参与和主体精神，是公共教育学课程改革能够取得一定成效的前提和关键。

2011 年 10 月，教育部正式颁布了《教师教育课程标准（试行）》，《教师教育课程标准（试行）》是我国教育史上第一部关于教师教育课程的国家标准，其设计理念是育人为本、实践取向、终身学习，体现了国家对教师教育课程的基本要求，是制定教师教育课程方案、教材编写、课程资源建设及开展教学和评估活动的依据。2012 年教育部为了落实教育规划纲要,构建教师专业标准体系,建设高素质专业化教师队伍,研究制定了《幼儿园教师专业标准(试行)》《小学教师专业标准(试行)》和《中学教师专业标准(试行)》。这些专业标准提出的基本理念是学生为本、师德为先、能力为重、终身学习。三大专业标准从专业理念与师德、专业知识、专业能力三个维度对教师提出了具体要求,这是国家对幼儿园、小学和中学合格教师专业素质的基本要求,是教师实施教育教学行为的基本规范,是引领教师专业发展的基本准则,也是教师培养、准入、培训、考核等工作的重要依据。以此为依据,我们重新审视编写的教育学教材《教育原理与策略》,以更大的力度推进改变以知识为本位的课程内容体系,将通论式教育学教材进一步专题化、模块化,确立以注重理论探讨、情感体验与实际应用相结合的教材体系和结构。回顾我们数年来的改革道路,与这一指导思想是一致的。因此,此次修订教材,一个重点即是将国家教师标准和课程标准的相关内容及指导思想纳入教材的编写之中。

自2010年《国家中长期教育改革和发展规划纲要(2010—2020年)》颁布实施以来,一方面,不断深化的教育改革向教育基本理论工作者提出了许多新问题,催生了一些新的观点讨论和学理主张;另一方面,近年来随着世界范围内教育改革的蓬勃发展,国内外教育实践中出现了许多新的教育改革的尝试,这也为教育学教材提供了丰富的实践案例。虽然我们编写的教材已经在内容上融入了新课程思想,推进了知识与理念的更新,但教育学科研究和教育实践改革取得的新进展让我们认识到,有必要及时补充更新相应内容,使师范生通过公共教育学课程了解教育理论的新成果、新进展,正确理解当前教育现象,确立当代教育新理念,及时了解教育实践改革的动向,使教育学课程的教学与学生的学习更"接地气"。

本教材的第1版自2010年8月出版以来,已经在许多学校作为全日制本专科师范生、成教生、教师培训教材和考研参考书等使用,使用单位来自江苏省内和省外如北京、上海、天津、广东、山东、河南、厦门等十多个省市和地区,使用本教材的许多学校的师生认为本教材为他们的教育学教学改革、师范生职业情感培养、教育理论丰富和技能训练奠定了良好的基础。本教材在使用中,受到教师和师范生的广泛好评。与此同时,经过近10轮的使用,很多教师,特别是扬州大学的教师在使用中不断地反思,提出了许多让教材走向精品化的合理建议,这些好的意见和建议都将体现于教材的本次修订之中。

我们借助于公共教育学课程、教材、教学改革,推进了师范教育理论研究的开展与广大教材使用学校师范教育实践的探索和改革。经过几年的努力,取得了不少积极的成果。2011年扬州大学教师教育改革获得江苏省教育厅高等教育教学改革成果二等奖,同时改革的成果总结被省教育厅2014年出版的《深化教学改革,提高育人质量——江苏省高校教育教学改革课题研究成果》收编。在实践上,我们推动扬州大学出台了《扬州大学关于进一步加强教师教育工作的若干意见》和《扬州大学关于教师教育的实施方案》,制定了《扬州大学卓越教师计划》和《教师能力指标化和能力指标课程化实施意见》、相关专业技能标准和考核标准。我们还建立了公共教育学学校精品课程网站,使师范生的教育技能训练普遍得到加强,师范生在考研、就业、考编中显示出很强的实力。

本教材主要有以下特点与教学建议:

第一,教材内容分为理论模块和实践模块,力求建构把理论融于感知与体验之中的教材内容体系。其中，理论模块分为九篇，包括教育与教育学、教师职业与专业发展、学生成长与德育、课程原理与开发、教学原理、教学实践、班级管理与课外活动、教育环境建设、教育科研方法，每篇内容以专题形式出现。实践模块主要精选与理论专题相对应的典型案例、视像资料、经典名著阅读、实践场景等内容，为教师教学研讨、学生课外阅读和自主探究提供丰富的材料。

第二，采用案例教学与研究性学习、理论学习与情感体验相结合的教学模式。教学过程围绕专题和案例展开，引导学生分析案例并感知生动的教育场景。同时，在这一过程中让学生学习与领悟教育的理论和原理，培养学生分析和解决教育问题的能力，从而切实发挥教育学对职业精神的陶冶作用，进而达到激发学生的教育情感、培育学生的专业精神的改革目标。与此同时，提高公共教育学课堂教学的生动性、参与性和有效性。

第三，注重实践教学体系的改革，采用主题参与性实践、视像观摩性实践、田野体验性实践、技能操作性实践等模式。让这几大模块都始终贯穿案例及场景教学的形式，并通过案例及场景教学来实现。通过实践教学体系的改革，实现以感知体验为基础的设计理念和实验构想，建立公共教育学研究性教学体系与开放性课程学习方式。同时，通过新的改革实验，为公共教育学课程在实践教学方面建构新的教学途径。

第四，重视评价体系与方法的改革。课程教学的目标强调情感教育，因此要进一步加大力度推进公共教育学在考试与评价方式上的改革实验。按照学生在教学过程中感知与体验的投入程度，以及参与讨论交流的情况制定对学生的评价标准。评价将更加注重平时的教学过程，包括课堂讨论、自主学习、独立作业及网络参与的程度和情况。这是改革实验至关重要的一个环节。

第五，借助校园网为学生搭建一个学习与研究教育科学的平台。从事公共教育学课程教学的每位教师都要能运用网络资源教学。教育学课程基本资料上网，充实课堂教学的视像资料、典型教育案例及教学活动方案等内容，每位教师要利用网络进行教学互动，引导学生探究学习。

本教材编写者为：申卫革（第一篇），葛春、管海宏（第二篇），翟楠、薛欣晨（第三篇），潘洪建（第四篇），蔡澄（第五篇），郑珍珍（第六篇），周鸿羽（第七篇），张继龙（第八篇），赵明玉（第九篇），由薛晓阳、蔡澄、申卫革三位主编设计、统稿和定稿，上述其他同志参与了全书体系和具体内容修改的多次讨论。本教材的编写参考和引用了一些国内外学者的研究成果，在此向这些作者表示诚挚的谢意。本教材的出版得到了陈秋苹、张清、吴锋、查永军、张陟遥、刘久成、钱小莉、张奇勇、刘华、曹玉兰、王峰娟、顾小兵、冯进、崔乃文等同志的支持和帮助，也得到了扬州大学科研出版基金的资助，在此一并致谢。

由于编写时间的限制与探索之路的艰难，我们改革的设想远未能充分实现，不成熟之处在所难免，恳请专家、同行批评指正。

薛晓阳
2016年6月

目录

第一篇　教育与教育学

专题一　教育与教育学的发展/ 003

专题二　教育目的/ 015

专题三　教育功能/ 026

专题四　教育制度/ 036

第二篇　教师职业与专业发展

专题一　教师的职业认识/ 053

专题二　教师专业发展/ 069

第三篇　学生成长与德育

专题一　学生观与身心发展/ 089

专题二　学生生活与品德发展/ 110

专题三　学校德育过程/ 125

第四篇　课程原理与开发

专题一　课程的概念与类型/ 147

专题二　课程开发/ 155

专题三　校本课程开发/ 165

专题四　综合实践活动设计/ 173

第五篇　教学原理

专题一　教学概述/ 189

专题二　教学过程/ 198
专题三　教学规律与原则/ 207

第六篇　教学实践

专题一　教学方法与形式/ 227
专题二　教学设计/ 239
专题三　教学模式/ 252
专题四　课堂管理/ 259
专题五　学生学业成就评价/ 268

第七篇　班级管理与课外活动

专题一　班级管理/ 279
专题二　课外活动/ 305

第八篇　教育环境建设

专题一　学校、家庭和社区/ 321
专题二　信息社会的生活与教育/ 333

第九篇　教育科研方法

专题一　教育科研的意义/ 349
专题二　教育科研的计划与方法/ 353

第一篇 教育与教育学

内容提要

教育作为一种社会活动，包含着不同的形态，这些不同形态的教育所包含的对象、目的、内容、方式、方法千差万别，但由于都以影响人的身心发展为直接目标，因此具有共同的基本要素。教育的各个要素共同构成一个完整的实践活动系统。

教育的起源问题存在着生物起源说、心理起源说、劳动起源论等流派的争论，近年又有学者提出了交往起源论。教育作为一种社会活动，随着人类社会的发展而变化，在不同的生产力水平和生产关系下，教育表现出不同的形态。一般把教育的形态分为原始社会的教育形态、古代社会的教育形态和现代社会的教育形态三种，当代教育是伴随着现代社会的形成而出现的一种崭新的教育形式，生命教育、人文精神教育、教育民主化、终身教育等成为当代教育的发展趋势。

自从有了教育活动，就有了人们对教育活动的认识。但是近代之前，人们对教育的认识活动主要停留在经验和习俗的水平，并没有形成系统的理性认识，没有成为教育之“学”，这就是教育学的萌芽阶段。后来教育学的发展经历了独立阶段、多元发展阶段。

教育目的是教育活动的出发点和归属，历史上存在个人本位论、社会本位论等不同的教育目的观，我国现阶段的教育目的是以马克思主义关于人的全面发展的学说为理论基础，强调以培养学生的创新精神和实践能力为重点，培养德智体美等全面发展的社会主义事业建设者和接班人。为了实现教育目的，必须全面推行素质教育。

教育具有促进个体社会化和个性化的功能，但目前学校忽视个性教育，最终导致学生自主性和创造性的缺失，需要创造适合学生个性发展的教育。教育同时具有促进社会政治、经济和文化发展的功能。由于经济发展水平的差异和制度上的原因，我国在教育公平方面还存在着许多问题。近年来公平成为教育改革的关键点，我国提出把促进公平作为国家基本教育政策。

教育制度是一个国家各级各类实施教育的机构体系及其组织运行的规则。学校教育制度即"学制"，是"一个国家教育的主体"，是教育制度的核心。学校教育制度的产生和发展是一定历史阶段的产物，学制是伴随着学校的产生而产生的，不同国家有不同的学校教育制度。

专题一　教育与教育学的发展

学习要求：理解教育的基本内涵，了解教育和教育学发展的历史过程，掌握不同的教育形态特点，理解当代教育发展的趋势，初步掌握从教育学的视角分析现实教育问题的方法，初步形成教师教育专业必备的积极专业情感和态度。

一、众说纷纭话教育

（一）“教育”一词的由来

在我国，“教育”一词最早见于《孟子》中的“得天下英才而教育之，三乐也”一句。东汉许慎《说文解字》对“教”和“育”分别做了最早的解释：“教，上所施，下所效也；育，养子使作善也。”“教育”一词在现代英语中是“education”，起源于拉丁文“educare”，原始意义是“引出，自潜在物中引发”①，指采用一定的手段，把某种本来就潜藏于人身上的东西引导出来，使之从一种潜质变为现实。英语“education”这一词源学上的意义，反映出东西方文化的一种深度内在区别：中国的“教”“育”，强调的是儿童要学习“外在”的规定的立身之内容，强调成人对儿童的养育；而西方强调的则是将儿童潜质的引导作为教育的内涵。在古希腊语中，“教育”一词与“教仆”一词有关，教仆是对专门照看儿童的奴隶的称呼。从中西有关教育的词源的不同分析中，可以看出教育是对人类社会中抚育新生一代的特殊活动的概括。

20 世纪之前，在我国，人们很少把“教”和“育”两个词合用，人们论述教育问题时大多用“教”与“学”代替，直到 20 世纪初，从日语转译过来的“教育”一词才逐渐取代了传统文化背景下的“教”与“学”。日语教育的发音与汉语同词相近，但是日语教育同英语“education”对译，故具有不同于古代汉语中教育一词的含义。

（二）教育是什么

对教育是什么这一问题，人们从不同的立场出发，有着不同的答案。

柏拉图认为，教育是为了以后的生活所进行的训练，它能使人变善，从而高尚地行动，教育不是像有些人所说的，他们可以把知识装进空无所有的心灵里，仿佛他们可以把视觉装进盲者的眼睛里，教育乃是心灵的转向。

① 《牛津现代高级英汉双解词典》，牛津大学出版社，1984 年，第 378 页。

捷克的夸美纽斯认为，人只有受过恰当的教育之后，才能真正成为一个人。

英国的斯宾塞认为，教育是为完满生活做准备。

美国的杜威认为，教育不是生活的准备，它本身就是生活，教育即生活，教育即生长，教育即经验的改造。

另外，对教育的解释常见的还有：

“在广义上，教育指的是对一个人的身心和性格产生塑造性的影响的任何行动或经验……在专门技术性的意义上，教育就是通过各级学校、成人教育机构和其他有组织的媒介，有意地把上一代的文化遗产和所积累起来的知识、价值和技能传给下一代的过程。”①

“所谓教育，乃是把本是作为自然人而降生的儿童，培育成为社会一员的工作。”②

“教育是在一定社会背景下发生的促使个体的社会化和社会的个性化的实践活动。”③

目前的教育学教材中，广泛流行的定义，一般分为广义和狭义两种：广义的教育定义为，“教育是有意识的以影响人的身心发展为直接目标的社会活动”。④ 狭义的教育一般指学校教育，是指由专职人员和专门机构承担，有制度保证、有目的、有系统、有组织的，以影响入学者的身心发展为直接目标的社会活动。⑤

教育作为一种社会活动，包含着不同的形态，这些不同形态的教育所包含的对象、目的、内容、方式、方法千差万别，但由于都以影响人的身心发展为直接目标，因此具有共同的基本要素。我们把教育的要素分为人的要素和影响人活动的因素即教育影响。人的要素包括教育者和受教育者；教育影响包括教育手段、教育内容、教育环境等因素。教育的各个要素共同构成一个完整的实践活动系统。没有教育者，教育活动就不能展开，学习者也不可能得到有效的指导；没有学习者，教育活动就失去了对象，无的放矢；没有教育影响，教育活动就成了无米之炊、无源之水。不同要素的变化及其组合，最终形成了多样的教育形态。

二、教育发展的历程

（一）教育究竟是如何起源的

教育作为从古到今人类特有的一种社会活动，是如何发生的呢？在教育学史上，关于教育起源的问题一直争论不休。

1. 历史上关于教育起源问题的争论

神话起源说是人类关于教育起源的最古老的观点。这种观点认为，教育与其他万事万物一样，都是由人格化的神所创造的，教育的目的就是体现神或天的意志，使人皈依于神或顺从于天。今天看来这种观点是错误的，是非科学的。之所以有这样的观点，主要是

---

① 陈友松，等：《当代西方教育哲学》，教育科学出版社，1982年，第26页。

② 日本筑波大学教育学研究会：《现代教育学基础》，钟启泉译，上海教育出版社，1986年，第3页。

③ 全国十二所重点师范大学联合编写：《教育学基础》，教育科学出版社，2002年，第4页。

④ 叶澜：《教育概论》，人民教育出版社，2006年，第10页。

⑤ 同④。

因为当时的人受在人类起源问题上认识水平的局限，不能正确提出和认识教育的起源问题。

教育的生物起源说是教育学史上第一个正式提出的有关教育起源的学说，该学说也是较早地把教育起源问题作为一个学术问题提出来的学说，由法国社会学家勒图尔诺与英国教育家沛西·能提出。他们认为教育活动不仅存在于人类社会中，而且存在于动物界，人类社会的教育是对动物界教育的继承、改善和发展，教育的产生完全来自动物的本能，是种族发展的本能需要。教育的生物起源说以达尔文生物进化论为指导，它的提出也有一定的经验基础，与神话起源说相比，不能不说是一大进步，标志着在教育起源问题上开始从神话解释转向科学解释。然而它的根本错误在于没有把握人类教育的目的性和社会性，从而没能区分出人类教育行为与动物类养育行为之间质的差别，仅从外在行为的角度而没有从内在目的的角度来论述教育的起源问题，从而把教育的起源问题生物学化。

心理起源说在学术界被认为是对教育的生物起源说的批判，其代表人物是美国教育家孟禄。他认为，原始教育形式和方法主要是日常生活中的儿童对成人无意识的模仿。表面上看，这种观点不同于生物起源说，但仔细考虑，却也离生物起源说不远。因为如果说教育起源于原始社会中儿童对成人行为的“无意识模仿”，那么这种无意识模仿就肯定不是获得性的，而是遗传性的，是先天的而不是后天的，即是本能的而不是文化的和社会的。只不过这种本能是人类的类本能，而不是动物的类本能，这是心理起源说比生物起源说进步的地方。

2. 今天对教育起源问题的探索

劳动起源论一直是近些年来关于教育起源问题的主流观点。这个观点以恩格斯“劳动创造了人本身”的论断为基础，认为人与动物的根本区别在于劳动，人在劳动中使大脑和语言等发展起来，因此教育起源于人类传递生产和生活经验的劳动中，并为生产劳动服务。

不过也有学者对教育的劳动起源论提出质疑：首先，劳动是教育起源的外因，它不可能是决定性条件。其次，劳动创造了人本身这一命题在生命科学上，是进化论的历史陈迹，缺乏科学事实依据，逻辑上显得混乱。最后，教育和劳动是两个不同的范畴，其对象、特点、过程都不相同，不能把教育当作劳动或从属于劳动。

以叶澜为代表的教育学者在对劳动起源论做出批判的基础上提出了交往起源论。交往起源论认为劳动与教育不同，劳动是人与自然之间借助于人自己制造的工具而产生的一种特殊关系方式，不是人与人之间的直接关系方式，因此，它不可能成为教育的形态起源。交往的形态起源于人与人之间的交往：交往总是由双方构成的。交往总包含着内容，交往也需要一定的媒体，所以交往具备了教育所必需的要素。交往起源论针对劳动起源论的缺陷而提出，认为劳动是人对客体关系的反映，而教育是人与人之间关系的反映，交往作为劳动过程中人与人关系的反映，更符合教育产生的动因。

（二）教育的发展历程

教育作为一种社会活动，随着人类社会的发展而变化，在不同的社会历史阶段，由于生产力水平和生产关系不同，教育表现出不同的形态。一般把教育的形态分为原始社会的教育形态、古代社会的教育形态和现代社会的教育形态。

1．融于社会生活的原始教育

原始社会生产力水平很低，没有剩余产品，劳动只能维持最低限度的生活。教育还没有从社会生活中分化成为专门的事业，没有专门的教育机构和教育人员，教育是在生产劳动过程和人们日常生活中进行的，是与生产劳动紧密结合的，教育内容限于传递简单的生产经验和生活经验。原始社会的教育没有阶级性，人们享有同等的受教育权利。

2．出现了专门教育机构的古代教育

当人类使用金属手工工具进行生产时，人类社会进入到古代文明的奴隶社会和封建社会时期，这两种社会的学校教育，虽然在目的、内容、制度和组织规模等方面有所不同，但也存在着许多相似点，我们把它们统称为古代社会的教育。

我国的夏、商和西周是奴隶社会，根据《礼记》等书记载，我国古代最早的学校叫“庠”“序”“学”“瞽宗”等名称。学校教育的主要内容是六艺：礼、乐、射、御、书、数。教育的主要目的是使奴隶主子弟学习一套管理国家、镇压奴隶与作战的本领。当时的学校教育是轻视体力劳动的，教育与生产劳动是分离的。

在欧洲奴隶社会中，出现了斯巴达和雅典两种教育体系。斯巴达是一个农业国家，残酷的剥削和压迫常常引起奴隶的暴动，奴隶主为了维持统治，特别重视军事训练。雅典是一个商业比较发达的国家，生产力发展的水平比斯巴达高，雅典奴隶主子弟从7岁到18岁，可以到文法学校、弦琴学校和体操学校学习，既受到体操和军事训练，又受到读、写、算、音乐、文学、政治和哲学方面的教育，通过学习逐渐具备从事商业和政治活动的能力。

在我国封建社会里，学校大体分为官学和私学两种。官学具有鲜明的等级性，比如唐朝由中央设立六学二馆。六学是：国子学，收文武三品以上官员的子孙入学；太学，收文武五品以上官员的子孙入学；四门学，收文武七品以上官员的子孙入学；律学、书学和算学，收八品及八品以下官员的子孙以及庶族地主的子弟入学。二馆是东宫的崇文馆和门下省的弘文馆，此二馆专收皇亲国戚及宰相勋臣的子孙。在地方设立的学校有州学、府学、县学，这些学校只有地方官吏和富豪地主的子弟才有入学的机会，农民和手工业者的子弟是无法进入的。至于历代的私学，表面上虽是人人可以入学，但由于学费的限制，贫苦子弟也是很难有学习的机会的。儒家的经典著作“四书”“五经”是主要的教育内容，在教学方法上崇尚书本、呆读死记，在教学组织形式上实行个别教学。

在我国封建社会里，为了选拔为统治阶级服务的人才，先后建立了选士制度和科举制度。汉朝实行察举制，到了魏晋南北朝时期演变为“九品中正制”，表面上是以“学问”“德行”为标准，实际上为豪门士族所垄断，成为“上品无寒门，下品无士族”。隋、唐以后改行科举制度，这反映了庶族地主的要求和封建中央集权的加强。科举制度的出现是我国教育史上的一个进步，可是由于科举考试内容多为儒家经典，学习方法又多采用死记硬背，科举考试也在一定程度上束缚了学生的头脑，影响了文化科学的发展。

在欧洲封建社会里，宗教成了封建制度的精神支柱，因此教会学校和骑士教育是教育的两种主要类型。教会教育的主要内容是三科（文法、修辞、辩证法）、四学（算术、几何、天文、音乐），合称“七艺”，各个科目都贯穿着神学精神，神学是全部学科的“王冠”。骑士教育的内容是“骑士七技”（骑马、游泳、投枪、击剑、打猎、下棋、吟诗），当然也要进行宗教观点和武士道德品质的教育。

总体看来，古代社会的教育具有以下一些基本特点：① 出现了专门的教育机构和执教人员。奴隶社会里，出现了专门从事教育工作的教师，产生了学校教育，使教育从社会生活中分化出来，成为独立的形态。② 教育与生产劳动相分离，学校轻视体力劳动，脑体严重分离。③ 教育方法上崇尚书本，方式简单，体罚普遍。④ 学校教育为奴隶主阶级和地主阶级所垄断，具有鲜明的阶级性，学校教育内容主要是古典学科和治人之术。⑤ 教学的组织形式是采用个别教学。

3. 与社会生产紧密结合的现代教育

现代社会的生产力水平大幅度提高，科学技术迅猛发展，各种社会关系也发生了很大变化。现代社会的教育也表现出了许多新的特征：

第一，现代学校的出现和发展。从时间上说，现代学校最早出现在18世纪，是应现代大工业生产的要求而产生的；从类型上说，现代学校既包括一些专门传递现代科学技术知识、为现代工业训练劳动力的实科学校、职业技术学校，也包括现代大学。现代学校在体系上更完备、类型上更多样、层次上更清晰、性质上更世俗化。现代学校的教学组织形式是班级上课制。

第二，教育与生产劳动相结合，教育的生产性日益突出。人们逐渐认识到教育与生产、教育与经济之间的密切关系，教育的生产性和经济功能得到充分关注，教育改革被作为经济发展的战略性条件。

第三，教育的公共性日益突出。随着工业生产知识含量的增加和工业社会管理方式的变化，教育逐渐成为社会的公共事业，师生关系也由过去的不平等关系逐渐转变为工业社会的民主关系，教育民主不断加强。

第四，教育的终身化和全民化理念成为指导教育改革的基本理念。教育已经远不局限于学龄阶段，而是贯穿人的一生，终身教育成为重要的发展趋势。随着社会民主化进程的推进，受教育权逐渐成为一项基本的公民权利，全民教育正在从理论走向实践。

第五，教育形式多样化。社会生产力的发展和科学的进步，既为多种形式的教育的产生提供了条件，也向各类人才的培养提出了新的要求，因此各种形式的教育应运而生。从纵向上看，有学前教育、初等教育、中等教育和高等教育；从横向上看，有普通教育、职业教育、特殊教育、成人教育、远距离教育、电视教育、继续教育等。可以说，现代社会的教育构成了纵横交错、形式多样的教育系统。

三、当代教育的发展

当代教育是伴随着现代社会的形成而出现的一种崭新的教育形式，是人类社会和教育发展到一定历史阶段的产物，在形式、内容、价值取向上都发生了许多变化，下面让我们一起来展望当代教育的发展趋势。

（一）生命教育是当代教育的重要转向

20世纪50—60年代，为适应科学技术发展和知识剧烈增长的现实，国际教育发展委员会发表了《学会生存——教育世界的今天和明天》(*Learning to Be—the World of Education Today and Tomorrow*)的报告，提出培养适应现代科技发展需要和日益激烈的国际竞争需要的人才，学会生存成为20世纪下半叶一个重要的教育价值追求。但是在教育强调适应社会物质文明突飞猛进发展需求的时候，一些新的问题也随之而来。精神生活的缺失和道德面貌的堕落，社会秩序的混乱和暴力犯罪的增加，给教育提出了新的挑战。

关注生存提升了人们的生存能力，满足了社会发展对人的能力的要求，但是却忽视了教育的另一个尺度，那就是生命的尺度，从而导致教育成为社会控制和规训人的工具，失落了教育引导人生命成长的价值。新的问题引发了人们的思考，教育的价值取向也逐渐发生变化，从"学会生存"转变为"学会关心"，从关注生存转变为关怀生命。联合国教科文组织1989年发表《学会关心：21世纪的教育》（*Learning to Care for Others*：*The Aim for the Education in 21st Century*）的报告，它标志着当代教育由学会生存到学会关心的价值转向。以叶澜为代表的一批教育学者也提出了生命教育的价值理念，认为学校教育应关怀生命，以培养具有积极生存方式、主动健康发展的个体为使命，学校教育生活应关注生命个体的生存状态，关注学校可能开发的多样的生命成长资源。① 从关注生存到关怀生命是当代教育的重要转向。

（二）人文精神是当代教育的重要追求

当代教育的核心是科学教育。教育的内容是科学的，教育的方法也是科学的，没有科学教育就没有现代教育。不过，在现代教育发展中，科学教育在进步的同时，也发生了偏向，就是受到了"科学主义"和"人本主义"对立的影响。所谓"科学主义"的影响，就是片面强调和发展自然科学的教育，而忽视社会科学、人文科学的教育，学生的全面发展、特别是个性心理素质的发展及伦理道德素质的教育，都受到削弱。

科学技术本身是一把"双刃剑"，它既可以造福人类，也可以贻害人类。科技究竟给人类带来幸福还是灾难，取决于人自己，关键在于掌握科技的人如何运用科技，这有赖于人文精神的指导。科学技术只有在人文精神的指导下，才能朝着最利于人类美好发展的方向前进。人文精神也离不开科学精神。只有自觉地把科学精神内蕴于宏大的人文精神之中，人文精神才更富于清晰性、准确性，才能更好地指导人类实践。人文精神本身就是一种科学精神，即科学的人文精神；而科学世界本身也具有丰富的人文内涵；科学在追求知识和真理的同时也在追求着人类自身的进步与发展，在创造物质文明的同时也在创造着精神文明，赋予人类崇高的理想精神，激励人们超越自我、追求更高的人生境界。在教育目标上我们应强调科学教育和人文教育齐头并进，培养求真求实的科学精神和求善求美的人文精神素养相统一的人。

（三）教育民主化是教育发展的重要趋势

教育现代化的进程与教育民主化的进程是同步向前的。逐步打破教育由少数人特别是社会统治者垄断、主宰的局面，使教育为越来越多的人所享受、掌握和利用，这是社会进步、人类进步和教育进步的重要标志。到了18世纪后半期，一些先进资本主义国家先后正式制定通过了要求普及初等教育的法令，这在教育发展史上乃至人类整个历史上都是一件划时代的大事，是一个大转折，第一次承认劳动人民也要接受正式的学校教育并把它付诸实施，这标志着现代学校、现代教育的正式诞生。

① 叶澜：《教育学原理》，人民教育出版社，2007年，第162页。

“教育机会均等”是教育民主化要求的一个具体口号。教育机会均等主要包括起点也就是入学机会的平等、受教育过程的平等和学业成功机会的平等。教育机会均等不仅是个体发展权利的重要保障,也是实现社会平等的必由之路,即“教育作为一种相对变动的社会机构,对提高人们的社会地位仍然是一种重要手段”。①

教育民主化不仅要把更多的教育给予更多的人,也要更多的人参加教育民主管理,目前教育民主化逐渐向纵深发展,已逐步深入到教育教学过程的内部,例如建立民主平等的师生关系,反对教师专制的师生关系,反对强制学习和强迫纪律,也反对抹杀学生个性的平均要求。同时,教育的公共性也日益突出,教育公正和教育机会均等成为教育决策和教育行为的基础准则。

(四)终身教育是当代教育的重要理念

世界上首次对终身教育理念进行系统理论阐述的是联合国教科文组织成人教育官员、法国成人教育专家保罗·郎格朗,他在1965年联合国教科文组织主持召开的成人教育促进国际会议期间首次提出终身教育理念。他认为教育应当贯穿于人的一生,成为一生不可缺少的活动,我们应该使教育从横的方面连接个人和社会生活的各个侧面,使今后的教育在每一个人需要的时刻,随时都能以最好的方式提供必要的知识技能。他批评了传统社会把人的一生机械地分为学习期和工作期的做法,尖锐地指出:“前半生的时间用来积累知识,后半生则一劳永逸地使用知识,这是毫无科学根据的。”他还要求建立一个一体化的终身教育体系。保罗·郎格朗对终身教育理念的诠释及其对终身教育理念实施的倡导,揭示了终身教育不仅是一种教育理念、一个教育原则,而且是一种教育实践,把这种教育理念和原则转化为教育实践,也就是教育理念的实施。目前,世界上许多国家在制定教育方针、政策或构建国民教育体系框架时,无不以终身教育理念作为支柱,并将实施终身教育理念作为促进国家社会经济发展和公民素质提高的战略手段。为此,我们必须改变传统的教育观念、课程结构和评价方式,必须打通正规教育与业余教育、学校教育与继续教育,建立一个一体化的、更加灵活的、满足不同类型和层次学习者学习需要的新的教育体制。

《学会生存》指出:“国际教育发展委员会特别强调两个基本观念:终身教育和学习化的社会。”在终身教育理念影响下,世界各国几乎所有大学都承担了继续教育和成人教育任务,建立一套包括人生各个阶段、学校与校外教育机构互相联系的完整的终身教育体系,并着手对本国现行教育体制进行改革,向终身教育体系过渡。今天,更多的国家建立起了完整的终身教育体系,更多的人树立了终身教育理念,一个新的学习化社会正在向我们走来。

四、作为学科的教育学的发展历程

(一)教育学的萌芽阶段

自从有了教育活动,就有了人们对教育活动的认识。但是近代之前,人们对教育的认

① [美]奥恩斯坦:《美国教育学基础》,刘付忱,等译,人民教育出版社,1984年,第313页。

识活动主要停留在经验和习俗的水平，并没有形成系统的理性认识，没有成为教育之“学”。这就是教育学的萌芽阶段。

这一阶段所取得的教育认识成果主要体现在一些哲学家、思想家的哲学著作中。西方柏拉图的《理想国》、昆体良的《雄辩术原理》，亚里士多德、苏格拉底都对教育问题有过经典论述。我国古代的教育家孔子留下许多著名的教育思想，记载在《论语》中，比如启发性原则、因材施教原则至今不朽。我国古代的《学记》是世界教育史上最古老的专门论述教育问题的著作，其中的“教学相长”“不凌节而施”“导而弗牵，强而弗抑，开而弗达”“长善救失”等一直是教育学中闪光的思想。

孔子（公元前551—公元前479）

苏格拉底（Socrates，公元前469—公元前399）

（二）教育学的创立阶段

《大教学论》封面

从欧洲文艺复兴到19世纪末，教育学进入一个新的发展阶段。17世纪初，教育学开始从哲学知识体系中分化出来，成为一门独立的科学。英国哲学家和自然科学家培根于1623年首次把“教育学”作为一门独立的科学提了出来，与其他学科并列。在教育学的独立阶段，捷克教育家夸美纽斯的《大教学论》（1632年）概括了欧洲文艺复兴以来的教育经验，研究了新兴资产阶级在教育上提出的新问题，建立了比较完整的教育理论体系。他的《大教学论》一般被认为是近代最早建立的比较完整的教育理论体系，是教育学作为一门独立学科诞生的标志。在这本著作中，夸美纽斯提出了教育的可能性与必要性，主张建立适应儿童年龄特征的教育制度，还系统论述了现代教育的主要组织形式——班级上课制。

英国洛克的《教育漫话》（1693年），法国卢梭的《爱弥儿》（1762年），瑞士裴斯泰洛奇的《林哈德和葛笃德》（1780—1790年），德国赫尔巴特的《普通教育学》（1806年）、福禄贝尔的《人的教育》（1826年），英国斯宾塞的《教育论》（1861年）等都是教育学创立阶段的经典之作。其中《普通教育学》被视为科学教育学诞生的标志，该书主张教育学建立在伦理学和心理学的基础上，主张教育在教育过程中的权威地位。赫尔巴特是传统教育学

赫尔巴特(J. F. Herbart,1776—1841)

的代表人物。

这一阶段的教育学已经从哲学中分离出来,形成了独立的体系;对教育问题的论述,逐渐从现象的描述过渡到理论的说明,但是由于科学发展水平的限制,许多理论还存在着局限性。

(三)多元发展阶段的教育学有哪些存在样态

19 世纪末以来,心理学、社会学、伦理学及一些自然科学快速发展,教育学不仅从这些学科中吸取了有关成果,而且还利用这些学科的相关研究方法来研究教育问题,从而获得了多元化的发展。教育学多元发展为我们展示了教育知识的不同存在样态以及理解和建构方式。

实验教育学是 19 世纪末 20 世纪初在欧美一些国家兴起的用自然科学的实验法研究儿童发展及其与教育的关系的理论。其代表人物是德国教育家梅伊曼和拉伊。实验教育学提倡把实验教育学的研究成果和研究方法运用于教育研究,反对传统教育学思辨式的和经验式的研究方法,强调定量研究。实验教育学成为 20 世纪研究教育学的基本范式。实验教育学强调以自然科学的标准研究教育学,走上了“唯科学主义”的道路。

文化教育学是 19 世纪末以来出现在德国的一种教育学说,代表人物主要有狄尔泰等人。文化教育学主张教育是在一定社会历史背景下进行的,因此教育的过程是一种历史文化过程,教育的研究必须采用文化科学的方法,亦即理解与解释的方法进行,教育的目的就是促使社会历史的客观文化向个体的主观文化转变,并将个体的主观世界引向博大的客观文化世界,从而培养完整的人格,其主要途径是“陶冶”和“唤醒”,发挥教师和学生个体两方面的积极作用,建构和谐的对话的师生关系。

实用主义教育学是 19 世纪末 20 世纪初在美国兴起的一种教育理论,对整个 20 世纪的教育理论和实践产生了极大影响。其代表人物是美国的杜威、克伯屈等人,代表作有杜威的《民主主义与教育》(1916 年)、《经验与教育》,克伯屈的《设计教学法》(1918 年)等。

实用主义教育学也是在批判以赫尔巴特为代表的传统教育学的基础上提出来的,认为:教育即生活,教育的过程与生活的过程是合一的,而不是为将来的某种生活做准备的;教育的目的即使学生个体经验继续不断地增长,除此之外教育不该有其他目的;课程组织以学生的经验为中心,而非以教师为中心,教师只是学生成长的帮助者。实用主义教育学是以美国实用主义文化为基础的,对传统教育学进行了深刻批判,但是它忽视了系统知识的学习。

马克思主义教育学派认为教育是一种社会历史现象,在阶级社会中具有鲜明的阶级性,不存在脱离社会影响的教育,教育起源于社会性生产劳动,劳动方法和性质的变化必然引起教育形式和内容的改变,现代教育的根本目的是促使学生个体的全面发展,现代教育与现代大生产劳动的结合不仅是发展社会生产力的重要方法,也是培养全面发展的人的唯一方法。

批判教育学是20世纪70年代之后兴起的一种教育学派，也是当前在西方教育理论界占主导地位的教育学派。批判教育学有许多流派，观点也不尽相同，但有一些基本的主张：当代学校教育是维护现实社会的不公平和不公正，造成社会差别、歧视和对立的根源；之所以会出现这种现象，是因为教育与社会是相对应的，有什么样的社会政治、经济和文化，就有什么样的学校教育机构，社会的政治意识形态、文化样态、经济结构都制约着学校的教育目的、教育内容等，学校教育在一定程度上是复制现有社会阶层的工具，不利地位者难以在学校教育系统中获得成功。批判教育学认为教育现象不是中立的和客观的，而是充满利益纷争的，因此教育理论研究不能采取唯科学主义的态度和方法，而要采用批判的态度和方法。

案例分析与讨论

案例一　新儿童守则

江苏省扬州市梅岭小学西区校2014年2月17日发布了《新儿童守则》，被认为是"接地气"的小学生守则。比如安全生活部分的守则是：

1. 吃东西之前要洗手。
2. 拒绝喝陌生人的饮料，拒绝吃陌生人的食物。
3. 穿短裤和内衣的地方不许别人摸。
4. 走路时，走道路的右侧。在以下场所不能奔跑和打闹：楼梯、走廊、教室。
5. 自己遇到危险及时寻求家人、老师和同学的帮助。帮助别人摆脱危险时，先要考虑自己是否安全。
6. 如果感到很疲劳或身体不适，不论是否在上课，都应该立刻告诉老师。
7. 坏人的秘密需要告诉家人或老师，坏人可以欺骗。
8. 听到火警、地震等紧急信号，应该保持冷静，按照临时队列迅速到达指定地点。
9. 重要的东西要放在安全的地方，自己的钱放在自己的口袋里，桌子抽屉不安全。
10. 有红色或黄色警示牌的地方很危险，要远离。

"传统守则很抽象，小朋友很难将守则具体到自己的生活中。"参与《新儿童守则》修订的扬州教育专家指出，就可操作性来说，这套《新儿童守则》每一条都很具象，便于记忆，也便于孩子遵守和执行。这套《新儿童守则》着力于鼓励学生从小养成独立的个性与思考能力，让孩子的行为更有的放矢。其中，关于安全生活的内容，体现了将生命教育融入学校教育中，教育孩子珍惜生命、爱护生命及如何避免危险等。

讨论题

1. 《新儿童守则》与传统的中小学生守则有什么不同之处？
2. 根据《新儿童守则》的内容，你认为应如何在学校中开展生命教育？

案例二　科技能改变学习吗?

……

纵观20世纪,规模浩大的教育系统,培养出了比之前任何时候都多且知识素养更高、更具有生产力的受教育人群。不过,不可否认,这种成就是以一种丝毫不考虑个人特点、没有人情味儿的方法达成的:一群被严格纪律束缚和管制的学生,一遍遍地按照严格的时间表作息。除非有条件雇佣足够多的老师,学校从来都不会因材施教。然而,一款能够监督孩子们学习进度的教学系统,可以改变这种情况。从孩子的不同反应中得到的数据,可以决定下一步的教学中,学生的屏幕上会出现什么内容。同样,这些数据可以使人们对学生个人的能力和优缺点进行长期的、持续的评估,从而让学校、教师和家长都真正了解到低年级学生的自我特点和真正适合他们的学习方式。

这种被称作"个体适应"的学习方式,并不是科学技术给今天的师生带来的唯一福利。从维基百科到形形色色的网络播客,再到种类繁多的培训视频,都给孩子、甚至成人提供了自主学习的机会,或者说,一个辅助学生学习的工具。正如一直在密切关注着教育领域的发展动向,并且提供了一些基金扶持的比尔·盖茨所说的那样:"今天的这个时代,是教育史上一个特殊时期。"

……根据小布什签署的"有教无类"法案(No Child Left Behind Act),美国的公立学校都应尽力促进对教育新科技的吸纳。在线教育最初是在鲜为人知的一些地方进行的。譬如爱德华州的边远地区,这里的学校一直在寻找能够扩宽他们有限的课程的有效方法。为了进一步推动科教创新,奥巴马的"力争上游"(Race to the Top)教育行动,提供了10亿美元来资助那些愿意进行创新的州。在今年6月上旬,奥巴马政府宣布了一项新计划,在5年之内,让全美超过99%的学生都能享受到高速的网络服务。

……

与此同时,可汗学院(Khan Academy),一个被广泛地用作家庭辅导的网络教程,正在用更多的行动证明自己是教育科技界一颗冉冉升起的新星。

自从可汗学院被引入教学,在条件艰苦的奥克兰内城的奥克兰联合高中(Oakland Unity)学习的16至17岁的学生,代数和几何测试上的得分在两年间有了显著提升。同样采用这些课程的加利福尼亚州的洛斯阿托斯(Los Altos)学区,也已成为全美学生表现最好的学区之一。可汗学院准确地给出了教育技术如何彻底颠覆传统教育模式的可行方法:在可汗学院的"点击课堂"里,小学生再也不会在教室里接受灌输的知识和做家庭作业,转而先在家里观看教学视频,再去课堂里解决学习过程中遇到的各种问题,并得到来自老师和同学的指导与帮助。

……

(选自"科技能改变学习吗?",http://mooc.guokr.com/post/610584/,2013-06-29,节选)

讨论题

1. 结合这个材料分析科技给现代教育发展及学习方式带来的影响。

2. 可汗学院的教学模式为学生发展带来了哪些新的变化？

阅读导航

1.《论语》。
2. 王道俊、郭文安：《教育学》，人民教育出版社，2009 年。
3. 柳海民：《教育学原理》，高等教育出版社，2011 年。

思考与探究

1. 谈谈你对教育内涵的理解。
2. 中西方古代教育分别有哪些特点？
3. 教育学的发展经历了哪些阶段？
4. 你发现当代教育发生了哪些显著的变化？结合实际，谈谈你对这些变化的认识。

专题二　教育目的

学习要求：理解教育目的的几种基本价值取向，了解在不同价值取向引导下的几种教育目的观，理解我国现阶段的教育目的和中小学培养目标，掌握运用相关理论分析教育实践中具体问题的方法，形成对我国教育目的的正确认识态度。

一、教育目的概述

（一）什么是教育目的

所谓教育目的，有广义和狭义之分。广义的教育目的是指人们对受教育者的期望，即人们希望受教育者通过教育在身心诸方面发生什么样的变化或者产生怎样的结果。国家和社会教育机构、学生的家长和亲友、教师等，都对新一代寄予这样或那样的期望，这些期望可以理解为广义的教育目的。狭义的教育目的是国家对培养什么样人才的总要求。各级各类学校无论具体培养社会什么领域和什么层次的人才，都必须努力使所有学生都符合国家提出的总要求。因此，教育目的对所有的学校都具有指导意义。不管学生有多大个别差异，如体质强弱不同、成绩高低不齐、兴趣爱好不一等，学校都必须努力使他们符合国家提出的总要求。

教育目的一般由两部分内容构成：一是规定把受教育者培养成什么性质的人，培养成具有何种功能的社会成员，即对所培养人的社会价值的规定，如统治人才、公民等。二是规定所要培养的这种人应当具有什么样的素质，即对人的素质或质量的规定，如德智体全面发展、德才兼备等。其中，关于人的素质的规定是教育目的的核心部分。这是因为，教育的专门职能在于培养人，教育目的必须从社会发展的客观需要出发，对受教育者身心发展的方向、内容和所要达到的水平做出切实规定，这样才能有效地指导教育活动，形成受教育者的合理的素质结构，提高受教育者自身的价值。唯有在此基础上，受教育者才能在社会实践中能动地创造社会价值，为某种社会目的或社会理想的实现做出贡献。

（二）教育目的与相关概念辨析

1. 教育目的与培养目标、教学目标

教育目的是构成国民教育体系的各级各类学校和其他教育机构的一切教育活动的总要求，是它们的共同的质量标准。培养目标是指各级各类学校或专业的具体培养要求或具体质量规格，如高级中学培养目标、初级中学培养目标、小学培养目标，高等学校本科、专科及各个专业的培养目标等。

教育目的和培养目标两者的关系是：所有的培养目标都要根据总的教育目的而制订，符合总的教育目的；总的教育目的又必须通过各级各类学校的培养目标来实现。而学校的培养目标的实现不是一蹴而就的，对学生的培养要靠日积月累，这就要求学校、教师将培养目标再具体化，明确在某一时段内，教一门学科或组织一项活动时，希望学生在认知、情感、行动和身体诸方面达到的更为具体的目标，即教学目标。

2. 教育目的与教育方针

教育方针是教育工作的宏观指导思想，是总的教育方向，是实现教育目的的教育政策。它包含的三个要素有：教育为谁培养人即培养人的性质和方向；教育要培养什么样的人即培养人的质量和规格；教育通过什么途径培养人。可见，教育目的与教育方针是有区别的，教育目的是教育方针的组成部分。

二、几种不同的教育目的观

（一）教育要培养什么样的人

我们的教育要培养什么样的人？教育目的正是对这一问题的思考和回答。通过教育活动要培养什么样的人的问题，是对人才质量和规格的一种预设，不同的人从不同的立场出发，对这个问题的认识也不同，持有的教育目的观也就不同。

追求自我的个人本位论认为教育的目的就是使受教育者的本性、本能得到自然的发展，教育目的应当根据人的本性之需要来确定。个人本位的教育目的观一般注重个人价值，注重人的身心和谐发展，强调人的价值高于社会价值，主张教育目的就是使人的本性获得自然发展，应根据人的自然本性实施教育。个人本位的价值取向把人视为教育目的的根本，在人类历史进程中不乏进步意义，特别是在文艺复兴以后的历史条件下，它高扬人的个性自由解放的旗帜，促进了人的解放，提升了人的价值。但是绝对的个人本位主张无视人发展的社会要求和社会需要，忽视了人的社会性。

个人本位论的典型代表是卢梭。卢梭是以培养自然人作为教育目的的，在他看来，教育的目的，“它不是别的，它就是自然的目标”。他认为不能同时把人教育成“人”与“公民”，而要在“人（自然）”与“公民（社会）”之间做出选择。他选择了前者，他在《爱弥儿》中说，人应该为自己和自己的爱好而生存，公民的一切却由社会来决定，因而他不再是一个独立的人，顺应天性发展的教育便不应以培养这种公民为职责。但这种自然人不是纯粹生物性的人，不是那种倒退到原始社会的原始人，他指出：一个生活在自然中的自然人和一个生活在社会中的自然人，两者全然不同，他须知道怎样在城市中谋生存，如何与人相处。他对这种新型的人做了如下描述：这种人是身心调和发达的人；既有农夫的或运动员的身手，又有哲学家的头脑；身体健康、感觉灵敏、理性发达；不曾受到社会传统的摧残，未被旧有的模型铸成固定的形式；有着发展成为各种人才的条件，能适应时势的要求而承担应当承担的使命。

面向生活的生活本位论把教育目的与受教育者的生活紧密联系在一起，他们或以为教育要为未来生活做准备，或以为教育即是生活本身，注重的是教育使受教育者怎样生活。这方面突出的代表是斯宾塞和杜威。斯宾塞是19世纪中、后期英国著名的哲学家、社会学家和教育家。他明确提出，教育目的是为“完满的生活”做准备，教育的主要任务就是教会人们怎样生活，教会人们运用一切能力，做到“对自己对人最为有益”。[①] 他指出：“为我们的完满生活作准备是教育应尽的职责，而评判一门教学科目的唯一合理办法就是看它对这个职责尽到什么程度。”他主张教育者有责任把完满的生活作为教育的主要目的，并应根据目的慎重地选择施教的科目和方法。斯宾塞的“生活预备说”体现了当时英国资产阶级对通过教育获取使个人幸福的知识与能力的现实要求。与斯宾塞不同，杜威反对将教育视为未来生活的准备，他认为，一旦把教育看作是为儿童未来的生活做准备，必然要教以成人的经验、责任和权利，而忽视了儿童此时此刻的兴趣与需要，把儿童置于被动地位。因此，他主张，应把教育理解为教育生活，“教育即生活”。一切事物的存在都是人与环境相互作用产生的，人不能脱离环境，学校也不能脱离眼前的生活，学校教育应该利用现有的生活情境作为其教育内容，教儿童适应眼前的生活环境，也就是培养完全适应眼前社会生活的人。他在《学校与社会》中明确提出应把学校创造成“一个小型的社会，一个雏形的社会”，使“每个学校都成为一种雏形的社会生活，以反映大社会生活的各种类型的作业进行活动……当学校能在这样一个小社会里引导和训练每个儿童成为社会的成员，用服务的精神熏陶他，并授予有效的自我指导工具，我们将有一个有价值的、可爱的、和谐的大社会的最深切而最好的保证”。[②]

以伦理教化为旨归的伦理本位论是介于“个人本位论”与“社会本位论”之间的教育目的观，但它更偏向于社会本位一边，注重的是社会伦理的一边。作为教育来说，就是要使受本能驱使的自然人转变为能够自觉运用社会规范来支配行动道德的人，也就是通过文化的熏陶使人摆脱自然欲望的束缚而变得富有教养，从而塑造出“文化—道德”人来。伦理本位论的代表人物是康德和赫尔巴特。他们认为教育的真正目的是必要的目的，即道德的目的，是指一个人在他的任何活动中都需要达到的目的。不管一个人将来干什么工作，从事什么职业，都必须具有一定完善的道德品质。

康德开创出一条从自然与人、个体与社会、感性与理性的矛盾对立中来认识和把握教育目的的道路。他揭示了人的双重本性：一方面，人属于自然界，作为自然存在的人具有各种感性欲望；另一方面，人又是道德世界的理性存在，人能以理性来克制感性欲望，从而使自己的行为承担道德责任。

赫尔巴特认为教育目的应该依据伦理学，教育方法则依据心理学来决定。他认为教育目的在于借助知识的传授使受教育者能明辨善恶，磨炼意志，养成弃恶从善的品德。他指出：“教育的唯一工作与全部工作可以总结在这一概念之中——道德。”“道德普遍地被认为是人类的最高目的，因此，也是教育的最高目的。”他把

---

① ［英］斯宾塞：《教育论》，胡毅译，人民教育出版社，1962年，第7页。
② 赵祥麟、王承绪：《杜威教育论著选》，华东师范大学出版社，1981年，第21、28页。

教育的目的分为两类：必要的目的与可能的目的，或称道德的目的与选择的目的。他认为教育的可能的目的或选择的目的，是为了成长的一代将来能从事某种职业而实施一定的教育，帮助他们发展兴趣与能力只是教育的职责，而不是教育的目的，教育的真正目的是道德的目的。

一切服从社会需要的社会本位论均主张教育目的应当根据社会的要求来确定，认为教育的根本目的在于使教育者掌握社会的知识和规范。这种目的观一般强调人是社会的产物，社会是人们赖以生存和发展的基础，教育是培养人的社会活动，教育就是要使受教育者成为社会需要的、维护社会稳定和促进社会进步的人。柏拉图、纳托普、涂尔干、孔德、凯兴斯泰纳等是社会本位论的代表人物。社会本位的价值取向重视教育的社会价值，强调教育目的从社会出发，满足社会的需要，具有一定的合理性。但它过分强调人对社会的依赖，把教育的社会目的绝对化，完全割裂了人与社会的关系，单纯把人当作社会工具，而不是把人作为社会主体来培养，造成对人本性发展的严重束缚和压抑。

柏拉图认为，一个完美的理想国家的建立必须要通过教育来实施。教育的最终目的，就是培养和选拔出统治国家的哲学家——最高统治者，他们是深谋远虑的，真正有智慧的；训练出维持国家秩序的军人和安于生产的农民与手工业者。柏拉图关于教育目的的认识，是与其政治思想紧密结合在一起的，在他那里，教育是社会政治的附庸。

涂尔干是社会学家，他的教育学说实际上是社会学的一个重要部分。涂尔干认为，教育是一个社会事物，学校是社会的缩影，不同的社会环境造就了不同类型的教育，整个社会环境决定了教育能够发挥怎么样的功能。他认为教育的目的就是实现年轻一代系统的社会化。

德国教育家凯兴斯泰纳批评学校过于培养了学生的个人主义，他主张：“一切教育的目的是教育有用的国家公民。”

纳托普认为：“在教育目的的决定方面，个人不具任何价值，个人不过是教育的原料，个人不可能成为教育的目的。”

从古到今，得到践行的一直是社会本位论的教育目的，教育一直是社会的工具，但在理论中，许多教育家一直致力于论述个人本位论的教育目的。从某种意义上说，个人本位论是思想家或者教育学者的理想，任何一个社会都会把教育作为发展的工具来利用。客观上来说，就一个社会整体而言，应把满足人的需要和社会需要结合起来，把重视人的价值和重视社会价值结合起来，并最终落实到人的发展上。

（二）教育实践中的价值冲突

1. 雅俗之争——博雅教育和职业教育

博雅教育（Artes liberales）中“博雅”的拉丁文原意是“适合自由人”（在奴隶社会里的自由人或后来社会及政治上的精英），因此可以说博雅教育正代表着精英所需要的学识及技能。古希腊倡导博雅教育（Liberal Education），旨在培养具有广博知识和优雅气质的人。其所成就的，不是没有灵魂的专门家，而是有文化的人。博雅教育的目的不是给学生一种职业训练或专业训练，而是通过几种基本知识和技能的传授，培养一种身心全面发展的理想的人格，或者说发展一种丰富的健康的人性。

到了19世纪，自然科学的发展给世界带来巨大的变化，科学主义、实用主义、功利主义等逐渐取代了人文主义，甚嚣尘上。斯宾塞是科学主义教育的代表。斯宾塞认为教育是为人的未来完满生活做准备，科学知识能使人们熟悉事物的构成，提高征服自然的能力，使自然服从人们的需要，增进人们的幸福。教育应该教给人如何生活得更好的素质、态度与技能，包括实用的知识、各种职业技能等，教育成为职业的训练场，成为职业资格养成的场所，教育成为谋生的工具，博雅教育中对"人的自由"的价值追求逐渐衰落，人们试图通过教育来获得谋生的本领，对如何存在的问题不再在意。生存还是存在？人们通过职业教育选择了前者，职业教育解决了谋生的技术问题。对职业教育的关注是合理的，但是仅仅停留在这个水平上是不够的。因为人不仅要生存，作为存在的个体还要实现自由，还要追求像"人"那样地活着，而这，只能从博雅教育的价值中寻找答案。

在西方教育历史中，博雅教育的七大范畴被分为"三道"（初等级）和"四道"（高等级）两类。"三道"包括语法、修辞学和辩证法。"四道"包括算术、几何、天文和音乐。这成了中世纪大学核心课程。

起始于古希腊的博雅教育，在亚里士多德那里作为与"职业""专业"教育的对立面而得以确定。亚里士多德在其《政治学》中曾提出，博雅教育是专门为人的自由而设立的，它不应当具有实用性或职业性，而纯粹以"使用闲暇从事理智活动"为目的，如探寻知识不是为了知识的实用，操练乐器不是为了成为乐师，而主要为了个人自由。这一思想不仅为欧洲中世纪的"七艺"课程设置与文艺复兴时期注重希腊文、拉丁文的古典人文主义教育，而且为我国的素质教育、通识教育等提供了辩护基础。

哈佛大学的杜维明教授考察了中国、美国的博雅教育后是这样总结的：博雅教育在中国大陆普遍称为素质教育，美国称为 Liberal Arts Education，中国香港称为博雅教育，大陆和台湾通称为通识教育。虽然对博雅教育的叫法不同，但是各方面都一致认为在传授专业知识的同时，大学应该注重通识教育，提供人文训练，培养人文素质。

2. 并非冤家——素质教育与应试教育

应试教育是素质教育的对立面吗？对素质教育与应试教育的关系该如何理解？

素质教育一度曾为教育理论和实践界的热门关键词。对素质教育的理解也有许多差异。在我国的文化语境下，一般认为，素质教育也就是全面发展教育，是对含有各方面素质培养功能的整体教育的一种概括，是对为使受教育者得到多方面发展而实施的多种素质培养的教育活动的总称，是由多种相互联系而又各具特点的教育所组成的。从教育实践来看，一般认为，素质教育由德育、智育、体育、美育、劳动教育构成。我国教育方针规定，教育要培养德、智、体等方面全面发展的社会主义建设者和接班人，这是我国对现阶段教育要培养什么性质和规格的人的规定，也是我国现阶段的教育目的。

一般认为，素质教育具有以下基本特征：① 素质教育是面向全体学生的教育。素质教育坚持面向全体学生，努力开发每个学生的特长和潜能，改变那种只重视升学有望的学生的做法。素质教育不是面向部分学生而是面向全体学生。这不是英才教育和选拔性教育，而是发展性教育，每个人都能在天赋的范围内获得充分发展。② 素质教育是促进学生全面发展的教育。素质教育要求学生全面发展，要求全面发展学生的思想政治素质、文化科学素质、劳动技能素质、身体心理素质和审美素质等。素质教育倡导为学生的全面发展创造宽松的条件，克服那种只重视智育而忽视其他各育的倾向，克服那种只重视知识而忽视能力培养的教育，促进学生身心和谐发展是素质教育的旨归。③ 素质教育是培养学生个性、主体精神和创造精神的教育。素质教育尊重学生的主体意识和主体精神，提升学生的主体能力，以培养学生个性和创造性为价值追求。没有个性就没有创造性，没有创造性的民族就没有生机和希望。

应试教育常常作为实施素质教育的对立面被提起和批判，实际上，素质教育是就教育内容或者教育宗旨而言的，而应试则是教育实施的手段，二者不存在逻辑上的并列关系。二者常常被相提并论的原因，在于我们在教育实践中，往往把教育的手段——应试当作教育的目的了，也就是我们培养的是如何考试的人，这样就把教育的手段当作教育目的了，手段和目的的倒置造成了教育目的的偏离，素质教育没有真正落到实处。素质教育和应试教育也说明了理论上应然的教育目的和现实中实然的教育目的的偏差。

三、我国全面发展的教育目的

（一）我国教育目的体现了什么样的人才观

我国现阶段的教育目的在我国目前的教育方针中有鲜明体现，“教育必须为社会主义现代化建设服务，为人民服务，必须与生产劳动和社会实践相结合，培养德、智、体、美等全面发展的社会主义建设者和接班人”。这个方针体现了我国现阶段的人才质量观。社会主义的方向是对人才性质的要求，是我国教育目的的根本所在。受教育者在德、智、体、美等方面全面发展是对人才素质的要求。德，指个人对待生活和工作、对待社会与他人、对待人与自然的关系时所应具有的价值观念、行为品质、道德追求、人格修养等，是一个人的人生观、世界观、道德观、政治观及其行为品质的总称。智，是指人在认识自然、社会中所具有的学识、才能、智慧等。体，是指人在各种活动中所应具有的身体活动机能、能量、体质和体力等。美，具体指的是审美和创造美的能力。这几个方面是人的基本素质，是个性的主要内容。我国教育目的还蕴含着提高全民素质、为各行各业培养各级各类人才的内容。

（二）我国教育目的的理论基础

马克思主义关于人的全面发展的学说是我国教育目的的理论基础，是我国现阶段教育目的的源头。马克思关于人的发展的这一理论为我们科学认识人的全面发展提供了方法论指导。历史上，亚里士多德、夸美纽斯、卢梭和空想社会主义者欧文等人都曾提出过人的智力、体力和道德各方面和谐发展问题，但他们都对人的发展和社会生产之间关系的论述鲜有涉及，他们提出的关于人的发展的理论大部分建立在抽象的人性基础上，唯有马克思关于人的发展理论把人的发展和社会生产结合起来。

1. 马克思关于人的全面发展学说是一个完整的理论体系

马克思关于人的全面发展学说反映在马克思和恩格斯的一系列著作中，在不同的著作里，马克思、恩格斯可能侧重强调了某一方面的观点。应当把马克思、恩格斯的著作联系起来考察，不能只从某一著作出发得出这一学说的全面结论和质的规定性。把人的全面发展学说看作是应属政治经济学理论范畴的问题，是不全面的。把马克思的人的全面发展学说认为仅仅是属于教育学范畴的问题，则更不符合马克思的原意。

2. 马克思关于人的全面发展概念的提出

马克思关于人的全面发展学说的提出，是针对人的片面发展的。什么是人的片面发展？在马克思看来，人的片面发展有两层含义。

第一层含义是指生产力的不发展或不充分发展，私有制的生产关系（包括分工关系、阶级关系等），固定、狭小的活动范围，交往的局限，造成人的片面发展、局部能力的发展。马克思和恩格斯这样说明，在生产力未得到充分发展的私有制社会，“每一种新的生产杠杆都必然地转变为生产资料奴役生产者的新手段。……第一次大分工，即城市和乡村的分离，立即使农村人口陷于数千年的愚昧状况，使城市居民受到各自的专门手艺的奴役。它破坏了农村居民的精神发展的基础和城市居民的体力发展的基础。……由于劳动被分成几部分，人自己也随着被分成几部分。人的这种畸形发展和分工齐头共进，分工在工场手工业中达到了最高的发展。工场手工业把一种手艺分成各种精细的工序，把每种工序分给个别工人，作为终生的职业，从而使他一生束缚于一定的操作和一定的工具之上”。① 在私有制社会，不仅被统治阶级是片面发展的，统治阶级本身由于固定、狭小的活动范围、交往的局限，也是片面发展的。“不仅仅是工人，而且直接或间接剥削工人的阶级，也都因分工而被自己活动的工具所奴役；精神空虚的资产者为他自己的资本和利润欲所奴役；律师为他的僵化的法律观念所奴役，这种观念作为独立的力量支配着他；一切‘有教养的等级，都为各式各样的地方局限性和片面性所奴役，为他们自己的肉体上和精神上的近视所奴役，为他们的由于受专门教育和终身束缚于这一专门技能本身而造成的畸形发展所奴役，——甚至当这种专门技能纯粹是无所事事的时候，情况也是这样。”②在私有制下，剥削阶级也因旧式分工而被自己的活动所奴役，受着他们的剥削意识、自私心理、狭隘的专业知识、狭小的交往范围的限制。

第二层含义是指整个人类发展水平和个人发展的异化关系。与前一层含义不同，这种异化关系是指强调在私有制社会异化劳动的分工条件下，人类创造的整个社会的人的全面发展的可能条件与人的现实的状况脱节，表现为人与物的对立。马克思、恩格斯这样指出：“在现代，物的关系对个人的统治、偶然性对个性的压抑，已具有最尖锐最普遍的形式。”③在私有制社会，人被物压抑、限制和否定。人们为了物质需要和精神需要从事劳动和各种活动，而结果这种异化了的劳动和活动反过来限制和否定着人们的物质需要、精神需要与人的发展。马克思谴责私有制使劳动者“不能把劳动当作他自己体力和智力的活

① 《马克思恩格斯选集》第3卷，人民出版社，1972年，第330－331页。
② 同①，第331页。
③ 同①，第515页。

动来享受”。①

因此，马克思、恩格斯认为，要实现人的全面发展，必须把由资本主义创造的巨大的物质和精神财富变成人的全面发展的条件。将人的全面发展的可能性转化为现实，必须克服生产的社会性与私人占有制的矛盾。而非人化现象的消除、异化劳动的扬弃、人的片面发展的克服，都需要通过无产阶级的阶级斗争。全面发展的人就是在这种基础上得以实现的。在马克思和恩格斯看来，人的全面发展既是一种历史的必然，又是无产阶级奋斗的目标和神圣的使命。这样，人的全面发展的丰富含义就在历史发展的必然中符合规律地被展开和被揭示。

3. 马克思人的全面发展的含义

马克思认为，人的全面发展是指：由资本主义生产提供物质基础，人有目的地联合起来控制和发展这一物质基础，并消除其历史造成的自发性和盲目性；消除和克服人的发展中的矛盾，从而达到人的智力和体力的统一，精神劳动、物质劳动和享受的统一，生存和发展的统一；使人的潜能和天资、兴趣和才能得到前所未有的充分发展；使人的身心、精神（道德）、才能、个性全面而丰富地发展。

我们要防止教育目的的实践性缺失。实现全面发展的教育目的需要有扎实有效的教育实践，同时有效的教育实践也需要依据教育目的来很好地引导，即要以教育目的的要求来时刻校准教育实践活动的方向，把它作为衡量、评价教育实践的根本标准。忽视这一点，就会导致对教育活动中教育目的的这一价值因素的轻视，而主要注意其中的工具性因素，造成手段与目的的颠倒，把手段当作目的，人们所批评的现行教育中存在的片面追求升学率的“应试教育”就属于此类问题。本来考试是教育的一个环节，是检测教育效果的手段，但现实中却成了教育追求的目的，使真正的教育目的在这样的教育实践中被遗失，教育实践背离了教育目的的宗旨，这是我国当代教育亟待解决的问题。②

此外，由于受文化传统的影响，我国教育目的对生命教育普遍忽视，我们应通过教育引导学生学会尊重生命，敬畏生命，在教育过程中把引导学生生命的积极成长作为教育目的之一。

（三）我国教育目的的基本精神

《中华人民共和国教育法》明确规定了我国的教育方针：“教育必须为社会主义现代化建设服务、为人民服务，必须与生产劳动和社会实践相结合，培养德、智、体、美等方面全面发展的社会主义建设者和接班人。”这个方针对我国教育目的做出了清晰表述，体现了我国教育目的的基本精神。

1. 培养全面发展的人

根据我国教育方针，培养全面发展的人是我国教育目的的基本内容。全面发展教育包括德育、智育、体育、美育、劳动技术教育几个方面。我国社会主义初级阶段人才素质的形成，就是通过全面发展教育的各个组成部分的实施来实现的。

（1）德育：德育是培养学生正确的世界观、人生观、价值观，培养学生良好的道德品质和正确的政治观念，使学生掌握正确的思想方法的教育。（有关内容将在德育部分详述。）

---

① 《马克思恩格斯选集》第23卷，人民出版社，1972年，第202页。

② 全国十二所师范大学联合编写：《教育学基础》，教育科学出版社，2002年，第82页。

（2）智育：智育是向学生传授系统的科学文化知识、技能，发展他们的智力和与学习有关的非智力因素的教育。

普通中学在智育方面的要求是：帮助学生在小学教育的基础上，进一步有系统地学习科学文化基础知识，掌握相应的技能、技巧，发展思维能力、想象能力和创造能力，养成良好的学习习惯和自学能力，同时要注意培养学生良好的学习兴趣、情感、意志和积极的个性品质等非智力因素。

（3）体育：体育是向学生传授与健康有关的知识、技能，发展他们的体力，增强他们的体质，培养他们的意志力的教育。

普通中学在体育方面的要求是：向学生传授基本的运动知识和技能，培养他们锻炼身体和讲究卫生的良好习惯，培养他们顽强的意志力，促进他们身体的正常发育和机能的成熟，增强他们的活动能力和身体素质。

（4）美育：美育是培养学生健康的审美观，发展他们的鉴赏美、创造美的能力，培养他们的高尚情操和文明素质的教育。美育并不等于艺术教育，也不仅仅是“美学”的学习，它的内容要比艺术教育与“美学”学习宽泛得多。

美育的工作主要有以下三个方面的内容：

第一，提高学生感受美的能力。这种能力指的是对自然、社会中存在的现实美，以及艺术作品的艺术美的感受能力。这种能力只有人才具有。人对美的感受必然要通过感觉器官，但又不限于某种感觉器官，人实际上是用自己的全部感知能力和精神财富，用自己的生命体验来感受美。所以，提高学生感受美的能力，从根本上说是提高人的整体性的精神素养。

第二，培养学生鉴赏美的能力。鉴赏美，包括鉴别和欣赏美。鉴别美主要是区分美与丑、文与野、优与劣，区分美的程度和种类。这里重要的是审美观的形成。欣赏美要求欣赏者具有美学的基础知识，懂得各种类型美的特性与形态的丰富性，领悟美所表达的意蕴和意境，从而达到“物我同一”的审美境界，并使人格得到塑造、性情得到陶冶。

第三，形成学生创造美的能力。个体把自己独特的美感，用各种不同的形式表达出来，这就是对美的创造。创造美的能力包括艺术美的创造，也包括实现美的创造。使学生具备创造美的能力是美育的最高层次的任务，对人感受美和欣赏美的能力的提高又有积极意义。对于大多数人来说，创造美的能力首先是创造现实生活中美的能力。例如，按美的规律对自己劳动条件和劳动产品进行设计和加工；对居室、日用品、服饰等方面按美的标准做出选择与合理的配置；以自己的行为、表情、语言、仪态等方面的优美表现，创造交际方式的美等。指导学生掌握艺术创造的知识和技能，形成艺术气质、艺术思维，特别是艺术的独创性和个人特性，则是美育的最高境界。

（5）劳动技术教育：劳动技术教育是引导学生掌握劳动技术知识和技能，形成劳动观点和习惯的教育。

普通中学在劳动技术教育方面的要求是：通过科学技术知识的教学和劳动实践，使学生了解物质生产的基础技术知识，掌握一定的职业技术知识和技能，养成良好的劳动态度和劳动习惯。结合劳动技术教育，还可向学生传授一定的商品经济知识，使学生初步懂得商品的生产、经营和管理，了解当地的资源状况和经济发展规划，以及国家的经济政策、法律，具有一定的收集和利用商品信息的能力。

五育之间既是相对独立的，又是相互联系的。我们对教育的目的和主要内容的阐述，是从德、智、体、美、劳五个方面分别阐述的，但在实际教育教学过程中这五育是融为一体的，很难把一堂课或一项活动简单看成是德育或智育。事实上，优秀的教育工作者正是善于将多方面的教育任务和促进学生多方面的发展有机地结合在一起，既有所侧重，又有所兼顾。在教育实践中，应坚持使学生在德、智、体、美、劳诸方面都得到发展，防止和克服重此轻彼、顾此失彼的片面性，坚持全面发展的教育质量观。

2. 培养学生的个性

我国的教育目的在强调全面发展的同时也强调追求人的个性化发展。人的全面发展与个性化发展是相辅相成的、辩证统一的关系。

首先，人的全面发展是人的个性化发展的基础。没有人的统一、和谐的发展，个性化就意味着失去平衡，这样的个性化实际上就成了片面化的畸形化。按照马克思的观点，人的全面发展是人的“自由个性”形成的基本条件。他认为，要使“自由个性”成为可能，“能力的发展就要达到一定的程度和全面性”，因为这种个性是“建立在个人全面发展和他们共同的社会生产能力成为他们的社会财富这一基础上的”。事实上，一个人的素质如果没有一定的全面性，那他也就失去了选择个性的条件，就不可能获得具有真正独创性的发展。创造心理学揭示，任何一种创造性才能，都是人的知识、智力、能力、道德、审美、意志和身体各方面运动的合力。就其中最主要的知识、智力和能力而言，创造性所包含的因素也不只是某一专门领域的知识、智力和能力，而是包括多方面的知识、智力和能力。可见，人的素质的全面性是创造性得以形成的重要条件。

其次，人的素质的个性化又促进素质的全面发展。

正是由于没有人的素质的全面发展就没有人的素质的真正个性化，因此个人要使自己的发展具备独特性，就必须努力去促进自身素质的统一、和谐和多方面的发展。因为，一个没有个性的人，很难说能够真正成为一个全面发展的人。

实际上，人的素质全面发展的过程，也就是人的素质个性化的过程，二者是基本一致的。所谓全面发展，即个性的全面发展；所谓个性化，即全面发展的个性。二者是辩证统一的关系。因此，全面发展的个人，同时也应该是有个性的人。没有个性就没有创造性，培养人的独立个性也是培养创新型人才的重要途径。

总之，我国教育目的的基本精神是，培养德、智、体、美、劳等方面全面发展的、具有独立个性和创新精神的、社会主义现代化建设需要的各级各类人才。

案例分析与讨论

教育要培养什么样的人

2016年我国基础教育领域最热的词就是“核心素养”。从国际上看，提出核心素养不是搞概念游戏，而是严肃认真地应对21世纪知识经济、全球化、信息化的挑战。1996年世界经合组织首次使用了“知识经济”概念，1997年发起关于核心素养的研究。欧盟的

《知识经济时代的核心素养》《面向变化中的世界的核心素养》,以及美国、日本等国的一些相关报告等,都体现出社会变革对于新的人才观、教育质量观的呼唤。

因此,核心素养不是面面俱到的素养"大杂烩",而是全部素养清单中的"关键素养",我们甚至可以将其简单界定为"21世纪关键素质"。从这个意义上讲,核心素养是素质教育、三维目标、全面发展、综合素质等中间的"关键少数"素养,是这些提法的"聚焦版",随意滥用"核心素养"一词是不严肃的。

这些"关键少数"素养具有鲜明的时代性,只有具备这些素养,学生才能成功地适应21世纪发展需要,在自我实现的同时促进社会的发展。综合各类国际组织与诸多国家的看法,核心素养主要包括创新能力、问题解决能力、信息素养、国际视野、沟通与交流能力、团队合作能力、自我规划与管理能力等素养。其中,创新能力和问题解决能力被高度强调,充分反映了知识经济对创新的强烈要求。

可见,核心素养是"高级素养",不是"应试教育"所培养的"低级素养",如死记硬背(记忆)的素养、题海战术(应对考试)的素养等。核心素养甚至也不是"基础素养",如身体素质可以视为基础素养,但因为"太基础"了,国外的核心素养框架中几乎都没有将之列入。

目前,我国教育部正在面向社会征求对于《中国学生发展核心素养》的意见,该文本认为学生发展核心素养综合表现为社会责任、国家认同、国际理解、人文底蕴、科学精神、审美情趣、身心健康、学会学习、实践创新九大素养,具体表现为25个素养。这里所建构的更像是学生"综合"素质或者素养,所列的素养在数量上偏多,没有充分反映"核心"素质的要旨,建议在修改完善时进一步聚焦于"关键素养"和"核心素养"。如果核心素养清单是不分轻重、面面俱到的,那么,其实质上所提出的就不是"核心素养"了。

提出核心素养,不是只针对学生的,也是针对全民的。核心素养在很多国家也是"最新版"的国民素质清单。这个清单,对于改造国民性也很有借鉴价值。

(选自"搜狐教育"之"宏启观察"栏目,http://learning.sohu.com/20160602/n452531396.shtml,2016-06-02)

讨论题

1. 结合本专题的内容和这个案例材料,你认为我们的教育应该培养什么样的人?
2. 你认为作为一名合格公民的核心素养应该包括哪些内容?

阅读导航

1. [英]怀特海:《教育的目的》,庄莲平、吴立中译,文汇出版社,2012年。
2. 陈桂生:《学校教育原理》,华东师范大学出版社,2012年。
3. 王道俊、郭文安:《教育学》,人民教育出版社,2009年。

思考与探究

1. 分析评价社会本位论和个人本位论的基本观点。
2. 运用全面发展的观点分析我国教育目的的精神实质。
3. 我国教育实践中有哪些与教育目的相背离的地方?举例说明。

专题三　教育功能

学习要求： 了解教育的两种基本功能：对个体发展的功能和对社会的功能，理解教育对个体发展的个性化和社会化功能的基本含义，能够反思现代教育对个体发展的负向功能，理解教育与社会各要素的关系，掌握运用相关理论分析个体和社会发展中由教育引发的各种问题的方法，形成对个性教育的正确认识和态度。

一、教育功能的源头活水——教育的个体功能

生活中我们对教育功能的期待日益膨胀，家长希望通过教育给孩子一个美好的未来，成人试图通过教育改变自己的命运或境遇，那么教育究竟对个体发展有着怎样的功能呢？一般讲教育的功能主要包括两个方面，即社会功能和个体功能，其中个体功能是教育的固有职能或本体功能，教育的社会功能是派生的，是通过个体功能体现出来的，所以教育的个体功能是根本。

个体的发展是指个体从出生到老死，其身心诸方面所发生的一切积极的变化，它是个体的潜在素质变成现实特征的过程。一个人生活在社会上，既是社会的人，又是个体的人。前者表现为人具有社会性，后者表现为人具有个性，社会性和个性是一个人完整的两面。社会性是人的类共性，是人生存的根本；个性是人的独特性，是人存在的本质特征。

（一）自然的人如何成长为社会的人

学校教育是个体社会化的有效手段。个体从一个自然的生物体到社会活动主体的变化，就是通过个体社会化的过程来实现的。个体社会化是个体学习所处社会的生活方式，将社会所期望的价值观、行为规范加以内化，获得社会生活所需要的知识、技能，以适应社会需要的过程。影响社会化的因素很多，家庭、学校、同伴、媒体、社区、各种环境等都会对个体社会化起作用。学校是青少年实现社会化的重要场所，教育是个体实现社会化的最重要、最有效的手段。

社会化的程度是一个人适应社会的标准，包含思想意识、价值观念的社会化、个体行为方式的社会化、个体职业意识和职业角色的社会化等方面。只有通过有效的教育，个体才能实现这几个方面的社会化。

（二）教育促进个体的个性化

教育促进个体的个性化也是教育的重要功能。如果说社会性是人的“类共性”，那么

个性就是人的“特性”。人如果失去社会性的共性，处于游离状态，就会被社会淘汰；人如果失去个性的特性，就会在随波逐流中失去自己，找寻不到自己的人也就失去了尊严、价值和生命的意义。完整的人是社会性和个性的统一，对任何一方的疏离都会导致人发展的片面。教育对个体的个性化功能主要表现为两个方面：一是促进人的主体意识和主体能力的发展，形成人的自主性；一是促进个体差异的发展，形成人的独特性。

无论是主体意识的形成，还是主体能力的获得，都要通过教育。主体意识和主体能力是人的主体性的体现。主体意识是人作为认识和实践活动的主体的自觉意识，它包括主体的自我意识和对象意识；主体能力是主体认识、改造外部对象世界的能力。主体意识是主体性的观念表现，主体能力是主体性的外在表征。教育过程对个体而言，是一个提高自身素质、发掘主体意识、提升主体能力的过程。

人的遗传素质蕴含着个体先天的差异性，再加上后天生活环境、教育影响的不同，即使是相同的遗传素质，也会形成不同的发展结果。教育作为有目的的活动，可以根据学生的不同心理发展特征，选择适合个体的发展思路，因此，教育能够尊重个体差异、因材施教，发展个体的个性，形成个体的独特性。在这个基础上，教育应该通过培养人的自主性、发展人的个性从而形成创造性人格，激发人的求知欲，来达到培养学生创造力的目的。

二、社会文明进步的阶梯——教育的社会功能

教育好比是一棵大树，它从社会这个大地中吸收养分而不断成长，同时又通过自身的功能来反哺社会。

（一）教育的政治功能

教育是造就合格公民和统治人才的重要手段。通过教育传递统治阶级的思想价值观念，通过教育宣传一定阶级或者政党的政治纲领、方针路线和政策，是教育对政治的基本功能。这可以从两方面理解：一是学校是知识分子和青年学生聚集的地方，师生对社会政治方面的各种主张、思潮做出反应，对进步的、符合时代潮流的政治观点和变革进行积极学习和宣传，从而促进社会政治进步和变革；二是学校教育可以在社会政治的决策，即政治路线、方针、政策的确定方面发挥咨询作用，特别是高等学校在这方面的功能更为显著。

教育具有提升国民素质、推动社会民主化进程的功能。社会民主属于政治范畴，民主政治是政治现代化的重要标志，民主是当代政治的重要组成部分，民主政治必然要求民主教育与之配合。民主教育，即实现教育的普及化、民主化和法治化，这是当代教育也是民主政治的重要特征和条件。当代教育具有通过传播民主政治，启发激励人们参与政治的意识和能力等功能。因为社会民主政治发展的程度同参与者的受教育程度是有关的，普遍而言，受教育程度越高，民主参与意识和能力就越强。民主与法治息息相关，民主政治只有在法治的轨道上才能更好地实现，因此当代教育通过对社会公民的法治教育，提高公民的法治意识，增强他们的法治观念，从而促进社会民主化进程。政治民主化是当代社会政治发展的必然趋势，民主意识、民主观念都需要教育的推动，因为国民素质是社会民主化的重要保证。

（二）教育的经济功能

现代教育的经济功能也是现代教育的主要社会功能，现代教育对现代经济发展所发

挥的作用越来越大，教育的经济功能在现代社会不断增强。

1. 教育通过促进科技进步来推动经济发展

科学技术是“第一生产力”，是马克思所言的“一般生产力”。所谓一般生产力，是指科学技术通常是以知识形态存在的、潜在的、可能的生产力。这种潜在的、可能的生产力要转为直接的、现实的生产力，就必须借助人的掌握，把科学技术渗透到物质生产过程中，发挥它的力量。而教育恰恰是科学技术转化为生产力的中间环节，是科技第一生产力由潜在性变为现实性的前提和条件。当代经济发展已由依靠物质、资金的物力增长模式转变为依靠人力和知识资本增长的模式，教育对经济增长的促进作用越来越显著。

教育通过生产科学技术，促进经济发展。科学技术是教育的重要内容，教育对科学技术的促进作用主要体现在两个方面：一是再生产新的科学技术，二是生产新的科学技术。科学技术是人类整个历史发展过程的结晶，是人类不断积累、继承和创造的结果。在人类历史的发展过程中，传播科学技术有许多途径，但教育是最有效的途径。因为教育能够对科学技术进行加工改造，使之成为简约化的“精华”内容。教育对科学技术的传播是一种高效的和扩大的再生产，它利用有效的组织形式和方法来缩短再生产科学技术所需要的劳动时间，它通过教师的传播使原来为少数人所掌握的科学技术为更多的人所掌握，扩大了传播的范围。更重要的是通过教育培养了一大批科技人才，他们是生产新的科学技术的不竭动力。

2. 教育通过培养人才成为经济发展的基础

教育作为培养人的社会活动，通过人的作用与经济的发展形成互为条件、相互促进的辩证关系。生产力中最活跃、最革命的因素就是劳动者本身。随着社会分工的细化、经济结构的调整和劳动方式的改变，劳动者素质的高低就成为经济发展的决定性因素。而我们的教育是否满足经济对劳动者素质的需求，就显得十分迫切和重要。美国经济学家舒尔茨提出“人力资本理论”，他认为有技能的人的资源是一切资源中最为重要的资源，人力资本收益大于物力资本投资的收益，教育作为经济发展的源泉，其作用远远超过被看作实际价值的建筑物、设施、库存物资等物力资本。教育通过提高国民的人力资本，促进国民收入和经济的增长。普通教育提高受教育者的文化素质，为经济发展提供良好的发展潜能；职业和专业教育直接生产劳动能力，为经济发展提供人力的支持。在未来知识经济形态中，经济实力的竞争取决于人才的竞争，谁拥有高素质的各类人才，谁就可以在竞争中立于不败之地。

随着社会的发展，人在劳动过程中脑力支出的比重越来越大。劳动者的智能除了一部分由劳动经验积淀内化而来以外，最根本的就是通过教育训练去培养。人类生产发展的历史，就是一部通过提高劳动者的劳动技能而提高劳动生产率的历史。这种提高主要是通过教育提高劳动力素质和改变劳动力形态，从而增大劳动力自身的价值与劳动力所创造的价值之间的差别表现出来的。西方经济学的创始人亚当·斯密看到了受过教育、掌握技能的人对生产效率的积极作用，肯定了劳动和物质资本一样具有生产要素的功能，尤其是接触到了教育应该有所回报的收益问题，从而将教育与国家的经济增长甚至个人的经济收益联系起来。① 马克思也提出：劳动力“这个商品具有一种独特的特性：它是创

① ［英］亚当·斯密：《论国民财富的性质及其原因的研究》，商务印书馆，1981年，第257－268页。

造价值的力量，是价值的源泉，并且——在适当使用的时候——是比自己具有的价值更多的价值的源泉”。①

教育担负着培养劳动力的任务，是社会再生产的必要条件，因而也是经济增长的必要条件。随着社会生产力的发展和教育的现代化，现代教育不仅可以生产一般的科技知识形态的商品，而且将会生产大批的高新科技产品，其中高等教育在生产高新科技产品中起着更为突出的作用。如大家都知道的美国的“硅谷”，日本的“筑波”，中国的“中关村”高新科技中心，周围都有一些闻名于世的高等院校，许多高新科技产品是高校直接生产出来的，或者是高校与科研单位联合生产出来的，因此世界各国都十分重视发展和改革高等教育，充分发挥其创造发明新科技、高科技的作用。高等教育具有生产和发展高新科技的优越条件，有利于高新科技的创造、发明，有利于高新科技的发展，有利于科技商品的繁荣和发展。教育正是通过向各种生产部门输送经过培训的熟练劳动力和专门人才来促进经济发展和实现经济增长的。现代国家或地区经济实力的增强已从依靠人口数量转向依靠人的素质，从依靠体力劳动转向更多地依靠智能开发，教育在国家和民族生存与发展中的战略地位也愈来愈显著。

（三）教育的文化功能

教育是文化保存和延续的有效手段，它通过两种方式来完成文化的保存和延续：其一是纵向的文化传承，表现为文化在时间上的延续；其二是横向的文化传播，表现为文化在空间上的流动。教育作为培养人的活动，它以文化为中介，客观上起着文化的传承和文化的普及作用。正因为有了教育的文化传承和文化普及作用，人类积累的文化才能代代相传并广泛普及。

教育通过文化传播和文化交流丰富了文化内容，通过对文化的选择促进了文化的进步和发展。学校教育在本质上就是一种文化价值的引导工作，它选取文化的精华作为教育内容，在批判和选择中实现文化的传承和创新。社会文化总是处于不断发展的过程中，要发展就意味着要创新，没有文化的创新自然也就无真实意义上的文化发展，而文化的创新则需要通过教育来实现，所以教育是文化结构中一个最能动的要素。

教育的社会制约性

教育不仅作用于社会各个因素，而且其本身的发展也受社会的政治、经济、生产力、人口、文化等各种因素的制约。教育和社会的关系是双向的关系。政治制度决定了教育的领导权和受教育权，经济发展水平影响着教育发展的速度和质量，生产力发展水平制约着课程设置及其教学内容的选择以及教育方法、手段和组织形式，人口的数量、质量及结构影响着教育的规模、结构，一个社会的文化传统则对教育的整个价值追求都有深刻的影响。

（王道俊、郭文安：《教育学》，人民教育出版社，2009 年，第 52－57 页）

① 《马克思恩格斯全集》第 1 卷，人民出版社，1995 年，第 328－329 页。

三、是是非非论教育——教育功能的现实反思

(一)个性教育缺失的原因在哪里

学校个性教育缺失的表现是:对独特性的压制和对差异的忽视,最终导致学生自主性和创造性的缺失。那么,学校个性教育缺失的原因在哪里呢?

1. 社会本位的教育目的取向忽视了教育功能的个体尺度

翻开不同版本的教育学方面的书籍,一切对教育目的的界定都植根于“一定社会培养人的要求”,虽然历史和现实的许多教育家都以人性的解放、个性的自然自由的发展和张扬为追求,但这一切都是教育家对教育目的的价值取向,是教育目的的“应然”,是理想的,而现实总是具体的、真实的,“实然”的教育目的皆是社会本位的教育目的。法国社会学家涂尔干认为教育目的在于“使儿童的身体智力和道德都得到某种激励与发展,以适应整个社会在总体上对儿童的要求,并适应儿童将来所处的特定社会环境的要求”①,也即教育在于促进年轻一代的社会化。

进入工业化社会以来,工具理性主义盛行,原因在于科技成为生活中享有霸权地位的因素。科技的进步意味着对自然的支配能力的提高和对更多物质财富的占有,对行业的垄断和对他人的控制,科技因而被认为是社会的主导因素,发展科技也成为各国共同的使命,而承担这一使命的就是教育,学校教育培养了一批批适应科技社会的劳动力,教育的地位也因此获得空前提升。但是,教育在成为社会发展的有力工具的同时,却失落了教育引领人的精神成长的固有职能,学校个性教育严重缺失。

学校职能是指学校在社会分工中特有的专门职责。从逻辑层面分析,在当代社会条件下,“学校职能可分为个体个性化的职能与社会化的职能两类。前者是学校的固有职能,后者是学校的派生的即工具的职能”。② 个体个性化职能是培养独立、健全、独特人格的职能。社会化职能表现在三个方面:一是教育促进个体思想观念的社会化;二是教育促进个体行为的社会化;三是教育促进个体职业和身份的社会化。虽然从人的发展的角度,个性化和社会化是统一在完整的人身上的不同方面,甚至在某种程度上,社会化也是个性化的一部分,但如果一味强调社会化而忽视人的个性化,势必导致个体独特人格的丧失和人的片面发展。

2. 我国教育评价的形式、标准、评价主体等方面都不利于个性教育的实施

我国教育评价的形式主要是以终结性考试为主,强调教育的选拔功能。当前社会考试盛行而且愈加制度化,导致学校在一定程度上是为培养“应试者”而实施教育教学。考试已成为社会流行的选拔人才的方式,无论是学生还是成人都在迎接名目繁多的考试中疲于奔命。考试作为评价人的方式在遴选人才的过程中是一种有效手段,但如果夸大了其价值而使其成为社会主流的生活方式之一,将会滋生功利主义倾向,对学校教育的影响

① [法]涂尔干:《教育及其性质与作用》,张仁杰主编《国外教育社会学基本文选》,华东师范大学出版社,1989年,第5页。

② 陈桂生:《教育原理》(第2版),华东师范大学出版社,2000年,第236页。

尤为不利。本来作为手段的考试一旦成为学校教育的目的，学校的教学内容和教学目标都会依附考试的指挥棒，不仅学校的选拔职能会空前彰显，而且学校将沦为培养“考试机器”的场所。

评价标准的唯一、唯分数、唯权色彩浓重。社会流行的标准化、客观化评价方式导致单一的评价标准，把学生的思维限定在统一的框架内，教育成为培养“标准件”的机器，扼杀了学生的个性。以分数作为唯一标准的应试教育评价体系中，学生分数功能的扩大化使得所有人的价值取向变得单一和片面。分数本身的局限性在于：它所反映的仅是学生的书本知识和学校生活的经验，而非真正的对社会知识、社会经验及生存技能的掌握和对生命意义的理解等真才实学，也很难反映出一个学生的发展程度。学校分数至上的评价标准把学生带入发展的死胡同。评价的权威化是标准化的衍生，它导致人求同排异，阻断了学生思维的发散性，不利于人的个性化发展。

评价主体的单一。教育评价的主体是教育者，学生在评价中完全是被动的，虽然在形成性评价中学生偶尔也扮演自我评价的角色，但在规范的尤其是决定“命运”的考试中，学生完全被排除在评价之外，这显然违背了学生作为主体的客观事实。评价作为教育教学过程的一环，应建立在学生参与的基础上，只有学生最了解自己的需要，学生参与的评价也有利于建立学生对自己负责的责任意识，促进学生个性化成长。

教育应教人发掘个性而不是泯灭个性。对人的完整人格的塑造和对人的全面发展的追求，一直是历代教育家辉煌的教育理想，学校教育也是背负这样的使命前行，但“应然”教育的价值取向和“实然”教育的现实运作之间的矛盾，总让人有“英雄气短”之叹。教育的对象是人，人的发展是教育的起点和永恒主题，对人的全面发展的无限追求是人的理性自觉，相信学校教育所具有的促进人的完整发展、实施个性教育的功能也终会在人的理性之光中苏醒。

（二）教育公平成为我国教育改革的热点

教育公平是社会公平的重要基础。由于经济发展水平的差异和制度上的原因，我国在教育公平方面还存在着许多问题。公平近年来成为教育改革的关键点，《国家中长期教育改革和发展规划纲要（2010—2020年）》提出把促进公平作为国家基本教育政策。

1. 目前我国在教育公平方面存在的主要问题

目前我国在教育公平方面存在的问题主要表现在：学校教育资源的配置不均等，城乡之间、重点示范学校与普通薄弱学校之间资源配置严重失衡，教育质量相差悬殊，导致择校压力巨大；相当一部分学生难以承受高中和大学阶段的学费，由于经济的贫困失去受教育的机会，导致了事实上的不平等；弱势群体尤其是进城务工人员子女上学比较困难。教育领域的弱势群体主要包括贫困学生、残障学生、进城务工人员子女。进城务工人员子女是不断增长的弱势群体，其就学问题是一个引起广泛关注的热点问题，虽然国家已经确立了流动儿童接受义务教育“以流入地为主，以公办学校为主”的政策，但在实际执行过程中，仍然较难落实。

义务教育是奠定国民素养的基础，义务教育阶段的公平是教育公平的基础。当前我国义务教育实施中面临的主要问题是公平问题，区域之间、城乡之间、学校之间尚存在着显著的资源不均衡，有质量的公平是今后义务教育发展的主要诉求。教育部2016年发布的《2015年全国义务教育均衡发展督导评估工作报告》显示，2015年全国共有545个县（市、区）通过国家义务教育均衡发展督导评估认定。其中继2014年的上海之后，2015年又有北京、天津、江苏、浙江的所有县级单位全部通过国家认定。截至2015年底，共有1302个县（市、区）通过国家认定。① 尽管我国义务教育均衡发展成绩喜人，但也应看到我国义务教育均衡发展仍任重道远。目前，全国通过义务教育发展基本均衡评估验收的县（市、区）的数量仅实现总目标的28.59%，距离2020年全国义务教育发展实现基本均衡的县（市、区）比例达95%的目标还差66.41%，甚至3个省仍是“0通过率”。义务教育均衡发展的重难点在中西部（尤其是中西部的贫困县），没有实现均衡发展的中西部县域达到评估标准的难度越来越大，义务教育均衡发展还面临诸多现实挑战：义务教育经费总体投入仍不够，经费支出结构呈“中部塌陷”；中西部地区大班额问题依然存在；西部教师队伍结构性缺编问题明显，农村教师流失严重；义务教育“高速城镇化”加剧城市教育资源紧缺和农村教育资源闲置等。②

此外，城乡之间、地区之间、阶层之间高等教育入学机会存在明显的差异。研究表明，不同阶层子女的高等教育入学机会存在很大差异，这种差异不仅体现在能否接受高等教育，而且还表现为所接受高等教育的层次和类型的不同。我国城乡二元结构的存在使社会分层对高等教育入学机会的影响呈现明显的城乡差异特征，农村人口中低学历人口的比例远远高于城市人口，城市人口中高学历人口的比例明显高于农村人口，城乡差异是造成高等教育入学机会差异性的重要因素。由于现实、历史和制度的原因，不同地区之间、不同阶层之间、城乡之间存在着高等教育入学机会的不均等。

2. 我国政府推进教育公平的主要举措

教育公平的主要责任在政府，全社会要共同促进教育公平。为了促进教育公平，近年来国家采取了许多有力的举措。

第一，普及九年义务教育，加强义务教育质量监测。

普及义务教育力度加大。中国在经济、社会和教育基础极其薄弱的情况下，普及了义务教育，大大提高了小学、初中、高中阶段的毛入学率。如果没有教育的大发展，中国将只有现有受教育人口约1/10的人能够受到不同层次的教育。从这个意义上说，“没有发展，就没有公平”。实行真正免费的义务教育，使义务教育做到实至名归，同时为照顾各地经济发展的不平衡，改变义务教育经费过分依赖地方经济发展的状况。

2015年4月15日，国务院教育督导委员会办公室印发了《国家义务教育质量监测方案》。这个方案的出台，标志着我国义务教育质量监测制度的建立。国家义务教育质量监测的目的在于客观反映我国义务教育的发展现状，对影响义务教育的主要因素进行深入分析，为国家及时调整义务教育发展政策、合理配置教育资源提供决策参考，有利于提升义务教育质量，促进义务教育公平发展，使所有学生能够享受到同等优质的义务教育。

第二，《国家中长期教育改革和发展规划纲要（2010—2020年）》提出，加强教育资源合理配置，统筹城乡教育发展，控制“择校热”。

---

① 国务院教育督导委员会办公室：《2015年全国义务教育发展督导评估工作报告》，《人民日报》，2016年2月24日。

② 宋乃庆：《我国义务教育均衡发展任重道远》，《中国教育学刊》，2015年第9期。

我国城乡教育差距的突出矛盾是农村教育发展的相对滞后，尤其是中西部农村教育与城市教育差距较大。城乡二元结构是造成城乡教育差距的主要根源。因此，缩小城乡教育差距需要从城乡一体化的战略要求出发，在政策制度设计上向农村倾斜。

城乡之间、不同地区之间，甚至同一区域内、同一城市中，不同学校在经费投入、办学设施、师资水平、生源质量等方面也存在巨大差距。这是产生择校现象的主要原因。特别是部分薄弱学校的存在，是实施教育公平的重要障碍。缩小校际差距首先要着力改造薄弱学校，确保所有学校达到基本建设标准，做到建设有标准、发展有特色。推进义务教育均衡发展。均衡发展是义务教育的战略性任务。推进义务教育学校标准化建设，建立健全义务教育均衡发展保障机制，均衡配置教师、设备、图书、校舍等各项资源。

切实缩小校际差距，着力解决择校问题。加快薄弱学校改造，着力提高师资水平。实行县（区）域内教师和校长交流制度。义务教育阶段不得设置重点学校和重点班，实行优质普通高中和优质中等职业学校招生名额合理分配到区域内初中的办法。保障义务教育阶段学生在竞争进入高一级阶段学习时的机会均等。同时利用信息技术，通过政府主导和硬件的投入，实现校际优质教育资源共享，促进区域内学校均衡发展。

加快缩小城乡差距。建立城乡一体化的义务教育发展机制，在财政拨款、学校建设、教师配置等方面向农村倾斜，加大财政支付转移力度，尤其加大对中西部地区的投入，逐步尝试在中西部地区分省实施差别化的投入政策，完善省以下财政支付体系，减少贫困区县专项转移支付资金的配套压力，率先在县（区）域内实现城乡均衡发展，逐步在更大范围内推进。同时，继续加强师资队伍建设，落实“乡村教师支持计划（2015—2020）”，尤其是通过制度创新重点培养中西部小学全科教师和“一专多能”的初中教师，全面推行现有的师范生顶岗实习和农村特岗教师政策，合理推进教师双向流动，实现城乡教育资源的内涵式均衡。

第三，解决弱势群体子女的上学问题。《国家中长期教育改革和发展规划纲要（2010—2020 年）》提出，坚持以流入地政府管理为主、以全日制公办中小学为主，确保进城务工人员随迁子女平等接受义务教育。制定进城务工人员随迁子女义务教育后在当地参加升学考试的办法。建立健全政府主导、社会共同参与的农村留守儿童关爱和服务体系，健全动态监测机制。加快农村寄宿学校建设，优先满足留守儿童住宿需求。采取必要措施，确保适龄儿童少年不因家庭经济困难、学习困难、就学困难等原因而失学，努力消除辍学现象。

第四，促进高等教育入学机会的均等。改进和完善普通高校招生计划安排模式，提高生源计划编制的科学性、合理性。健全国家奖学金、助学金制度，进一步落实国家助学贷款政策，使困难家庭的学生能够上得起大学，不因贫困而失学。

案例分析与讨论

案例一　标准化的语文考试

当前中国语文教育过度强调学科的工具性，忽视人文性，过分强调标准化，使不少学者在小学生的考试中败下阵来，如王蒙、莫言、邹静之。

据《中华读书报》报道，中国作家协会副主席王蒙在爱孙面前常好为人师。孙子的语文考试不及格后，王蒙就做起孙子的语文考题，结果败下阵来，竟然不及格。面对这样的语文课题，败下阵来的可能不会只有王蒙一人。如今，中国小学生的语文试题如果让语言学家来考，恐怕也都要败下阵来。不是因为王蒙的学养不厚、学识欠缺，实在是因为现在的语文教育太技术化、工具化，作业也太强调标准化了。

中国著名乡土作家莫言，有次他女儿写作文时，把他著名作品中的某段借用写进文章中，结果老师阅卷后女儿拿回家给他看时，莫言脸上三条线：我的作品竟没有一句不是病句！

中国诗人邹静之也曾为上小学的女儿做过一次吃力不讨好的事。老师要求根据句子的意思写一个成语，比如将“关于思想一致，共同努力”改成成语。邹静之对女儿说应该是“齐心协力”。结果，老师批错，标准答案是“共同协力”。另一题是把“刻画描摹得非常逼真”的意思写成一成语。邹静之经过一番思索后向女儿说，应该写“栩栩如生”。结果，第二天女儿生气地跑来责问父亲：“爸，你怎么又说错了，老师说应该是惟妙惟肖。”诗人邹静之气得说不出话了。

中国学者表示，当前中国语文教育的症结，就在过度强调语文学科的工具性而忽视人文性，过分强调标准化考试而窒息学生的创造性思维，过分强调写作技巧的训练而忽视对学生观察力、创造力和想象力的培养。

北京语文教学专家于漪说，不认清这种人文性，只片面强调语文的工具性，用解剖刀对文章进行肢解，留在学生脑海的只能是鸡零狗碎的符号，这样的后果自然是“把学生的思维捆绑住了，把活生生的学生变成机器人，把学生的个性、灵气都给打掉了”。

从这意义上，王蒙在小学试题面前败下阵来，暴露出来的却是中国语文和汉语教育在科学和人性方面的缺失。

（转引自新浪网博文，http：//blog. sina. com. cn/s/blog_568cf2ae01000alp. html，2007－09－24）

讨论题

1. 结合教育功能的相关理论，分析标准化语文教学给个体发展带来的消极影响。
2. 假如你是语文老师，结合本章内容，谈谈你对当前语文教学弊端如何改革的认识。

案例二　广陵区小学今年“零择校”全面取消择校生

《2014年广陵区小学招生工作意见》出台，广陵区在扬州率先宣布小学招生将全部取消择校，全面取消与入学挂钩的捐资助学款项，彻底取消择校生。

“孩子就近入学，该上哪儿就上哪儿。”今年，广陵区小学将坚持阳光招生、公平招生，彻底取消择校生及费用；严格按照《治理义务教育阶段择校乱收费的八条措施》要求，全面取消与入学挂钩的捐资助学款项。同时，继续放大优质资源，放大东关小学本部施教区范围。适龄儿童具有施教区家庭正式户籍（须与法定监护人在同一户籍),且户籍与法定监护人房屋产权证、实际常住地三者一致的,可在法定监护人实际居住地(房产证住址)所属施教区,就近免试入学。

教师是教育第一资源,师资均衡就是百姓心中的教育公平。为了保证"零择校",从秋学期起,广陵区采取集群办学,按照相对就近的原则,将该区义务段小学按区域划分为四个集群(育才集群、汶河集群、北洲南集群、北洲北集群),拟用摇号等形式,按照每年不低于15%的比例这一标准,在集群内产生一年级教师,有序轮岗交流。交流期间,教师的工资、编制关系、组织关系一并予以流转。

同时,进一步合理优化课程设置,加强全区课程设置规范管理,在严格执行国家课程的基础上,各义务教育阶段公办小学一年级不再利用地方和学校课程开设英语课;区内育才小学、汶河小学、东关小学三所热点公办小学取消新生中午在校代伙服务。

"教育公平是社会最基本的公平,如果教育都不能公平,社会公平从何谈起?"广陵区教育局相关负责人表示,取消择校,全面取消与入学挂钩的捐资助学款项,根本目的是推进教育公平,保障社会公平。业界认为,广陵区小学全面取消择校生、取消与入学挂钩的捐资助学款项意义重大,体现了强势推进教育公平的决心。

(选自新浪网,http://jiangsu.sina.com.cn/yangzhou/focus/2014-06-17/094113074.html,2014-06-17)

讨论题

1. 结合案例材料,谈谈你对义务教育阶段"零择校"政策的认识。
2. 义务教育阶段要实现教育公平,应该从哪些方面进行改革?

阅读导航

1. 徐志辉、徐莹晖:《陶行知论教育的功能》,四川教育出版社,2010年。
2. [美]兰德尔·林赛:《教育公平》,刘立涛、刘小娟,等译,华东师范大学出版社,2015年。
3. 熊丙奇:《教育公平:让教育回归本质》,华东师范大学出版社,2014年。
4. 杨东平:《中国教育公平的理想与现实》,北京大学出版社,2006年。

思考与探究

1. 你如何理解教育的功能?
2. 教育如何促进个体发展?
3. 教育与经济发展的关系表现在哪些方面?举例说明。
4. 分析现行教育实践中个性教育的缺失。举例说明。

专题四　教育制度

学习要求： 理解学校教育制度的概念，了解学校教育制度的发展类型和发展趋势，了解我国的学校教育制度、义务教育的内涵等。

一、学校教育制度概述

教育制度是一个国家或地区各级各类实施教育的机构体系及其组织运行的规则，它包括相互联系的两个基本方面：一是各级各类教育机构与组织；二是教育机构与组织赖以存在和运行的规则，如各种相关的教育法律、规则、条例等。

学校教育制度是教育制度的主体，一定社会或一个国家的教育方针、教育政策和教育法规主要是通过学校教育制度来体现的。学校教育制度的完善程度，从某种意义上讲，反映着一个国家教育事业的发展水平。

（一）学校教育制度的概念

学校教育制度是“一个国家教育的主体”，是教育制度的核心，简称“学制”，指的是一个国家各级各类学校的系统及其管理规则，它规定着各级各类学校的性质、任务、入学条件、修业年限及它们之间的关系。在我国《教育法》第二章中对学校教育制度做了明确规定：“国家实行学前教育、初等教育、中等教育、高等教育的学校教育制度。”同时，还对其他的教育基本制度如义务教育制度、国家教育考试制度、职业教育制度、成人教育制度、学位制度、学业证书制度、教育评估制度、教育督导制度做出了规定。

首先，学制是国家规范教育行为的一种基本制度。国家规范教育行为的方式是多种多样的，例如：教育法律、法规，教育方针、政策，教育行政规章，教育制度等。其次，学制是国家调整教育关系的一种基本制度。值得说明的是，学制对教育关系的调整只限于各级各类教育之间的衔接、交叉、比例关系及教育权力在国家、学校、公民之间的分配关系。再次，学制是由国务院及其授权的教育行政机关制定的，由国家颁布保证实施。其他的国家机关、单位、组织和个人均无权制定与颁布学制。国家规范教育行为必然要涉及国家教育权、学校教育权与公民受教育权之间的关系问题。因此，在学制中隐含了两个层面的内容：其一是外部制约层面，即国家教育权的问题。中央与地方政府及其教育行政机关通过制定有关教育方针政策、教育计划、教育条例等形式对教育的性质、任务、修业年限、教育内容、办学体制等问题从宏观角度进行调整与控制。其二是内部自主的层面，即学校教育权与公民受教育权以及二者相互关系的问题。学校作为正规化的教育组织，在国家教育方针与政策的指导下，通过内部的权责分配对受教育者实行教育的权利。此外，学制还具有一定的历史性和时代性。传统的关于学制的认识，一般仅限于学校教育的领域之中，把学校中所实行的各级各类的教育系统与学制等同。当前，由于社会生产力的高度发展，对人才需求的专业化趋势日渐明显，仅靠学校教育所培养的人才已经不能满足社会发展的需要，学前教育机构、成人教育机构和终身教育机构都将因之不断地得到发展与完善。因此，可以预见未来学制中不仅应该包括学校教育机构，而且应该包括学前教育机构系统、成人教育机构系统和终身教育机构系统。

（二）学校教育制度的构成要素

学制构成的基本要素，即学制构成内容的向度。要素与组成部分或构成单位不一样，要素具有基础性、抽象性与概括性，然而组成部分或构成单位则是要素的组合，具有综合性和具体性。一般来说，一个完整的学制系统是由三个基本要素构成的，即学校的类型、学校的级别、学校的结构。也有学者把它归为两大类，即学校的类别和学校的结构。无论是两要素说还是三要素说，它们之间的内容向度是统一的。

1. 学校的类型

即学校是实施哪一种性质的教育，属于普通教育还是专门教育，在专门教育中是重视专业型、技术型还是技能型。由于划分的标准不同，学校的类型也就不一样。根据教育举办的主体的不同，可以把学校分为公立学校与私立学校两类；根据教育性质的不同，可以把学校分为实施普通教育学校与实施职业教育学校等。

2. 学校的级别

即学校在学制系统中所处的阶段与在同类性质的学校中所处的地位。例如，高等师范专科学校在学制中处于高等教育阶段，在师范教育类别中与其他的学校相比则属于专科性质的学校。

3. 学校的结构

即学校之间的交叉、衔接、比例等关系。由于我们以各级作为学制分析的标准，必然要涉及类的交叉问题，如果以各类作为分析学制的标准，必然涉及阶段的衔接问题。各级各类教育在发展的过程中应该保持合理的比例。

（三）学校教育制度建立的依据

任何国家的学校教育制度的建立，都是从本国实际出发的，但是其中一些共同的因素对学校教育制度产生重大的影响，成为建立学校教育制度的依据。

1. 学校教育制度的建立，首先取决于社会经济发展水平和科技发展状况

综观各国学制的发展，无不与社会经济发展水平和科技发展状况密切相关。一方面，推行免费的义务教育，发展职业技术教育和高等教育，而设立学校、培训师资和购置教学设备，需要大量的资金，没有雄厚的经济做基础是无法实现的。科技的发展大大有利于教育的发展。科技知识的深化大大充实了教学内容，现代化教学手段的采用大大扩展了教育的范围，使更多的人通过广播、电视、网络等现代媒介接受教育。另一方面，社会经济的发展、科学技术水平的提高，都依赖于高素质的人才，高素质的人才则需要各级各类学校教育来培养。因此，学校教育制度的建立必须满足社会经济发展和科技发展的要求。

2. 学校教育制度的建立又受社会制度的制约，反映一个国家教育方针政策的要求

学校教育制度是一个国家政治、经济、文化制度要求的反映。在不同的社会制度下，统治者代表着不同阶级的利益。由于学校教育对于人才培养的特殊作用，统治者必然要求根据统治阶级的利益和要求来设立学校教育制度。例如，19 世纪 70 年代以后，欧美工业生产发展很快，各国之间展开了激烈的市场竞争，争夺势力范围的斗争日益加剧，各国都把教育作为经济上竞争、军事上对抗的重要手段，于是提出了普及义务教育的口号，这在客观上为普通民众的子女提供了机会，但从根本上看，是为了通过教育使资产阶级获得更多的廉价劳动力，从而增强他们在国际市场上的竞争力。

3. 学校教育制度的建立，还要依据青少年儿童的年龄特征

各级各类学校的教育必须符合学生的身心发展规律，学生个体的身心发展可以分为幼儿期、童年期、少年期、青年期几个不同的年龄阶段。在每个年龄阶段，学生个体身心发展表现出不同的特点，这些特点有其阶段性也有其连续性，有其稳定性也有其可变性。因此，在制定学制中确定儿童的入学年龄和修业年限，确定各级各类学校的分段和衔接，都必须考虑到不同年龄阶段学生的不同特点，要适合他们身心发展的特点，适合他们智力和体力的发展水平。

4. 学校教育制度的建立受各国历史条件、文化传统的影响

各国的学校教育制度总是根植于本国的文化历史土壤之中的，即使从国外引进也会根据国情加以适当改造。由于各国的历史条件、文化传统、教育传统不同，因此学校教育制度各具特色。例如，日本 19 世纪 70 年代颁布的第一学制，仿效法国的中央集权制和学校系统，实行强迫教育。这种做法不符合日本的文化传统，因而引起了日本国民的不满，使学制改革计划推行几年后不得不废除。又例如，第二次世界大战后联邦德国的教育被迫废除了中央集权制，按照占领国特别是美国的教育制度采取学校教育由各州自治的办法。这种脱离了德国历史传统的做法，使各州的差距极大。为了克服这种做法给德国造成的混乱和给今后发展造成的困难，德国各州于 1955 年签署了一个协定，规定了德国各州各类学校的统一名称与学期的长短等。1959 年，联邦德国教育委员会又提出了《改组和统一普通公立学校的总纲计划》。1969 年，德国联邦政府为了进一步加强对全联邦的控制，修改了基本法，扩大了联邦政府对教育的管辖权限，并成立了中央一级教育行政机构——教育和科学部。也就是说，德国的现行学制虽然曾经受到美国的重大影响，但由于其自身民族文化传统的巨大作用，最终还是与自己的历史接轨。

二、学校教育制度的历史发展沿革

学校教育制度的产生和发展是一定历史阶段的产物，学制是伴随着学校的产生而产生的。一个完整学制的产生要具备三个条件：其一是社会经济的发展。社会经济的发展客观上刺激了社会上对教育所培养人才的需求，从而促使学校的发展。其二是国家教育权的出现。国家必须掌握对教育的控制权与管理权，这样才能从宏观的角度将教育以法规的形式确定下来。其三，学校的发展必须有一定的规模。这样才会出现一定交叉、衔接与比例的问题。从学校教育制度发展的时间顺序来看，先后出现了双轨学制、单轨学制和

中间型学制三种类型，这三种类型基本反映了学校教育制度的产生与演进过程。

（一）学校教育制度的产生

学校教育制度首先出现的形态是双轨制，其产生最早可以追溯到欧洲中世纪。12 世纪，随着生产力的发展，手工业从农业中分离出来，从农业中分离出来的手工业者聚集在一处，便形成了现代意义的城市，促进了资本主义的萌芽。以此为背景，西欧国家相继出现了一些以传授神学、法学和医学为宗旨的高等学术机构，这些机构又逐渐演化成为欧洲中世纪大学，例如意大利的波隆那大学、法国的巴黎大学、英国的牛津大学等。15 世纪以后，在文艺复兴运动的带动下，欧洲的人文主义者在意大利、法国、德国等地相继建立了许多新的中等教育机构。这样就形成了一个由大学和中学共同构成的学校系统。这个学校系统是以大学为顶点，采取“自上而下”的方式发展起来的。这个学校系统主要为资产阶级和贵族子女设立，为培养统治者服务。另外，16 世纪，伴随宗教改革运动的出现，为了传播教义，扩大影响，一些新教派首次提出了义务教育的思想，并陆续建立了一批初等教育机构。随着工业革命时代的到来，社会对劳动者素质提出了基本的要求，欧洲各国相继制定了义务教育法令，发展初等教育。事实上，德意志一些公国在较早时期就已经提出了强迫教育的思想。1833 年，法国在借鉴德国教育的基础上，颁布了《基佐法案》，大力发展初等教育。1881 年和 1882 年，法国两次颁布《费里法案》，进一步实行义务、免费、世俗化的初等教育。1870 年，英国颁布《初等教育法》，要求切实保证义务教育的实施。初等教育随着年限不断向上延伸，逐渐与职业学校衔接起来，由此建立“自下而上”的学校系统。这类学校系统主要满足普通民众的生活和职业发展的需要。以上两类学校系统分别承担着学术教育和职业教育的职责，分工明确，有利于提高办学效益。但是双轨学制具有明显的等级性，社会各阶层接受教育的机会是不均等的，损害了教育平等，背离了现代教育要求民主化的精神。

单轨制与双轨制恰恰相反，它最明显的特点就是体现了教育的公平性。它是由小学、中学、大学统一构成的直线系统，上下衔接，形成自下而上的链接阶梯的学制。美国是最早产生单轨学制的国家。美国产生单轨学制的背景有两点：一是美国在独立战争以后，需要培养“美国公民”观念，同时又要照顾到来自不同国家的移民心态，缓解社会紧张关系，所以建立了以公立学校为主，大、中、小学相互衔接的单轨学校系统。二是美国受封建主义影响较少，又值产业革命之后美国全社会对劳动者素质的要求普遍较高，所以学校教育制度必须满足社会发展的要求。19 世纪 20 年代，美国在霍拉斯·曼（Horace Mann）等人的倡导下建立平等、免费、非教派的公立学校。南北战争之后，四年制公立中学发展起来，与八年制初等学校构成了“八四制”学校教育系统，形成了典型的单轨制学校教育体系。“八四制”学校体系建立以后，由于初等教育时间过长，课程重复过多，不仅没有促进中等教育的发展，相反导致初等学校辍学率的上升。1909 年，美国又掀起了初级中学运动，中学逐步分成初中和高中两段，各为三年，合为“六三三制”。到 20 世纪 40 年代，“六三三制”发展成为美国中小学的主要形态，并对其他国家产生深刻影响，尤其是第二次世界大战之后，日本的学制深受其影响。应该说，单轨制是各国根据自己的国情做出的历史选择，具有其必然性和合理性，但是在一定时期、一定程度上也存在效益低下、发展失衡等问题。

（二）学校教育制度的演进

学校教育制度的生成受到生产力发展水平和政治经济制度的制约，其演进同样反映了生产力和政治经济制度及教育自身发展的要求。20世纪以后，随着民主化思潮的兴起，教育机会均等的理念建立起来。人们普遍要求享有平等的受教育权利，认为双轨制是阻挡社会发展和社会公平的障碍。同时，统治阶级也要减少社会矛盾，并为经济和社会发展培养各级各类人才。为此，欧洲各国在"民主化"和"现代化"理念的引领下，对原有的学校教育制度进行了重构，由过去的双轨制逐渐向单轨制发展，发展出中间型学制。

在德国，根据1919年《魏玛宪法》和1920年《基础教育法》，德国建立了统一的基础学校。凡6～10岁的儿童，无论贫富贵贱，都必须进入基础学校。完成基础学校的教育之后，经过考试，少数成绩优异的学生进入中学，为升入大学做准备。大多数学生则进入高等国民小学继续学习4年，完成义务教育。由于中学学费昂贵，能够进入中学的，大多是上层社会和有产阶级的子女，这反映了德国在中学和大学阶段依然实行双轨制度。但是，双轨制的初等教育已不复存在。1923年，在德国的影响下，法国将原来的中学预科与小学教育逐步衔接起来。两年之后，在小学阶段建立"统一学校"，把义务教育延长至8年。在英国，1924年，新上台的工党首次提出"人人接受中等教育"的主张。1944年，英国国会通过《巴特勒法案》，在共同初等教育基础之上，设立文法中学、技术中学和现代中学三类中等学校，并使之与统一的初等学校相衔接。

二战之后，社会的产业结构、劳动者的智能结构和人们的生活方式发生了巨大的变化，人们对教育提出了更高的要求。同时，随着世界范围内的民主主义高潮的兴起，民主化进一步成为社会发展的主旋律。为此，欧洲各国纷纷延长义务教育年限，在初中或者初中部分时段设立观察指导期，有的则开展综合中学运动，使原来的双轨制度在初中阶段，甚至整个中等教育阶段统一起来。例如，1959年，联邦德国教育委员会公布了《改组和统一公立普通学校教育的总纲要计划》，建议在四年制基础学校之上，加设两年的观察与指导阶段。学生可用这两年的时间确定自己未来的发展方向，然后经过考试，进入适合其发展的各类中等学校。观察与指导阶段的确立，推迟了学生分流的时间，完善了升学的选择机制。1975年，法国议会通过《法国学校体制现代化建议》，将"观察期"和"方向指导期"正式确定下来。初中前两年为"观察期"，所有学生学习共同的基础知识，但对每个儿童的能力和性向进行观察，以确定其升学和就业的方向；后两年为"方向指导期"，根据学生的能力、成绩及性向将学生分为A、B两组，A组毕业生进入国立高中继续深造，而B组毕业生则进入职业技术学校。这种做法实质上在初中阶段向统一学校更迈进一步。1965年，英国掀起了中等教育综合化运动，将文法、技术和现代中学"三分制"中等学校改组为综合中学。20世纪初，美国的"六三三制"在阶段性方面较前有所改进，但是随着中等教育职能的不断分化，中等教育不仅要为大学输送毕业生，还要为人们的职业生活做准备，以及为公民提供普通文化教育，而原来纯粹的单轨制学校体系难以满足人们对于中等教育的多样化需求。于是在1918年，美国中等教育改组委员会发表了《中等教育基本原则》这一报告，提出了创设综合中学的建议。综合中学包含三个层面的内容：第一，为所有未来公民提供普通教育；第二，为那些在学校毕业后立即使用所学技能的学生开设很好的选修课程；第三，为毕业后上学院或大学深造的学生开设令人满意的文理课程。① 综合中学的创设，为多样化中等教育提供了制度保障。60 年代后期，为了更好地帮助学生度过青春发育期，美国又创设了“中间学校”。“中间学校”与四年制小学衔接，修业四年或三年，包括五年级（或六年制）至八年级，在其之上是四年制高中。于是，美国出现了“四四四制”和“五三四制”。目前，美国学校教育制度呈现出多样化的特征。从纵向看，美国有“六三三制”“六六制”“八四制”“四四四制”“七四制”，甚至还有十二年一贯制，从横向来看，综合中学为学生分别提供三种不同性质的教育，从而在纵、横两个方向满足了美国社会的多样化需求。

中间型学制是介于双轨制和单轨制之间的一种学制，或者说是在双轨制不能适应历史的发展时结合单轨制做出的一种改革。它试图融合两者之长，兼顾公平与效益，在义务教育阶段实行单轨，再往上发展，学术教育、职业教育分轨，并保留适当的贯通性，构成类似“Y”型的学制。三种类型学制图如图 1-1 所示。回顾我国 20 世纪学制的发展历程，大多数时期实行的都是倾向于单轨制的中间型学制，不过在实施中根据情况有所偏倚，略有修正。

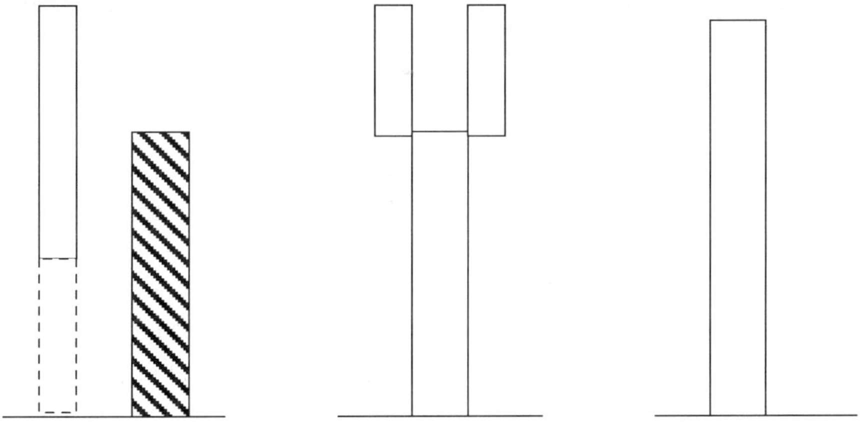

图 1-1　三种类型学制图

（三）现代学校教育制度改革的主要特点

1. 重视幼儿教育并加强与小学教育的衔接

过去幼儿教育发展不够，一般都没有被列入学校教育系统。近年来，由于对早期教育的重视和幼儿教育迅速走向普及，大多数国家强调幼儿教育是整个教育体系的第一环，为此，把幼儿教育列入学校系统。与此相联系，带来了幼儿教育阶段的两个变化：一是幼儿教育的结束期有提前趋势：7 岁的提前为 6 岁，如前苏联等国；6 岁的提前到 5 岁，如前西德等国。二是幼儿教育和小学教育的联系在加强，甚至使幼儿教育的高班和小学的低年级结合起来。有的国家还提倡把幼儿园办在小学里，以便更好地进行早期教育。英国规定 5 ~7 岁、7 ~9 岁和 9 ~11 岁三个阶段，把幼儿教育和小学教育结合起来。我国小学、幼

① ［美］康南特：《康南特教育论著选》，人民教育出版社，1988 年，第 41 页。

儿园所办的学前班（幼儿班）也是力图加强幼儿教育和小学教育的衔接。

之所以出现这种趋势，一个重要原因是教育科学和心理科学研究认为婴、幼儿期是人生发展的重要时期，人的发展水平在很大程度上取决于早期教育。美国心理学家布鲁姆研究提出，人的智力发展的一般方式是：与17岁所达到的智力水平相比较，4岁时就能获得50%的智力，30%的智力是在4～8岁获得的，最后的20%是在8～17岁获得的。这在一定程度上说明，重视幼儿教育对人一生的发展都将产生很大的影响。这一科研成果引起了世界各国对早期教育的重视，推动了幼儿教育的普及和发展。

2. 逐渐延长义务教育年限

普及义务教育是工业革命对劳动力文化科学素养和职业技术素养要求的产物，科技革命不断推动工业革命的发展，普及义务教育的年限也不断延长，强制性不断加强，实行义务教育的国家和地区不断增多。近百年来世界各国普及义务教育的发展规律表明：以蒸汽机为标志的第一次工业技术革命需要劳动者具有小学文化水平，义务教育普及到小学程度（6年制）；以电气化为标志的第二次工业技术革命需要劳动者具有初中文化水平，义务教育就普及到初中程度（9年制）；以核能、电子、航天技术为标志的第三次工业技术革命则需要劳动者具有高中以上文化水平，义务教育的普及就已经向高中程度发展，西方发达国家已经出现这一趋势，如美国、日本等国家。日本1978年的初中毕业生升入高中的比例已达96%，实际上已经普及了12年制义务教育。

3. 普通教育与职业教育日趋接近

中等教育阶段的普通教育与职业教育之间关系的发展趋势是：普通教育职业化，职业教育普通化。所谓普通教育职业化，指的是在普通基础教育学校开设职业技术或劳动技术选修课；所谓职业教育普通化，指的是在职业技术教育学校中加强普通科学文化课的教学。可见，普通教育与职业教育在互相靠拢、日趋接近。今后将会出现和职业教育内容融合在一起的普通教育与没有严格划分的职业教育，甚至可能将历史上分离的普通教育和职业教育极为紧密地结合起来，直至两者融为一体。从整个世界的角度看，普通教育与职业教育之间彼此渗透、相互结合和日趋接近，并且逐步向二者统一的方向发展，将成为当前世界各国学校教育制度改革中十分重要的动态和趋势。

出现这一趋势，既是现代社会对劳动力和各类人才综合素质与文化水平提高的需要，也是教育民主化——个体教育选择权扩大的要求，同时还是终身教育的必然要求。

4. 高等教育多样化、大众化

由于科学技术和经济发展对各类高级人才的需要，世界各国高等教育得到了迅速发展，其趋势主要表现在两个方面：

一个方面是高等教育机构的多样化趋势。多样化又表现为多层次和多类型两个特点：多层次是指传统大学向下延伸为专科层次，向上延伸为硕士、博士两个层次。这一现象在美国体现为初级学院（社区学院）、大学、研究生院"三级体制"，在日本体现为大学、短期大学、专科、专修四种类型。多类型是指教育形式多样化，出现学历与非学历、全日制与业余制、培养与培训等多种教育组织形式，在我国体现为普通全日制大学、电大、夜大、函大、职大、自修大学等6种形式。

另一方面是高等教育向大众化方向发展。高等教育大众化主要是指享受高等教育的青年达到或超过同龄人的15%到50%的程度。这是一个教育发展概念,标志着社会发展和公民教育需求都达到了较高水平。也有学者将高等教育大众化理解为大学世俗化、"生活化"趋势,认为高等学校增设培养中级科学技术人员、管理人员的专业,担负在职人员知识更新的任务,改变传统大学强调学术、重视理论知识、只负责一次性培训、只造就高级专家的单一性等的贴近生产活动和世俗生活的现象就是高等教育大众化趋势。

5. 重视继续教育和终身教育

现代生产和现代科学技术的迅速发展所伴随的知识"爆炸"和知识"老化",使得人们把青少年时期所接受的教育作为终生享用不尽的资源的时代已经成为过去。不论受过多高水平教育的人,都必须随时补充自己的知识,以便能和科学技术的发展同步前进,甚至还需要重新回到教育过程中来补充自己的知识,于是回归教育、成人教育、继续教育、终身教育就被提了出来,函授大学、广播电视大学、自修大学、夜大学、职工大学、开放大学等教育机构得到了广泛的发展。过去在学校系统中没有地位的成人教育不仅被纳入学校教育的制度之中,而且逐渐形成了与普通教育、高等教育相联系的完整的成人教育系统,构成了对过去青少年从小学到大学、从普通教育到职业教育的学校教育制度的补充,这是现代学校教育制度的一个重要的发展趋势。

三、我国的学校教育制度

我国学制是适应社会生产力发展对劳动者质量和数量的要求不断提高这一形势而形成的,也随着社会的不断进步而发展变化。近代以前,虽然存在着各式各样的教育机构,而且这些教育机构之间存在着等级与程度的不同,但是不同学校之间并无明确的衔接与转换关系,同一层次的学校也无明确的分工与协同,各种教育机构之间处于分散状态,并未形成严格意义上的学校教育制度。近代以来,随着公共教育制度的诞生,学校的数量与类型大量增加,就需要一定的规范来确立与协调各级各类学校之间的关系,于是现代学校教育制度应运而生。随着现代学制系统的迅速发展,学制系统内的学校及其他教育机构的设置、教育形式、修业年限、招生对象、培养目标等也日趋多样化,同时,义务教育在我国现行学制系统中也占有重要地位。

(一)我国学校教育制度的诞生和发展

学校教育制度的萌芽思想在我国由来已久,据记载,我国最早的学校产生于夏朝,不过那时的学校与现代意义上的不同,是养老、习武兼教育的场所。到了西周时期初步具有了学制系统的雏形,分为国学与乡学两大系统。我国古代基本上一直沿用此学制,学制真正意义上的形成是清朝末年的事。

1. 近代学制的诞生和发展

1861年开始,洋务运动兴起,一时间西学之风大盛,日本和西方各国的学制为我国的学制的建立提供了参考。在19世纪末20世纪初,我国从小学、中学到大学已经基本构成了一个相互衔接的学校系统,制定一个统一学制的基础和条件已经形成。更为重要的是,清政府已经意识到学校教育的重要性,决心推行教育制度,这样就有了中国近代学制的诞生。

1902年,即光绪壬寅年,中国历史上第一个系统完备的学制诞生了,称“壬寅学制”。该学制为三段七级。三段即初等教育、中等教育和高等教育。七级是:蒙学堂(4年)→寻常小学堂(3年)→高等小学堂(3年)→中学堂(4年)→高等学堂或大学预科(3年)→大学堂→大学院。儿童6岁入学至大学毕业共20年。此外,与高等小学堂并行的有简易实业学堂,与中学堂并行的有高等实业学堂、师范馆。“壬寅学制”未及实施,清政府于1903年又颁布了一个新学制,称“癸卯学制”。它以日本学制为蓝本,是中国第一个经正式颁布后在全国范围内实际推行的学制。该学制也分三段七级。初等教育含三级:蒙养院4年,初等小学5年,高等小学4年。中等教育一级,设中学堂5年。高等教育含三级:高等大学堂或大学预科3年,分科大学堂3~4年,通儒院5年。与上述直系的各级学校并行的还有实业教育和师范教育。属于高等教育阶段的还有译学馆和方言学堂、进士馆和仕学馆。“癸卯学制”的一个突出的特点就是其修业年限特别长,如果7岁入小学,读完通儒院为32岁,长达26年。“癸卯学制”的颁布,标志着中国近代学校教育制度的开始,尽管它存在种种不足,但是它在中国教育发展中的地位和作用是不可抹杀的。辛亥革命后,“癸卯学制”被废止。“壬寅学制”和“癸卯学制”的颁布与实施加速了科举制度的灭亡与我国教育法制化的进程,对于中国教育的近代化具有里程碑的意义。

1912年,南京临时政府制定了“壬子学制”。该学制以日本学制为蓝本,主体结构为三类三段七级。三类指学制分普通教育、实业教育和师范教育三种类型。与“癸卯学制”相比,“壬子学制”相对提高了职业教育和师范教育的地位。三段指初等教育、中等教育和高等教育。七级为蒙养园3年,初等小学4年,高等小学3年,中学校4年,大学预科3年,大学本科4年,大学院学程不定。这个学制将小学教育缩短至7年,中学教育缩短至4年,废除了小学与师范学校读经课程,有利于教育的普及。该学制规定男女同校,设立女子高师,允许女子享受高等教育,是“壬子学制”的一个突出特点,在我国近代教育发展史及我国公民教育权的发展史上具有极其重要的意义。但是,这一学制在实施的同时,也暴露了许多的不足,如“过分强调整体划一,缺乏灵活性;各学段年线划分的不合理……太偏重于普通教育等等”。

1919年五四运动爆发后,在新文化运动的影响下,北京政府颁布《学校系统改革方案》,因颁布之年是1922年,是旧历壬戌年,故称“壬戌学制”或1922年学制。“壬戌学制”以美国学制为蓝本,是中国现代教育史上第一个学制,是中国实施时间最长、影响最大、最为成熟的学制。当然,“壬戌学制”也存在一定的局限,如对实用主义的教育影响缺乏辩证分析的态度,学制中某些方面的设置过于理想化等等。该学制仍按三类三段七级设学,但其中七级有明显的变化:一是初等教育缩短1年,中等教育则延长2年,有利于初等教育的普及;二是中学分为初级和高级两段,更加符合学生身心发展的特点;三是小学修业年限为6年,中学阶段初中为3年,高中亦为3年,故称“六三三制”。该学制后来虽几经修改,但基本框架未动,一直沿用到新中国成立。

2. 新中国的学校教育制度

新中国成立以后,1951年10月1日中央人民政府政务院发布了《关于改革学制的决定》,从而产生了新中国的第一个学制。这个学制包含从幼儿园到大学的完整体系。新学制系统分为四个阶段:第一阶段为幼儿教育,学制4年;第二阶段为初等教育,学制5年;

第三阶段为中等教育,学制 6 年(初中、高中各 3 年);第四阶段为高等教育,学制 2 ~ 5 年。这个学制缩短了小学修业年限,改四二分段为“五年一贯制”。它奠定了我国学校教育的基础,标志着教育走上了有计划、有系统发展的新阶段。1958 年 9 月,为了配合国家大规模的经济建设,中央发布了《关于教育工作的指示》,要求改革学制,由于受“左”的思想的影响,改革存在急躁冒进和违背客观规律的盲目行为,所以,这一时期的改革是不成功的。1961 年中央对此及时进行了调整和纠正。随后,十年“文化大革命”使我国的学校教育制度遭到极大的破坏。1978 年以后,经过拨乱反正,学校教育制度得以重建。

3. 我国现行学校教育制度

我国《教育法》第十条规定:“国家实行学前教育、初等教育、中等教育、高等教育的学校教育制度。”在我国现行学制中,从纵向来看,划分了四个阶段:学前教育阶段、初等教育阶段、中等教育阶段、高等教育阶段。其中初等教育阶段与初级中等教育阶段合称为义务教育阶段。义务教育的修业年限为 9 年。其中,初等教育阶段的修业年限为 6 年或 5 年,初级中等教育阶段的修业年限为 3 ~4 年。因此,义务教育的学制类型也不尽统一,一般有“六三制”“五四制”和“九年一贯制”等多种形式。各省、自治区和直辖市可根据实际情况确定本行政区内的初等教育与中等教育阶段的修业年限。从横向来看,到了中等教育阶段以后,根据性质与目标的不同,可以把我国的教育分为普通教育系统和职业教育系统。职业教育系统需要以普通教育系统为基础。初等教育阶段实施的是普通教育,中等教育阶段以上实施的既有普通教育也有职业教育。根据教育对象可以划分为学龄期教育系统与成人教育系统。根据教育的普及程度与强制性可以划分为义务教育系统(普及教育系统)与非义务教育系统(非普及教育系统)。其中,针对义务教育系统、高等教育系统和职业教育系统,国家先后颁布了《义务教育法》《职业教育法》《高等教育法》对其进行法律上的规定。

(二) 我国实施义务教育的情况

教育的普及是一个国家社会经济发展的基础,义务教育水准的高低则是衡量一个国家现代文明的标志之一,义务教育是提高民族素质、培养现代人才的奠基工程。

1. 义务教育的含义

义务教育是根据《宪法》规定,适龄儿童和青少年都必须接受,国家、社会、家庭必须予以保证的国民教育。其实质是国家依照法律的规定对适龄儿童和青少年实施的一定年限的强迫教育的制度。义务教育又称强迫教育和免费义务教育。义务教育具有强制性、公益性、普及性的基本特点。我国《义务教育法》规定的义务教育年限为 9 年(小学 6 年、初中 3 年,部分省市为小学 5 年、初中 4 年),这一规定符合我国的基本国情,是适当的。

2.《义务教育法》及其实施

1982 年 12 月,五届全国人大五次会议通过的《宪法》规定:“国家举办各种学校,普及初等义务教育。”这是新中国成立以来首次由国家的根本大法——《宪法》确定在全国普及初等义务教育。1986 年 4 月,六届全国人大四次会议审议通过了《义务教育法》,我国义务教育从此进入了在法律保障下迅速发展的新阶段。

《义务教育法》明确规定我国实施义务教育的指导思想,它的第三条规定:“义务教育必须贯彻国家的教育方针,努力提高教育质量,使儿童、少年在品德、智力、体质等方面全面发展，为提高全民族的素质，培养有理想、有道德、有文化、有纪律的社会主义建设人才奠定基础。”第四条规定：“国家、社会、学校和家庭依法保障适龄儿童、少年接受义务教育的权利。”第五条规定：“凡年满六周岁的儿童，不分性别、民族、种族，应当入学接受规定年限的义务教育。条件不具备的地区，可以推迟到七周岁入学。”义务教育作为国民基础教育，其目的首先在于提高全体国民和整个民族的素质，这就决定了义务教育要面向全体，造就全体，培养能适应我国社会主义建设和现代化社会生活需要的公民。因此，为了更好地落实义务教育，1992 年 2 月 29 日，经国务院批准颁布的《中华人民共和国义务教育法实施细则》（简称《实施细则》）在全国施行。《实施细则》是与《义务教育法》相配套的重要行政法规。《义务教育法》第二条规定：“国家实行九年制义务教育，省、自治区、直辖市根据本地区的经济、文化发展状况，确定推行义务教育的步骤。各地实施义务教育应从实际出发，因地制宜，提出切合实际的义务教育规划，有步骤地组织实施。”从目前全国普及义务教育的情况来看，在大部分地区基本普及了九年义务教育。

义务教育的目的在于提高国民素质，义务教育普及的情况受到历届全国人大常委会的重视。2006 年 6 月 29 日，十届全国人大常委会第二十二次会议上表决通过了修订后的《义务教育法》，新的《义务教育法》自 2006 年 9 月 1 日起施行。2015 年 4 月 24 日，十二届全国人大常委会第十四次会议上表决通过了《关于修改〈中华人民共和国义务教育法〉等五部法律的决定》（修正）。

法律规定，国家实行九年义务教育制度。义务教育是国家统一实施的所有适龄儿童、少年必须接受的教育，是国家必须予以保障的公益性事业。实施义务教育，不收学费、杂费。国家建立义务教育经费保障机制，保证义务教育制度实施。法律同时明确，对接受义务教育的适龄儿童、少年不收杂费的实施步骤，由国务院规定。法律还规定，凡具有中华人民共和国国籍的适龄儿童、少年，不分性别、民族、种族、家庭财产状况、宗教信仰等，依法享有平等接受义务教育的权利，并履行接受义务教育的义务。法律明确规定，各级人民政府及其有关部门应当履行法律规定的各项职责，保障适龄儿童、少年接受义务教育的权利。适龄儿童、少年的父母或者其他法定监护人应当依法保证其按时入学接受并完成义务教育。依法实施义务教育的学校应当按照规定标准完成教育教学任务，保证教育教学质量。修订后的《义务教育法》更加体现出国家对义务教育的重视和普及的决心。

3. 义务教育实施情况

1986 年 4 月 12 日《义务教育法》颁布，普及义务教育正式进入法治阶段。其中第 12 条中规定：国家对经济困难地区实施义务教育经费，予以补助；国家在师资、财政等方面，帮助少数民族地区实施义务教育。为加快贫困地区义务教育的普及，1995 年，国家决定实施《国家贫困地区义务教育工程》（以下简称《工程》）。1998—2000 年，《工程》项目主战场转向西部地区（三片区）的 469 个贫困县。根据国家批准的《工程规划》，新疆 30 个贫困县全部被列入项目计划。2003 年 8 月，国家和新疆维吾尔自治区投资 1.9 亿元合力启动实施了《边远贫困地区免费义务教育工作》，使以南疆四地州为主的 56 个贫困县、边境县的 205 万名各族学生享受到“免费义务教育”，推动了贫困地区普及九年义务教育进程。2004 年 2 月，为了贯彻《国务院关于进一步加强农村教育工作的决定》，进一步推进西部大开发，实现西部地区基本普及九年义务教育、基本扫除青壮年文盲（以下简称“两基”）目标，国务院办公厅转发了教育部、国家发改委、财政部和国务院西部开发办出台的《国家西部地区“两基”攻坚计划（2004—2007 年）》，其中指出，在继续实施“国家贫困地区义务教育工程（二期）”和“中小学危房改造工程”的基础上，从 2004 年到 2007 年实施“农村寄宿制学校建设工程”。中央财政将逐年扩大向义务教育阶段家庭经济困难学生免费提供教科书的范围，逐步使西部农村地区家庭经济困难的中小学生享受免费教科书。国家继续向新疆维吾尔自治区 56 个边境县和特殊困难县义务教育阶段免费提供教科书等。中央资金还将主要支持西部农村地区中小学现代远程教育工程建设。此外，国家提出要大力加强西部农村地区教师队伍建设。各地区、各有关部门要制定优惠政策，鼓励大中专毕业生到西部“两基”攻坚县任教，继续组织好“教育对口支援”和“西部大学生志愿者计划”，满足西部地区普及义务教育对合格师资的需求。开展少数民族地区“双语”教师特别是汉语教师的培养培训工作，提高教师“双语”教学能力。积极推进农村中小学课程和教学改革，因地制宜地实施素质教育等。实施西部地区“两基”攻坚计划，将有力地推动西部地区教育的发展，普遍提高劳动者素质，促进区域之间、城乡之间和经济社会协调发展，为全面建设小康社会和实现西部大开发战略目标奠定坚实的基础。

《义务教育法》中提出实施义务教育实行“分类指导”的原则，是国家在较长时间内，承认义务教育发展的地区间差异，实施非均衡性义务教育发展政策的理论依据。这不仅是因地制宜发展各地区教育的必然要求，也是逐步缩小差距、实现全国义务教育均衡发展的理智选择和政策基础。中国教育总体水平已经进入世界中上行列，通过独立第三方对中国教育进行评估的结果显示：学前教育毛入学率为 75%，达到世界中上收入国家平均水平；小学净入学率达到 99.9%、初中毛入学率为 104%，中国总数为 1.5 亿的九年义务教育学生普及率超过世界高收入国家的平均水平；高中阶段毛入学率为 87%，高等教育毛入学率为 40%，这两项指标高于世界中上收入国家平均水平。①

2016 年国务院教育督导办对 545 个县（市、区）进行督导评估认定，对 757 个均衡县开展监测复查，对 1600 个县进行过程性评估。据统计，除了上海等五省市所有县级单位通过国家认定外，广东、湖北、福建三省通过认定的县（市、区）比例均超过 80%。已通过国家认定的 1302 个县中，东部地区 634 个，中部地区 367 个，西部地区 301 个。教育部发布的《2015 年全国义务教育均衡发展督导评估报告》显示，2014 年中国义务教育总投入达到 1.42 万亿元，其中国家财政性教育经费达到 1.36 万亿元，比上年增长约 1000 亿元。办学条件进一步改善，全国小学和初中生均校舍面积等指标均有所增加。据悉，1302 个县通过督导评估认定，完成了 2020 年目标的 47%。尽管义务教育均衡发展取得了新突破，但是还没有达到国务院提出的预定 65% 的目标，还存在不少需要解决的问题，主要集中在学校布局调整不能满足入学需求的变化、农村学校办学条件尤其是信息化建设仍待加强、偏远农村学校教师队伍建设相对滞后、部分学校管理水平和资源使用率有待提高等问题。②

① 《九年义务教育仍将维持不变》，新华社（合肥在线—江淮晨报），2016 年 3 月 11 日，http://news.qq.com/a/20160311/028948.htm.

② 《中国教育报》，2016 年 2 月 24 日。

案例分析与讨论

解读新义务教育法有七大亮点

第一，新法进一步明确了我国义务教育的公益性、统一性和义务性。这是义务教育的三个基本性质。

所谓公益性，就是明确规定“不收学费、杂费”。公益性和免费性是联系在一起的，孙霄兵说，对农村而言，从今年（2014年）到明年（2015年）要全部免除学费、杂费，但是对城市而言，这还需要一个过程。实际上，要免除义务教育阶段的杂费，就涉及很大的财政问题。现在国家就是要下决心解决这个问题。

在新法中，统一性是贯穿始终的一个理念。孙霄兵说，在新法中，从始至终强调在全国范围内实行统一的义务教育，这个统一包括要制定统一的义务教育阶段教科书设置标准、教学标准、经费标准、建设标准、学生公用经费的标准等等。这些与统一相关的内容以不同的形式反映到法律的修改中来。

“用词可以不一样，但是这样一个思想贯穿始终，这是保证义务教育阶段国家意志的体现。在新法中，就是要用教育的内容和形式去体现这种统一的保障，并通过这种统一的保障，通过内容的一致来促进义务教育的均衡发展，体现公平。”孙霄兵说。

如今说义务教育的公平发展经常指的是外部条件，比如大楼、设施等等，实际上教学内容的一致也是公平的一个体现。不能说在经济欠发达地区课程内容就要浅显，在经济发达地区课程就要高深。孙霄兵说，现行情况是一纲多本，教科书可以由各省自己编写，新法规定：“国家实行教科书审定制度。教科书的审定办法由国务院教育行政部门规定。”

强制性又叫义务性。孙霄兵说，让适龄儿童、少年接受义务教育是学校、家长和社会的义务。谁违反这个义务，谁就要受到法律的规范。家长不送学生上学，家长要承担责任；学校不接受适龄儿童、少年上学，学校要承担责任；学校不提供相应的条件，也要受到法律的规范。

第二，国家对义务教育采取新的经费保障机制，这样一个保障机制首先体现在义务教育的投入上。过去一说政府的投入，就往往容易理解为由县级政府来负责，但是实际情况是，县级政府没有足够的能力予以承担。而新法明确规定：“义务教育经费投入实行国务院和地方各级人民政府根据职责共同负担，省、自治区、直辖市人民政府负责统筹落实的体制。农村义务教育所需经费，由各级人民政府根据国务院的规定分项目、按比例分担。”新法还要求，地方各级人民政府在财政预算中将义务教育经费单列。

“应当说，中国作为一个发展中国家，在制度设计和经费保障上已经尽到最大的努力。”孙霄兵表示。

第三，新法对义务教育的管理机制有了明确的规定。新法第七条规定：“义务教育实行国务院领导，省、自治区、直辖市人民政府统筹规划实施，县级人民政府为主管理的体制。县级以上人民政府教育行政部门具体负责义务教育实施工作，县级以上人民政府其他有关部门在各自的职责范围内负责义务教育实施工作。”

第四，为了促进义务教育的均衡发展，新法采取多种措施保障适龄儿童平等地接受义务教育，比如说："适龄儿童、少年免试入学。地方各级人民政府应当保障适龄儿童、少年在户籍所在地学校就近入学。""特殊教育学校（班）学生人均公用经费标准应当高于普通学校学生人均公用经费标准。""保障家庭经济困难的和残疾的适龄儿童、少年接受义务教育。"

第五，新法还进一步推动实施素质教育，明确了义务教育的质量要求。第五章专门对教育教学做出规定，要求促进学生的全面发展，保证教育教学的质量。

第六，新法对义务教育阶段的教师的地位和待遇做出新的明确的规定。孙霄兵解释，义务教育阶段的教师必须具备国家教师资格。最重要的是，新法对小学和初中教师的工资和职务做出新的规定。第三十条提出："国家建立统一的义务教育教师职务制度。教师职务分为初级职务、中级职务和高级职务。"第三十一条还规定："教师的平均工资水平应当不低于当地公务员的平均工资水平。"

第七，新法对上学难、上学贵的问题做出专门的规定。比如说，第二十二条规定："县级以上人民政府及其教育行政部门应当促进学校均衡发展，缩小学校之间办学条件的差距，不得将学校分为重点学校和非重点学校。学校不得分设重点班和非重点班。县级以上人民政府及其教育行政部门不得以任何名义改变或者变相改变公办学校的性质。"

"这些都是重要的突破。希望通过规范办学的秩序，进一步促进义务教育的健康发展。"孙霄兵说。

（法律教育网，http：//www. chinalawedu. com/web/21682/li20140121110034600317 42. shtml，2014－01－21）

讨论题

1. 与1986年《义务教育法》相比较，新《义务教育法》做出了哪些调整？
2. 你觉得《义务教育法》在实施过程中还存在哪些问题？

阅读导航

1. 郭秉文：《中国教育制度沿革史》，福建教育出版社，2007年。
2. 夏茂林：《我国义务教育发展失衡的制度述源及变迁研究》，科学出版社，2015年。

思考与探究

1. 你如何理解义务教育的强制性和义务性？
2. 谈谈现行教育制度发展的特点。
3. 谈谈我国大力发展职业教育的必要性。
4. 调查或访问你所在的城市、乡镇和农村实施义务教育的情况并分析存在的问题。

第二篇

教师职业与专业发展

内容提要

在不同历史时期，人们对教师职业的作用、社会地位、职责、角色、素质要求等认识各不相同。但有一点可以肯定，学生的发展需要教师，教师的质量是决定学生发展质量的关键。因此，人类社会的发展需要重视教育，而重视教育就不能不重视教师，正所谓“国将兴，必贵师而重傅”。

教师劳动具有复杂性、创造性、示范性、长期性、群体性等特征。当代教师的角色发生了根本转变，教师不再是单纯的“传道、授业、解惑者”，同时还扮演着研究者、对话者、课程开发者、学生发展的促进者、管理者等角色。教师的角色转换不仅意味着教师的作用发生实质性的改变，而且意味着学校功能的变化。教师资格证是教师职业的入职前提，是教师职业发展的要求。国家法律规定了教师的基本权利和义务，要求教师能够依法执教。为了适应教师职业道德发展的新形势，国家颁发了《中小学教师职业道德规范》，它是规范中小学教师职业道德建设、评价的基本文件。

教师是教育事业发展的中坚力量，教师的专业发展是不断提升教育质量的根本保证。教师的专业发展具有阶段性的特点，因此，为了促进教师的专业发展，人们应当重视一体化教师教育、校本教师培训、教师专业发展学校及教师自我教育等途径。《中学教师专业标准（试行）》是国家对合格中学教师的基本专业要求，是中学教师开展教育教学活动的基本规范，是引领中学教师专业发展的基本准则，也是中学教师培养、准入、培训、考核等工作的重要依据。《中学教师专业标准（试行）》对中学教师素养（包含专业理念与师德、专业知识、专业能力等）做出了具体的规定。

专题一　教师的职业认识

学习要求：知道教师职业的历史发展与重要价值，了解教师职业的社会地位与社会期待，明了法律赋予教师职业的权利与义务；明确教师职业性质与劳动特点，在理解教师职业角色变化的基础上体会教师职业的新发展与新变化，形成热爱教育事业、热爱教师职业的情感。

一、教师职业的过去与现在

虽然自有教育出现就有教师，但最初的教师并非作为一种职业。据《尚书·舜典》记载，在禹舜时代，我国似乎就有了专司教育的学官。一为“司徒”，主持“五教”（父义、母慈、兄友、弟恭、子孝），以契为之长；二为“秩宗”，主持“三礼”（祭天神、祭地祇、祭人鬼），以伯夷为之长；三为“典乐”，专掌乐教之类，以夔为之长。这些“司徒”“秩宗”“典乐”既是管理行政的首领或长老，也是社会教育的承担者。

学校产生之后，部分人从直接生产劳动中脱离出来，从事专门的培养人的活动，这时才产生了作为职业的教师。但最初出现的学校一方面是统治阶级维护政治的需要，受（学校）教育是统治阶级的特权。另一方面，教育的内容比较简单，职能没有分化。此时的教师虽然从生产劳动中分离出来，但他所承担的教育任务与他所从事的政治活动、宗教活动是紧密结合在一起的。例如在我国的奴隶社会时期，学校教育就呈现出政教合一的特征，教师由官吏兼任，表现为“官师合一”“以吏为师”的情况。在西欧各国，奴隶社会的教师多由僧侣充任或由其他劳动者兼任。春秋末年的孔子为了推行自己的政治主张，率先办起了“私学”，提出了“有教无类”，打破了贵族对受教育权的垄断，把受教育的对象扩大到一般的平民，世界上出现了以“教”为业并把“教”当作自己主要的生活方式的教师和教师职业。但古代私学的教师因不代表社会的要求，虽然也以育人为业，但仍不同于现在的教师。

当代，知识的传递依然是教师的重要工作，但不能把此视为教师工作的全部和唯一的目标。正如雅斯贝尔斯所说，教育是人的灵魂的教育，而非理智知识和认识的堆集。教育不是“知者”带动“无知者”，教师已经跳出和超越了传统的知识传递者的角色，教师的职责不在于“教书”，而在于“育人”，在于创造新的精神生命。从“知识的传递者”到“生命的缔造者”，教师的职业性质发生着根本性变革，教师职业已成为一种专门职业。

古今关于教师的定义

古今中外的教育家曾对教师下过不同的定义，就我国而言，其典型的有：

(1)“师者，教人以道者之称也。”(《周礼》)

(2)“师者，所以正礼也。”“教之以事，而喻诸德者也。”(《荀子》)

(3)“智如泉源，行可以为人仪表者，人之师也。”(《韩诗外传》)

(4)“师者，人之模范也。”(扬雄《法言学行篇》)

(5)“师者，所以传道、授业、解惑也。”(韩愈《师说》)

(6)《辞源》把教师解释为“传授学业”之人；《辞海》把教师解释为“向学生传授知识，执行教学任务的人员”。

二、教师职业的社会地位

（一）教师的社会地位

一般来说，职业的社会作用的大小与其地位高低呈正相关。没有人否认教师职业对社会发展的巨大作用。教师既是人类文化的传递者、社会物质财富和精神财富的创造者，也是学生发展的引导者。因此，教师的劳动理应受到全社会的尊重与承认。然而在历史上，教师职业的社会地位却“忽高忽低”。

在我国，儒家曾把教师的地位抬得很高，将教师与君相提并论。如孟子的“天降下民，作之君，作之师”；荀况的“天、地、君、亲、师”序列；《学记》的“能为师然后能为长，能为长然后能为君。故师也者，所以学为君也”。但是，古代社会教师的作用具有两重性。一方面，为社会的生存与延续发挥作用；另一方面，依附统治阶级并为统治阶级服务，为统治阶级培养继承人。教师没有充分表达自己意愿的权利，劳动成果为统治阶级所占有，教师也是受压迫的劳动者。因此，教师的劳动得不到全社会的承认，社会地位也摇摆不定。受政治伦理本位、官师一体、“学而优则仕”、看重职业实利特权文化及教师的非专业化的影响，教师的实际地位和待遇难以得到实质性的提高。如韩愈的“嗟呼！师道之不传久矣”、柳宗元的“由魏晋氏以下，人益不事师。今之世，不闻有师；有辄哗笑之，以为狂人”、郑板桥的“教馆本来是下流，傍人门户度春秋。半饥半饱清闲客，无锁无枷自在囚”等人的悲愤和感慨。新中国成立后，教师作为知识分子被明确为工人阶级的一部分，选举教师为人大代表、政协委员，表彰优秀教师，授予特级教师、劳动模范光荣称号。但在“文革”中，教师被污蔑为“臭老九”，被推到了人民的对立面。十一届三中全会以后，随着党的知识分子政策的落实，平反冤假错案，教师的政治地位才开始恢复，并成立了中国教育工会(2002年扩大为教科文卫体工会)。

我国教师节的由来

1932年,中华民国政府曾规定每年6月6日为教师节。1939年,当时的教育部又将教师节改在每年的8月27日。新中国成立初期曾规定把“五一”节作为全国教师的节日,没有单独设立教师节。20世纪80年代初,教育部和全国教育工会多次给中央写请示报告,1984年中共中央书记处在请示报告上批了“看来教师有必要有一个教师节”。之后,国务院总理就在1985年1月全国人大常委会上提出了设立教师节的议案;全国人大常委会通过了设立教师节的议案,决定每年9月10日为教师节。1985年9月10日为第一个教师节。教师节的设立,为全社会集中开展尊师重教活动提供了机会,对广大教师也是一种有力的激励。在庆祝一年一度教师节的时候,各级政府都以“为教师办实事、办好事”为主题,推动了为教师排忧解难的具体措施的落实。

(资料来源:《中国教育报》,2001年9月28日第2版)

在西方,教师的地位也屡有变迁。古希腊的教仆随时可以被贴上标记,定价到市场上拍卖。19世纪以前,欧洲各国初等学校的教师大多由教堂里的唱诗人、旅馆的掌柜和“坐着的手艺匠(裁缝、鞋匠等)”兼任。直到19世纪,初等学校特别是为劳动人民所设立的初等学校的教师也一直不受重视。19世纪以后,教师的地位有所改善,但远不尽如人意。1850年法国立法会议通过了取缔学校教师法,马克思就此描述道:“取缔学校教师法,使身为农民阶级的教育者、保护人、思想家和顾问的学校教师处于受地方行政官任意摆布的地位,把身为学者阶级中的无产者的学校教师像追逐野兽一样从一个村庄赶到另一个村庄。”①总之,在早期的教育中,教育还处于十分散漫的状态。教什么、何时教、怎么教都由教师说了算,学校和教师的工作都没有什么统一标准,教学质量也取决于教师的水平。很少有人把教学作为自己的专门职业和终身职业,更谈不上对这个行业的人进行专门的培训,这就形成了古代教师职业非专业化的特点。

教师社会地位最直观的表现是教师的经济待遇。古代社会除少数大师鸿儒外,普通教师的经济待遇一直比较低下,“家有一斗粮,不当孩子王”等正是这种情况的真实写照。现代社会,教师的经济待遇正在不断提高,全社会正在形成尊师重教的风气。教师的经济待遇不仅影响教师个体的生存和发展,也影响教师队伍的稳定和教师职业的专业化程度。

(二)教师的权利与义务

关于教师的权利与义务问题不能泛泛而谈,应从法律的角度来探讨。这里所说的教师的权利和义务,是指法律所规定的教师的权益和责任。因此,谈教师的权利与义务必须联系国家教师制度及法规。

教师作为一般公民,享有宪法所规定的公民权利,并承担相应的义务。教师作为履行教育教学职责的专业人员,又具有与职业相联系的特殊的权利和义务。

---

① 华东师范大学教育系编:《马克思恩格斯论教育》,人民教育出版社,1986年,第170页。

1. 教师的权利

权利，从一般意义上来说，有几层相关的含义。它与自由相关，因为权利在定义上表述为一种法律规定的作为或不作为的自由；权利也包含利益的获取和保障，也称权益，即法律所保护的利益。教师权利，是指教师在教育教学活动中享有的由法律所赋予的权利，是国家对教师在教育教学活动中可以为或不为一定的行为的许可和保障。

通过法律手段来保证教师的权利，规范教师的行为，实施对教师的管理，是目前世界上许多国家普遍采用的做法。在国外，法律中早就有对教师有关权利和行为做出的规定，但针对教师这一特定社会主体进行大量的立法活动，还是在第二次世界大战以后。如日本1949年制定的《教育公务员特例法》，波兰在1982年制定的《教师宪章》等。各国有关教师的专门法律虽各不相同，但大都规定了教师的资格、权利、义务、聘用、工资待遇和进修培训等问题，这对建立一支规范化、高水平的教师队伍起到重要的保障作用。在我国，自新中国成立以来陆续颁布了一系列有关教师的行政法规及规章，如1961年教育部制定《全日制小学暂行工作条例（草案）》（即小学四十条）、《全日制中学暂行工作条例（草案）》（即中学五十条）和《教育部直属高等学校暂行条例（草案）》（即高校六十条）中有关教师的内容，1986年颁布的《中小学教师考核合格证书试行办法》《中学教师职务试行条例》《高等学校教师职务试行条例》和《关于加强在职中小学教师培训工作的意见》等，1989年发布的《教师和教育工作者奖励暂行规定》，1991年颁布的《中小学教师职业道德规范》等。1986年通过的《中华人民共和国义务教育法》和1995年通过的《中华人民共和国教育法》也都对教师问题做了法律上的规定。但真正意义上的关于教师的专门法律是1993年10月经全国人民代表大会通过，并于1994年1月施行的《中华人民共和国教师法》（以下简称《教师法》）。依据《教育法》和《教师法》，我国的教师具有以下基本权利：

（1）进行教育教学活动，开展教育教学改革和实验。简称教育教学权。

（2）从事科学研究、学术交流，参加专业的学术团体，在学术活动中充分发表意见。简称科学研究权。

（3）指导学生的学习和发展，评定学生的品行和学业成绩。简称管理学生权。

（4）按时获取工资报酬，享受国家规定的福利待遇以及寒暑假期的带薪休假。简称获取报酬待遇权。

（5）对学校教育教学、管理工作和教育行政部门的工作提出意见与建议，通过教职工代表大会或其他形式，参与学校管理。简称民主管理权。

（6）参加进修或者其他方式的培训。简称进修培训权。教师进修培训权的行使，要在完成本职工作的前提下，有组织有计划地进行，不得影响正常的教育教学工作。

2. 教师的义务

义务相对于权利而言，是指法律关系主体，即法律关系的参与者依法承担的责任，表现为义务承担者必须依法实施的一定的作为和不作为。教师的义务，是指教师依据《教育法》《教师法》及其他有关法律、法规，从事教育教学工作而必须履行的责任，表现为教师在教育教学活动中必须做出一定行为或不得做出一定行为的约束。依据我国《教育法》

的规定，教师应履行以下义务：①

（1）遵守宪法、法律和职业道德，为人师表。

（2）贯彻国家的教育方针，遵守规章制度，执行学校的教学计划，履行教师聘约，完成教育教学工作任务。

（3）对学生进行宪法所确定的基本原则的教育和爱国主义、民族团结教育、法制教育以及思想品德、文化、科学技术教育，组织带领学生开展有益的社会活动。

（4）关心、爱护全体学生，尊重学生人格，促进学生在品德、智力、体质等方面全面发展。

（5）制止有害于学生的行为或者其他侵犯学生合法权益的行为，批评和抵制有害于学生健康成长的现象。

（6）不断提高思想政治觉悟和教育教学水平。

教师的权利和义务是统一的，不可分割的。没有无权利的义务，也没有无义务的权利。教师在享有权利的同时，应很好地履行义务。

三、我国的教师职业制度

国家教师职业制度是指一国以法律规定和推行的教师制度的总称。通常由教师资格或许可制度、职务或职称制度、任用制度、培训进修制度和奖惩制度等组成。这里主要介绍中学教师资格制度、职务制度和聘任制度。

（一）教师资格制度

教师资格制度是国家对教师实行的一种特定的职业许可制度。教师资格是国家对专门从事教育教学工作人员的最基本要求，是公民获得教师工作必须具备的特定条件和身份，只有符合条件的人，才允许成为教师。教师资格一经取得，不受地域、时间的限制而具有在全国范围内普遍适用的效力，非依法律规定不得丧失和撤销。为了保证教师的素质，世界上许多国家对教师的资格标准有严格的规定，不少国家建立了教师许可证制度或教师资格证书制度。我国在《教师法》和《教师资格条例》中，规定了在各级各类学校实行教师资格制度，对教师的资格分类、教师资格条件、教师资格考试、教师资格认定做了具体规定。

1．教师资格分类

教师资格主要分为幼儿园教师资格、小学教师资格、初级中等学校教师资格、高级中等学校教师资格、学生实习指导教师资格、高等学校教师资格。

2．教师资格条件

教师资格的基本条件包括：（1）必须是中国公民；（2）具有良好的思想政治素质；（3）具有良好的道德品质；（4）具有教育教学能力；（5）具备规定的学历或者国家资格考试合格。

3．教师资格考试

不具备《教师法》规定的教师资格学历的公民，申请获得教师资格，必须通过国家教师资格考试。教师资格考试每年进行一或两次，考试科目、标准和考试大纲由国务院教育

① 王道俊：《教育学》，人民教育出版社，2009年，第450页。

行政部门审定。

4. 教师资格的认定

符合思想政治素质要求，并具备《教师法》规定的教师资格学历条件或者通过国家教师资格考试，并不意味着当然地取得教师资格，还必须经法定机构认定，才能取得教师资格。教师资格的认定机构是依据法律规定的负责认定教师资格的行政机构或依法委托的教育机构，其他机构认定的教师资格无效。教师资格认定工作应按规定程序进行。对取得教师资格者，由教育行政部门颁发国务院教育行政部门统一制作的相应的教师资格证书。

（二）教师职务制度

教师职务是根据学校教学、科研等实际工作需要设置的有明确职责、任职条件和任期，并需要具备专门的业务知识和相应的学术（技术）水平才能担负的专业技术工作岗位。教师职务制度，简单地说，就是国家对教师岗位设置及各级岗位任职条件和取得该岗位职务的程序等方面的有关规定的总称。我国《教育法》中的相关规定包括：

1. 职务系列规定

按国家有关规定，中学设三级教师、二级教师、一级教师、高级教师，其中三级、二级教师为初级职务，中学一级教师为中级职务，中学高级教师为高级职务。

2. 任职条件规定

教师必须具备一定的任职条件，才能受聘担任相应的教师职务，从现行各教师职务试行条件规定来看，一般包括以下几个方面：（1）具备各级各类相应教师的资格；（2）遵守宪法和法律，具有良好的思想政治素质和职业道德，为人师表，教书育人；（3）具备相应的教育教学水平、学术水平，具有教育科学理论的基础知识，能全面地、熟练地履行现职务职责；（4）具备学历、学位要求；（5）身体健康，能正常工作。

3. 评审规定

一般来说，教师职务由同行专家组成的教师职务评审组织依据现行各教师职务试行条例规定的任职条件评定，报教育行政部门批准。教师职务评审的程序、权限及评审组织的组成方法等，在教师职务条例中都有明确规定。

（三）教师聘任制度

教师聘任制度，就是聘任双方在平等自愿的基础上，由学校或教育行政部门根据教育教学需要设置的工作岗位，聘请具有教师资格的公民担任相应教师职务的一项制度。

1. 教师聘任制度的特征

教师聘任是任用教师的一种基本制度，它具有下列特征：（1）聘任是聘任人和受聘人双方的法律行为。通过聘任确定教师与学校或教育行政部门之间的法律关系，聘任双方在平等地位上签订聘任合同。（2）聘任双方在平等地位上签订的聘任合同具有法律效力。聘任合同对聘任双方均有约束力，它以聘书形式明确双方的权利、义务和责任。在聘任期间，无特殊理由一般不能辞聘或解聘。（3）教师聘任制度应体现按劳分配的原则。

2. 教师聘任的几种形式

教师聘任形式依其聘任主体、实施行为的不同分为以下几种形式：（1）招聘。即用人单位面向社会公开、择优选拔具有教师资格的所需人员。招聘具有公开、直接、自愿、透明度高的优点，有利于发现和合理使用人才。招聘需按国家有关规定，有组织、有领导地进行。(2) 续聘。即聘任期满后,聘任单位与教师继续签订聘任合同。(3) 解聘。即用人单位因某种原因不适宜继续聘任教师,双方解除合同关系。聘任合同具有法律效力,用人单位在解聘教师时,应有正当理由,否则要承担相应的法律责任。(4) 辞聘。即教师主动请求用人单位解除聘任合同的法定行为。教师因种种原因,不能继续履行聘任合同,给用人单位造成损失的,应依照聘任合同规定,承担相应的法律责任。

3. 教师考核的内容

实行教师聘任制度,学校有权对受聘教师进行考核,根据《教师法》的规定,对教师考核的内容是“政治思想、业务水平、工作态度、工作成绩”四个方面。(1) 政治思想。主要包括政治态度和职业道德两个方面。(2) 业务水平。主要指与教师所任职务相应的专业知识水平和业务能力。(3) 工作态度。指教师在履行教育教学职责中所具备的工作积极性、事业心和责任感。(4) 工作成绩。指教师在本职务岗位从事教育教学和科研活动中所取得的成果及做出的贡献。

对教师的考核要坚持客观、公正、准确的原则,考核结果是受聘任职、晋升工资、实施奖惩的依据。

四、不同于其他职业特点的教师劳动

知识是人发展的养料,生命的和谐统一发展才是教育的目的。教师把社会历史的精神财富内化为自己的精神世界,以他人和自己的精神产品去启迪、引导、培养和造就学生的完美人格,亦即促进学生智力、情感、道德、价值观、个性品质的发展,这些因素都属于人的精神世界。因此,教师的劳动是创造学生精神生命的独特的精神劳动。韩愈的“传道、授业、解惑”、夸美纽斯的“把一切事物教给一切人类的全部艺术”、赫尔巴特强调的教师中心和书本中心,其本质都是认同教师是知识的保管员和传递者,教师是学生知识的最大供给者,把教育目的等同于文化知识的传授。

(一) 教师劳动的复杂性

普通的以物为对象的劳动,其劳动过程等完全受生产者自己意志的控制,但是由于教师劳动对象、任务等的特殊性,教师劳动也呈现出自身的特点。而教师的劳动不完全以教师的意志为转移。虽然教育过程由教师来设计,但教师要了解学生的需要,反映他们的学习需求,激励他们的学习积极性和自觉性。教师劳动对象的这种双重性,增加了教师的工作难度,使他们的工作过程具有特殊的复杂性和艰巨性。

教师对学生的影响是知识、人格、品行等全面的影响,是教师集体的影响,具有影响的全员性特征;然而,要将这些复杂多样的影响加以优化组合,有效地组织到教育过程中,使来自各方面的影响协调一致,这本身就是一项复杂的工作。

首先,教师的劳动对象,决定了教师的劳动任务是全面而复杂的。一方面,教师的劳动对象不是无生命的物体,而是有思想、有情感、有个性的活生生的人。另一方面,学生是具有不同性别、不同家庭出身、不同社会背景的社会人,他们的发展受各自的遗传素质、后天生活的影响,以至于他们的性格、情感、需要、意志品质等也不完全相同。同时,每个学生的个性又是发展变化的,教师面对的是这些变化而又独特的精神世界,不可能用同一方法要求所有的学生，必须根据个体的差异，采取不同的方法，区分对待。只有这样，才能有的放矢。教师既要教书，又要育人；既要传授知识、培养技能，又要发展智力、培养能力；既要帮助学生树立正确的人生观、世界观，培养良好的道德品质，形成文明的行为习惯，又要陶冶学生健康的情感，锻炼学生坚强的意志和性格；既要关心学生的思想、学习，又要关心他们的身心健康；既要面向全体，又要照顾个别差异。教育就是要使每个学生得到全面、和谐而独特的发展。

其次，教师的劳动过程不同于其他行业。教师的劳动是精神劳动，但与一般的精神劳动如文艺创作等不同。教师的劳动是以文化资料为中介的精神劳动，是一个综合使用、消化、传递、发现科学知识和技能的复杂的脑力劳动过程。一般的精神劳动虽然也要运用智力，但它完全受劳动者自己意志的控制。而教师的劳动不同，它不能完全以教师的意志为转移。这是因为学生虽然是教育的对象，但在教育过程中学生是主体，教师不能以自己的意志代替学生的意志。以前认为有知识的人都可以做教师，从事教育工作，这是对教师劳动的复杂性估计不足。正因为教师劳动是复杂的，所以只有专业化的人员才能从事教育工作。

（二）教师劳动的创造性

有人说，教师的劳动是“简单重复”的劳动，是这样吗？苏霍姆林斯基说过，教师的创造性，最主要的特征之一就是他的工作对象——儿童在经常地变化，永远是新的。教师虽然是教同一个科目，但每届、每班的学生不同。即便是一直在教同一个班级，学生好像没有变化，但实际上他们在受教育的过程中已经得到了发展，他们今天的知识、能力、个性、思想、观念已经不同于昨天，教师实际上面对的已经是一个个“新”的个体。教育对象的变化性，决定了教师劳动不可能重复进行，必须根据变化了的学生和教育情境，一切从实际出发，创造性地灵活运用教学规律和原则。这就是所谓的“教学有法，但无定法”，“运用之妙，存乎于心”。教学是创造，是一门不断创造的艺术。

教师劳动的创造性首先表现在因材施教上。面对各异的教育对象，成功的教学不仅面向集体，符合该集体学生的年龄阶段特征的要求，而且必须照顾他们的个别差异，根据他们的个别特点进行教育。通俗地说，就是教育必须“一把钥匙开一把锁”，切忌“一刀切”“一锅煮”。

教师劳动的创造性也表现在教育过程中对教学内容的处理和教学方法的选择、运用上。同样的文本教材，怎样传授给不同的学生，需要教师对教材内容进行加工处理。就像导演对剧本进行再创造一样，教师对教材也需要进行再创造。同样的教学方法在一种情况下是适用的，而在另一种情况下就不适用；对某个教师来说好的方法，对另一个教师来说就未必。简单照搬或模仿别人的经验，只是“东施效颦”。

教师劳动的创造性还表现在教育机智上。教育虽然有计划、有组织，但由于学生的内心世界是不断变化的，所以，教育过程、教育情境是难以控制的，事先没有预料的情况随时都可能发生，这就需要教师对没有预料的教育问题保持高度的敏感性，对突发性教育事件能够迅速做出反应并及时进行恰当处理。乌申斯基指出：“不论教育者怎样地研究了教育理论，如果他没有教育机智，他就不可能成为一个优良的教育实践者。”

（三）教师劳动的示范性

一般的劳动都要借助于特定的工具，工具和劳动者是分离的。教师劳动虽然也借助于一些分离的工具，如教材、教学方法、手段等，但教师劳动的另一个重要的工具是自己的思想、学识、能力、人格、言行等，这些作为教育手段和影响的工具本身为教师所独有。即便是教材、教法这些分离的工具，经过教师的加工、选择，也已经打上了教师的烙印，深受教师的知识、人格的影响。所以，教师劳动的特殊性就在于劳动者和劳动工具具有一体性和相关性。对学生的影响，一方面是教师本身的影响，另一方面是通过教师而加工、渗透着教师本人人格的教育影响。正因如此，教育家都高度重视教师的示范作用。第斯多惠指出，教师本人是学校里最重要的师表，是最直观的、最有教益的模范，是学生活生生的榜样。乌申斯基则进一步指出，在教育工作中，一切都应以教育者的人格为依据，任何章程、任何纲领和任何管理机构，不论它们设想得多么精妙，都不能代替人格在教育中的作用。正因为教师对学生的成长直接或间接地发生着影响，所以教师必须以身作则。

学生的向师性和模仿性，决定了教师劳动具有示范性。在学生的眼里，教师通常是智慧的化身、人格完美者，学生对教师有一种特殊的信任和依赖，特别是对小学生而言，教师的一言一行在他们心中具有绝对的权威，甚至认为教师说的什么都是对的，对教师的信任远在父母和朋友之上，他们经常用教师的言行作为依据来衡量其他人的言行。所以，在许多场合，教师本身的学识、人格或教师所倡导的思想、行为、品质等都成为学生学习、模仿的对象，而且教师对学生人格的影响是深远的。

必须明确的是，教师只是引导学生的成长，给学生做表率，而不是把自己的行为方式复制或强加到学生身上。教师应该鼓励学生独立思考，发展主体性和创新性，而不是让学生盲目崇拜和顺从自己。

（四）教师劳动的长期性

教师的劳动对象是人，人的成长是一个长期的过程。正如管仲所说，“一年之计，莫如树谷；十年之计，莫如树木；终身之计，莫如树人”。人才成长的周期长，意味着教师的一节课、一个学期的工作，不可能收到立竿见影的效果，教师的劳动见效缓慢，具有长期性的特点。特别是中小学教育，是为人生发展打基础的教育，教育的成果不是以学生的分数和升学率来衡量的，而是看是否为学生的可持续发展奠定了基础，能否为学生的发展提供持续的动力。教师对学生的影响不可能当时以显性的形式呈现出来，往往要反映到学生升入高一级学校或者走上工作岗位以后。

认识教师劳动的长期性，意味着教师必须力戒短期行为或只从眼前出发，要着眼于未来，着眼于学生长期的发展。正如杜威所说，“学校教育的目的在于组织保证生长的各种力量，以保证教育得以继续进行”。评判“学校教育的价值，它的标准，就看它创造继续生长的愿望到什么程度，看它为实现这种愿望提供方法到什么程度”。教育是个长期的过程，我们不能以功利的标准或量化的方法来评判教师的工作。

（五）教师劳动的群体性与个体性统一

教师的劳动表面是以个体的形式进行的，但它不是孤立的，教师的劳动必须在合作的前提下以个体的方式呈现。这种合作包括两个方面：一方面是教师与学生的合作；另一方面是教师间的合作。

在师生双边的共同活动中体现出合作性。传统的教育把教师当作主体，学生成为教师随意支配的对象，教学是对学生的知识灌输和说教，这实际上是一种教师的“独白”活动。现代教育认为，学生也是教育活动的主体，教育活动是师生双边的共同活动，他们通过交往、对话、合作，共同研究教育内容，教师不再是知识的灌输者、独霸者，而是学生的合作者、顾问、引导者。通过师生合作中的教师引导，促进学生的自我建构。没有师生的合作，不可能有真正的教育，也不可能有学生的发展。

在教师间分工中体现出合作性。古代的教育内容、职能都相对简单，教育以个别的形式进行，通常表现为单个的教师教一个或几个学生。近代以来教育活动复杂化，教育内容大量增加，出现了教育职能的分化（如教学、训育、管理）和教师间的分工（按年级分工和按学科分工）。对学生的影响不再取决于教师个人素质，而取决于教师集体。每个学生的发展都不是某一教师个体劳动的成果，而是教师集体合作的成果。由于这个特点，教师必须将自己的劳动置于集体合作的背景之下，自觉树立集体合作的观念，保持教育影响的一致性，通力合作，协调各个教师、各种教育影响的力量，共同促进学生的成长。只有每个教师都将自己的劳动置身于良好的教育集体之中，才能最大限度地发挥自己的教育才能，取得良好的教育效果。

五、教师不再是单纯的传道、授业、解惑者

角色是一个人在某种特定生活中的行为模式。教师的职业角色是教师在学校、在课堂、在其职业生活中所采取的行为表现，是教师在与学校课程有关的关系中所表现出的一种身份以及由此而规定的行为规范和行为模式的总和。

古代社会教师扮演的角色单一，如我国唐代韩愈在《师说》里说：“师者，所以传道、授业、解惑也。”美国心理学家林格伦（Lindgren，H. C.）在《课堂教育心理学》一书中分析了课堂中教师的三大类角色：教学与行政的角色、心理定向的角色、自我实现的角色，其中又包含若干具体角色，见表2-1。

表2-1　课堂中教师的三大类角色

角色类别	具体内容
教学与行政的角色	教员 榜样 课堂的管理员 办事员 青年团体工作者 公共关系人员
心理定向的角色	人的关系的艺术家 社会心理学家 心理催化剂 临床医师
自我表现的角色	助人的需要 学习者和学者 父母的形象 寻求权力者 寻求安全者

可见,现在教师应当扮演的角色和履行的职责使得教师职业的最大特点在于职业角色的多样化。一般说来,现代教师除了扮演“传道、授业、解惑”者外,还扮演管理者角色、示范者角色、父母与朋友的角色、研究者角色等。

特别需要强调的是,教师要同时扮演上述多个角色,每种角色都对教师提出各自的要求,一方面这些要求导致了对教师职业素养的要求越来越高,另一方面这些要求之间难免会产生矛盾,这就导致了教师角色的冲突,从而要求教师要善于转变角色。

教师的“角色冲突”

在大部分的教书生涯中,我都以“超等老师”这一角色来约束自己。我的意欲看来很合理。我要竭尽所能做一个最好的老师。可是时不时由于灰心与厌倦,我也会搁下我的角色而表现出自己的原来面目,此时,我与学生间的关系便有所改变,变得较接近、较亲密、较真实了。这又使我担忧,因为过去人家教我要跟学生保持距离,警告我“亲密产生轻蔑”,倘若学生对我看得太清楚,我将无法去控制他们。然而担忧归担忧,我却发现一旦我搁下自己的角色,我便能真正地教,学生也能真正地学。而有时在这种情况下,学生有令我不快的言行,我又只得重新拾起教师角色以维持秩序,或对他表达我的不悦。若干年来,我就在这两端间游移不定。扮演教师角色时,我才能维持秩序;恢复自我时,我才能好好教书。

(傅道春:《情境教育学》,教育科学出版社,1999 年,第 105 页。)

教师的角色转变在当今教育的变迁中日显迫切与必要,如终身教育的客观要求、网络时代传统教师权威的消解和新基础教育课程改革的深入发展等,都使得教师角色转换具有了逻辑必然性。在基础教育课程改革中,教师的角色转换不仅意味着教师的作用发生实质性的改变,而且意味着学校功能的变化。因此,教师应站在改革的前列重新审视自己的角色,以适应教育改革的需要。

(一) 教师是研究者

长期以来,从事教学实践的中小学教师往往被排除在研究者范围之外,他们只是被动地听从教育研究者或课程专家的指导,成为专家研究成果或知识的接受者。教育研究者把研究获得的某种有关教育的理论知识或教育实践技术通过一定的手段传递给教师,然后通过教师应用于教学活动中。教师成为研究者意味着教师不再是一个旁观者,不再等待专家学者去研究与制订一套改革的方案与方法,而是教师自己在实践中进行研究,这样不仅可以增强教师工作的责任感,而且可以形成自己对教学活动的自觉意识,不断对自己的教育行动加以反思、研究与改进,从而促进自己的专业水平的提高。

苏联著名教育家苏霍姆林斯基早就指出,如果“想让教师的劳动能够给教师带来一些乐趣,使天天上课不至于变成一种单调乏味的义务,就应当引导每一位教师走上从事研究这条幸福的道路上来”。教师成为研究者也意味着改变教师的职业形象,使教师不仅具有崇高的社会地位,而且具有崇高的学术地位。因此,“教师即研究者”这一观念值得大力提倡,这也是提升教师专业地位、确立教师工作特性的最佳途径。在这种情况下,教师要想做好自己的工作，就不得不从“工匠型教师”角色中摆脱出来，努力成为具有研究意识和研究能力的“学者型教师”，深刻理解教育情境的复杂性，寻找和创造出新的教育教学策略，推动整个教育的变革。这样，将教育科研意识和能力纳入现代教师的素质结构中就显得比以往任何时候都更加紧迫。

实际上，教师也有能力对自己的教育行动进行反思、研究与改进。教师是与学生交往的主体，教师对学生、对教学过程往往最先感受到，同时，活生生的课堂又成为教师检验教育理论的理想实验室，因此教师往往更容易系统地解决课堂中遇到的问题。而外来的研究者对教育实际情境的了解往往比较肤浅，提出来的建议往往难以切入问题的关键。此外，任何外来研究者都会改变课堂的自然状态，而教师是最理想的观察者，因为教师本来就置身于教学情境中。

（二）教师是对话者

教师在传统上一直承担着“传道、授业、解惑”者固定的“独白”角色，并且这种观念已经成为教师的僵化观念而深深地植根于他们的意识之中。诚然，教师的“独白”能在较短时间内使学生获得大量的知识，并极大地提高教学效率，但是，这也使得课堂教学变成一种单调乏味、机械重复的“操作活动”，课堂也因此难以焕发出应有的生命活力。因此，随着世界教育改革及我国课程改革的纵深发展，改变教师的这种传统角色就显得尤为迫切。

教师作为学生的真诚对话者，不只需要掌握必要而精湛的对话艺术，更为重要的还在于应具有一种对话意识。有了对话的意识与态度，对话就能互相投入，而投入的标志有时表现为激烈的争论，有时表现为内心深处的默默交流。意大利著名的瑞吉欧幼儿教育体系有一句名言是“接住孩子抛过来的球”，这是对话意识的一种体现。教师与学生的对话就如同打乒乓球一样，是彼此不断轮流“抛球—接球”的过程，教师不应只是“抛球者”（言说者），学生也不应只是“接球者”（倾听者），教师与学生作为“抛球者”与“接球者”的角色应该是不断转换的。

应当指出，课堂上教师提问、学生回答不是我们所谈论的对话，因为那种问答模式下，教师具有绝对的权威并扮演着领导角色，一切问题由教师设计和提出，其内容如果仅仅是教材知识的简单复制，诸如“是不是”“对不对”“怎么样”等问法，实际上是教师让学生跟随自己的思路，这既没有多大价值，又难以放飞学生的思想精灵，这是教师缺乏对话意识的表现。在真正的对话中，教师走下“神坛”作为伙伴跟学生相遇，在平等民主的氛围中体验、感悟真理的力量、对话的乐趣、人格的尊严与生活的美好，教师与学生围绕既符合任务又同为师生感兴趣的话题或教学专题展开畅所欲言的平等对话和信息交流。

（三）教师是课程开发的主体

在很长一段时期内，我国广大中小学教师被排斥在课程开发之外，他们只是在课程目标之后亦步亦趋，被动地执行指令性的国家课程计划安排的任务。教师考虑的是如何将规定的课程内容有效地教给学生，至于为什么要教这些内容则完全不予考虑。在这种忠实取向的课程实施观下，教师就是“消费者”，他应当按照专家对课程的“使用说明”，循规蹈矩地实施教学。在这样的课程意识支配下，广大教师不自觉地坚信：课程编制是课程专家们的事，自己只是执行者；教学是对固定文本的操作过程；学生的学习只是接受由教师复现的知识。没有教师的发展就没有课程的发展。人们反思20世纪课程改革的历史进程时，发现许多国家的课程变革计划并未真正得到实施，原因是教师对课程变革的态度并不像人们想象的那样积极。任何教育改革，若得不到学校教师的支持和配合，都是很难成功的，教师的参与与否和参与程度是课程改革成败的关键所在。教师不应再被视为课程变革计划的忠实执行者，而应成为课程开发者，并且创造性地实施课程变革。教师参与课程开发可以促进教师的专业发展，因为介入课程开发以后，教师会面临新的教学观念、材料和策略的挑战，这有利于教师专业上的进步，并通过参与课程编制、改编和评价，提高他们对自己和教育的理解。因此，教师参与课程开发，不但是教师提高自身素质的要求，也是课程开发工作的必然需要。这样，教师作为课程的被动执行者、实施者的角色必须转换，教师必须主动参与课程的开发与设计。

（四）教师是学生发展的促进者

我国的传统教育比较注重其甄别和选拔功能，教师扮演着学生课程成绩评判者的角色，致使学生始终处于一种被测试的消极境地。新的教育评价理念要求教师从关注“人”的发展着眼，重视教育评价的教育与发展功能，这样，教师角色就面临着向学生学习和发展的促进者转换的任务。教师不能再把单纯的知识传递作为教学的主要任务，而应该担当起一个“促进者”的角色，促进学生的学习与成长。

教师即促进者指教师从过去作为知识传授者这一核心角色中释放出来，促进以学习能力为重心的学生整个个性的和谐、健康发展。教师即学生学习的促进者是教师最明显、最直接、最富有时代性的角色特征，是教师角色特征中的核心特征。尤其是在我国轰轰烈烈地进行的新课程改革过程中，教师作为促进者的角色就日显重要。新课程理念所倡导的教学是一个教师对学生不断提出新要求，并能够引导、帮助学生，调动学生的主动性和积极性，促进学生不断成长的过程。促进者的角色如何扮演？据专家分析，促进者的角色有以下几个特性：一是积极地旁观。学生在进行自主讨论、观察，或者自己阅读思考时，教师要积极地看、积极地听，真实感受学生的所作所为、所思所想，随时掌握课堂中的各种情况，考虑下一步如何指导学生学习。二是给学生提供心理上的支持。创造良好的学习氛围，给学生以心理上的安全和精神上的鼓舞，使学生的思维更加活跃，探索热情更加高涨。三是注意帮助学生培养自律能力。教育学生从小遵守纪律，跟他人友好相处，培养合作精神，做一个对自己、对他人负责的人。也只有这样，学生才能始终保持高涨的兴趣和热情，全身心地投入到学习的建构中，实现从“学会”到“会学”再到“乐学”的一步步跃迁。

（五）教师是管理者

教师是学生成长的重要他者，对学生的成长具有巨大的影响，学生在学校的方方面面都离不开教师的参与和管理。此外，教师作为学校教育教学活动的组织者与管理者，身上肩负着学校教学管理、班级管理、学习管理、心理健康管理等职责，其包括：确立目标，建设班集体，制定和实施规章制度，维持班级纪律，开展班级活动，协调人际关系，实施生涯教育，进行学习指导，对教育教学活动进行控制、检查和评价，关注特殊学生教育及进行心理健康教育等。在教育实践中，教师应当帮助学生制订适合的学习目标；指导学生形成良好的学习习惯，掌握有效的学习方法与策略；营造良好的班级氛围，引导学生间展开适度的学习竞争，激发学生的学习动机；对不同学生开展差异性教育指导，争取使每个学生都得到真正的发展；蹲下来倾听孩子们的心声，积极开展学生心理健康教育；协调班级中的各种师生、生生关系，维持班级中良好的“社会生态”。

案例分析与讨论

案例一　当骨干教师思考离开时

寒假了，跟一些老朋友的联系就多了起来，一起出来吃吃饭，聊聊天。然后发现，竟然有许多做老师的朋友，开始动起了离开学校的脑筋。

我的这些老师朋友，大多三十五岁上下，在学校里，也算得上是经验丰富、撑得起场面的骨干教师。现在要离开教育的，恰恰就是这批学校教育的骨干和栋梁。他们应该是最热爱教育的，而且根据我的了解，他们也确实是最热爱教育的，可是现在他们中的许多，也开始考虑离开，为什么？

我的一个朋友，在小学教育界还算小有名气，最近跟我说，他很严肃地在考虑辞职。我问他去哪里，他说有一个社会培训机构让他去做教材开发和教师培训，月收入是现在的翻倍，年底有分红，我没说话。

其实我知道，这个机构之前就找过我的这个朋友，被拒绝了。因为那时候，虽然工作中还是有些令他不满意的地方，但是他还相信，随着时间推移，一切都会慢慢好起来。可是……没有，非但没有，似乎一切正朝着他越来越失望的地方发展。“既然一样压力大，没尊严，为什么我不找个钱多的地方？”

见过一个郊区的校长，一副很牛的样子，一说到老师离职，他就大手一挥：“我最不怕缺老师，现在有那么多大学生找不到工作，我只要肯要，多少老师招不到？”他是怎么当上校长的，我实在是很怀疑，老师和老师是不一样的，这点，他似乎不知道。

照理说，三十五六岁的人找工作，应该没有丝毫优势可言，大概许多领导也是这么想的。可是他们似乎不知道，现在已经不是几年前，各种社会教育机构的出现，令优秀的、有经验的教师成了最热门的资源，即便不去这样的机构，教师自己拉出桌子做补课，也不会比在学校收入差，而且，人自由！

现在的教师职业，其实相比社会教育机构，优势正越来越小，原来的稳定工作，现在已经不存在了，原来的优渥养老，现在同样不存在了，现在唯一令人羡慕的就是有寒暑假，可是假如收入能多到一定程度，相信许多老师也未必会太在乎这样的寒暑假的。

有人说，现在哪样工作不累，哪样工作压力不大？这话没错，但是许多职业，他们压力大或者工作辛苦，是会得到相应的回报的。教师要的其实也不算多，一份稳定的收入，并不一定多高，还有一份应有的尊重。前文所说的我的朋友，他之所以前几次拒绝，这次动心，关键就是——他觉得做教师越来越没有尊严了。

我的另一个朋友，在中国一个还算富庶的城市当老师，教中学。她已经算是那个城市里很好的老师了，可是每月收入呢？4200元——是所有加在一起的收入。她老公一个人的收入就能顶起一家人的生活。4200元，成了她的零花钱。她的工作量——一个星期只休息一天，平时要看晚自修，每年文案工作她自己统计过，大约有20万到30万字（这还是因为她属于工作年份久的教师，不需要写教案、反思、小结……）。

不是每个教师都能有她那样的一个老公的，至少我这个做教师的男性朋友就不行。

那怎么办？要么离开，要么混！中国的教师辞职大潮，前后出现过几次：知青大回城一次，几乎让许多乡村学校陷于停滞；邓小平“南方谈话”后一次，那批中的很多，现在都是不错的生意人，也就是当初所谓的“儒商”；本世纪初一次，至少我所在的城市里，许多学校因为生源不足，教师富余，导致许多教师辞职。这三次教师离职大潮，除了第一次，我都经历或者旁观过（第一次，我那做教师的父母亲历过），至少在我看来，这三次对于中国教育的伤害，几乎是不可逆的。现在我们一直责怪教师素质不高，其实教育系统却从没有真正深刻反思过——我们教师素质不高的原因是什么？

（资料来源：http：//bbs. tianya. cn/post－140－633587－1. shtml，2016－07－12. ）

讨论题

1. 当前优秀教师流失现象产生的社会根源是什么？

2. 为了让教师过上自由、有方向、有尊严的生活，我国的教师管理政策可以做哪些调整？

案例二　莫里的烦恼

莫里（Molly）很久以来就盼望着这一年的到来，她终于可以自己管理班级了。能够等到今天对莫里来说太不容易了。为了成为一名教师，莫里付出了很多努力。她选了教师教育各方面的课程，通过了标准化考试并完成了实习，当了16个星期的实习教师，并且一直坚持不懈地学习。莫里的专业是科学，她学得很好。同时她还学习了关于学习过程、促进学习的各种方法、青少年问题、如何进行有效教学等方面的知识。她认识到学生个性和多样性的重要性，并且掌握了最新的科技技能，理解教育的文化、历史和哲学基础。

既然她是一名教师，她逐渐意识到教师应该是什么样子。投入工作后，她才知道自己与学校其他教师的交流太少了。她收到各种各样的关于会议、最后期限、命令的备忘录，极大地影响了她的工作。她认为一位她所信任的、有经验的教师的做法对学生极为有害。她还没来得及阅读自己订阅的两本专业期刊。她负责五个班级学生的科学课教学，不仅需要集体授课，还需要个别指导。根据学生的能力，莫里想使用另外一种课本，但是学校委员会拒绝了她的请求。

在这些杂乱的事情之外，莫里发现自己不能掌握学生的学习要求。简而言之，教师职业并不像莫里想象的那样，理想和现实之间是有一定差距的。莫里感到自己没有做好应付这些挑战的准备。

（资料来源：［美］Lynda Fielstein、［美］Patricia Phelps：《教师新概念——教师教育理论与实践》，王建平，等译，中国轻工业出版社，2002年。）

讨论题

1. 这是一名美国教师在成长中遇到的两难境地。如果你是莫里，你在参加工作之初会怎样做？说说你对莫里苦衷的理解。

2. 作为一名未来的教师，你对这一职业的性质与特点有哪些了解？你需要为将来的教学生涯做哪些准备？

阅读导航

1. [苏]苏霍姆林斯基:《给教师的建议》,张德广译,长江文艺出版社,2014 年。

2. 朱慕菊编:《走进新课程：与课程实施者对话》,北京师范大学出版社,2002 年。

3. [美]克里斯顿·纳尔森、[美]吉姆·贝利:《教师职业的 9 个角色：优秀教师教学必备书》,刘坤译,中国青年出版社,2011 年。

4. [美]布鲁肖:《给教师的 101 条建议》,方雅婕译,中国青年出版社,2013 年。

5. 陶行知著,周洪宇编:《陶行知教育名篇精选》,福建教育出版社,2013 年。

6. [苏]赞科夫:《和教师的谈话》,杜殿坤译,教育科学出版社,1980 年。

思考与探究

1. 如何理解教师职业的内涵？
2. 教师职业的劳动特点有哪些？
3. 当前中小学教师担负哪些职业角色？教师职业的角色变化是由哪些因素造成的？
4. 互联网时代的来临会给教师职业带来哪些挑战与机遇？
5. 依法执教对教师而言有哪些具体内容？

专题二　教师专业发展

学习要求：知道教师职业的发展是从“教书匠”到“专业化”的历程，对照教师的专业发展内涵、专业发展阶段、专业发展途径、教师专业标准等，思考如何指导与促进自己未来教师生涯的发展。

一、从教书匠到专业工作者

社会学者根据职业的本质、特征将其划分为专业职业和普通职业。专业职业具有三个基本特征：一是需要专业技术和特殊智力，在职前必须接受过专业的教育；二是提供专业的社会服务，具有较高的职业道德和社会责任感；三是拥有专业自主权或控制权，如对从业人员聘用、解职的专业权利不受专业外因素控制，表现为专业工作者应获得本专业资格证书，专业内部有不同的职称来标志专业水平差异等。根据学术标准衡量，教师职业是一种专业职业，它需要经过专门的教育、掌握专业知识和技能、通过培养人才为社会服务。

一种职业要被认可为专业，需要具备以下特征

(1) 专门职业都具有不可或缺的社会功能，所以强调服务的理念和职业伦理。任何职业都具有一定的社会功能，即有社会存在的价值，对社会发展具有推动作用。其作用的重要性表现在它不但具有不可或缺的社会功能，而且其作用和贡献更是整体社会继续存在及发展所不可缺少的，倘若专业服务不足或水准低落，则会对社会构成严重的危害。所以，美国教育学家舒尔曼（L. S. Shulman）在1998年提出：“一个专业首要的社会目的就是服务。专业工作者应是那些接受了教育并且利用其知识和技能为不具备这些知识和技能的大众服务的人。他们内心要有为大众提供服务的倾向，有义务以道德理解为起点来运用复杂的知识与技能……并通过提供实际工作以表现出公正、责任感和美德。”

(2) 专业人员应具有完善的专业理论知识与成熟的专业技能。构成专业的标准首先需要一套完善的专门知识和技能体系作为专业人员从业的依据，简称专业技能（professional expertise），其他特征都是由它派生而来并依赖于它而存在的。在

现代社会里，高等学校在发展专业方面扮演了重要的角色——专业知识技能的系统化（发展成课程）、结构化（组合专业课程计划）、合法化（课程和课程计划获得确认的过程）和传承（传授给大学生）主要是在高校完成的。一个成熟专业的科学知识技能体系已经被系统普遍地组成大学的学位课程，修完这些课程的毕业生则是该领域的“准专业人员”。

（3）专业人员应经过长期的培养与训练，并需要不断地学习进修。获得专业技能是一个长期的专业训练过程，在现代社会中，高度专业化的职业如医生、律师等，他们的养成需要一个较长的阶段。由于一个人的职业生涯包括了30年及其以上的生命周期，在飞速发展的现代社会，就需要不断地适应和学习进修，才能跟上时代前进的步伐。

（4）专门职业具有高度的专业自主权和权威性的专业组织。由于专业活动所依赖的专业知识是一套“高深的学术”，专业自主的成员不受外行的评判和控制，自己决定进入该职业所需的教育和培训标准，并帮助国家形成规范这一职业实践的法律。同时为了独揽业内的裁决权，专业内必须形成一个对从业人员具有制裁权力的专业组织。一个强大的专业组织常扮演三重角色：保证专业权限，保证专业水准，提升专业地位。

人类在长期的历史发展中，并没有把教师视为一种专业的职业，给予专业化的训练。“师范教育”代表一个使教学真正成为专业的正式过程，是培养、培训师资的专业教育。它的诞生与变革，标志着教师职业经验化、随意化的“解冻”及教师职业专业化的发端与进展。专门的师范教育机构在注重教师的教育内容的同时，也开始注重教师教学方法的培训，除了对教师进行文化知识教育外，还开设教育学、心理学等方面的课程，开展教学实习，对教师进行专门的教育训练，并把专门的教育训练看成提高教育质量的重要手段。

教师职业的专业性被普遍认可与自觉建设在20世纪中叶以后才出现。1966年10月，国际劳工组织和联合国教科文组织通过的《关于教师地位的建设》中提出：教师工作应被视为一种专业（Profession），它是一种要求教师经过严格训练而持续不断地学习研究，才能获得并保持专业知识和技能的公共业务；它还要求对其管理下的学生的教育和福利具有个人的和公共的责任感。1996年第45届国际教育大会以“加强变化世界中教师的作用（Strengthening the Role of Teachers in a Changing World）”为主题，再次强调教师在社会变革中的作用，并建议从以下四个方面予以实施：通过给予教师更多的自主权和责任提高教师的专业地位；在教师的专业实践中运用新的信息和通信技术；通过个人素质和在职培养提高其专业性（Professionalism）；保证教师参与教育变革并与社会各界保持合作关系。美国也在20世纪80年代中后期掀起了“教师专业化”的改革浪潮。

教师职业的界定

教师职业是专业性职业,教师就是专业人员。在国际劳工组织制定的《国际标准职业分类》中,教师被列入了"专家、技术人员和有关工作者"的类别中。我国颁布的《中华人民共和国教师法》(1993年10月)把"教师"界定为"履行教育教学职责的专业人员",并相继颁布了《教师资格条例》(1995年12月)和《〈教师资格条例〉实施办法》(2000年9月),通过资格认定来体现教师专门职业的要求。

二、教师专业发展的相关问题

一个人取得资格证书并不意味着他是一个成熟的专业人员,当了一辈子教师也并不意味着专业都得到了发展。教师专业化过程虽然与时间有关,但不仅仅是时间的自然延续,更是教师专业素质的形成和提高,即教师的专业发展。

(一)教师专业发展的内容

教师专业化是指教师职业具有自己独特的职业要求和职业条件,有专门的培养制度和管理制度。从行为主体看,是指教师职业能够发展成为像医生、律师、工程师等具有本行业必备的专业化结构和专业化水准的职业。教师专业发展可以区分为追求达到教师专业化标准行为和实施教师专业化行为。前者可以理解为是教师和想成为教师的个体行为,而后者则是由政府和教育主管部门在教师队伍建设方面开展的组织行为。教师专业发展包括专业知识、专业技能、专业伦理、专业精神、专业智慧五大内容。这五个方面的内容在教师专业发展中相互联系、相互影响、相互融合,最终形成一个整体。其中,专业知识与专业技能是教师专业发展的基础,专业精神是教师专业发展的动力,专业伦理是教师专业发展的保障,专业智慧是教师专业发展的最高追求和集中体现。

(二)教师专业发展的主要阶段

有关教师专业发展过程的研究表明,教师专业发展是一个持续社会化和个性化的过程,具有多阶段性特征。虽然师范教育对教师专业化发展不可忽视,但许多优秀教师的优秀品质主要是在实践中逐步积累和发展起来的,其成长是多阶段的连续过程。有人研究了中学优秀教师各种特殊能力形成时间的分布情况①,内容如表2-2所示。

表2-2　中学优秀教师各种特殊能力形成时间分布表

各种特殊能力	大学前(%)	大学期间(%)	职后(%)
对教学内容的处理能力	18.95	12.63	68.42
运用教学方法和手段的能力	21.65	12.37	65.98
教学组织和管理能力	19.58	11.34	69.08

① 柳海民主编:《现代教育原理》,人民教育出版社,2006年,第112页。

续表

各种特殊能力	大学前(%)	大学期间(%)	职后(%)
语言表达能力	34.69	20.41	44.90
教学科研能力	18.18	11.11	70.71
教育机智	19.19	11.11	69.70
与学生交往能力	21.42	10.21	68.37
平均	21.95	12.74	65.31

由表2-2可知,中学优秀教师的特殊能力更多的是通过职后教育和自我学习形成的。关于教师的专业发展过程,我国学者叶澜等从"自我更新"取向角度对教师专业发展阶段进行了深入研究,把它分为"非关注"阶段、"虚拟关注"阶段、"生存关注"阶段、"任务关注"阶段、"自我更新关注"阶段五个阶段,具体如表2-3所示。①

表2-3 我国学者对教师专业发展的阶段划分

阶段名称	时限	主要特征
1. "非关注"阶段	正式教师教育之前	无意识中以非教师职业定向的形式形成了较稳固的教育信念,具备了一些"直觉式"的"前科学"知识和与教师专业能力密切相关的一般能力
2. "虚拟关注"阶段	师范学习阶段（包括实习期）	对合格教师的要求开始思考,在虚拟的教学环境中获得某些经验,对教育理论及教师技能进行学习和训练,有了对自我专业发展反思的萌芽
3. "生存关注"阶段	新任教师阶段	在现实的冲击下,产生了强烈的自我专业发展的忧患意识,特别关注专业活动中的"生存"技能,专业发展集中在专业态度和动机方面
4. "任务关注"阶段		随着教学基本"生存"知识、技能的掌握,自信心日益增强,由关注自我的生存转到更多地关注教学,由关注"我能行吗"转到关注"我怎样才能行"
5. "自我更新关注"阶段		不再受外部评价或职业升迁的牵制,自觉依照教师发展的一般路线和自己目前的发展条件,有意识地自我规划,以谋求最大限度的自我发展,关注学生的整体发展,积累了比较科学的个人实践知识

国外学者对教师专业化的发展也做了大量研究,如从教师关注角度将教师专业发展大致分为四个发展阶段②,具体如表2-4所示。

① 全国十二所重点师范大学联合编写:《教育学基础》,教育科学出版社,2002年,第128－129页。
② 同①。

表 2-4　国外学者对教师专业发展的阶段划分

阶段名称	主要特征
1. 从教前关注阶段	职前阶段的学生只是想象中的教师,仅关注自己
2. 早期求生阶段	教师主要关注的是自我胜任能力及作为一个教师如何"幸存",关注对课堂的控制、是否被学生喜欢和他人对自己教学的评价
3. 关注教学情境阶段	教师主要关心在目前教学情境对教学方法和材料等的限制下,如何正常地完成教学任务,以及如何掌握相应的教学技能
4. 关注学生阶段	教师开始把学生作为关注核心,关注他们的学习、社会和情感需要,以及如何通过教学更好地影响他们的成绩和表现

无疑,教师的专业成熟是一个长期的过程,需要经历一系列的发展阶段,在不同的发展阶段,又要面对不同的发展问题。作为专业的教学人员,教师只有不断地充实自己,才能在发展过程中减少工作无力感和倦怠感,保持专业持续成长的势头。

(三)教师专业发展的主要途径

教师专业发展是一个终生的专业社会化过程,一般要经历从师范生到入门教师、从入门教师到合格教师、从合格教师到优秀教师的过程。一次性的学校教育已经不能满足人们不断更新知识的需要,职前的培养并不能保证人们能够持久胜任教育教学工作。教师的发展离不开教育教学实践的锻炼,也离不开教师在职期间的不断培训。当代社会进入了终身教育的时代,教师成为最先感受终身教育必要性的社会职业之一。发达国家都普遍拓宽了教师教育的范围,引进了"持续性教师教育"的理念,将"终身教育"的概念引入教师教育领域,将职前教师培养和在职教师培训终身化有机结合,使教师教育贯穿教育职业生涯的整个过程。从教师专业发展途径来看,主要包括:一体化的教师教育;校本教师培训;教师专业发展学校。

1. 一体化的教师教育

师范教育是教师个体专业性的起点和基础,它是建立在教师的专业特性之上,为培养教师专业人才服务。为此,师范教育必须注重师范专业信念体系的形成和敬业精神的培养;建构反映教师专业所需要的知识和技能的课程体系;加强教育理论与实践的联系,建立有效的教育实习制度。但是,面对不断发展的形势,这一体系也暴露出许多弊端,其中教师的职前培养与职后培训相分离,导致有限的教育资源的浪费、低层次的重复培养和师资培养机构的办学水平倒挂等多重矛盾。针对这些缺陷,人们找到一种解决矛盾的办法——教师教育一体化。

一体化的教师教育包括三层意思:一是职前培养、入职教育、职后提高一体化,即建立学历教育与非学历教育一体化;二是中小幼教师教育一体化;三是教学研究与教学实践一体化,即建立师范大学与中小学的伙伴关系。一体化的教师教育体系把职前与在职师范教育连接成一个整体,教师不断提高专业素质,为促进其专业发展提供了制度条件与物质条件。

教师教育与师范教育

我国一直把教师培养活动称为“师范教育”，把培养教师的院校分别称为师范大学、师范专科学校、师范学校等。从词义看，“师范”中的是“师”意为“教师”“效法”，“范”意为“模子”“榜样”，合起来即为“学习的榜样”，还可以表述为“可以师法的模范”。以《中国大百科全书·教育卷》为代表的各种教育工具书，大都把师范教育定义为“培养师资的专业教育”，“培养和提高基础教育师资的专门教育。包括职前教师培训、初任教师考核试用和在职培训”。在教育普及程度不高、教师需求量大、教师待遇比较低、教师主要是接受职前培训的情况下，“师范教育”这一概念是适用的。但随着科学技术知识更新加速，教育普及程度提高，教师地位不断提高，教师需要不断更新其知识结构和提高其教育教学水平，发达国家的教师培养出现了职前培养和在职进修并举的情况，20世纪30年代后，发达国家的“师范教育”这一概念逐步被“教师教育”所取代并成为世界通用的概念。这标志着教师培养进入一个新的历史阶段。

“教师教育”的内涵丰富，从内容上来说包括人文科学教育、学科教育、专业教育和教学实践；从顺序上看有职前教育和在职教育；从形式上看有正规的大学教育和非正规的校本教师教育；从层次上看有专科、本科和研究生教育。可以说教师教育是职前培养和在职进修的统一，是正规教育和非正规教育的结合，是多层次、全方位、立体式的教师终身“大”教育。教师教育的核心问题是如何促进教师专业的发展。

（黄葳：《教师教育体制》，广东高等教育出版社，2003年，第8－9页。）

2．校本教师培训

校本教师培训就是以“学校为中心”的在职培训。校本教师培训的初衷在于解决教育理论与实践之间的分离，强化教师专业的实践性，主要采取“理论学习、尝试实践、反省探究”三结合的方式，引导教师掌握不断涌现的现代教育理论，培养教师研究教育对象、教育问题的意识和能力，加强教育理论与教育实践之间的联系。以校为本的教师培训要求培训的重心下移，从学校的需要出发，以学校为基地培训师资，强调教师教育机构与中小学的伙伴关系的建立。高等教育机构负责理论方面的培训，而中小学校则提供教育实践的场所，双方合作，共同完成培训师资的任务。教师的培训包括专业理论的增长和教学实践技能的培养，也就是教育理论与实践两方面的培训。

20世纪70年代，世界各国开始重视中小学校教师的在职培训及教师专业发展过程的作用，逐渐形成了以中小学校为中心的教师在职培训模式。20世纪80年代中期以后，随着各国教师专业化运动的不断发展，英、美等国家都开始大规模地实施教师的校本培训计划。教师专业化运动使教师认识到学校在教师专业发展过程中的重要地位，认识到学校不仅是培养学生的场所，更是教师专业成长的基地，因为教师的专业能力主要是在教学实践岗位中逐步形成并发展的，教师任职的学校是其专业成长的主要环境。由于校本培训能满足学校和教师发展的实际需要,教师对中小学校或中小学与大学联合提供的校本课程及活动参与程度很高,同时辅之以有效的相关专业发展计划,确实提高了教师的教育能力。目前,校本教师培训计划逐渐成为国外尤其是发达国家教师在职培训的主流,成为中小学校整个发展计划的重要组成部分。

3. 教师专业发展学校

学校在教师专业发展过程中处于极其重要的地位,它不仅是培养学生的场所,而且是教师专业发展的基地。教师任职的学校应是其专业发展的主要环境。传统的教师教育是一种以工具理性为主导的"技能熟练"培训模式,它十分强调一套科学系统的知识技能体系的传授。但是,由于教师专业是实践性很强的专业,这种教师培训模式往往偏重于教育理论知识的传授,而很少与教育实践相联系,容易造成理论与实践的分离。因此,教师专业发展非常需要一种能结合理论与实践的教师培训模式。目前,以教师需要为出发点又以教师的任教学校为中心的教师培训主要有两种:一种是校本培训,另一种就是教师发展培训学校,即大学与地方的中小学或学区合作成立的一种师资培训学校。第二种培训方式即针对师范生缺乏实际教学经验和在职教师跟不上时代发展需要的现状,中小学与大学合作,共同负责师范生的培训及在职教师的进修提高。其主要目的在于改善师范教育的职前培训计划,使在职教师有机会参加进修,提高其素质,进而改进整个教育质量。

教师专业发展学校概念的提出是为了密切理论与实践在教育活动中的相互联系。协作学校的教师可以帮助师范生学习专业。反过来,师范生也可以给协作学校的课堂带来新理念、新观念和新实践。这种学校是以革新的实践和研究为基础,从而促成职前、入门和在职教育的统合。教师专业发展学校的创设,是最近美国教师专业化改革运动所产生的一个硕果。到2000年,美国几乎每一个州都有1000多所教师专业发展学校。

德国教师在职进修简介

德国教师在职进修分为进修教育和继续教育两种。进修教育被政府规定为教师教育中不可缺少的一环,对教师来说也是一种必须履行的义务;继续教育是教师在自愿原则之下参加,以便取得其他的新资格。现在,教师进修一般称为"教师继续教育",法律规定中小学教师必须参加继续教育,以适应社会发展需要。教师的进修已改变过去自由参加的方式,规定到退休为止都要定期参加进修活动。

德国教师进修以在州立教师进修机构进行为主,形式多样。在州立教师进修机构以教授技术、教育方法和新教育内容为主,也包括情报技术教育、环境教育、外国人子弟教育。各州的教师进修机构与地方教师进修部门合作,制定和实施教师进修计划。教师进修方式各种各样,如:教师有义务参加政府教育团体或各校所兴办的讲习会、研讨会和观摩会;各州设置教师进修中心,举办各种继续教育活动;教师可以请长期公假到大学或教育学院深造,以便获得新的资格(如辅导员、校长、督学);继续教育除了在大学或学院增加选修学分的方式,还有利用函授教育等进行在职进修的方式。通过函授教育也可以得到其他学科任教资格,进修的内容包括外国留学生的教育、学校的训育活动和教育商谈、新的情报技术、通讯媒介教育、多样化教育的可能性和局限性、成绩评价的问题、职业选择准备、在自然科学教学中的实验、特殊教育、和平教育、环境教育、体育，以及帮助教师取得学科所必要的资格，等等。

（陈永明主编：《现代教师论》，上海教育出版社，1999 年。）

教师专业发展学校在我国也有长足发展。2001 年，首都师范大学教育科学学院和北京市丰台区教委合作，率先在国内尝试这种以中小学为基地的教师培养方式，为我们找到了一种实现本土化的教师教育新模式。

4. 自我教育

教师的自我教育就是专业化的自我建构，它是教师个体专业化发展的最直接、最普遍的途径。教师自我教育的方式主要有经常进行系统的自我反思、主动收集教改信息、研究教育教学中的各种关键事件、自学现代教育教学理论、积极感受教学的成功与失败等。教师的专业发展是一种自我反思的过程。反思帮助教师把经验和理论联结起来，从而更加有效地运用自己的专业技能。反思是教师以自己的教学活动为思考对象，对自己所做出的行为、决策及由此产生的结果进行审视和分析的过程，是一种通过提高参与者的自我觉察水平来促进能力发展的途径。研究证明，成功的教师倾向于主动地、创造性地反思他们教育中的重要事情，诸如对自己的教学目的、教学措施、教学环境及教学能力等进行反思。没有反思的经验是狭隘的经验，至多只能形成肤浅的知识。如果教师仅仅满足于获得经验而不对经验进行深入思考，那么他的发展将大受限制。教师的自我教育是专业理想确立、专业情感积淀、专业技能提高、专业风格形成的关键。

三、教师专业发展评价

有效的教师评价机制是教师专业发展的保障。自从有教师职业以来，教师就一直接受学生、家长和社会的评价，而正式的教师评价制度却仅始于 20 世纪 50 年代的西方发达国家。直到 20 世纪 80 年代末以前，以奖惩为根本目的的教师评价，在世界范围的教师评价领域一直处于垄断地位。这种奖惩性教师评价通过对教师工作表现的评价，做出解聘、晋升、降级、加薪、减薪、增加奖金等决定。在教育实践中，这种评价由于漠视教师在评价中的主体地位和专业成长并由此引发了许多问题而广受批评。因此，自 20 世纪 80 年代末以来，以英国为首的一些发达国家开始摒弃奖惩性教师评价，转而推行发展性教师评价。从 20 世纪 90 年代初开始，新的教师评价制度——发展性教师评价在英国真正推行。发展性教师评价是指以促进教师专业发展和未来发展为目标的一种教师评价制度。它是一种双向的教师评价过程，建立在评价双方相互信任的基础上，和谐的气氛贯穿评价过程的始终。而且，它不是指某种单一的评价方式，而是一系列促进教师成长与发展的评价理念和评价方式的总称。发展性教师评价倡导以下五种基本理念：其一，着眼于教师的未来，促进教师整体素质的提高；其二，鼓励教师积极参与评价；其三，注重动态、纵向的形成性评价；其四，把交流、协商、研讨贯穿于评价的全过程；其五，重视评价的基础性。

国外两种发展性教师评价模式

一是英国的表现管理。表现管理是英国政府于2001年提出的教师评价制度，其核心是通过建立教师评价的制度化和规范化的架构，为教师提供各种必要的支持和帮助，提高教师的能力和水平，以提高学校的办学效率和水平，最终达到提高学生的学业成绩的目的。

二是美国的教学档案袋评价。教学档案袋评价在最近20年里已从学生评价领域步入教师评价领域。在美国，很多教师教育机构正在帮助教师学习如何准备教学档案袋，许多中小学、大学也在根据教师教学档案袋开展聘用工作，校方认为它能反映教师教学水平。教学档案袋是在某一时期不同情境中产生的有关师生工作信息的系统搜集，最终目的是促进教师专业发展和学生学习进步。它含有四个要素：目的、读者、证据、反思，其中反思是关键要素，贯穿于档案袋创建过程的始终。档案袋有三种类型：学习档案袋、评价档案袋、就职档案袋。每种档案袋都有自己的特定内容和功用。学习档案袋是教师工作的个性化搜集，强调拥有权和自我评定，主要目的是促进个人的学习和进步。评价档案袋是根据专业组织、州有关机构和学区制定的准则，对由教师呈报的有关教师教学和标准化测评方面的信息进行的选择性搜集，内容一般包括根据特殊标准创建的教师工作的样本、教师对标准化测评的反应和其他正式评价中的信息，其目的是评定教师表现，以确定其证书或专业发展。就职档案袋用于教师的求职应聘，目的是证明教师是否适合某一职位，一般包括简历、证书、推荐信、学生作业样本和教学经验总结等。

我国的教师评价制度仍是奖惩性的，重结果而轻过程；教师评价指标单一，无法与教师劳动的复杂性、艰巨性相匹配；教师评价手段陈旧，仍采用听课、查教案等传统做法；多数评价人员还做不到深入教师工作实际，表面化、形式化严重等。这一切都会在不同程度上降低教师评价的科学性、客观性，影响教师评价的合理与公正。

四、中学教师的专业标准

（一）《中学教师专业标准（试行）》概述

2012年2月10日，教育部下发《关于印发〈幼儿园教师专业标准（试行）〉、〈小学教师专业标准（试行）〉、〈中学教师专业标准（试行）〉的通知》（教师〔2012〕1号）。其中《中学教师专业标准（试行）》（以下简称《标准》）提出中学教师是履行中学教育工作职责的专业人员，需要经过严格的培养与培训，具有良好的职业道德，掌握系统的专业知识和专业技能。《标准》是国家对合格中学教师的基本专业要求，是中学教师开展教育教学活动的基本规范，是引领中学教师专业发展的基本准则，是中学教师培养、准入、培训、考核等工作的重要依据。①

① 教育部：《中学教师专业标准（试行）》，2012年。

（二）《中学教师专业标准（试行）》的性质

《标准》是基于教师职业是一个专业性职业、教师是专业人员的基本理念而制定的“专业”标准，即是对教师作为专业人员的素质要求的基本规定，也代表了当下中国社会和教育发展对教师素质的基本要求。

《标准》是国家对中学合格教师专业素质的基本要求，规定的是中学教师必须具备的基本专业素养和教师开展教育教学活动所应遵循的基本规范。

《标准》是适用于中学段所有教师的“通用标准”。它规定了教师专业素质和专业活动的基本要求，是制定“分类标准”或“具体标准”的依据和基础。

（三）《中学教师专业标准（试行）》的基本理念①

“学生为本”“师德为先”“能力为重”和“终身学习”，既是贯穿《标准》的基本理念，也是教师作为专业人员在专业实践和发展中应秉持的价值导向和行为引领。“师德为先”和“能力为重”更多地体现了对中国教师群体长期坚持的基本追求的继承；“学生为本”和“终身学习”则更多地包含了信息社会背景下中国教育改革与发展对教师素质的新要求。

1. 学生为本

尊重中学生权益，以中学生为主体，充分调动和发挥中学生的主动性；遵循中学生身心发展特点和教育教学规律，提供适合的教育，促进中学生生动活泼地学习、健康快乐地成长、全面而有个性地发展。

2. 师德为先

热爱中学教育事业，具有职业理想，践行社会主义核心价值体系，履行教师职业道德规范。关爱中学生，尊重中学生人格，富有爱心、责任心、耐心和细心；为人师表，教书育人，自尊自律，以人格魅力和学识魅力教育感染中学生，做中学生健康成长的指导者和引路人。

3. 能力为重

把学科知识、教育理论与教育实践相结合，突出教书育人的实践能力；研究中学生，遵循中学生成长规律，提升教育教学专业化水平；坚持实践、反思、再实践、再反思，不断提高专业能力。

4. 终身学习

学习先进中学教育理论，了解国内外中学教育改革与发展的经验和做法；优化知识结构，提高文化素养；具有终身学习与持续发展的意识和能力，做终身学习的典范。

（四）《中学教师专业标准（试行）》的基本内容

《标准》的基本内容包含“维度”“领域”和“基本要求”三个层次。“维度”包含三个：专业理念与师德、专业知识、专业能力。在各个“维度”下，确立了若干个领域；在每个“领域”之下，又提出了若干个“基本要求”。

1. 专业理念与师德

“专业理念”是关于教育教学的观念和信念；“师德”是指教师在教师职业生活中处

① 教育部：《中学教师专业标准（试行）》，2012年。

理各种关系时所遵循的基本行为规范及遵循这些规范时所表现出来的观念意识和行为品质。

“专业理念与师德”既超越了“专业理念”所属的“认识论”范畴，延伸至情感、意志和行为的层次；也超出了一般意义上的“师德”范畴，要求教师形成坚定的专业认同和信念。

四个领域包括：对待职业——职业理解与认识；对待学生——对学生的态度与行为；对待教育教学——教育教学的态度与行为；对待自身——个人修养与行为。

（1）职业理解与认识。主要要求：依法执教、爱岗敬业、为人师表、团结协作等。以上几个要求中，最为核心的是“爱岗敬业”和“为人师表”，它们是教师作为专业人员应有的基本素质要求和追求。而对教师职业是一个专业性职业的职业理解与认识是教师“爱岗敬业”和“为人师表”的前提与基础。

（2）对学生的态度与行为。主要要求：关爱学生（全身心地关爱每一个学生，不偏爱、不歧视、不讽刺、不体罚）；尊重信任学生（尊重学生的独立人格和个体，信任学生，促进学生自主发展）。关爱学生是教师职业道德的核心，是教师开展专业活动的基础和前提；尊重信任学生是关爱学生的深化与落实。

（3）教育教学的态度与行为。主要要求：育人为本，德育为先，教书育人。尊重规律，因材施教。引导和促进学生的自主发展。

（4）个人修养与行为。教师是以心育心的职业，教师的言谈举止、待人接物、工作和生活方式，甚至服饰仪表等，都会对学生产生潜移默化的影响。教师的个人修养与行为本身就是一种重要的教育资源和手段。关于教师“个人修养与行为”的要求体现了对教师“内外兼修”“为人师表”的期盼。

中小学教师职业道德规范（2013年修订）

1. 爱国守法。热爱祖国，热爱人民，拥护中国共产党领导，拥护社会主义。全面贯彻国家教育方针，自觉遵守教育法律法规，依法履行教师职责权利。不得有违背党和国家方针政策的言行。

2. 爱岗敬业。忠诚于人民教育事业，志存高远，勤恳敬业，甘为人梯，乐于奉献。对工作高度负责，认真备课上课，认真批改作业，认真辅导学生。不得敷衍塞责。

3. 关爱学生。关心爱护全体学生，尊重学生人格，平等公正对待学生。对学生严慈相济，做学生良师益友。保护学生安全，关心学生健康，维护学生权益。不讽刺、挖苦、歧视学生，不体罚或变相体罚学生。

4. 教书育人。遵循教育规律，实施素质教育。循循善诱，诲人不倦，因材施教。培养学生良好品行，激发学生创新精神，促进学生全面发展。不以分数作为评价学生的唯一标准。

5. 为人师表。坚守高尚情操，知荣明耻，严于律己，以身作则。衣着得体，语言规范，举止文明。关心集体，团结协作，尊重同事，尊重家长。作风正派，廉洁奉公。自觉抵制有偿家教，不利用职务之便谋取私利。

6. 终身学习。崇尚科学精神，树立终身学习理念，拓宽知识视野，更新知识结构。潜心钻研业务，勇于探索创新，不断提高专业素养和教育教学水平。

2. 专业知识

基于分科教学的考虑，中学教师的专业知识应包括教育知识、学科知识、学科教学知识、通识性知识。

（1）教育知识。教育知识是指在从事教育教学过程中所需要的关于教育学和心理学等方面的知识。教育知识主要包括：有关学生学习、成长和发展的特点与规律的知识；有关教育教学的基本规律与方法的知识。

（2）学科知识。学科知识是指有关任教学科的知识。它是教师从事教学的前提。学科知识方面的基本要求是：了解所教学科的基本知识、基本原理与技能；知道所教学科的知识体系、基本思想与方法；能将所教学科与其他学科知识和实践活动相联系。

（3）学科教学知识。学科教学知识是由舒尔曼（Shulman，L.）所提出的一个概念，是指教师在面对特定的主题时，针对学生的不同兴趣与能力，将自己所掌握的学科知识转化成学生易于理解的形式，并进行教学方面的知识。学科教学知识是教育知识和学科知识融合的产物。

学科教学知识主要包括：依据国家课程标准进行课程开发的知识；根据学生学习具体学科内容时的特点开展有针对性教学的知识。

（4）通识性知识。通识性知识是指教师拥有的有利于开展有效教育教学工作的以下知识：普通文化知识，包括自然科学和人文社会科学方面的知识；有关艺术方面的知识；信息技术知识；有关中国教育国情的知识。《标准》要求教师具有现代信息技术知识，是因为它是信息社会中教师应有的基本素养。要求教师了解中国教育的基本情况，是期望教师的教育教学不脱离当下中国的教育实际。要求教师具有宽广的人文社会科学知识与较高的修养，是为了实现专业发展与人的发展之间的平衡。

3. 专业能力

专业能力涵盖教学设计能力、教学实施能力、班级管理与教育能力、教育教学评价能力、沟通与合作能力、反思与发展能力等。进一步可以归纳为三方面：教育教学能力；沟通交往能力；自我发展能力。在这三个方面中，沟通交往能力是基础，教育教学能力是核心，自我发展能力是保障。

（1）教学设计能力。教学设计是课堂教学的重要环节，是上课之基、上课之本。教学设计能力包含教学目标设计能力、教学过程设计能力、导学设计能力。

（2）教学实施能力。教学实施能力是教师教学的核心能力，《标准》将其概括为教学环境创设能力、教学应变能力、有效教学能力、探究教学能力、现代教育技术应用等能力。从“基本要求”中强调教学要“通过启发式、探究式、讨论式、参与式等多种方式”“激发与保护学生的学习兴趣”“发展学生创新能力”等规定来看，《标准》体现了“学生为本”理念。

（3）班级管理与教育能力。班级管理与教育能力是教师的一项基本能力，它包括班级管理能力（建设班级，开展班级活动）、育人能力（结合教学进行育人活动，组织开展德育、健康教育、学生指导等的能力）、应对突发事件的能力。

（4）教育教学评价能力。教育教学评价能力是教师运用各种手段了解学生学习状况，以判断是否完成预定的教育教学目标，学生是否达到预定的学习目标，从而不断改进教育教学工作的能力。教育教学评价能力包含评价学生的能力、引导学生进行自我评价的能力、自我教学评价（或反思）的能力。

（5）沟通与合作能力。教师工作是一项与人打交道的工作，拥有与学生、同事、家长、社区等建立良好沟通与合作的能力是开展教育教学的基本保障。沟通与合作能力包含与学生的沟通交流能力，与同事的合作交流能力，与家庭、社区的沟通合作能力。

（6）反思与发展能力。教师的专业能力提升是一个终身不断的持续过程。特别是在终身学习社会中，教师只有具有自我发展能力才能不断提升自己的专业水平，从而适应教育教学工作的需要。反思与发展能力包含反思能力、研究能力、生涯发展规划能力。

案例分析与讨论

案例一　做个"特级教师"也不难

一所乡村小学好不容易请到了一位省特级教师来上一节公开课。学校里的老师都没见识过特级教师，有的对特级教师不以为然，有的认为特级教师是凭关系、熬工龄评上的……

特级教师来了，没想到竟是一位年轻美丽的女老师。特级教师说，上课时她将随便走进一间教室上课。谁也没想到，她走进的恰恰是一个全校闻名的后进班。

讲台上乱七八糟地散落着粉笔，桌面铺着一层厚厚的粉笔灰。特级教师用目光扫视一周后，迅速收拾好桌上的粉笔，然后走下讲台，绕到前面，面对着黑板，轻轻地吹去桌上的粉笔灰。片刻的鸦雀无声后，教室里响起一片掌声，所有观摩教师和学生用掌声给她的"开场白"打了最高分。

课上她出了几道题让学生做，然后讲解了这几道题的做法。讲完之后，她说了一句："请做对的同学扬一扬眉毛，暂时没做好的同学笑一笑。"

此刻，所有的老师似乎都明白了什么样的教师才是特级教师。

（资料来源：于振波：《做个"特级教师"也不难》，《教师博览》，2006 年第 8 期。）

讨论题

1. 案例中特级教师的行为表达了什么？
2. 从教师专业发展的角度说说特级教师的发展历程。

案例二　促进教师在校本课程开发中专业成长

为了有效地开展校本课程开发，促进教师的专业成长与发展，学校组织专家进行引领，这是源于学校课程开发的需要，由学校发起和规划的，旨在让学校每个教师参与校本课程开发的校内培训活动。这种基于校本课程开发的教师培训模式具有较强的针对性和实效性，可以激活全体教师的发展潜力，充分开发学校的人力资源，是整体优化教师队伍的一块具有丰富营养的土壤和基地。因此，我校在进行校本课程开发过程中，积极争取各种有效的合作，以促进教师在课程开发中的专业成长。

一、校内外结合的合作方式

1. 在校本课程开发的过程中，教师需要专业引领，需要建立一个多种力量介入的培训共同体，需要专业研究机构和专业研究人员的支持与帮助，使基于校本课程开发的校本培训形成一个从封闭走向多元开放的格局，因此，在校本课程开发过程中，我们聘请有关专家来校指导。校外力量的专业引领促进了专家与教师之间的互动交流，一方面学校为专家提供了研究的案例，另一方面专家的引领提高了教师的素质，实现了双赢。

2. 在充分利用校外资源的基础上，我们清醒地看到：专业引领并不只意味着外界专业力量的支持，同时校内教师的集体作用、骨干的辐射作用也是十分必要的，教师间的专业引领、专业切磋、协调合作、互相学习、彼此支持、共同分享经验，对教师的成长是十分有益的。

二、专业引领的具体操作过程

1. 学校建立了专业引领网络机构，校长亲自一把抓。确定学校专业引领人员9人，主要是教育教学骨干，在自愿参与的基础上有针对性地选择被引领人员10人，主要是近一两年参加工作的新教师。按学科学段组成引领合作小组，共包括三个年段五个学科。

2. 引领合作小组形成后，根据发展需要共同制订有关课程开发的计划，确定自己要解决的重点问题，分析校本课程开发与实施过程中的不足，运用专业引领、互助合作、共同研讨的方式。在这个过程中先确定要解决什么具体问题，然后围绕问题共同研究，引领者建议被引领者怎样做，准备怎么做，实际怎么做，是否达到设想的目标；如果达到目标，总结成功之处在哪里，今后如何在课程开发与实施中应用；如果没达到目标，分析哪个环节出了问题，如何改进。这些都是校本课程开发过程中必须解决的问题。解决这些问题需要一个过程，不可能一蹴而就，但实践表明，一次引领就意味着一次提高。

3. 为加强引领与被引领人员这两支队伍的建设，我校充分发挥网络、音像、图书资料的间接引领作用，加强教师对教育理论、教育经验、课程理论的学习和研究，为教师提供思想理念层面的专业支持。除了参加全校性的继续教育培训外，学校还对这支队伍进行分层次培训，对引领者的培训主要是尽可能地创造条件让他们外出学习，开阔眼界，给他们布置任务压担子，让他们在工作中起到表率和示范作用，提高引领水平。

4. 每月由学校组织一次咨询会。教师的问题有的来源于课程开发中出现的两难问题(如何理解《学校课程规划》，如何撰写与呈现《课程纲要》，如何成为课程的研究者，等等)，有的来源于实施校本课程中的困惑(如何进行学科内容的改进，如何建构活动课程，等等)。学校组织有关人员对问题进行答疑，同时学校提出下一步工作的建议，加强培训进程的调控，增强引领者与被引领人员的责任感与荣誉感。

5. 每学期期末进行一次综合性的培训活动，由专业引领教师进行活动展示，全校教师参与，现场诊断，进行平等互助式的面对面交流。

实践证明，有了专业引领，我们的教师少走了许多弯路，教学理论素养和教学实践能力都在专业引领中得以提高，一大批能力强、业务精的教师脱颖而出。

(资料来源：《挖掘内外资源，让教师在专业引领中不断成长》，http：//www. asedu. corn. cn/Html/jspd/xycf/2004－11－10/12523. htm. 2004－11－10.)

讨论题

1. 什么是专业引领？专业引领是怎样促进教师专业成长的？

2. 你认为在学校中开展专业引领的形式可以有哪些？

阅读导航

1. 刘捷:《专业化：挑战21世纪的教师》,教育科学出版社,2002年。

2. 叶澜:《教师角色与教师发展新探》,教育科学出版社,2001年。

3. [美]Lynda Fielstein、[美]Patricia Phelps:《教师新概念——教师教育理论与实践》,王建平,等译,中国轻工业出版社,2002年。

4. 陈静、李忠和:《追求卓越教师专业发展案例研究》,人民教育出版社,2003年。

思考与探究

1. 怎样才能提高教师职业的社会地位？

2. 以教师的劳动特点为出发点说说教师应具备哪些素养。

3. 新课程背景下教师应扮演哪些角色？

4. 加强教师职业道德建设应该从哪些方面着手？

5. 如何根据教师的成长阶段理论来促进教师的专业发展？

6. 就教师专业发展,访谈一位你所认识的优秀教师,将访谈的内容整理后与同学分享。

7. 你如何看待表2-5中对教师隐喻的分析？还有哪些不同的看法与解释？请用新的说法来比喻教师的作用。

表2-5　一位研究者对教师角色的隐喻分析

教师是蜡烛	肯定：奉献与给予
	不足：★ 忽视教师的持续学习与成长 ★ 淡漠教师的内在尊严与劳动的欢乐
教师是园丁	肯定：★ 田园式的宽松环境 ★ 重视学生的成长历程 ★ 注意了学生发展的个性差异 ★ 强调教师作用的发挥
	不足：★ 教育阶段顺序的固定性,教育欠缺的不可修复性(季节与时令) ★ 存在着淘汰制(间苗) ★ 有人为的强制性(修剪)
教师是人类灵魂的工程师	肯定：★ 工程师——重要的职业 ★ 灵魂——关注人心灵的发展
	不足：★ 暗示一种固定、统一的标准,忽视了学生的差异性 ★ 整齐划一、批量生产,易形成新的机械运动

(《新课程与教师角色转变》,教育科学出版社,2001年,第17－18页。)

附 录

我国《中学教师专业标准(试行)》

维度	领域	基本要求
专业理念与师德	(一)职业理解与认识	1. 贯彻党和国家教育方针政策,遵守教育法律法规。 2. 理解中学教育工作的意义,热爱中学教育事业,具有职业理想和敬业精神。 3. 认同中学教师的专业性和独特性,注重自身专业发展。 4. 具有良好职业道德修养,为人师表。 5. 具有团队合作精神,积极开展协作与交流。
	(二)对学生的态度与行为	6. 关爱中学生,重视中学生身心健康发展,保护中学生生命安全。 7. 尊重中学生独立人格,维护中学生合法权益,平等对待每一个中学生。不讽刺、挖苦、歧视中学生,不体罚或变相体罚中学生。 8. 尊重个体差异,主动了解和满足中学生的不同需要。 9. 信任中学生,积极创造条件,促进中学生的自主发展。
	(三)教育教学的态度与行为	10. 树立育人为本、德育为先的理念,将中学生的知识学习、能力发展与品德养成相结合,重视中学生的全面发展。 11. 尊重教育规律和中学生身心发展规律,为每一位中学生提供适合的教育。 12. 激发中学生的求知欲和好奇心,培养中学生学习兴趣和爱好,营造自由探索、勇于创新的氛围。 13. 引导中学生自主学习、自强自立,培养良好的思维习惯和适应社会的能力。 14. 尊重和发挥好共青团、少先队组织的教育引导作用。
	(四)个人修养与行为	15. 富有爱心、责任心、耐心和细心。 16. 乐观向上,热情开朗,有亲和力。 17. 善于自我调节情绪,保持平和心态。 18. 勤于学习,不断进取。 19. 衣着整洁得体,语言规范健康,举止文明礼貌。
专业知识	(五)教育知识	20. 掌握中学教育的基本原理和主要方法。 21. 掌握班级、共青团、少先队建设与管理的原则与方法。 22. 掌握教育心理学的基本原理和方法,了解中学生身心发展的一般规律与特点。 23. 了解中学生世界观、人生观、价值观形成的过程及其教育方法。 24. 了解中学生思维能力、创新能力和实践能力发展的过程与特点。 25. 了解中学生群体文化特点与行为方式。

续表

维度	领域	基本要求
专业知识	（六）学科知识	26．理解所教学科的知识体系、基本思想与方法。 27．掌握所教学科内容的基本知识、基本原理与技能。 28．了解所教学科与其他学科的联系。 29．了解所教学科与社会实践及共青团、少先队活动的联系。
	（七）学科教学知识	30．掌握所教学科课程标准。 31．掌握所教学科课程资源开发与校本课程开发的主要方法与策略。 32．了解中学生在学习具体学科内容时的认知特点。 33．掌握针对具体学科内容进行教学和研究性学习的方法与策略。
	（八）通识性知识	34．具有相应的自然科学和人文社会科学知识。 35．了解中国教育基本情况。 36．具有相应的艺术欣赏与表现知识。 37．具有适应教育内容、教学手段和方法现代化的信息技术知识。
专业能力	（九）教学设计	38．科学设计教学目标和教学计划。 39．合理利用教学资源和方法设计教学过程。 40．引导和帮助中学生设计个性化的学习计划。
	（十）教学实施	41．营造良好的学习环境与氛围，激发与保护中学生的学习兴趣。 42．通过启发式、探究式、讨论式、参与式等多种方式，有效实施教学。 43．有效调控教学过程，合理处理课堂偶发事件。 44．引发中学生独立思考和主动探究，发展学生创新能力。 45．发挥好共青团、少先队组织生活、集体活动、信息传播等教育功能。 46．将现代教育技术手段整合应用到教学中。
	（十一）班级管理与教育活动	47．建立良好的师生关系，帮助中学生建立良好的同伴关系。 48．注重结合学科教学进行育人活动。 49．根据中学生世界观、人生观、价值观形成的特点，有针对性地组织开展德育活动。 50．针对中学生青春期生理和心理发展特点，有针对性地组织开展有益身心健康发展的教育活动。 51．指导学生理想、心理、学业等多方面发展。 52．有效管理和开展班级、共青团、少先队活动。 53．妥善应对突发事件。
	（十二）教育教学评价	54．利用评价工具，掌握多元评价方法，多视角、全过程评价学生发展。 55．引导学生进行自我评价。 56．自我评价教育教学效果，及时调整和改进教育教学工作。
	（十三）沟通与合作	57．了解中学生，平等地与中学生进行沟通交流。 58．与同事合作交流，分享经验和资源，共同发展。 59．与家长进行有效沟通合作，共同促进中学生发展。 60．协助中学与社区建立合作互助的良好关系。
	（十四）反思与发展	61．主动收集分析相关信息，不断进行反思，改进教育教学工作。 62．针对教育教学工作中的现实需要与问题，进行探索和研究。 63．制定专业发展规划，积极参加专业培训，不断提高自身专业素质。

第三篇 学生成长与德育

内容提要

学生的健康成长是教育的基本宗旨,而学生的成长是一个包含了多种因素的复杂过程。对教育者而言,树立正确的学生观是引导学生健康成长的基本前提。了解学生的不成熟性、可教育性和个体差异性,把学生当人看、当儿童看、当成处在成长过程中的学习者看,既要维护学生的基本权利,又不能放弃对其义务的监督与引导,这是教师最基本的职责。

随着社会生活的发展,当代学生正经历着前所未有的社会环境和教育环境。因此,了解学生的身心发展规律及影响因素,从而参与和引导学生的生活也是教师应具备的教育知识和技能。学生的身心发展受诸多因素的影响,每种因素都对个体的发展起到了一定的作用,教育的任务就是发挥各种因素对学生的积极影响,剔除不良影响。在整个教育过程中,尊重学生身心发展的基本规律是进行教育和引导的前提。除了了解和尊重学生身心发展的规律和特点,还要关注学生的生活,对学生进行价值引导,从而为学生形成积极的人生观和价值观奠定坚实的基础。

学生的道德成长是学生健康成长的基础,道德教育是学校教育不容忽视的重要内容。在以往的教育中,德育常常被忽视,导致了大量有知无德的行为的发生。因此,了解学生品德发展的规律、特点及相关理论,熟悉学校德育的原则、过程、方法等,是现代教师教育的基本要求,也是考察教师素养的重要内容。

专题一　学生观与身心发展

学习要求：理解学生的角色与特殊性，熟悉学生的权利与义务，把握学生身心发展动因与一般规律，正确认识遗传、环境、教育等因素在人的身心发展过程中的不同作用。

学生观是教师在教育过程中所持的对学生的基本态度和看法，学生观的不同决定着教师对待学生方式的不同。学生既是教育的对象，又是学习和发展的主体。教师怎么看待学生，把学生看成什么样的人，即教师所持的学生观一直是教育中的重要问题。教师要拥有正确的学生观，就必须熟悉学生身心发展的规律和特点。人的身心发展，是指作为复杂整体的个人从生命开始到结束的全部人生过程中不断发生变化的过程，特别是指个体的身心特点向积极的方面变化的过程。这是人的各方面的潜在力量不断转化为现实个性的过程，也是教育在个体身上逐渐展开的过程。

一、全面发展的学生观

儿童带着全部的丰富性与独特性进入教育之中后，就成为"学生"：一个需要学习、以学习为主要活动形态的儿童。对于"学生"一词，《现代汉语词典》中解释为"在学校读书的人"和"向老师或前辈学习的人"。这是对学生这一角色的基本定位和描述，也是人们通常对"学生"一词的基本理解。在此基础上，我们需要对学生的本质属性、一般特征及学生在教育中所具有的基本权利做出深入描述，从而更加准确、深刻地理解"学生是谁"。

（一）学生在教育中扮演怎样的角色

1. 作为"人"的学生

学生是人，这本是毋庸证明、人所共知的命题，然而在教育实践中，却常常出现违背这一命题、忽视甚至否定学生作为人而存在的本质属性的现象。有学者指出，教育中最大的问题就是不把学生当人看①，从根本上违背了教育的基本精神。教育者应当认识到，作为"人"而存在的学生是活生生的个体，是具有自觉能动性、具有思想感情、具有独特创造价值的个体，不是单纯接受教育改造的物，也不是被动接受知识的容器。

作为一个个具体的个人，每个学生都具有自身独特的生活经验和个人体验，在接受学校教育之前，他们已经接触了多彩的社会生活，获得了不同于他人的对世界的认识。因

① 孙云晓：《教育的最大问题是不把学生当人看》，"新浪观察"，http：//www. sina. com. cn2003/04/18 13：01。

此，每个学生都是具有独特创造价值的个体，是具有思想感情的个体，是身心完整的人。在教育中，他们不是消极被动地接受塑造和改造，而是能够积极主动甚至创造性地参与教育过程。教师不能仅仅把学生作为一种认识对象，更要与学生建立情感上的联系。学生具有自身的人格，有自己的需要、愿望和尊严，这一切都应当得到应有的满足和尊重。

在教育过程中应当珍视学生作为人的无与伦比的价值，不能任意损伤他们。教育不仅要促进人的认识的发展，也要促进人的身体、情感等因素的健康发展。总之，教育所要实现的是学生的德、智、体、美、劳等全面的发展，而不只是让学生接受客观的知识。因此，教育工作者必须把学生当人看，当作完整的人、全面的人、有思想感情的人、具有独特创造价值的人去看待。

2. 作为儿童的学生

说学生是儿童，是为了将儿童与成人区别开来，作为儿童的学生具有与成人不同的身心特点，有着其独特的发展价值和潜能，这是教育者必须认识到的问题。

儿童具有自身独特的身心发展特点，他们不是成人的雏形。卢梭曾指出："大自然希望儿童在成人以前就要像儿童的样子。如果我们打乱了这个次序，我们就会造成一些早熟的果实，它们长得既不丰满也不甜美，而且很快就会腐烂：我们将造成一些年纪轻轻的博士和老态龙钟的儿童。儿童是有他特有的看法、想法和感情的；如果想用我们的看法、想法和感情去代替他们的看法、想法和感情，那简直是最愚蠢的事情。"①然而一直以来，人们总是把教育看作儿童为未来生活的准备，把儿童看作"小大人"或者成人的附属物，以成人的标准要求他们，不认为他们与成人有什么质的差别。在教育工作中也往往忽视儿童特有的需要和发展特点，不顾他们的感受和需要，将成人的主观愿望和价值观强加给儿童，甚至向他们提出与成人同等的要求和行为标准，从而违背了儿童身心发展的规律。

学生作为儿童，有权享受儿童特有的生活，如游戏、活动、同伴间的交往等。因此，教育要尊重儿童的天性，尊重儿童当下的生活。教师也应当以儿童的方式去理解儿童、教育儿童，把属于儿童的一切还给儿童。

3. 作为学习者的学生

学生是学习者、求教者，这是对学生角色的基本定位，也是对学生的主要职责的描述。学生是以学习为基本任务的人，学习是人类生活的普遍现象，是人们获得知识经验的根本途径，人的一生中几乎都在学习。但学生的学习具有特殊性，是以一种特殊身份从事的特殊的学习。学生的主要任务是学习，这是区别于人们在日常生活和工作中的学习，也是学生区别于社会上其他人的特点，无视这一特点，就会从根本上取消学生这一社会角色，学校也会随之消亡。以学习为主要任务是学生质的规定性，赋予了学生认真接受教育的社会义务，以及不断促进自身发展的意愿和责任感。

学生的学习是在教师指导下进行的，这是学生与从事学习活动的其他社会成员的又一区别。作为求教者，学生的学习主要是通过教师的直接讲授方式和教师指导下学习书本知识的间接方式而进行的，学生掌握知识、技能，发展能力，都离不开教师的指导。尤其对中小学学生而言，由于他们还缺乏一定的知识基础，也缺乏必需的自学能力和主动学习

① [法]卢梭：《爱弥儿》（上卷），李平沤译，商务印书馆，2004年，第91页。

的态度，只有在教师的指导下才能使学习活动富有成效地开展。在当代社会，虽然网络技术获得了极大发展，学生获取知识的渠道也随之扩展，但教师对学生学习的指导意义依然没有动摇，反而突显了教师正确引导的重要意义。学生应以一种谦虚的态度去学习，同时也应该保持对知识和教育者的基本尊重。

此外，作为学习者或求教者，学生的学习是具有主体性和主动性的活动，在本质上是一种学习者对于知识由内而外的渴求，必须发挥学生自身作为学习主体的意义，而不能将学习变为一种在教师强迫下的被动任务。学生也应形成一定的独立学习能力和自我教育的意识及能力，真正使自身成为自我教育和学习的主体。

（二）学生具有哪些独特性

1．不成熟性

人的一生都处在从不成熟到逐渐成熟的发展之中，正是人所具有的这种不成熟性，才使得人具有了接受教育的可能性。对于身心正处于快速发展时期的学生来说，不成熟性更是其在成长过程中的重要特点。儿童和青少年时期一般也是学生时期，这一时期是人一生中生理、心理迅速发展的时期，是个体从不成熟到成熟、从不定型到比较定型的发育时期。对于学生来说，他们身心的各个方面都潜藏着极大的发展可能性，在他们发展过程中所展现出来的各种特征都处于不断的变化之中，具有极大的可塑性。这种可塑性是在学生所获得的遗传素质的基础上，再经过后天的发展而转化为现实性的。这一特征说明学生在学习、思想方面存在的先进或落后的状态只是相对的、暂时的，会随着身心的不断发展而发生变化。因此，教师在教育过程中应密切关注学生的这一特征，既不能站在成人的角度把他们当成“小大人”来对待，也不能用一成不变的眼光去理解他们，而要将他们看成时刻都在从不成熟走向成熟、身心不断发展变化的个体。

2．可教育性

大教育家夸美纽斯曾说：“实际上，只有受过合适的教育之后，人才能为人。”我国学者肖川也曾在《教育的使命与责任》一书中指出：“人的可教育性，即人具有接受教育的天赋素质和潜在能力。人之所以具有可教育性，就在于人具有可塑性。而人的可塑性就表现为人的感觉器官和心理机能是‘未特定化’的。”动物一出生就有天然的生存装备来应付恶劣的自然环境，人却需要很长时间去完善，自然所赋予人类的这种非特定化和不确定性恰恰蕴含着人类进步的极大可能性，为人类智慧和能力的发展留下了空间。因此，可教育性是人类文明和智慧发展的前提，作为整体的人类，可教育性是其优越性和特征；作为正在成长中的儿童和青少年，可教育性就是对他们进行教育的基本依据。学生进入学校接受教育的一个基本前提，就是他们需要教育，同时也是可教育的。因此，人是可教育的，即便是所谓的“差生”也一样。教师应当深刻认识到这一点，相信每个学生都是可教育的，都具有接受教育的潜质和能力，不放弃每一个学生，让教育中不再有“被遗忘的角落”。正是在这个意义上，人们才会说，“没有教不好的学生，只有不会教的老师”。

3．个体差异性

每个人的发展都是存在差异性的，因为人们都不是以同样的速度发展的，达到成熟水平的时期也不相同。在年轻一代的身心发展中，由于遗传、环境、教育和其自身主观能动性的不同，有的儿童身心的某些方面在较早的年龄阶段已发展到较高的水平，有的则在较晚时期才出现相应特征。如有的儿童在8岁时，抽象思维已有了很好的发展，能够接受中学教育，而有的儿童的抽象思维到十四五岁时，才有显著的发展。学生之间是相通而不同的，相互的差异性是学生个体成长不可缺失的资源。在当前学校教育的背景下，教师面对的不是一个学生，不是同质的学生群体，而是千差万别的多个学生。每个学生身上都浓缩了其全部的家庭、地区、时代的特征，有着个体独特的生命体验。因此，面对群体学生的教育实践活动，必须充分考虑到这种差异性。学生之间的差异，恰恰是学生个体成长不可缺失的资源，可以通过教育的力量转化为个体成长的现实。

二、学生的权利保护与义务履行

儿童青少年作为一个特殊的群体，既享有与成人一样的公民基本权利，同时也需要得到社会的特殊对待和保护。然而在教育中，时常可见对学生权利的忽视和践踏，学生的独立人格和独立地位经常被忽视。要改变这种状况，就必须承认和确立儿童青少年在社会中的权利和地位，维护他们在教育中的主体地位，并切实保障他们的各项合法权益。此外，学生在享受基本权利的同时，也必须履行一定的义务，他们是权利与义务的统一体。引导学生明确自身的责任和义务，学会对自己、对他人、对社会负责，学会承担责任，具有十分重要的教育意义。

（一）学生享有哪些权利

在社会生活中，学生享有与成人一样的公民基本权利，如平等权、生命健康权、人身自由权、文化教育权等。在教育中，根据《宪法》《教育法》《未成年人保护法》等的规定，作为权利主体的学生主要享有以下一些基本权利。

1. 受教育的权利

受教育权是公民的一项基本权利，也是学生的基本权利。我国《宪法》第46条规定："中华人民共和国公民有受教育的权利和义务。"《教育法》第9条规定："公民不分民族、种族、性别、职业、财产状况、宗教信仰等，依法享有平等的受教育机会。"《义务教育法》第2条规定："国家实行九年义务教育制度。"《义务教育法》第4条规定：国家、社会、学校和家庭依法保障适龄儿童、少年接受义务教育的权利。《未成年人保护法》第18条规定："学校应当尊重未成年学生受教育的权利，关心、爱护学生，对品行有缺点、学习有困难的学生，应当耐心教育、帮助，不得歧视，不得违反法律和国家规定开除未成年学生。"学生在学校的受教育权主要表现在享受各种教育资源，参加教育教学计划安排的各种活动，使用教育教学设施、设备、图书资料等基本权利上。

2. 被尊重的权利

人格尊严是公民的一项基本权利，《宪法》明确规定了公民的人格尊严不受侵犯。学生也是公民，其人格尊严同样受法律的确认和保护。《义务教育法》规定，学校和教师不得对学生实施侮辱人格尊严的行为，不得歧视品行有缺陷、学习有困难的儿童、少年。《未成年人保护法》第5条规定："保护未成年人的工作，应当遵循下列原则：（一）尊重未成年人的人格尊严；（二）适应未成年人身心发展的规律和特点；（三）教育与保护相结合。"同时在第21条中规定："学校、幼儿园、托儿所的教职员工应当尊重未成年人的人格尊严,不得对未成年人实施体罚、变相体罚或者其他侮辱人格尊严的行为。”在教育过程中,教师不可对学生态度粗暴、随意呵斥,损害他们的自尊心,而要尊重学生,尊重他们的人格,听取他们对教育的意见和要求,把学生当作和成人一样具有平等的人格尊严的个体来看待。

3. 生命与健康的权利

生命权和健康权是公民的基本权利,学生作为未成年人,更应当享有这一权利。在学校教育中,为了维护未成年学生的生命健康权,学校必须采取各种有效的防范措施,尽可能减少学生伤害事故的发生,加强安全教育。《未成年人保护法》第22条规定:“学校、幼儿园、托儿所不得在危及未成年人人身安全、健康的校舍和其他设施、场所中进行教育教学活动。”第22条规定:“学校、幼儿园安排未成年人参加集会、文化娱乐、社会实践等集体活动,应当有利于未成年人的健康成长,防止发生人身安全事故。”而近些年来,因学校的教育设施缺陷、食品卫生、校园暴力等方面的原因而导致的中小学安全事故频发,使学生在学校的基本生存权受到了威胁。因此,作为育人机构,学校必须为学生提供安全的育人环境,防止伤害学生生命与健康的事故发生。

4. 获得公正评价的权利

学生的公正评价权是指学生在教育教学过程中,享有要求教师、学校对自己的学业成绩、道德品质等进行公正的评价,并客观真实地记录在学生成绩档案中,在毕业时获得相应的学业成绩证明和毕业证书的权利。《教育法》第42条规定:受教育者享有“在学业成绩和品行上获得公正评价,完成规定的学业后获得相应的学业证书、学位证书”的权利。学业成绩评价是学校通过测验和考试对学生的学习水平、知识能力等所做的评价,品行评价是对学生在学期间的思想品德、行为习惯、学习态度、劳动表现等所做的综合评价。在中小学教育阶段,学生的学业成绩评价和道德品质评价对学生的升学就业具有重要的甚至是决定性的作用,也会对他们一生的健康成长产生很大影响。因此,学校和教师应当本着认真负责的精神,科学合理、公平公正地对学生进行学业成绩和品行的评价,并在其完成学业后给予相应的证书。学生对评价中的失实、失真和不公正问题,有权通过正当途径,依法要求学校和教育主管部门予以改正。

(二)学生应当履行什么义务

在社会生活中,公民既享有基本的权利,又必须履行相应的义务,权利与义务同等重要。近些年来,随着权利意识的觉醒,人们更多地热衷于追问和满足自身的权利,却将自己应当履行的义务放置一旁,造成了权利与义务的失衡。因此,在教育中,学生作为权利主体在享有权利的同时,也应当承担一定的义务;教育在维护学生权利的同时,也必须培养学生的责任意识和义务感,使其真正成为权利与义务的统一体。

1. 接受教育的义务

受教育的义务是指作为学生应依法接受规定年限的教育,《义务教育法》规定:“凡年满六周岁的儿童,其父母或者其他法定监护人应当送其入学接受并完成义务教育;条件不具备的地区的儿童,可以推迟到七周岁。”因而,接受教育不仅是学生依法享有的一项权利,也是其必须履行的义务。对处在义务教育阶段的学生来说,这种义务是强迫的,适龄儿童和青少年必须接受教育;对非义务教育阶段的学生来说,这是在享受教育权利同时应承担的义务。在学校教育中,学生有义务接受教师对自己的教育和引导,积极配合教师的教学工作，完成自身受教育的任务。

2. 努力学习的义务

学生进入学校就意味着承担了努力学习的义务，这也是学生享受取得学业证书权利的前提。具体来讲，这项义务包括：学生应按时到校上课，上课前准备好学习用品，不能无故迟到、早退或辍学，去做其他与学习无关的事情；上课时，应专心听讲，勇于提出问题，敢于发表自己的见解，积极思考和回答教师的提问；放学后，应认真复习功课，按时独立完成作业，考试不作弊，珍惜时间，科学安排课余活动等。在教育过程中，教师应当让学生学会自主、自愿地去学习，而不是仅仅把学习当作一项被动的义务去完成。

3. 遵守学校规章制度的义务

作为社会公民，学生应当遵守各项法律法规，既包括宪法、法律、行政法规，也包括有关教育的规章制度。因此，除了要遵守国家的基本法律法规外，学生还应该遵守所在学校或其他教育机构的管理制度，这是每个学生应当履行的义务。主要包括：遵守其所在教育机构的思想政治教育管理制度；遵守其所在教育机构的教学管理制度；遵守其所在教育机构的学籍管理制度，包括入学注册，成绩考核，对升级、留级、转学、复学、休学、退学的处理，考勤记录，纪律教育，奖励处分，以及对学生毕业资格的审查等管理规定；遵守其所在教育机构的体育管理、卫生管理、图书仪器管理、校园管理等方面的制度。

4. 品德养成的义务

教育的首要任务就是培养学生的道德品质，品德养成是全面发展教育的首要目标。因此，对学生而言，尊师重教、养成良好品行是他们的基本义务。中小学学生应当遵守《小学生日常行为规范》《中学生日常行为规范》《小学生守则》《中学生守则》等相关规范的要求，积极参与完成学校道德教育的目标与任务，自觉地形成良好的道德品质。学生应当形成尊敬师长、文明礼貌、尊重他人、热爱国家、有社会责任感、诚实、正直、积极向上、自尊自强等良好品质。

三、学生身心发展的动因与规律

（一）学生身心发展的动因

人的身心发展的动力是什么？对这个问题的回答有着不同的观点。

1. 内发论

内发论强调人的身心发展的力量主要源于人自身的内在需要，身心发展的顺序也是由身心成熟机制决定的。孟子可以说是中国古代内发论的代表。他认为人的本性是善的，万物皆备于我心，人的本性中就有恻隐、羞恶、辞让、是非四端，这是仁、义、礼、智四种基本品性的根源，人只要善于修身养性，向内寻求，这些品性就能得到发展。现代西方的内发论者进一步从人的机体需要和物质因素的角度来说明内发论。如奥地利精神分析学派的创始人弗洛伊德认为人的本能是最基本的自然本能，它是推动人的发展的潜在的、无意识的、最根本的动因。美国当代生物社会学家威尔逊把“基因复制”看作决定人的一切行为的本质力量。美国心理学家格塞尔则强调成熟机制对人的发展的决定作用，他认为，人的发展基因决定了儿童特定的发展顺序，完成了一系列顺序后机体便达到成熟，教育要想通过外部训练抢在成熟的时间表前面形成某种能力是低效的甚至是徒劳的。

2. 外铄论

外铄论主张人的发展主要依靠外在的力量,诸如环境的刺激和要求、他人的影响和学校的教育等。对于人自身的因素,有的认为是需要改造的,如我国古代性恶论的代表人物荀子就持这样观点。有的认为人的心灵犹如一块白板,它本身没有内容,可以任人涂抹,外部的力量决定了人的发展状况,英国哲学家洛克的"白板说"就是一个典型的代表。外铄论的另一个典型代表是美国行为主义心理学家约翰·华生(如右图所示)。他甚至这样说:"给我一打健全的婴儿,我可以保证,在其中随机选出一个,训练成为我所选定的任何类型的人物——医生、律师、艺术家、商人,或者乞丐、窃贼,不用考虑他的天赋、倾向、能力,祖先的职业与种族。"外铄论者强调外部力量的作用,一般都注重教育的价值,对教育改造人的本性,形成社会所要求的知识、能力、态度等方面,都持积极乐观的态度。他们关注的重点是人的学习:学习什么和怎样才能有效地学习。

华生(John Broadus Watson,1878—1958)

3. 在个体活动中多因素相互作用论

辩证唯物主义认为,人的发展是个体的内在因素(如先天遗传素质、机体成熟的机制)与外部环境(如外在刺激的强度、社会发展的水平、个体的文化背景等)在个体活动中相互作用的结果,人是能动的实践主体,没有个体的积极参与,个体内在的发展是不能实现的;在主客观条件大致相似的情况下,个体主观能动性发挥的程度对人的发展有着决定性的意义。因此,我们把实践、把个体积极投入实践的活动,看作内因和外因对个体身心发展综合作用的汇合点,也是推动人身心发展的直接的、现实的力量。根据这样的观点,教育活动中主客体之间的关系、师生之间的关系,以及如何激发学生主动积极地参与各种教育活动,自然受到特别的重视。

(二)学生身心发展的基本规律

学生的身心发展是有规律的,这些规律是学生在一定年龄阶段身心两方面发展的稳定的、典型的本质特征,教育应当遵循这些规律来开展。

1. 学生身心发展具有顺序性,教育要循序渐进

学生个体的身心发展是按照一定的顺序进行的,即由低级到高级、由量变到质变的过程。如身体发展是从头部、躯干向四肢,从中心部位向全身的边缘发展的;行为的发展是先爬后行再跑;记忆的发展是从机械记忆到意义记忆;思维的发展是从具体思维到抽象思维;情感的发展是先有喜、怒、惧等一般情感,而后出现道德感、理智感等高级情感。身心发展的顺序性决定了我们的教育工作必须连贯地、循序渐进地进行,无论是知识技能的学习还是思想品德的发展,都应当由浅到深、由简到繁、由具体到抽象地进行。

2. 学生身心发展具有阶段性,教育要区别对待

个体身心发展也有一定的阶段性,它反映了量变和质变的统一。学生身心发展的阶段性具体表现为青少年身心发展的年龄特征,即在发展的不同年龄阶段中形成的一般的、典型的、本质的身心特征,如在童年期、少年期和青年期等不同时期所表现出的不同年龄

特征。前后相邻的时期是有规律地更替的,在前一阶段内准备了向后一阶段的过渡。每一发展阶段经历着一定的时间,在一定时间内,发展主要表现为量的变化,经过一段时间,发展就由量变到质变,从而使发展推进到一个新的阶段。个体身心发展的阶段性决定了教育和教学工作的阶段性,各个年龄阶段的发展具有不同的本质特征,在教育措施上不能一般对待,搞“一刀切”。既不能把小学生当作中学生看待,也不能把中学生当作小学生看待。当然,根据学生身心发展的阶段性进行教育,绝不意味着要迁就学生的现有水平,而是要向学生不断提出高于其原有水平、而又是他们力所能及的要求,以促进他们的发展。

3. 学生身心发展具有不平衡性,教育要抓住关键期

学生的身心发展是不平衡的,表现在两方面:一是个体不同方面的发展是不平衡的。如在生理方面,神经系统、淋巴系统成熟在先,生殖系统成熟在后。在心理方面,感知成熟在先,思维成熟在后,情感成熟更后。二是个体同一方面的发展速度在不同年龄阶段的变化是不平衡的。如个体的身高、体重有两个发展的高峰,第一个高峰出现在出生后的第一年(从出生50cm增长到75cm),第二个高峰出现在青春发育期。在这两个高峰期,个体身高、体重的发展较之其他年龄阶段更迅速。有人对人的智力发展进行研究,发现人的感知、思维、记忆、想象等的发展都存在不同的关键期。所谓关键期,是指身体或心理的某一方面机能和能力最适宜于形成的时期。个体身心发展的不平衡性要求教师要把握学生身心发展的关键期,不失时机地采取教育措施,使其获得最佳发展。

什么是关键期?

“认母关键期”:刚获得生命不久的小动物追逐它们最初看到的能活动的生物,并对其产生依恋之情。1873年一位英国自然学家首先在雏鸡身上发现这种反应,1937年奥地利动物学家劳伦兹验证了这一事实。认为这是一种天生的、本能的、快速的学习方式,一旦错过时间,这种能力就永远消失。

人类发展的关键期是指身体或心理的某一方面机能和能力最适宜于形成的时期,是人最容易学习某种知识、技能或者形成某种心理特征的时期。如:2~4岁是儿童口语发展的关键期,0~4岁是儿童形成知觉的关键期,5岁左右是儿童整体记忆能力开始形成的关键期,也是综合数学能力形成的关键期。

4. 学生身心发展具有个体差异性,教育要因材施教

由于人的发展的主客观条件不一样,其发展的过程与结果也有差异。研究者估计:当一年级的教师遇到他班上差不多都是6岁的孩子时,他事实上面临着一群能力不同的儿童,从他们准备状态的差异来说,实际上是5岁到11岁。个体的差异不仅表现为同一年龄阶段的儿童在不同时期的发展速度和发展水平有个体差异,而且表现为同一年龄阶段的儿童在相同方面的发展速度、发展水平也有个体差异。这就要求我们必须深入了解每个个体的身心发展状况,有的放矢,因材施教。

5. 个体身心发展具有互补性,教育要关注学生发展的整体

互补性反映个体身心发展各组成部分的相互关系,它首先指机体某一方面的机能受

损甚至缺失后，可通过其他方面的超常发展得到部分补偿。如失明者通过听觉、触觉、嗅觉等方面的超常发展得到补偿。机体各部分存在着互补的可能，为人在自身某方面缺失的情况下依然能与环境协调，从而继续生存与发展提供了条件。

互补性也存在于心理机能与生理机能之间。人的精神力量、意志、情绪状态对整个机体能起到调节作用，帮助人战胜疾病和残缺，使身心依然得到发展。我们身边有很多这样出色的人物。相反，如果一个人的心理承受能力太差，缺乏自我调节能力和坚强的意志，那么，即使是不太严重的疾病或不大的磨难也会把他击倒。互补性告诉我们，发展的可能性有些是直接可见的，有些却是隐现的，培养自信和努力的品质是教育工作的重要内容。

如前所述，人的身心发展是一个循序渐进、有章可循的过程，教育只有关注和遵循学生身心发展的这种规律性，才能促进学生身心的健康发展。学生的学习活动随着年龄的增长和年级的增加而不断深化，强度和难度都逐渐提高，这是遵循学生身心发展规律的一个循序渐进的过程。教育不能过早地或者不合时宜地给学生强加各种知识的教育，不能违背学生的身心发展规律进行教学。如幼儿园的儿童适合活动和游戏，而不适合知识性较强的抽象教育，小学和中学逐步增加认知性较强的知识内容，前后的教育内容也应该是层层推进、相互衔接的。围绕学生发展的顺序性、阶段性、不平衡性、个体差异性、互补性等特点组织学生的学习活动，这是学校教育必须把握的教育规律。

四、影响人身心发展的因素

人的发展是个体身体和心理上的连续不断的变化过程，包括身体发展和心理发展两个方面。身体的发展是指机体的各种组织系统（骨骼、肌肉、心脏、神经系统、呼吸系统等）的发育及其机能的增长，即指机体的正常发育和体质的增强。心理的发展是指认识过程和个性心理发展两个方面，包括感觉、知觉、记忆、思维、想象、情感、意志、兴趣、气质、性格、能力等方面。人的生理发展与心理发展是紧密相连的，生理发展是心理发展的物质基础，心理的发展也影响着生理的发展。

教育的对象是人，主要是具有极大可塑性、可教育性的青少年学生。教育的根本目的之一是促进人的身心发展。我们认为影响人发展的主要因素有四种，即遗传、环境、教育、个体的主观能动性。每种因素在人的身心发展中发挥着不同的作用，造就了多样化的个体素质。

（一）遗传在人的发展中的作用

遗传素质是人身心发展的物质前提。遗传是指人从上代继承下来的生理解剖上的特点，如机体的结构、形态、感官和神经系统的特点等。这些遗传的生理特点，也叫遗传素质，是人的身心发展的生理前提，为人的身心发展提供了可能性。

遗传素质的发展过程制约着年轻一代身心发展的年龄特征，它表现在人的身体的各种器官的构造及其机能的发展变化上，如青少年身高、体重的增加，骨骼构造的变化，心肺和大脑的发育，性的成熟等。遗传素质的成熟程度，为一定年龄阶段的身心特点的出现提供可能与限制，制约着年轻一代身心发展的年龄特点。例如，人们常说“三翻、六坐、八爬叉，十个月会喊大大”，这反映了人的遗传素质的发展过程，只有当身体的发展具有了一定的条件时，才会为学习一定的知识技能提供可能。据研究，人的思维发展与脑的重量发展是密切相连的，人脑平均重量发展的趋势是新生儿为390克，8~9个月的乳儿为660克，2~3岁的婴儿为990~1011克，6~7岁的幼儿为1280克，9岁的儿童为1350克，12~13岁的少年儿童大脑平均重量已和成人差不多了，即达到1400克。

遗传素质的差异对人的身心发展有一定的影响作用。人的遗传素质的差异不仅表现在体态、感觉器官方面，也表现在神经活动的类型上。在医院婴儿室里，你可以看到，出生几天后的婴儿就有不同的表现，有的比较安静，容易入睡，有的则手脚乱动，大哭大喊。从一两岁的婴儿身上也可以看到，他们在对外界事物反应的快慢、情感表现的强弱和是否容易转移等方面都存在着差异，这都与神经活动的类型密切有关。所以，遗传素质对于人的发展是具有一定的影响作用的，据此，我们应当高度重视优生优育问题。

遗传素质具有可塑性。随着环境、教育和实践活动的作用，人的遗传素质会逐渐地发生变化。许多事实证明，一个在遗传素质上神经活动属于强而平衡、灵活的人，在不良的环境和教育下，也可能变成类似神经活动弱而不平衡、不灵活的人；神经活动弱而不平衡、不灵活的人，在良好的教育下，也可能变成很有涵养、很守纪律的人。人的生活经验证明，如果长期进行某一方面的训练，就可以使脑的某一方面反应能力提高。人的遗传素质的发展过程，也会因人的生活条件的不同而提前或推迟，如当今的青少年与旧时代的青少年相比，在身高、体重上都有所增加，性成熟期提前了，智力的发展也有所提前。所有这些都说明遗传素质是具有可塑性的。

但是，遗传素质只是人的发展在生理方面的可能性，它不是现成的知识、才能、思想、观点、性格、爱好、道德品质等，它不能决定人的发展。人的知识、才能、思想、观点、性格、爱好、道德品质都是在后天环境和教育的影响下形成的。如果离开了后天的社会生活和教育，遗传素质所给予人的发展的可能性便不能变为现实。宋朝王安石写过一篇《伤仲永》，说江西金溪有个名叫方仲永的少年，小时比较聪明，五岁时就能作诗，但由于缺乏良好的生活条件和及时的教育培养，十二三岁时写的诗已不如以前的好了，年到二十岁左右，则"泯然众人矣"。这说明了后天的生活条件和教育对人发展的重要意义。再如，美国斯坦福大学心理学教授特尔门对智商在130以上的1528名超常儿童进行了历时50年之久（从1921年至1972年）的追踪观察与系统研究。特尔门的结论是，早年智力测验并不能正确地预测晚年工作的成就，一个人的成就同智力的高低并无极大的相关性，有成就的人并非都是家长、教师认为非常聪明的人，而是有恒心，做事求好、求精的人。

优生学的创始人英国的高尔顿是"遗传决定论"的鼻祖；遗传决定论强调遗传在人的身心发展中的作用，认为个体的发展及个性品质早在生殖细胞的基因中就决定了，发展只是这些内存因素的自然展开，环境只起一个引发的作用。高尔顿的结论是通过他的所谓名人家谱调查而得出的。他从英国的名人（包括政治、法官、军官、文学家、科学家和艺术家）中选出977人，调查他们的亲属（有血缘关系）中有多少人与他们同样著名。结果是，他们的父子兄弟中有332人也同样出名。而另一个对照组，即所谓的一般的平常人，他们的父子兄弟中只有1个名人。高尔顿认为这种显著的差别，就是能力受遗传决定的证明。

（二）环境在人的发展中的作用

环境对人的发展的影响主要表现为提供了多种发展的可能性，同时也做出了一定的限制。环境是围绕在个体周围并对个体自发地产生影响的外部世界，包括自然环境和社会环境，其中对人的发展产生重要影响的主要是社会环境。社会环境包括个体所接触的物质文明、精神文明，个体因参与其中而接触到的社会经济生活、政治生活、文化生活及家庭生活，还包括同邻里、亲戚、朋友的交往等。

人一生下来，就受着环境的影响，在环境的影响下，发展着身体，获得一定的生活知识和经验，形成各种思想意识和行为习惯。在不同的社会和不同的阶级中生活的人，他们的思想意识、道德品质和行为习惯都有程度不同的社会和阶级的烙印。一个人的身心能否得到发展和发展到什么程度，都与他生活的社会环境密不可分，社会环境是人的身心发展的外部客观条件，对人的发展起着一定的制约作用。人的身心发展是受后天环境影响和制约的，遗传素质仅仅为人的发展提供可能性，没有一定的环境的影响，这种可能性绝不会转化为现实。

“狼孩”的案例

世界上有许多关于野兽哺育孩子的案例，其中有“狼孩”“猪孩”“豹孩”“熊孩”，他们都是先由动物养育，而后被人发现又重新回到人类世界的。到现在为止，我们了解到的这方面的案例不下30个，最著名的要算印度孟加拉州发现的“狼孩”了。关于这两个“狼孩”，有着可靠而丰富的资料。

这两个“狼孩”是在1920年10月，由印度传教士辛格在一个丛林地区的狼穴中发现的。经过村人的报讯，辛格让人把洞穴挖开，发现两只小狼和两个裸体小女孩蜷伏在一起。当辛格要把她们带走时，她们如同野兽一样张牙露齿拒捕。但辛格最终还是将她们带回了密那波城他所创办的孤儿院里抚养。

据辛格的估计，两个女孩被发现时，大的约有8岁，小的1岁半左右。据推测，她们必是在半岁左右时被母狼带到洞里去的。辛格给她们起名字，大的叫卡玛拉，小的叫阿玛拉。

当她们被领进孤儿院时，她们的一切生活习惯都同野兽一样。她们不会用双脚站立，只能用四肢走路，速度比一般人跑得还快。她们害怕日光，在太阳下，眼睛只开一条窄缝，而且，不断地眨眼。她们习惯在黑夜里看东西。她们经常白天睡觉、瞌睡或者一连几个小时面向墙壁静坐不动；一到晚上则活泼起来，开始活动，在院子里走来走去，东嗅西闻，寻找生肉或动物吃，往往企图逃入丛林。每夜10点、1点和3点循例发出非人非兽的尖锐的怪声。她们完全不懂语言，也不发出人类的音节。她们两人经常动物似地蜷伏在一起，不愿与他人接近，并曾两次咬伤别的小孩。她们不会用手拿东西。吃起东西来真的是狼吞虎咽，喝水也和狼一样用舌头舔。吃东西时，如果有人或有动物走近，便呜呜作声去吓唬人。在太阳下晒得热时，即张着嘴，伸出舌头来，和狗一样地喘气。她们不肯洗澡，也不肯穿衣服，并随地便溺。

她们被领进孤儿院后，辛格夫妇异常爱护她们，耐心抚养和教育她们。可是在最初的一年里，辛格夫妇想尽一切办法也不能使这两个狼孩和他们接近。

总的说来，小的阿玛拉的发展比大的卡玛拉的发展快些。进了孤儿院两个月后，当她渴时，她开始会说“bhoo”（水，孟加拉语），可是卡玛拉用了25个月才开始说第一个词“ma”（妈，指辛格夫人）。阿玛拉也较早对别的孩子的活动表现出兴趣。遗憾的是，阿玛拉进院不到一年，便死了。

进院后16个多月卡玛拉才会用膝盖走路，但仍多半用四肢爬行；2年零8个月才会用两脚站起来，要5年多才会用两脚走路，可是一旦要走快，始终都用四肢爬行。自从1922年8月说出一个“ma”字后，直至1924年2月她一共只学会了6个字。到1926年1月她会说出30个字后，至1927年增加到45个字，并曾说出用3个字组成的句子。

在院里的第一年，她拒绝和任何人交往，1921年11月她开始表示愿意和辛格夫人接近，逐渐地也开始不怕人，1922年她开始与大家一起去散步，到1924年1月辛格夫人已成为她不可缺少的伴侣，经常追随着辛格夫人。初进院时，她喜欢吃生肉、死动物，不爱吃素食，不吃盐，但这种动物型的口味也慢慢地改变了过来，到1925年已基本上发生了变化，到1926年则完全不肯吃死的动物。1922年8月，她开始从盘子里吃东西，但喝水时还要用舌头舔，到1925年才会用杯子喝水。在穿衣服上，她用了6年的时间才从完全不肯穿衣服转变到不穿衣服不敢见人。

从各方面来看，专家们认为，卡玛拉的大脑在生理解剖特点上是正常的，没有低能的象征，也正因为如此，她才能在一生中适应几次生活上的巨大转变。她的智力水平之所以非常低，不是由于大脑在发育上有什么缺陷，更主要的是由于缺乏人类社会环境众多而繁复的刺激。

卡玛拉一共在孤儿院生活了9年，到1929年11月14日因患尿毒症而死亡。自她被发现到她死亡的9年零1个月的这一段时间，辛格都记有详细的日记，并拍下了许多照片。

（郑金洲：《教育通论》，华东师范大学出版社，2002年，第136页。）

但是，自觉的能动性是人类的特点，人们接受环境影响不是消极的、被动的，而是积极的、能动的实践过程。人在社会实践的过程中，接受着环境的影响，同时也改造着环境，并在改造环境的过程中改造着自己。如果离开了人的实践活动，客观的环境条件没有成为主观的活动对象，则再好的客观环境条件，也不会对人的发展起什么作用。人的社会实践对人的发展起着决定性的作用。人的思想和才能是在后天的社会实践中逐步形成和发展起来的，人不从事某方面的实践，就不会具有某方面的思想和才能，无论社会环境为人的发展提供什么条件，人的发展都要通过人的实践和主观努力才能实现。因而，离开人的实践，单纯的客观环境不能决定一个人的发展和成就。那种忽视人的主观能动性，把人看作环境的消极的适应者，认为生长在某种环境下的儿童就只能消极地成为某种样子的人的环境决定论，是完全错误的。

环境决定论认为儿童身心的发展完全是外界影响的被动结果,从而片面地强调和机械地看待环境的作用。行为主义的创始人华生是环境决定论的主要代表。按照华生的说法,已知刺激(S)就能预言反应(R),已知反应(R)就能推断先行的刺激(S)。他通过经典条件反射的方法对婴儿的行为进行了“塑造”,特别是在情绪方面进行了大量研究,结果表明儿童对许多事物产生怕、怒、爱等情绪多数都是习得的。

华生的恐惧学习实验

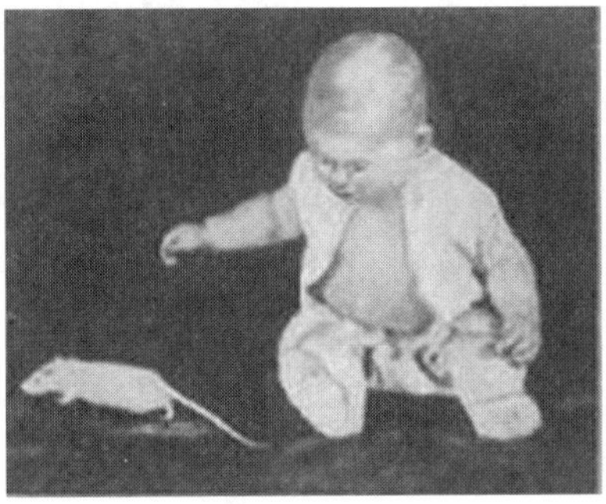

华生以一名9个月大的婴儿艾尔伯特(Albert)为被试。实验如右图所示。实验开始时,小艾尔伯特对巨大声响表现出本能的恐惧反应,而对于兔子、白鼠、狗和积木等并不害怕。实验过程中,研究者反复向艾尔伯特同时呈现白鼠和巨大声响。在白鼠与声音总共7次的配对呈现后,即使不出现声音时,艾尔伯特也对白鼠表现出极度的恐惧。这个实验表明,被视为本能的情绪反应,实际上可以在一定的条件下形成。

(郭秀艳、杨治良:《基础实验心理学》,高等教育出版社,2005年,第336页。)

(三)学校教育对人的身心发展的影响

教育是有目的、有计划地影响人的一种活动,它在人的发展中的作用,曾被历史上许多思想家、教育家充分地肯定。法国启蒙思想家卢梭说:“植物的形成由于栽培,人的形成由于教育。”康德说:“人只有通过教育才能成为一个人,人是教育的产物。”他们的这些说法具有积极意义。

影响人的发展的诸因素中,环境对人的发展起着一定的制约作用,而比起环境的自发影响来说,学校教育对人的发展、特别是对年轻一代的发展起着主导作用。具体原因如下:

1. 学校教育是一种有目的的培养人的活动,它规定着人的发展方向

教育不管是有组织的还是无组织的,系统的还是零碎的,家庭的还是学校的、社会的,都是有目的的培养人的活动,它是以教育人为主要目的的活动。在人的其他活动中,人与人之间也会产生各种影响作用,如在生产活动和社会活动中,人们耳濡目染地受到一些影响,在不同程度上也影响着人的发展,但是,那些活动不是以教育人为主要目的的。同时,环境中的自发影响是比较复杂的,方向是不一的,有好的影响,也有坏的影响,它不能一致地按照一定的方向去影响人,因而不能决定人的发展方向。特别是学校教育能排除和控制一些不良因素的影响,给人以更多的正面教育,使人按照一定的方向发展,更有利于思想品德的培养,使年轻一代健康地成长。

2. 学校教育特别是中小学的基础教育给人的影响具有全面性、系统性、终身性

学校教育,是指根据一定社会的要求,按照一定的目的,选择适当的内容,利用集中的

时间，有计划地、系统地向学生传授各种科学文化知识的教育。它以掌握知识技能为中介，既促进学生智能的发展，又培养个性品质，并形成一定的思想品德。另外，从终身教育角度看，学校教育既促进儿童时期和青少年时期的身心发展，形成一定的自主发展的品质和能力，又对成年以后的身心活动起着有力的推动作用。所以，学校教育对人的终身发展产生深刻影响。相比之下，环境中其他方面的影响往往是自发的、偶然的、片面的，是不能与学校教育相比拟的。

3. 学校有专门负责教育工作的教师

学校教育是通过专门培训过的教师来进行的，教师受社会的委托来教育学生，他有责任教育好学生，他对学生的思想、学业、身体等应是全面关心的。他应明确教育的目的，熟悉教育的内容，懂得教育这个转化活动的规律和方法，自觉地促进学生按照一定的方向发展。而其他环境中缺少这样的专职教育人员，教育效率不高。

4. 学校教育可以根据遗传提供的可能性，发展学生的特殊才能，发展学生的个性

学校教育可以充分发挥遗传素质的优势，如针对智力早慧或某方面有特长的学生可以创办超常班、特长班发展他们的特殊才能，针对一些有生理缺陷的学生也可创办聋哑学校、育童学校进行特殊教育，扬长避短。在个性发展方面，学校教师具有丰富的教育理论和教育经验，善于发现学生的独特性，尊重学生的个性，并能有意识地为学生个性发展创造各种机会和条件，帮助、指点学生走上个性健康发展的道路。学校中的学生集体也可以为学生个性的发展提供良好的氛围和土壤条件。

5. 在信息技术高度发展的今天，学校培养大批的科技人才尤显重要

教育对人的发展特别是年轻一代的发展起着主导作用，这种主导作用随着社会的发展和科学技术的日益进步，表现得越来越明显。从国际教育发展趋势看，各国普遍地十分重视通过学校系统的教育开发人的潜力，培养人的创造性，提供社会需要的各种人才。现代社会发展和科技进步对人们知识技能、品德等多方面的要求越来越高，有人认为利用图书馆、网络、电视和非学校化思潮可以代替学校与教师，从而提出“学校消亡”和“教师取消”的论点。这是一种非常肤浅的认识和错误的说法。现代技术的发展，可以引起教学组织形式的变化，电视和计算机等可以作为教学的手段，但却不能代替学校和教师的作用；图书馆可以给人以很多的信息，但是，没有专职教育人员的指导，学生是不能有效地获得系统的知识的，特别是对儿童和青少年的学习而言，图书馆是代替不了学校教育的。

但是，学校教育的主导作用是相对的、有条件的。教育对人的发展的主导作用，在年轻一代的成长中表现得更为明显。年轻一代正是长知识、长身体的时期，他们的主要任务是学习，他们知识的获得和思想品德的形成，主要依赖成人所给予他们的教育，不像成年人那样，知识的增长和思想品德的提高除依靠所受的教育外，更多地依靠工作的实践、自学和自我修养。因而，教育对年轻一代的发展所起的作用比对成年人的发展所起的作用更大一些。

（四）人的主观能动性

环境和教育的影响只是学生身心发展的外因，环境和教育的影响只有通过学生身心的活动才能起作用。就教育来说，教育是使学生掌握社会生活经验的一个过程，是让

学生把人类社会的精神财富转化为他自己的财富的过程。这种转化过程不像用镜子来反映事物那样,它要求学生必须发挥自身的主观能动性。在同样的环境和教育条件下,每个学生发展的特点和成就,主要取决于他自身的态度,决定于他在学习、劳动和科研活动中所付出的精力。所以,学生个体的主观能动性是其身心发展的动力。随着人的自我意识的提高和社会经验的丰富,人的主观能动性将逐渐增强,人能有目的地去发展自身。

那么,人的主观能动性是怎样产生的呢?客观环境不断向人们提出新的要求(任务、问题和困难等),当这些客观要求为人所接受时,就引起了人的需求。需求分为生理方面的需求和精神方面的需求。前者是与维持人的机体生命活动有关的低级要求,如对营养、自卫、繁殖后代的需求。后者是体现着人的社会动机的高级要求,如对社交、劳动、文化、科学、艺术、政治活动等的需求,它对人的学习和思想品质的形成具有巨大的推动作用。需求在人的心理活动中,总是代表着新的一面,它与人的已有的心理发展水平构成了人的心理发展的内部矛盾,这种内部矛盾的运动,就是推动人们心理向前发展的内因或动力。

学生心理上的需求总是在一定的心理发展水平上产生的,如果教师所提出的要求与学生已有的知识、经验等心理发展水平毫无联系,远远超出了学生的心理发展水平,或者与学生已有的知识、经验等丝毫没有差别,完全一致,都不能引起学生的需求、构成学生的心理内部矛盾和推动学生的心理发展。在教育工作中,只有善于向学生提出要求,引发他们的内心需求,才能有效地促进学生的发展。

人的主观能动性是通过人的活动表现出来的。离开人的活动,遗传素质、环境和教育所赋予的一切发展条件,都不可能成为人的发展的现实,当然也就谈不上人的任何发展。所以,从个体发展的各种可能变为现实这一意义上来说,个体的活动是个体发展的决定性因素。

总之,影响人的发展的各种因素是相互作用、相互影响、共同作用于人的发展的,它们是一个整体系统,我们不能孤立地、片面地来分析每一种因素对人的发展的作用。它们之间性质的差异、力量的强弱、不同的组合、不断的发展变化,致使人的发展具有不同的水平和特色,我们应以系统的、动态的观点来研究和把握各因素与人的发展的关系。

五、中学生青春期身心特点

(一)初中阶段学生的身心发展

初中的教育对象是十一二岁到十四五岁的学生,他们正处在人生的少年期。处于这一阶段的初中生正经历着人生中重大的生理和心理的变化,急剧的生理发展带来了个体生理、心理的躁动,个体的内心世界及其与外界的冲突都在加剧。在这一时期,生理上的逐渐成熟使他们产生成人感,开始意识到自己精神和人格上的独立需要,进而逐渐摆脱了对成人的心理依赖,表现出追求独立的倾向。身心状态的剧变,内心世界的发现,自我意识的突出,独立精神的加强,都是进入少年期的初中生所具有的阶段特征。这些特征改变着初中生自身的内心世界，也改变了他们与外界的关系，尤其是他们与成人的关系。他们不愿再做被动的服从者、模仿者和执行者，而是力求成为生活中主动的探险者、发现者与选择者，对外界事物有了自己独立的判断和思考，不再单纯听从教师、家长等成年人的意见，在发生冲突时坚持自己的立场。初中生虽然有了这种独立意识，但由于知识和经验的局限，他们缺乏相应的独立判断能力和处理相关关系的能力，他们的思想往往过于简单化，行动也具有盲目性和冲动性。

初中生所具有的这种独立性是这一时期教育所要面对的重要挑战。一方面，教育者应当支持和尊重学生的这种独立要求，帮助学生丰富内心世界，形成正确的自我认识和理想人格，养成良好的个性品质；另一方面，这一时期的学生交往面有了扩大，但他们明辨是非的能力还不够强，往往容易沾染不良的行为习惯。教师要和家长密切配合，注意他们的活动。教育要引导学生树立正确的人生观、价值观，摆脱各种社会诱惑和刺激对他们的冲击，远离易引起青少年犯罪的各种诱因。

（二）高中阶段学生的身心发展

高中生大约是从十四五岁到十七八岁的年龄，属于青年初期。在此期间，他们的生理、心理已基本成熟，因而这一时期是他们准备走向独立生活的时期。与初中阶段相比，高中生身体外形发生巨大变化，逐渐具有了成人模样，从而使他们在心理上更加萌生了成人感、独立感，越来越多地希望摆脱家长的支配，自己也主动减少了对父母的依赖。高中生的生长和发育虽然日趋完善，但这一时期仍然是一个人发育的关键期，特别是发育较晚的青年更需要得到特别的关怀和照顾。因此，学校要合理安排作息时间，开展文体活动，防止学生学习负担过重，以保证学生身心健康成长。

与初中生相比，高中生除了在生理发育上比前者更为成熟之外，在认知、记忆、思维等心理方面的发展也比初中生更为深入。他们思维的独立性与批判性明显增强，已不能满足于简单地听从成人的意见，他们喜欢探求事物的根源，喜欢怀疑和争论，不轻易相信现成的结论，不盲从别人的观点。由于他们的思想日渐成熟，行动的盲目性和冲动性也相对减弱了。在自我意识方面，高中生有了更进一步的发展。他们自我评价的独立性有所增强，特别重视同龄人的意见，相互之间的评价趋于增多。但由于自我意识发展的不平衡性，有些学生对自己估计过高，看不到自己的缺点。因此，教师要帮助学生客观地了解自己、评价自己，启发他们进行自我教育，加强自我监督，严格要求自己。另外，对高中生来说，如何处理同伴关系是一个重要的问题。高中阶段的学生极易形成一些小团体，并与社会上的不良人员结成关系，容易为了朋友义气或其他纠纷而发生冲突，甚至走上违法犯罪的道路。教师必须对这种“集团化”的学生同伴关系有一定的了解和把握，全面了解他们的思想，并对其做出正确的引导。而男女生之间的交往，更是一个需要教师正确应对的问题。高中的男女生之间已有了相互的爱慕之情，这是一种正常的情感，对此不能简单地去压制或用行政手段去处理，而要及时进行正面教育，帮助他们正确认识和处理两性关系，将情感引导至健康、积极的方向上来。

附　录

中国学生发展核心素养

学生发展核心素养，主要指学生应具备的，能够适应终身发展和社会发展需要的必备品格和关键能力。研究学生发展核心素养是落实立德树人根本任务的一项重要举措，也是适应世界教育改革发展趋势、提升我国教育国际竞争力的迫切需要。

一、中国学生发展核心素养制定的背景（略）

二、中国学生发展核心素养价值定位（略）

三、中国学生发展核心素养框架制定的基本原则（略）

四、中国学生发展核心素养总体框架（略）

五、中国学生发展核心素养基本内涵

（一）文化基础

1. 人文底蕴

人文积淀：具有古今中外人文领域基本知识和成果的积累；能理解和掌握人文思想中所蕴含的认识方法和实践方法等。

人文情怀：具有以人为本的意识，尊重、维护人的尊严和价值；能关切人的生存、发展和幸福等。

审美情趣：具有艺术知识、技能与方法的积累；能理解和尊重文化艺术的多样性，具有发现、感知、欣赏、评价美的意识和基本能力；具有健康的审美价值取向；具有艺术表达和创意表现的兴趣和意识，能在生活中拓展和升华美等。

2. 科学精神

理性思维：崇尚真知，能理解和掌握基本的科学原理和方法；尊重事实和证据，有实证意识和严谨的求知态度；逻辑清晰，能运用科学的思维方式认识事物、解决问题、指导行为等。

批判质疑：具有问题意识；能独立思考、独立判断；思维缜密，能多角度、辩证地分析问题，做出选择和决定等。

勇于探究：具有好奇心和想象力；能不畏困难，有坚持不懈的探索精神；能大胆尝试，积极寻求有效的问题解决方法等。

（二）自主发展

1. 学会学习

乐学善学：能正确认识和理解学习的价值，具有积极的学习态度和浓厚的学习兴趣；能养成良好的学习习惯，掌握适合自身的学习方法；能自主学习，具有终身学习的意识和

能力等。

勤于反思：具有对自己的学习状态进行审视的意识和习惯，善于总结经验；能够根据不同情境和自身实际，选择或调整学习策略和方法等。

信息意识：能自觉、有效地获取、评估、鉴别、使用信息；具有数字化生存能力，主动适应“互联网+”等社会信息化发展趋势；具有网络伦理道德与信息安全意识等。

2. 健康生活

珍爱生命：理解生命意义和人生价值；具有安全意识与自我保护能力；掌握适合自身的运动方法和技能，养成健康文明的行为习惯和生活方式等。

健全人格：具有积极的心理品质，自信自爱，坚韧乐观；有自制力，能调节和管理自己的情绪，具有抗挫折能力等。

自我管理：能正确认识与评估自我；依据自身个性和潜质选择适合的发展方向；合理分配和使用时间与精力；具有达成目标的持续行动力等。

（三）社会参与

1. 责任担当

社会责任：自尊自律，文明礼貌，诚信友善，宽和待人；孝亲敬长，有感恩之心；热心公益和志愿服务，敬业奉献，具有团队意识和互助精神；能主动作为，履职尽责，对自我和他人负责；能明辨是非，具有规则与法治意识，积极履行公民义务，理性行使公民权利；崇尚自由平等，能维护社会公平正义；热爱并尊重自然，具有绿色生活方式和可持续发展理念及行动等。

国家认同：具有国家意识，了解国情历史，认同国民身份，能自觉捍卫国家主权、尊严和利益；具有文化自信，尊重中华民族的优秀文明成果，能传播弘扬中华优秀传统文化和社会主义先进文化；了解中国共产党的历史和光荣传统，具有热爱党、拥护党的意识和行动；理解、接受并自觉践行社会主义核心价值观，具有中国特色社会主义共同理想，有为实现中华民族伟大复兴中国梦而不懈奋斗的信念和行动。

国际理解：具有全球意识和开放的心态，了解人类文明进程和世界发展动态；能尊重世界多元文化的多样性和差异性，积极参与跨文化交流；关注人类面临的全球性挑战，理解人类命运共同体的内涵与价值等。

2. 实践创新

劳动意识：尊重劳动，具有积极的劳动态度和良好的劳动习惯；具有动手操作能力，掌握一定的劳动技能；在主动参加的家务劳动、生产劳动、公益活动和社会实践中，具有改进和创新劳动方式、提高劳动效率的意识；具有通过诚实合法劳动创造成功生活的意识和行动等。

问题解决：善于发现和提出问题，有解决问题的兴趣和热情；能依据特定情境和具体条件，选择制订合理的解决方案；具有在复杂环境中行动的能力等。

技术运用：理解技术与人类文明的有机联系，具有学习掌握技术的兴趣和意愿；具有工程思维，能将创意和方案转化为有形物品或对已有物品进行改进与优化等。

（核心素养课题组：《中国学生发展核心素养》，https://baike.baidu.com/item.）

案例分析与讨论

案例一 “学渣班”刺痛了谁的神经

近日，永福县堡里乡一位家长反映：2015 年秋季学期，堡里中心小学将该校和三多、拉木两所小学的六年级学生按成绩划分，成绩最差的学生组成了一个班级。其中，最刺痛家长们神经的，是“学校把这个班分在最差的教室，配备代课老师，像是抛弃”。

不过，与家长们的理解截然相反的是，校方和乡、县两级教育行政主管部门对此有着完全不一样的解读。究竟是区别对待还是因材施教？是抛弃还是挽救？记者走进了这个在校内被孩子们自嘲为“学渣班”的班级。

2 月 24 日，是永福县堡里中心小学报名注册的日子。上午 9 点，3 公里外的拉木村，王源匆匆吃完早餐步行赶往学校。远远的村道上，有个王源熟悉的背影，是他同窗 5 年的同学。王源说，他们两家相距不远，以前经常结伴玩耍。说话间，王源故意放慢脚步，与朋友的距离渐渐拉开。询问原因，这个 12 岁的孩子沉默了好一会儿，“六年级我们分班了。他学习成绩好，分在好班……”

母亲杨凤告诉记者，儿子六年级分班后，明显变得自卑了，与很多原来要好的同学疏远了关系。“他那个班，都是成绩最差的孩子。”

2015 年秋季学期，拉木小学六年级的学生全部转入堡里中心小学就读。报名注册的那天，杨凤在堡里中心小学校门口张贴着的分班名单上寻找儿子的名字——儿子被分在六年级 3 班。仔细看完这个班上的所有学生名字，杨凤心生疑惑：“儿子原来班上有 40 来个学生，成绩中等以上的，竟没有一个分在这个班。”

家长莫军的女儿也分在了六年级 3 班。“有次开家长会，我跟班上其他学生的家长一聊，才知道分在这个班的都是成绩垫底的学生。”对于这种分班方式，莫军很不理解，“以前只听说过划分重点班，没想到还有把成绩最差的孩子放到一起的。”

（资料来源：宣讲家网，http：//www.71.cn/2016/0314/872437.shtml，2016－03－14.）

讨论题

1. 案例中学校的做法在教育中具有很强的代表性，为什么会有这种现象发生？
2. 后进生与普通学生是否应当享有同样的权利？为什么？
3. 请你谈谈在教育中应当如何保护学生的权利。

案例二 “神童”背后：超常儿童是天生的还是培训出来的？

刚刚过去的这个周末，陈先生带着自己未满 6 岁的儿子来到位于北京市海淀区的“桦树湾教育”，陈先生来这里的目的，一是为儿子寻找合适的幼小衔接培训机构，同时，这个机构以“超常儿童”培训著称，“我也想测测孩子是不是神童，要是能考上‘育才’（学校）、‘育民’（学校）就好了”。

在我国学界，对“神童”的科学称呼是“超常儿童”。普通人虽然不能对“神童”进行科学的定义，但是，人们心目中还是有一个最朴素的认识：“非常聪明”“有过人之处”“人数极少”……

曾经，神童离普通人的家庭很远。但是，这两年与神童有关的报道似乎越来越多了，前几天就有两个13岁考上大学的神童被媒体反复报道。而在现实生活中，神童似乎也不再“遥不可及”了。2013年7月8日，在中国科学院心理所的院内可以看到几百名家长带着孩子在等待。“我们是来参加人大附中早培班的测试的。”一位来自海淀实验二小的五年级男生说。据说，这次来参加测试的孩子达到了4000人。

在北京的家长圈中流传着一个“神童”培养的路线图。3岁的孩子可以去考幸福时光陶然幼儿园，“幼升小”时可以考北京育民小学或育才学校，然后，小学四年级可以去考北京八中少年班和北京八中素质班，五年级时可以去考人大附中早培班，同时，还可以去考清华附中的“优才班”……这样，一个孩子就可以完成从幼儿园到中学的“神童”之旅了。

有考试就有培训。不少机构都开设了与“超常”相关的培训班，仿佛培养个“神童”与上个奥数班、英语班没有太大区别。当曾经高不可攀的“神童”一下子“跌”进街头巷尾时，我们不禁要问，真的有那么多“神童”吗？

20世纪初，心理测验兴起以后，美国斯坦福大学心理学家提出了“智商”这一概念，人们开始以智商作为定义天才儿童的标准。后来，人们又对用智商来定义“天才”的观点提出异议，认为定义天才儿童，不应忽视非智力因素。

中科院心理所超常儿童研究中心主任施建农指出，遗传学、生物学等学科的研究表明，孩子从出生开始，天赋确实存在差异。我国心理学家提出了“超常”或“超常儿童”的概念，认为这些孩子的非凡表现既有先天的因素，同时也与后天的教育及成长环境密不可分。

从中外心理学家对儿童智力普查的结果来看，智力超常儿童占同龄儿童的比例一般为1%至3%。以北京为例，2013年北京小学阶段入学人数出现“井喷”，超过了17万人，按照国际公认的比例，北京今年（2013年）大概有1700～5100名“超常儿童”进入小学阶段，也就是说至少16.5万名孩子应该都是普通人。

没有任何研究表明，“超常儿童”在人群中所占比例发生了增大的趋势，但是，身在家长圈中敏感的父母们自身的感受却有着变化，这两年参加各种“神测”——“超常儿童”筛查测试的人数在年年升高。

（资料来源：宣讲家网，http://www.71.cn/2013/0825/729733.shtml，2013-08-25.）

讨论题

1. “超常儿童”是否能够通过培训获得？
2. 结合案例思考，遗传、环境、教育等因素之间到底存在什么样的关系？

阅读导航

1. 南京师范大学教育系编：《教育学》，人民教育出版社，2005年。
2. 余雅风：《学生权利概论》，北京师范大学出版社，2009年。
3. 王坤庆、谢新国：《教育学》第六章“教师与学生”，华中科技大学出版社，2015年。

4. 王道俊、郭文安：《教育学》第二章“教育与人的发展”，人民教育出版社，2009 年。
5. 袁振国：《当代教育学》第四章“教育与人的发展”，教育科学出版社，2010 年。

思考与探究

1. 学生在教育中扮演着怎样的角色？如何才能扮演好这些角色？

2. 内发论和外铄论是否是对立的？二者各自的优缺点是什么？

3. 影响人身心发展的因素有哪些？它们相互之间有着怎样的联系？

4. 哲学家康德曾提出了“人是目的”的著名论断，请结合你的理解，思考在教育中如何做到以学生为目的。

5. 在新的教育理念下，学生的权利较以往得到了极大的关注和保障，但是在维护学生权利的同时，难免与既有的教育规则或惯例发生冲突。当学生的权利与教育的规则发生冲突时，教师应当怎么做？

专题二　学生生活与品德发展

学习要求： 了解学生生活的基本方式，熟悉学生生活指导的主要内容，掌握学生品德结构及其发展规律。

人的生活是人展现其生存的基本方式，它构成了人的全部经验世界。不同职业的人有不同的生活内容和方式，这也是不同的人之间相互区别的特点。学生作为一个特殊的群体，他们的生活有着与其他人不同的内容和方式，了解学生的生活是了解他们这一群体身心特点的基本途径，同时也是对他们进行教育的前提。在关注学生生活的同时，学生的品德发展也是一个不容忽视的重要方面。学生品德发展是全面发展教育的重要组成部分，是教育学的重要内容。学习和研究品德的结构及品德发展的基本理论，是了解学生品德发展、进行品德教育的前提，对培养全面发展的一代新人有重要意义。

一、走进学生的生活世界

学生的生活世界是一个与成人生活有交叉，却又不同于成人的独特世界。作为未成年人，他们正处在成长的关键期和敏感期，他们对外部世界有着自己的感受和体验，形成了自身独特的经验。尤其是处于当代多元化社会背景之下的学生，其生活更是形成了独特的方式和特点，这些都是在教育中必须关注和考虑的重要教育因素。学生的生活是有着自身规律和特点的自然成长的生活，是在教育中自然形成的，但也需要教育的适当引导。

（一）学生生活有哪些基本方式

一般来说，人们习惯于将学生的生活划分为家庭生活、学校生活和社会生活三方面，这主要是根据学生活动的不同场所或环境进行划分的。而作为学生，无论是在家庭、学校还是在社会等任何一种生活环境中，他们的生活都由一些主要的活动形式构成。在此，我们将这些活动形式主要归结为三种，即学习活动、同伴交往和社会实践，这是学生生活的几种主要表现形式。

1. 学习活动

教育是人类生存和发展的重要途径，人只有接受教育才能成为真正意义上的人，因而接受教育就成为个体主要的生活方式，学习则是人获得教益的基本途径。学习是人类最普遍的一种行为活动，是人在后天习得一切知识和行为的活动。学生的学习活动是学生认识世界、体验自身存在意义的过程，是学生生活的主旋律。尤其当我们处在这个终身学习的社会之中时，学习就成为每个人获得进一步成长和发展的必需活动。学生作为专门接受教育的特殊群体，学习对于他们的意义更是不言而喻的。在学习活动中，学生永远是主体，学习生活是学生自身特有的生活过程，是为了学生自己更好地生活，学习生活也只能是学生自己去经历的生活，这应该是教育者、家长和学生都必须具有的基本意识。

对学生而言，除了在家庭中的生活外，他们很大一部分的时间是在学校中度过的，学生是学校教育和学习活动的主体，这种学习活动是学生生活最主要的形式之一。从进入小学真正成为一名学生起，每一个学生都将在学校中接受长期教育，开始集中而规范的学习活动，这是每一个学生成长的必然方式。在学习活动中，教育要引导学生解决的是个体与世界的关系问题，特别是个体对世界的认识并由此导致的学生的发展问题。在这个过程中，学生的个体变化体现为从不会学习到会学习，形成了学习的兴趣，学会了认识世界，增强了认识能力，产生了认识世界的动力。同时，学生通过学习一方面形成了自己的直接经验，另一方面获得了经过自己理解的他人经验，形成了一个融自己经验与他人经验于一体的经验系统，建立起了自身的生活世界，并使身体层面和心理层面得到了发展，逐渐成为一个完整的人。

2. 同伴交往

同伴是指儿童与之相处的具有相同社会认知能力的人，同伴交往指同伴之间运用语言和非语言符号交换意见、传达思想、表达情感和需要的交流过程。① 学会与人交往是个体社会化的重要目标。学会与人交往对儿童和青少年来说显得尤为重要，因为与人交往不仅是他们社会化的需要，更是他们最主要的活动形式之一，在他们的发展中有着成人无法替代的独特作用。

同伴也可称为同辈群体，它在学生的成长中发挥着重要的作用。同伴交往对于过集体生活的学生而言，有着特别重要的意义。同辈群体的成员一般在家庭背景、年龄、性格特点、兴趣爱好等方面比较接近，他们经常聚在一起，彼此间有着很大的影响。他们的交往方式往往是与成人世界有着隔离的，如他们的言语方式是家长所不能理解的，他们经常使用的口头禅或流行语是老师和家长听不懂的，他们说着只有他们自己才懂的语言。由于和同伴之间具有诸多相似性，在同辈群体中，没有规矩和教条的约束，大家有更多的共同语言，可以尽情地张扬自己的个性，施展自己的才华，得到同辈群体的认同，获得自信。

同辈群体又称同龄群体，是由一些年龄、兴趣、爱好、态度、价值观、社会地位等方面较为接近的人所组成的一种非正式初级群体。同辈群体在青少年中普遍存在，他们交往频繁，时常聚集，彼此间有着很大的影响。同辈群体是一个人成长发展过程中一个重要的环境因素，尤其是在青少年时期，同辈群体的影响日趋重要，甚至有可能超过父母和教师的影响。青少年从家庭逐步走向社会，首先面对的就是如何进入同辈群体，并在群体生活中实现某种社会需要。同辈群体具有平等性和自发性。同辈群体亚文化，对学生社会化有重要影响。其正面的影响主要是提供最初的比较正式的角色承担的机会和提供人际交往的机会，而负面的影响是背离主流文化。

① 朱智贤：《心理学大辞典》，北京师范大学出版社，1989 年，第 316 页。

在与同伴的交往中，个体不仅获得了来自同辈群体的友谊——在很多情况下是影响一个人一生的友谊，同时也从对同伴的依赖甚至冲突中发现和了解了自己，获得了一种重要的社会交往的经验。因此，学生之间良好的同伴关系是他们保持心理健康和取得学业成功的必要前提，也是一个人顺利适应将来社会的必备条件。积极发展学生的同伴关系，让他们与同伴主动交往，是培养学生的社会生活技能、增强他们社会适应性的可行措施。反之，不良的同伴关系及同伴交往不仅会影响学生时期的发展，还会影响他们后期的社会适应。有研究发现，儿童早期的同伴关系与其后来对学校的适应相联系，如同伴关系不良与辍学、学习成绩较差等相关；也与以后的心理健康问题相联系，如儿童期的心理健康异常、成年后的心理障碍、自杀等。① 由此可见，学生的同伴交往是学生生活的基本方式，是其成长和发展的重要推动力。现代的家庭都是独生子女居多，孩子们更多的是从同伴中寻找自己的价值和乐趣，他们在与同伴的交往中学会了合作与宽容、规则与纪律、竞争与忍让等品质，也体验到了同情、关心等情感。因此，教育应把学生的同伴交往作为一个重要的教育资源，积极鼓励学生之间正常、健康的交往，培养学生形成良好的交往品质。

3. 社会实践

学生的生活除了学习活动和同伴交往之外，还有一种重要的形式，即社会实践。学生的社会实践可分为有计划、有目的的实践和无计划、无目的的实践两种。在传统的意义上，有计划、有目的、有组织的社会实践相当于学校开设的一种课外教育，是在教学计划和教学大纲范围之外，利用课余时间组织学生进行的多种多样的教育活动。包括学校组织的各种课外活动、学校的团队活动及与学校教育密切相关的校外教育活动、家庭教育活动等。在实施了新课程改革之后，学生的社会实践活动又增加了一种形式，即综合实践活动课程，它是以课程的形式明确规定的实践活动形式。《基础教育课程改革纲要（试行）》规定：从小学至高中设置综合实践活动并作为必修课程，其内容主要包括信息技术教育、研究性学习、社区服务与社会实践及劳动与技术教育。综合实践活动课程是在教师的引导下，学生自主进行的综合性实践活动，是基于学生的经验，密切联系学生自身生活和社会实际，体现对知识综合应用的实践性课程。除此之外，还有一种社会实践不是由学校统一组织的，因而是无计划、无目的的。它是学生在日常的社会生活中就能接触和参与的活动，如参与在社区举行的各种活动，或社会举办的各种庆典和纪念活动等，以及学生在社会生活中的助人为乐、尊老爱幼、保护环境等行为都是学生社会实践的重要组成部分。对于学校教育而言，有计划、有目的的社会实践是学生实践活动的主要内容。

总之，对学生的成长和发展来说，仅有教学及其相应的学习活动是不充分的，社会实践是促进学生全面发展的重要途径，是学生成长的砺金石。课余时间让学生参加适当的社会实践活动，并结合政治、历史、地理、语文等课程的教学，进行社会调查、参观、访问、宣传、游览及公益活动等，可以使学生走出校门，直接与社会和大自然接触。开展这些活动，有助于使学生的生活世界与教育相结合，提高学生的感悟和体验能力，增长他们的见识，开阔其眼界，促进他们的健康成长。青少年学生精力充沛、求知欲强、可塑性大，如果不以

① 杨霞：《儿童同伴关系研究综述》，《中北大学学报（社会科学版）》，2005年第5期。

富有教育意义的实践活动去充实他们的课余生活,他们就有可能受到社会不良风气的影响,甚至去从事有害于自己和他人的活动,影响身心的健康发展。因此,有组织地开展丰富多彩并富有教育意义的实践活动能够适应学生的多种需要,克服课堂教学的局限性,使学生得到实际锻炼,丰富学生的精神生活。

(二)学生生活的时代特点是什么

学生的生活是一种基于个体多样性之上的集体生活,个性不同、性格各异的学生构成一个集体后,他们的生活便形成了一定的共同性。虽然在这种共同性之下依然涌动着多样性和差异性,但集体生活的共性总是以更加明显的面貌特征标识着这一群体和其中的成员。在如今这样一个多元化、信息化的特殊时代,学生的生活更是具有了不同于以往的新特点。

1. 行为的趋同化

从学校教育的角度讲,学生过的是一种集体生活,他们一起学习、一起生活、一起活动。在课堂上,他们在相同的时间和地点接受着同样的教育;在课外,他们按同样的作息时间安排自己的活动。相仿的年龄和相似的受教育经历,使得他们对外界的人和事物有着类似的感受和体验,他们喜欢在一起交流和分享各自的体会。因此,学生的生活在一定程度上具有趋同性。比如:在穿着打扮、语言、行为方式等方面喜欢赶时髦,以体现青春活力;对流行的东西过分好奇,甚至于亦步亦趋;对明星的集体追捧和模仿几乎成为生活的一部分;等等。

学生身上这些趋同性和相似性特征不应该成为教师衡量学生的唯一依据,教师也不应该对有此类特征的学生产生偏见。因为行为的趋同化是学生集体生活中的一种普遍现象,体现的是一种善于模仿和追逐新鲜事物的好奇心,是青少年学生具有的年龄特征。但是,教师应该对学生中流行的不正确、不健康的事物和思想加以制止和引导,将学生对新鲜事物的好奇和集体追捧引导至对健康的、积极向上的事物的好奇和模仿,在学生群体中营造一种健康、积极的教育氛围,预防和杜绝不良社会风气和流行事物对学生健康成长的不利影响。

2. 交往的虚拟化

随着互联网在社会生活中的广泛应用,学生这一群体迅速成为网络生活的重要组成部分,成为“虚拟的一代”。网络是一个虚拟空间,它具有方便快捷、信息资源丰富等诸多优点,它拓展了学生的知识面,给予了学生遨游的空间。然而,网络始终是把“双刃剑”,它在带给学生便利的同时,也带来了许多隐患。据调查显示,很多中学生上网首先是为了玩游戏,其次就是为了娱乐和交友;不少的小学生成了小“网虫”,沉溺于网络生活中,将90%的课余时间用在网络游戏上,做了网络的俘虏。虚拟性是网络游戏的最大特点,很多在现实生活中得不到认同的学生往往会通过网络游戏的方式寻求自我认同。在网络生活中,学生所面对的是一个脱离了现实生活的虚拟世界,不必承担现实生活中的压力和责任,还能从中获得对自身的认可。虚拟世界的这些特点使得不少学生整日沉溺于虚幻的环境中,不愿面对现实生活,乃至荒废学业。教育者应当引导学生正确认识网络的两面性,将学生从虚拟的世界中唤醒,使其学会理性地利用网络。

3. 价值的多元化

无论是处在哪个阶段的学生，他们总的来说都还是未成年的个体，在个人心智和社会经验等方面都不够成熟，做事容易冲动，难免具有一定的盲目性。尤其在价值多元的现代社会生活和网络生活背景下，学生的这种盲目性体现得更为明显。在社会文化急剧变化的时期，许多传统价值观念逐渐丧失其魅力，而新的价值观念还未完全建立。在这种新旧价值观相互交替且并存的复杂社会环境中，学生很难根据他们原有的知识经验合理而准确地选择某种价值观念，陷入无以参照、无所适从的境地。这也是很多学生不论干什么都“跟着感觉走”“无所谓”的一个重要原因。尤其在面对纷繁复杂、眼花缭乱的网络世界的时候，学生很难正确地区分和辨别其中的各种信息，自制力较弱的学生也很难抵制网络中不良信息的诱惑，这就使得一部分学生在网络生活中变得盲目、迷茫，以致丧失目标。面对多元价值的冲击，教育应当发挥应有的引导作用，培养学生正确选择的能力。从一定意义上讲，学生生活的这种盲目性就是教师对其进行教育和引导的必要性所在。

4. 学业的高压化

知识社会的到来对人的知识、能力等提出了越来越高的要求，这种要求突出地体现在当代学生的身上。虽然基础教育一直在提倡“减负”，但当前高中、初中甚至小学学生中多数学生学习压力依然很大，因不堪压力而选择过激行为的案例屡见报端。中国青少年研究中心《2005 年中国中小学生学习和生活状况调查报告》显示，42.4% 的中小学生因“学习成绩提高”而感到快乐和幸福，57.6% 的中小学生因“学习压力大”而苦恼。① 时隔数年，这种状况有增无减。除了学校给予的学业压力外，社会竞争的影响也过早地在学生身上体现出来，成年人所要承担的社会生活的压力无形中传递给了正在成长中的学生。同时，家庭在其中也起到了推波助澜的作用，家长对子女的高预期使学生不仅要承担繁重的课业负担，还要牺牲大量课余时间参加辅导班、兴趣班等，这无疑加大了学生的学习压力和精神压力。知识社会在给人创造更多学习、发展机会的同时，也给人带来了更大的压力。作为知识社会新生代的学生群体，社会生存的压力正在不断地下移到他们身上，过大的压力给学生的身心发展带来了极大的负面影响，这是需要全社会都来关注的重要课题。

二、学生生活指导

学生的生活不仅是学生个体的独立生活，也不仅仅是学生群体随机的生活，它是整个教育活动的一个重要组成部分，是教育规划和指导中必须考虑的一个因素。无论是在家庭生活、学校生活、社会生活中，还是在学习活动、同伴交往、社会实践中，教育都对学生的生活起着至关重要的作用，它是建构和引导学生生活最主要的途径和力量。因此，学生的生活是一种教育的生活，是在教育引导下的有意义的生活。在当代社会背景下，学生、学校乃至整个社会都发生了很大的变化，学校教育应当从以下几方面的问题入手对学生生活进行引导。

① 中国青少年研究中心：《2005 年中国中小学生学习和生活状况调查报告》，“搜狐教育”，2005 年 10 月 25 日。

（一）为什么要加强价值引导

对学生进行适当的价值引导，让其学会选择对与错或该与不该，这种价值上的判断是与其生活密切相关的，是教育建构学生生活的首要内容。因为人的生活不可能是漫无目的的，它必须要有价值的导向，对于学生而言更是如此。尤其在价值多元化的今天，加强对学生的价值引导更显得十分必要。

我们现在正处在社会变革和思想转变的过程中，人们思想中原有的价值体系随着社会的变革日渐解构，建构新的价值体系就成为适应社会发展、满足人们日益多样化的精神文化需要的必然。在破旧立新的过程中，新旧价值观念的冲突是不可避免的，这是一个自我否定与自我超越并存的过程。青少年的价值观原本就没有形成，不太完善，但他们在接受教育时，头脑并非一张白纸，他们有自己的独立思维并在社会生活中已初步形成了各式各样的价值观念，当正统的代表社会主流与正面的价值观念灌输给他们时，就很有可能与他们已经形成的价值观念相冲撞，会使其更为困惑与茫然。面对价值多元化的时代背景及青少年日益觉醒的自主意识，教育必须加强价值引导，这不仅是教育概念的题中应有之义，更是现代多元社会对教育提出的要求。中学生正处在一个身心急剧变化的关键时期，各种价值观念对他们造成了多方面的影响，如果没有正确的价值观引导，这对教育而言不仅是极不负责的，而且是可悲的，因为教育丧失了关注人的灵魂这一永恒的使命。因此，现代社会的价值多元化不仅意味着人们对事物认识的多元化，也意味着人们价值选择的多元化，而如何进行选择，则是教育的价值引导所要考虑的主要问题。

（二）为什么要重视校外生活

教育活动不仅是文化传播和知识授受的过程，也是学生的一种生活经历。对于学生来说，生活是一个不可分割的整体。学生的生活世界是校内生活与校外生活的有机结合，是学习、游戏、实践、日常生活、交往活动等诸多方面的交叉与互动，它们的共存共生构成了学生完整的生活。因为对学生个体而言，所有的活动都是在这两种生活中展开的，它们的结合才真正构成了一个完整的世界。因此，对学校教育来说，就必须关注学生生活的全面性和现实性，注重学生生活及人格发展的完整性，重视校外生活。

学生生活不是在单纯的学校中进行的，也不是在虚构的社会中完成的，他们的成长与发展受制于其整体的和现实的生活环境。学校生活是学生最主要的生活环境，但不是唯一的生活环境。因为在学生的生活中不仅有学习，还有其他活动，后者是在一个更为广阔的生活环境（如家庭、社会等）中进行的。因此，学校教育工作者不仅要考虑学校环境对学生成长与发展的影响，更要考虑宏观的社会环境和学生具体的生活环境对其成长与发展的影响；不仅要考虑学习生活在学生成长中的重要性，更要考虑校外生活的丰富性对学生成长的意义。因此，学校生活要与学生的校外生活紧密结合，应该呈现出对学生来说是真实的、生机勃勃的生活，呈现出学生生活的全部经验，就像学生在家庭、在邻里、在同辈群体中那样。总之，学生的生活是一个集全面性、完整性、现实性、具体性为一体的整体。学校教育应当进一步加强和扩展学生与家庭生活、社区生活等之间的联系，重视学生在校外的生活，使学校教育真正成为对学生生活经验的继续改造，使教育的过程与教育的目的真正达到一致。

（三）为什么要关注生活经验

以往的学校教育过度关注知识的教育而忽视了学生的生活经验，以至于培养了大批高分低能的人。在新的社会背景下，学校教育必须做出相应的转变，弥补学校生活与学生现实社会生活之间的鸿沟，把学校生活的重心从以前的传授知识转变为培育学生的丰富人性。教育在本质上是促进学生成长与发展的活动，因此，学校教育活动应该贴近学生完整的、现实的生活，使学生所获得的书本知识与其个人生活经验紧密联系在一起。

学生学习书本知识是其在学校学习的基本内容和方式，学校系统地向学生传递书本知识无疑有其重要意义，为现代社会的发展做出了巨大的贡献。可以断言，不管今后各国的基础教育将如何改革，发生怎样的变化，向年轻一代传授知识和技能仍然是基础教育必须承担的一项不可推卸的责任。但是，这并不意味着书本知识的传授就是教育和教师的唯一职责或任务。对书本知识的无上崇拜，已经使个人和社会都付出了相应的代价，人类的情感、价值、精神的力量、道德的意义都在对科学知识的无限敬仰中被忽视。在这种背景下，学校教育对学生日常经验的轻视已经到了十分严重的地步，忽视了对学生动手能力、人际交往能力、自理能力、自主能力等方面的培养。对于人的完整发展来说，学生的日常生活及生活经验都是一种重要的教育经验，这是有别于课程、学校文化影响的特殊教育经验，它通过整个教育、教学过程的人际互动，以及自我教育的过程得以传递。正是在这个意义上，杜威才强调生活和经验在学生学习中的重要意义，提出教育即生活、教育即经验的不断改造。

生活经验涉及一个人的全部知识，对于学生的成长有着重要的意义。因此，学校教育必须摆脱对单纯崇拜书本知识的迷信，重新认识教育和学习的含义，将完整的教育生活还给学生。1990 年召开的“世界全民教育大会”曾指出：“基本学习需要包括基本的学习手段（如读、写、口头表达、演算和问题解决）和基本的学习内容（如知识、技能、价值观念和态度）。这些内容和手段是人们为能生存下去、充分发展自己的能力、有尊严地生活和工作、充分参与发展、改善自己的生活质量、做出有见识的决策并能继续学习所需要的。”① 由此可见，教育的过程本质上就是一个生活的过程，正是在这一过程中，学生不仅获得了知识、技能，更获得了如何适应社会、参与生活的经验。

三、学生的品德及其心理结构

学生的品德形成是学生成长的一个重要方面。多年来，由于应试教育的盛行，人们对智育的重视远远超出了对德育的关注，导致在教育中只关心学生的成绩而忽略了品德。在提倡全面发展学生素质的教育背景下，重智轻德的现象必须改变，教育者也应该深入掌握学生品德的结构和特点，从而更好地进行道德教育。

（一）什么是品德

品德与道德不同，道德是一种社会现象，是人类最早的意识形态之一，属于社会上层

---

① 联合国教科文组织著，赵中建编：《教育的使命——面向 21 世纪的教育宣言和行动纲领》，教育科学出版社，1996 年，第 15 – 16 页。

建筑，它是指一定社会为了维持其稳定、保护共同利益、协调人际关系而约定俗成的行为规范和行为准则的总和。在社会生活中，人们不仅按这些规范和准则去评价别人的行为，也按它来支配自己的行动。当个体的行为符合这些规范和准则时，就是道德的、善的，否则就是不道德的、恶的。道德的内涵会随着社会的发展而发展，随着社会经济基础的改变而改变，不同的社会有着不同的道德规范和准则。因此，道德具有明显的社会性、历史性和继承性。

品德即道德品质，是个体根据社会道德准则和规范行动所表现出来的稳定的心理特征或倾向。品德是道德的内化及个体化，是社会道德在个人身上的体现，它具有一定的稳定性和一贯性。这种稳定性和一贯性在个体身上不是表现于某时某事，而是体现于一系列的行为中，甚至体现在个体的一生中。学生品德的养成，就是要通过教育使社会道德规范内化为学生个体的品行，它是使学生的内在道德觉悟和外在的道德行为相统一的过程。

（二）品德的心理结构

一般来说，品德主要是由道德认识、道德情感、道德意志和道德行为四种心理成分构成的。道德认识和道德情感可以唤起人的道德动机，从而推动人们产生道德意志和做出相应的道德行为。

1. 道德认识

道德认识也可称为道德观念，即是一种对道德行为的是非、善恶、美丑及其执行意义的认识，其中包括道德概念与道德信念的形成，以及运用这些观念去分析道德行为，对人或对事做出符合自己认识水平的道德评价。因此，道德认识不仅包括人们对政治、伦理关系及社会道德规范的理解和掌握，以及在此基础上形成的思想观念，还包括运用一定的理论观念对他人和自我的言行进行评价、判断的能力等。道德认识指导着人们选择和实践一定的道德行为，为一定的社会舆论提供认识基础和价值标准，同时也是人们道德情感、理想信念和意志行为的产生与巩固的前提条件。一个人只有知道了应该怎样行动及了解到为什么要这样行动，才有可能自觉地产生相应的行动。

道德认识是品德形成的基础，是道德情感和道德意志产生的依据，同时它与道德情感、道德意志结合起来对道德行为的发生起着定向和调节的作用。道德认识与道德情感、道德意志相结合，形成了坚定的道德信念，能够激发人产生道德需要，形成道德动机，做出道德行为。

2. 道德情感

道德情感是伴随着道德认识而产生的一种内心体验。它不仅是对客观事物的一种反映，也是人们对客观事物的一种态度。一般地说，在现实生活中的各种事件或是他人、个人的行为，只要符合自己的认识或自己所维护的道德观念，就会产生积极的情绪体验，否则就会产生消极的情绪体验。由此可见，道德情感就是人们的道德需要是否得到满足而引起的内心体验。道德情感会影响道德认识的形成及其倾向性，它是道德认识上升为道德信念的重要心理因素。同时，道德情感会对道德行为的强度产生影响，成为推动行为的动力之一。正如苏霍姆林斯基所说："没有情感的道德就变成了干枯的、苍白的语句，这语句只能培养伪君子。"

3. 道德意志

道德意志是人们自觉地确定道德行为的目的，积极调节自己的活动，克服各种困难，以实现既定目的的心理过程。道德意志也要受到道德认识的支配，是人们利用自己意识的控制和理智的权衡作用去解决道德生活中的内心矛盾（如动机间的冲突及行动过程中坚持与动摇的斗争等）与支配行为的力量。道德意志通常表现为一个人的信心、决心和恒心。

道德意志是调节道德行为的内部力量，这种力量通常表现为在实现道德目标时的积极进取或坚忍自制。道德意志调节和控制着一个人的道德行为，保证人能够抵御现实中的各种诱惑，不以外界环境为转移，克服困难，坚持到底，最终达到目标，形成道德习惯。道德意志是道德行为的自觉、果断、坚持和自制的有力保证，它帮助人们在道德行为中自觉克服来自外部和内部的困难、障碍，抵制干扰和诱惑，坚持达到既定目标。自古以来，人们普遍尊崇的"富贵不能淫、贫贱不能移、威武不能屈"的高尚人格，就是道德意志的集中表现。道德意志是人的思想品德形成发展的支柱和自律品质的决定因素，同时也是高尚情操的基础。

4. 道德行为

道德行为是指一个人遵照道德规范所采取的言论和行动，它是实现道德动机的手段，是道德认识和道德情感的具体表现与外部标志。道德行为的培养主要通过道德行为方式的训练和道德行为习惯的养成等途径来实现。只有学生具有良好道德行为，才使学校的品德教育具有社会价值。

作为人的思想品德的外部表现与评价依据，道德行为是判断一个人品德高低的直接依据。俗话说"听其言，观其行"，自古以来，人们都把言行一致作为做人的标准之一。学生的道德行为不仅标志着其思想品德发展的程度和水平，也不断巩固和深化其道德认知和情感，强化其理想、信念和情操。经常重复而自然表现出的道德行为，称之为道德习惯。

在品德的形成过程中，以上四种心理成分是互相联系、互相制约、互相促进的。在学校教育实践中，道德认识是学生品德形成的开端，是道德情感、道德意志和道德行为产生的基础；道德情感和道德意志是品德形成的中间环节，不仅影响着道德认识的倾向，而且对道德行为可以起到激励和定向的作用；道德行为是在道德认识的指导下，在道德情感和道德意志的推动下，通过训练形成的，同时它又对巩固和发展道德认识、丰富道德情感起到促进作用。

学生的品德是在客观现实的积极影响和本人的主观努力等多种因素的交互作用下，由道德认识、道德情感、道德意志和道德行为几个要素，根据不同的组合关系交织在一起而构成的多层次的完整统一体，它们彼此之间有着密不可分的关系。在人的实践活动中，这四种心理成分一旦失去协调平衡，某一方面有所偏离，就会相互影响、彼此削弱，只有这些心理成分协调平衡地发展，才有利于人将社会道德规范转化为个人的品德。可见，品德的形成是一个极其复杂的动态变化系统。培养学生品德的工作是需要家庭、社会和学校综合教育、综合管理的一项十分艰苦、细致而又复杂的工作。

四、学生品德发展的理论

（一）皮亚杰的道德发展阶段论

皮亚杰（Jean Piaget，1896—1980）

皮亚杰（Jean Piaget，1896—1980）通过观察儿童的活动，用编造的对偶故事同儿童交谈，考察儿童的道德发展问题，得出了三大研究成果，写成《儿童的道德判断》（1932 年）一书。皮亚杰依据精神分析学派的投射原理，采用对偶故事研究儿童的道德认知发展。他设计了一些包含道德价值内容的对偶故事，要求儿童判断是非对错，从儿童对行为责任的道德判断中探明他们所依据的道德规则，以及由此产生的公正观念的发展水平。

对偶故事 1：

A. 一个名叫约翰的小男孩在他的房间时，家里人叫他去吃饭，他走进餐厅。但在门背后有一把椅子，椅子上有一个放着 15 个杯子的托盘。约翰并不知道门背后有这些东西。他推门进去，门撞倒了托盘，结果 15 个杯子都撞碎了。

B. 从前有一个名叫亨利的小男孩。一天，他母亲外出了，他想从碗橱里拿出一些果酱。他爬到一把椅子上，并伸手去拿。由于放果酱的地方太高，他的手臂够不着。在试图取果酱时，他碰倒了一个杯子，结果杯子倒下来打碎了。

对偶故事 2：

A. 有一个小男孩叫朱利安。他的父亲出去了，朱利安觉得玩他爸爸的墨水瓶很有意思。开始时他拿着钢笔玩。后来，他在桌布上弄上了一小块墨水渍。

B. 一次，一个叫奥古斯塔斯的小男孩发现他父亲的墨水瓶空了。在他父亲外出的那一天，他想把墨水瓶灌满以帮助他父亲。这样，在他父亲回家的时候，父亲将发现墨水瓶灌满了。但在打开墨水瓶时，他在桌布上弄上了一大块墨水渍。

（转引自陈琦、刘儒德主编：《教育心理学》，高等教育出版社，2011 年，第 360－361 页。）

皮亚杰对每一个对偶故事都提出了两个问题：（1）这两个孩子的过失是否相同？（2）这两个孩子中，哪一个更坏一些？为什么？通过大量的实证研究，皮亚杰发现儿童道德判断能力的发展与其认识能力的发展存在着互相对应、平衡发展的关系，这种认识能力是在与他人和社会的关系之中得到发展的。皮亚杰概括出一条儿童道德认知发展的总规律。儿童的道德发展大致分为两个阶段：在 10 岁之前，儿童对道德行为的思维判断主要是依据他人设定的外在标准，称为他律道德；在 10 岁之后，儿童对道德行为的思维判断则多半能依据自己的内在标准，称为自律道德。儿童的道德发展是一个由他律逐步向自律、由客观责任感逐步向主观责任感转化的过程。具体而言，根据公正观念的发展水平，儿童的道德发展分四个阶段。①

1．第一阶段：自我中心阶段(2～5岁)

这一阶段的儿童处于前运算思维阶段，其特点是单向、不可逆的自我中心主义，片面强调个人的意见和要求，缺乏按规则行动的自觉意识。

2．第二阶段：权威阶段(5～8岁)

这一阶段儿童的思维正由前运算思维向具体运算思维过渡，以表象思维为主，但仍不具备可逆性和守恒性。因此，这一阶段儿童的道德判断是他律的，以对权威的绝对服从为特征。他们了解规则对行为的作用，但不了解其意义。他们常以表面的、实际的结果来判断行为的好坏，认为服从成人就是正确的道德观念，服从权威就是公正；如果违背成人规定的法则，不管动机如何都应该受抵罪的惩罚，而且惩罚越厉害越公平。

3．第三阶段：可逆性阶段(8～10岁)

此阶段的儿童思维已达到具有可逆性的具体运算，有了自律的萌芽，公正感不再是以“服从”为特征，而是以“平等”的观念为主要特征，逐渐代替了前一阶段服从成人权威的支配地位。这一阶段的儿童意识到准则是一种保证共同利益的、契约性的、自愿接受的行为准则，并表现出合作互惠的精神。他们开始以动机作为道德判断的依据，认为公平的行为都是好的。关于惩罚，他们认为只有回报的惩罚才是合理的。

4．第四阶段：公正道德阶段(10～12岁以后)

这时儿童的思维广度、深度及灵活性都有了质的飞跃，真正进入了自律阶段。这一阶段的儿童开始出现了利他主义。他们基于公正感做出的判断已经不再是平等基础上的法定关系，而是人与人之间的道德关系。他们将规则同整个社会和人类利益联系起来，形成具有人类关心和同情心的深层品质。

（二）科尔伯格的道德发展阶段论②

美国心理学家科尔伯格(Lawrence Kohlberg，1927—1987)关于儿童道德发展的阶段理论是在瑞士著名心理学家皮亚杰的理论基础上发展起来的。

科尔伯格试图将皮亚杰的理论加以精炼、发展。他用所谓的“道德两难论法”(即让儿童对道德价值上相互冲突的两难情境故事做出判断)让被试做出道德判断，并解释做出这种判断的理由，然后确定被试道德认识发展的水平。下面就是一个道德两难问题的实例。

海因茨的爱人患癌症，生命垂危。医生告诉他说：“服用某种新药可能还有效，此外别无他法。”这种新药是某药店老板新近发明的，要价两千美元，十倍于它的成本。海因茨尽力借钱，勉强凑了一千美元。他找到药店老板请求减价卖药或者分期付款。可老板说：“不行，我发明新药就是为了赚钱的。”海因茨很难过，为了救活爱人，当夜潜入药店，偷走了新药。

故事讲完后，要求被试回答“海因茨偷药对不对，为什么？”“海因茨倘若被捕，法官该不该给他判刑？为什么？”这样的道德两难问题，具有不同道德水平的人会做出不同的判

① 檀传宝：《德育原理》，北京师范大学出版社，2007年，第92页。

② 同①，第92－93页。

断并提出做不同判断的理由。根据被试的回答，科尔伯格把道德认识划分为前习俗水平、习俗水平、后习俗水平三个不同的发展水平，每一水平又有两个不同的阶段，共有六个阶段（见表3-1）。

表3-1　道德认识发展的“三水平六阶段”

三水平	六阶段	含义
前习俗水平（9岁以前）	惩罚与服从道德定向阶段	他们服从权威或规则只是为了避免惩罚，认为受赞扬的行为就是好的，受惩罚的行为就是坏的。他们还没有真正的道德概念。
	相对功利道德定向阶段	这一阶段的儿童道德价值来自对自己需要的满足，他们不再把规则看成是绝对的、固定不变的，评定行为的好坏主要看是否符合自己的利益。
习俗水平（9~16岁）	寻求认可定向阶段（也称“好孩子”定向阶段）	处在该阶段的儿童，个体的道德以人际关系的和谐为导向。顺从传统的要求，符合大家的意见，谋求大家的赞赏和认可。总是考虑到他人和社会对“好孩子”的要求，并总是尽量按这种要求去思考。他们认为好的行为是使人喜欢或被人赞赏的行为。
	维护权威或秩序的道德定向阶段	处于该阶段的儿童其道德价值以服从权威为导向，他们服从社会规范，遵守公共秩序，尊重法律的权威，以法制观念判断是非，知法懂法，认为准则和法律是维护社会秩序的，因此，应当遵循权威和有关规范去行为。
后习俗水平（16岁以后）	社会契约定向阶段	处于这一水平阶段的人认为法律和规范是大家商定的，是一种社会契约。他们看重法律的效力，认为法律可以帮助人维持公正。但同时认为契约和法律的规定并不是绝对的，可以应大多数人的要求而改变。在强调按契约和法律的规定享受权利的同时，认识到个人应尽义务和责任的重要性。
	普遍原则的道德定向阶段（也称原则或良心定向阶段）	这是进行道德判断的最高阶段，表现为能以公正、平等、尊严这些最一般的原则为标准进行思考。在根据自己选择的原则进行某些活动时，认为只要动机是好的，行为就是正确的。在这个阶段，他们认为人类普遍的道义高于一切。

科尔伯格根据自己的大量研究得出结论：0~9岁儿童的道德认识处于前习俗水平；9~16岁，道德认识多处于习俗水平；16岁以后，一部分人的道德认识向后习俗水平发展，但达到的人数很少。科尔伯格认为，道德认识是按照三个水平、六个阶段依次发展的，这种发展的顺序既不会超越，更不会逆转。学生的道德判断是通过道德推理的训练得以发展的，道德两难问题是道德推理训练的有效方法。科尔伯格的这种观点对我们科学地安排品德教育的内容，有效地进行品德教育，认识品德发展规律是极为有益的。

案例分析与讨论

案例一　谁给中学生的鞋打上攀比的标签

阿宏和母亲之间的战争又开始了。还是因为一双鞋。母亲从鞋柜里掏出一双又一双的高帮篮球鞋，先是拎到阿宏的鼻子下面，随后恶狠狠地扔到地上，“这些不都还新着，还要买？”

阿宏不想和母亲讨论这个问题。在他看来，有些话就是说了，面前这个人依然不会明白，“你让一个满脑装的都是学习成绩排第几，小提琴拉得好不好这些正经问题的人，去理解什么是杜七（鞋子款式），什么是杜六，可能吗？”他摔门而出，试着躲掉母亲的“轰炸”。

阿宏今年14岁。前不久，在一堂生物课上，老师对这个男孩说，14岁正值青春期，很容易叛逆，他反问老师，什么是叛逆，老师想了想，说，就是和大人想的不一样。

阿宏的确和大人想的不一样。眼下这双新鞋，买还是不买，就是一个问题。

新的战役很快打响，而且更为猛烈。这次首当其冲的是阿宏本人。班主任接到阿宏母亲的“告状信”，称孩子天天嚷嚷着买名牌鞋，今天买一双，明天又买一双，刚穿了两天，第三天还要买，这是去上学，还是去买鞋？

母亲的这番话显然是带了些情绪，真正打动班主任的，是“告状信”中提到的“攀比”二字。这也正是班主任所苦恼的，他经常接到家长的电话，希望学校刹一刹攀比风，别让孩子再折磨家长了。老师听后啼笑皆非，他通常会用一种委婉的方式表达这样一种意思：请你们在家里好好教教孩子，不要把坏风气带到学校来，不然也会带坏了其他孩子。

“我们又有什么办法呢？尤其是孩子在操场上做广播体操时，他们唯一的差别，就是脚上五颜六色的鞋子，而相近的两双，有的一眼就能看出很大差异。”这名班主任说。

很多学生极力否认这是一种攀比，甚至有关任何一双鞋的购买行为，他们都不认为是在“和他人比较”之后所做出的决定，只是“自己喜欢”而已。

如果走进周末下午的运动鞋专卖店，的确能感受到中学生的这种“喜欢”。这是真正属于他们的世界，有的是从学校的补课教室里解放出来，有的则刚刚告别家长设定的周末课程，总之，工作日里鲜见的年轻面孔此刻扎堆儿来到了这里。他们通常会径直来到运动鞋的柜台前，从上往下狂扫一遍，看到中意的便拿在手里细细打量一番，如果没有一定的知识储备，也确实难以听懂他们的对话内容。

最简单的是关于鞋子的品牌：“这个不是科九吗？”“看着确实像。”

还有鞋子之间的区别：“这两代（鞋）什么区别啊？”“鞋底不同啊，这你都不知道。”

甚至包括鞋子的具体性能：“这双鞋的防滑性好不好。”“还有平衡性。”

前来围观的也通常是十几岁的青涩面孔。这种场面像极了成人世界里挑选某一台电脑或一辆车时的情景。

这也是阿宏感到委屈的一个原因，“大人们有大人们喜爱的东西，可以通过等价交换来获取，我们去追求我们的，为什么就被打上了攀比的标签？”

孩子的这种攀比，在大人世界里是“有迹可循的”——这不只是表现在鞋子上，还更多地能从衣服、车子、房子及自己的孩子在哪里上学，甚至自己孩子穿的鞋好不好看等方面表现出来，如果一个同事得知另一个同事的孩子穿得比自家孩子好，没准儿会郁闷一上午。

阿宏没有向母亲解释的是，之前的那些鞋子都过时了。在他看来，这个理由母亲也经常用，因为，就在他家鞋柜上方的架子上，装着近十个新旧不一的手提包，这些都是他母亲的。

阿宏说，生物老师对“叛逆”的解释只说对了一半。完整的表述应该是：想的不一样，但做的其实是一样的。

（资料来源：邱晨辉、张慧敏：《谁给中学生的鞋打上攀比的标签》，《中国青年报》，2015年4月14日第11版，节选。）

讨论题

1. 该如何评价中学生认为自己的行为动因是“自己喜欢”而非“攀比”？

2. 学生的生活世界是一个什么样的世界？谈谈学校教育该如何正确引导和建构学生的生活。

案例二　读《第56号教室的奇迹》之“道德发展六阶段”有感

读了《第56号教室的奇迹》，最大的感触是什么？我觉得是我们人人都应该做第六阶段思维者。

第六阶段思维者是书中的一个术语。这个术语来自于美国教育心理学家劳伦斯·科尔伯格的“道德发展六阶段”理论。夜里，雷夫读到了“道德发展六阶段”理论，脑袋里灵光一闪，感到用它来“教孩子们要学习的东西，是再合适不过的了”。他“很快就把‘六阶段’导入任教的班级”，得到了“学生们的热烈回应”，“‘六阶段’已成为凝聚全班的黏合剂”。

这是雷夫众多优秀行动中较为突出的一个。雷夫的优点在于：善于思考，善于实践，善于把握运用即成的优秀元素。那么“道德发展六阶段”理论到底会给我们带来什么？

根据“道德发展六阶段”理论，一个人道德发展的第一阶段思维是“我不想惹麻烦”，第二阶段思维是“我想要奖赏”，第三阶段思维是“我想取悦某人”，第四阶段思维是“我要遵守规则”，第五阶段思维是“我能体贴别人”，第六阶段思维是“我有自己的行为规则并奉行不悖”。

道德发展六阶段理论，放之四海而皆准。举一个最最老套的故事做例子。你会轻易地发现其中就蕴含着道德发展理论。

周恩来在沈阳读书时，老师问学生：“你们为什么而读书？”有的学生说：“为做官而读书。”（是第二阶段思维“我想要奖赏”）有的学生说：“我父母让我读的。”（是第三阶段思维“我想取悦某人”）还有的学生说：“为明理而读书。”（是第四阶段思维“我要遵守规则”）老师听了很不满意，这时，十二岁的周恩来站起来，清晰而有力地说：“为中华之崛起而读书！”（是第六阶段思维“我有自己的行为规则并奉行不悖”）周恩来是个有志者。

《第56号教室的奇迹》中的道德发展六阶段理论带给我们的第一个价值就是提供了

我们快速认识自己、给自己定位的方法，第二就是时刻提醒我们争做第六阶段思维者。

《第56号教室的奇迹》第二章的题目是“寻找第六阶段”。“第六阶段不但是难达到的，也是最难教的，因为行为准则存在于个人的灵魂中，其中还包括了一份健全的人格在内。”“近25年的教育实践，雷夫老师深信：着力于孩子的品格培养，激发孩子对自身的高要求才是成就孩子一生的根本。”“与铁腕管理相反，他提倡的是‘没有害怕的教育’和彼此信任；与‘小红花’奖励不同，他反复强调知识本身就是最好的奖品”，他教出了优秀的教学成绩，培养出了谦逊有礼、诚实善良的学生。

（资料来源：“秀我山屏风采”的博客，http：//blog. sina. com. cn/s/blog_4d9641e10100kypi. html，2010－09－28，节选。）

讨论题

1. 第六阶段最难达到，那么“第六阶段思维者”给我们的启示是什么？

2. 依据科尔伯格的研究，大多数中学生的道德认识都处在习俗水平，也有少数学生在向后习俗水平过渡。学校教育该如何针对中学生安排品德教育的内容？

阅读导航

1. 叶澜主编：《教育学原理》第三章“当代儿童成长与教育改革”，人民教育出版社，2007年。

2. 全国十二所重点师范大学编：《教育学基础（第3版）》第八章“学校教育与学生生活”，教育科学出版社，2015年。

3. 郭元祥：《生活与教育——回归生活世界的基础教育论纲》，华中师范大学出版社，2002年。

4. 王道俊、郭文安：《教育学》第十章“德育”，人民教育出版社，2009年。

5. 陈琦、刘儒德：《教育心理学》第十三章“品德的形成”，高等教育出版社，2011年。

6. 檀传宝：《德育原理》，北京师范大学出版社，2007年。

思考与探究

1. 学校教育为什么要加强对学生的价值引导？

2. 学生的生活是以学生的直接经验为基础的，不是知识学习的简单呈现，教师不能脱离学生的生活世界进行教学。结合你对学生生活特点的理解，思考教育改革应如何关注学生的生活世界。

3. 请联系自身的受教育经历，反思自己的学校生活给自身的成长发展带来了哪些影响。

4. 学生品德发展的四要素之间有什么关系？

5. 皮亚杰关于儿童道德发展的阶段理论与其认知发展的阶段理论有何关联？

6. 根据科尔伯格对儿童道德发展的“三阶段六水平”的划分，思考一下针对不同阶段的学生该如何进行道德教育。

专题三　学校德育过程

学习要求： 理解当代德育新理念的内涵，了解德育目标与内容，掌握中小学德育过程的基本规律、原则、途径与方法等，明确中小学德育改革的发展趋势。

德国教育家赫尔巴特曾指出，道德普遍地被认为是人类最高目的，因此也是教育的最高目的。德育作为五育之首，既是中小学教育的基本内容，也是教育的目的，对学生的成长是至关重要的。然而在实际的教育过程中，德育常常被忽略。教育者应当树立正确的德育理念，了解德育的基本过程、原则、内容、方法等，从而为中学道德教育的有效开展奠定理论基础。

一、当代德育新理念

（一）人本化

长期以来，学校道德教育在人的发展这一本位价值取向上是迷失的，导致了德育的实效性非常低下，这主要表现在以下方面：在培养目标上，强调人对道德规则的无条件顺从，以听话和服从为目的，无视人的主体性和创造性；在德育内容上，多是一些脱离人的实际生活的呆板教条，造成学生德育兴趣与热情的丧失；在德育方式上，缺乏对学生人格尊严的尊重及身心发展规律、特点的遵循，以灌输和说教为主要方法，缺乏道德体验和内化，束缚了学生个体道德人格的发展；在德育组织上，大多采用集体统一和单调划一的管理及育人模式，过分强调共性制约，缺乏对学生个体道德成长的关照与关怀。

这种"目中无人"的德育模式必须要改变，德育的出发点是人，落脚点还是人。在德育工作中，教育者要守住的"根本"就是"以人为本"，维护人权、尊崇人性、完善人格，要做到尊重人、关心人、理解人、宽容人。要使学校德育的目标和重心从单纯的树立共产主义理想的德育，向注重人的发展、注重人格塑造的德育转变；从"人的缺位"的"无人"德育向"以学生为本""以学生为目的"的人本德育转变。德育目标要从培养"高大全"的"圣人"向培养有"完全人格"的"常人"转变。德育方法要从学生单纯接受教师训诫的"被动式"指导向师生平等交流、双向沟通的"互动式"交往转变。

（二）主体性

人是道德的主体，人的主体性是道德发展的根本动因，因而必须反对道德上的强制性。学生是自身品德形成和构建的组织者，外在的道德规范体系和道德需要只有通过学生自愿（进而是自觉）地实践，取得认同，内化为他自身的道德需要，才能真正起到外化指导道德行为的作用。忽视学生内心的需要、忽视学生对道德实践活动的自愿参与的伦理也罢、奖罚也罢、榜样也罢，都是无法达到理想教育效果的。而传统的学校德育往往忽略了这一点，蔑视受教育者的道德主体性，采用单向灌输的方法进行道德教育。在师生关系上过多强调教育者的主导作用，无视学生的主体地位，忽视了受教育者的心理需要。这种道德教育把个体品德的形成与发展看作是道德教育"外烁"的成果，忽视了受教育者自身的实践活动及其积极主动的道德修养的巨大作用。

因此，学校德育要以主体性教育思想为指导，强调学生的主体地位，充分尊重学生，尊重学生个体差异，发展学生的道德主体意识。正确树立学生"主体"与教师"主导"的意识，建立良好的师生关系，改变空洞的说教和粗暴的灌输。在教育过程中，给学生设置真实的德育情境，鼓励学生参与体验，建立道德教育与社会生活之间的联系，将学生从"净化"的环境和"永远正确"的观念中拉出来，通过主体性的参与和体验培养其道德判断的能力。同时要采用多种德育评价方式，注重个性化评价和主体自我评价，尊重学生的选择，使其个性得到发展。通过自我评价，能够促使学生形成自律的道德行为习惯。

（三）生活化

在以往的学校教育中，道德教育是脱离学生生活的教育，往往过于强调德育的科学化、理想化、成人化、泛政治化等，而忽视了学生的生活背景和基础。

"人教版"《品德与生活》封面

道德存在于儿童的生活中，寓于儿童生活的方方面面，没有能与生活分离的"纯道德的生活"。道德教育的基础是儿童的生活，儿童品德的形成源于他们对生活的认识和感悟。只有源于儿童生活的教育活动，才能引发他们内心的而非表面的道德情感、真实的而非虚假的道德体验和道德认知。学校德育要凸显学生生活的真实性，通过实际的、取材于现实生活的事例来教育儿童，让其实践道德生活。在师生关系中，要注意强调师生主体间的对话，从学生的角度去理解和实践道德观念，而非单纯地进行教条约束。具体而言，生活化的学校德育要做到以下几方面。首先，教育者要以学生的生活世界为教育的出发点，以学生个体品德和群体价值观的培养为目标，培养学生在做人方面的基本品质，如善良、关爱、乐观、勤奋等品质，以及作为群体中一员的基本的为人处世之道，例如责任感、诚实、尊重、公民身份认同、对集体责任的承担精神等群体价值观。其次，学校德育要将学生在个人成长、家庭生活、学校生活及社会生活中所经历的事件纳入教育之中，有指向、有计划地开展德育工作。要结合学生日常发生的事情，开展学习、讨论、体验反思，引导学生树立正确的价值观，使得道德教育工作源于儿童生活，探寻生活意义，从而形成儿童积极的生活态度。最后，在实施方式上，学校德育要以体验、参与、践行等实践学习活动为主要方式，以让儿童过有道德的生活为目标，增强德育的现实性和实效性。

（四）民主化

民主化是人类社会生活的必然趋势，也是世界教育改革的基本走向。民主化的道德教育理念，也是符合道德教育自身的发展趋势及儿童道德发展机制的必然选择。它要求教师以民主的方式对待儿童，在道德教育中贯彻平等、自主、宽容、鼓励学生参与的原则，使学生享受民主的教育权利。

在传统的道德教育体系中，德育以灌输道德教条的形式进行，教师代表着唯一正确的文化权威，学生是在被动和服从中接受道德教育的。在这种教育模式下，学生在长期的道德灌输和教师权威之下形成了奴化的人格，以及对道德律令阳奉阴违的伪善人格，这就极大地削弱了道德教育的价值，影响了学生自身道德品质的养成。因此，在现代教育背景下，我们必须以开放、宽容的态度来看待多元文化，看待学生群体自身的文化，反对文化权威主义。同时，要清除学校生活中的各种专制、霸权和歧视现象，以公平、公正、友爱、尊重等民主意识来对待学生。倡导师生共同参与、共同发展、平等交流，建立师生间民主平等的对话关系，加强师生在思想和情感上的交流，营造平等和谐的教育氛围，为学生参与道德实践、过道德的生活创造物质上和精神上的条件。

二、德育目标与内容

总的说来，德育的目的在于完善德性、健全人格，努力促进社会个体成为有道德的人，成为在道德上尽可能完善的人。在具体的学校实践中，德育的目标表现为：教育者通过有目的的、系统而持续的努力，引导学习者进行自我教育、群体认同、社会参与，化道德规范为个人品德，从而不断地完善德性、健全人格，由此增进个体幸福、促进社会进步。

（一）学校德育目标

1. 培养学生的基本道德品质

提高人的基本道德品质已成为全世界广泛关注的重要课题。在基础教育阶段，道德教育的目标就是培养学生基本的道德品质，使其形成作为一个人所必须具备的基本素养。那种缺乏道德意识的教育及其相关行为，是与现代社会根本不相容的。日本早在 20 世纪 80 年代就已指出，21 世纪的整个教育目标将是提高一代人的素质。我国的《小学德育纲要》和《中学德育纲要》都分别规定了小学阶段和中学阶段的主要道德目标，其中首要的目标就是培养学生的道德素质。因此，培养学生的基本道德品质是进行道德教育乃至整个教育的前提和基础，是中小学教育的重要目标。

2. 培养学生自我教育的能力

自我教育的能力是指学生在满足社会要求的前提下，进行自我认识、自我监督、自我调节和自我改正的能力。培养学生的自我教育能力，是日趋复杂的信息社会对教育的要求，同时也是个体不断的自我发展所必需的。培养学生的自我教育能力，首先要加强道德修养。道德修养是道德活动的一种形式，是品德方面的自我锻炼和自我改造。其次，要帮助学生通过各种社会实践进行自我锻炼。再次，要教育学生学会调节和克服个体品德与社会要求的矛盾，主动适应周围环境。此外，教师要激发学生自我教育的愿望，培养学生“慎独”的品质，提高学生自我监督、自我控制、自我管理的能力。

3. 培养学生的道德思维能力和道德判断能力

道德思维能力的培养主要是使学生能运用道德概念，对日常生活中的道德现象，进行一定的比较、分析、综合和概括，逐步学会透过某些表面现象去认识事物的本质，并根据各种条件和因素，得出符合事物发展规律的准确结论。道德判断能力是以道德思维为基础，运用一定的道德准则，对人们的道德行为的是非、善恶、美丑做出准确判断的能力。这就要求学校德育要引导学生正确运用道德概念和准则，去分析、评价社会生活中各种人的行为，逐步学会正确区别和评价真与假、善与恶、美与丑，使学生树立正确的内心品德信念，形成自我评价能力和道德判断能力。

（二）学校德育内容

1. 品格教育和基本的社会公德教育

品格教育主要是指良好的人格品质及其他个性心理品质的教育。品格教育要求个体具有基本的道德品质，包括诚实、正直、守信、勤俭、节制、勇敢、宽容、有同情心、自尊自爱、有责任心等。社会公德教育是使学生懂得并遵守社会公共道德、形成良好的道德行为习惯的教育。日常的文明行为、家庭美德和基本的社会公德是个体品德的主要表现，学校德育要对学生普及基本的社会道德规范，让学生懂得为人处事的基本道理，使他们形成文明的言谈举止，尊重父母和他人，遵守基本的社会公德，养成良好的行为习惯。

2. 集体主义和公共精神的教育

集体主义教育是使学生掌握正确处理个人与集体、集体与集体之间关系准则的教育。集体主义教育要培养学生的集体意识和观念，使学生认识到个人是集体的一员，养成在集体中应有的习惯，自觉遵守集体纪律和行为准则。同时，要使学生形成对所属集体的责任感和荣誉感，关心、热爱集体，学会尊重每个集体成员及他们的意见和观点，学会与人合作、分享。集体中的生活就是公共生活，这是社会人的必然存在方式。道德教育要培养学生公共生活的能力和公共精神，公共生活需要个体具有民主精神、平等意识和积极参与的精神，正确行使自己的权利，认同和支持公共价值和公共利益，自觉关心公共生活秩序和公共空间的纯洁，抵制和批判损害公共价值的行为。这是公共生活中的个体必须关注的生活内容，也是学校德育要使学生养成的基本公共品质。

3. 爱国主义和民族精神教育

爱国主义教育是指通过国家观念教育、民族精神教育、民族情感教育、国情教育、国防教育等，培养学生热爱祖国、热爱民族的思想和感情，并使学生形成相应的爱国行为，具备相应的爱国能力。要教育学生热爱祖国的版图河山、语言文字、悠久历史、灿烂文化和爱国志士、革命先驱、文化名人等；要积极开展尊重和了解国家的历史，尊重国家标志，维护国家尊严和荣誉，维护祖国统一和国防安全，加强民族团结、反对民族分裂，维护国家主权、反对霸权主义，热爱和平、发展同其他国家的友好关系等方面的教育。

4. 民主、法治教育

民主、法治教育是指学校给学生传授有关公民的基本知识，培养其法律和法治意识、民主意识与遵纪守法的行为和习惯。具体而言，民主、法治教育要培养学生辨别是非的能力，初步的民主思想和参与意识，知法守法、运用法律武器保护自己的意识和能力，促进他们形成初步的公民意识和民主、法治观念。

5. 劳动教育

劳动教育是指劳动、生产、技术和劳动素养方面的教育。要教育学生热爱劳动、尊重劳动人民；勤劳俭朴、珍惜劳动成果；培养正确的劳动观念、劳动态度和习惯；参加力所能及的自我服务劳动、家务劳动、公益劳动和简单的生产劳动；获得一些工农商业的基本知识，掌握简单的劳动技能；养成吃苦耐劳、勤俭节约的品质和作风。劳动教育以校内服务和生产劳动及校外公益劳动为主，进行劳动实践和劳动习惯的培养，让学生懂得要用诚实劳动来争取美好生活。

三、德育过程与原则

（一）德育过程

1. 德育过程是知、情、意、行等辩证统一的发展过程

从学生品德心理要素来看，任何一种思想品德的形成和发展，都是道德认识（知）、道德情感（情）、道德意志（意）和道德行为（行）这四种心理要素辩证统一发展的结果。

道德认识（知），包括人们对政治、伦理关系及社会道德规范的理解和掌握，以及在此基础上形成的思想观念。此外，还包括运用一定的理论观念对他人和自我的言行进行评价、判断的能力等。道德认识指导着人们选择和实践一定的道德行为，为一定的社会舆论提供认识基础和价值标准；同时，也是人们道德情感、理想信念和意志行为产生和巩固的前提条件。

道德情感（情），是指人们根据一定的社会政治和道德观念，对客观事物和人们的言行所产生的喜怒、哀乐、好恶等方面的情绪体验，以及随之表现出来的比较稳定的态度，如对真理、善良、美好、幸福的追求，对正义良心的崇敬，对民族、国家和乡土的热爱，对事业及岗位工作的责任感等等。在此意义上，道德情感是人的一切道德行为的“内趋力”。

道德意志（意），指的是人们在道德行为中自觉克服来自外部和内部的困难、障碍，抵制干扰和诱惑，坚持达到既定目标时所做的努力，如人们的坚毅、果敢、不屈不挠、锲而不舍等品质。自古以来，人们普遍尊崇的“富贵不能淫、贫贱不能移、威武不能屈”的高尚人格，就是道德意志的集中表现。道德意志是人的思想品德形成发展的支柱和自律品质的决定因素，同时也是高尚情操的基础。

道德行为（行），是指在一定道德认识指导和道德情感驱动下，人们所采取的行为方式，是人的思想品德的外部表现与评价依据。俗话说：“听其言，观其行。”自古以来，人们都把言行一致作为做人的标准之一，学生的道德行为不仅标志着其思想品德发展的程度和水平，也不断巩固和深化其道德认知和情感，强化其理想、信念和情操。经常重复而自然表现出的道德行为，称之为道德习惯。

上述四种心理要素互相联系、互相制约、互相促进，但又有各自不同的特点、作用和形成过程。学校德育必须使四者相辅相成、全面和谐地发展，不能有所偏废。但在具体做法上，可以根据教育工作实践和学生的实际情况，选择其中某一种要素作为开端，但不论从何处着手，都要做到晓之以理、动之以情、导之以行、持之以恒，要防止片面强调一个方面而忽视另一个方面的倾向。

2. 学校德育是教师指导下学生能动的道德活动和交往的过程

从学生品德形成与发展的基础来看，学生品德的形成与发展只能建立在学生能动的道德活动和交往的基础上。学生的道德活动和交往是他们与社会和教育环境的相互作用过程。我们重视教育和环境的影响，但决定的因素则是在一定教育的环境影响下学生能动的活动实践和交往。从马克思主义认识论的观点来看，人们的正确思想只能从实践中来，实践既是人们认识世界的源泉，又是检验认识真理性的唯一标准。学生思想品德的形成与发展也是如此。如果离开了学生亲身参加的各种社会实践、社会交往及其日常生活中的道德实践，就只能停留在一般道德说教的层面上，学生的思想品德就会成为"无源之水""无本之木"，学生甚至会产生严重的抗拒和逆反心理。

因此，从整体上来说，学校德育必须建立在调动起学生从事德育活动和交往的积极性这一基础上，即寓德育于各项丰富多彩的活动和社会实践之中，使他们在接触实际、接触社会和接触他人中受到教育。同时，也要看到中小学生的不成熟性，其活动和交往正处在由兴趣性向目的性、感性向理性、他律性向自律性过渡的阶段，急需教育者的启发和引导。只有在这样的条件下，学生的道德活动和交往才能发挥出其提高思想品德水平的基础作用。因此，教育者既要组织好学生的各种实际活动，又要做好深入细致的思想工作，调动学生的主动性、积极性，引导他们总结道德经验，提高道德认知和辨认能力，主动调节自己的道德情感，磨炼自己的道德意志，更加自觉地参与社会和道德实践。

3. 学校德育是促进学生思想品德内部矛盾积极转化的过程

从学生思想品德形成与发展的动力来看，学校德育必然是以学生思想品德内部各种矛盾的不断产生又不断解决为机制的。离开了学生思想品德内部各种矛盾的积极转化，任何德育都将流于形式，归于失败。学校德育过程中，学生思想品德内部的基本矛盾，是教育者提出并为学生所接受的新的道德要求与学生已有思想品德发展水平的矛盾，这是学校德育中最一般、最普遍的矛盾。学校德育的效果在一定程度上取决于这一基本矛盾的展开和解决。具体说来，主要表现为以下几方面。

（1）"知"与"不知"的矛盾

由于中学生正处在长知识、增阅历和积累经验的阶段，他们理解、接受教育者提出的道德要求的过程，必然经历一个"知"与"不知"、"多知"与"少知"的矛盾转化过程，即不断消除由于学生缺乏道德知识、经验而呈现的认识上的差距的过程。在学校德育实践中，由于认识上的差距而导致学生产生错误思想和言行的事例十分常见。如学生的违纪行为中有不少是因为不了解、不熟悉或片面理解学校的规章制度而产生的；在错综复杂的社会现象面前，也往往由于缺乏理论修养和生活经验而产生许多片面行为甚至错误行为。因此，对教育者来说，就要经常了解学生思想认识中出现的困惑点，有针对性地加以指导和解决，以促进学生道德认识水平的不断提高。

（2）知、情、意、行诸心理要素间发展不平衡的矛盾

中学生道德心理各要素间的发展正处于由不平衡到平衡的过渡时期。在知、情、意、行等要素之间都经常呈现出不平衡性。例如，在中学生中常见的心理发展不平衡表现为：渴望独立，却缺乏能力；富于理想，却脱离实际；充满热情，但遇到困难又容易悲观、泄气和消沉；遇事不冷静，好冲动；等等。这些心理发展不平衡现象，在青春期性成熟的中学

生身上，往往表现得十分突出和普遍。在德育工作中，要重视这类心理要素发展不平衡现象的调查研究和科学分析，针对其薄弱环节，或改变其认识，或增厚其感情，或训练其行为，或磨炼其意志，促进其心理要素间的不平衡朝着平衡、和谐的方向不断转化。这也是学校德育影响不断深化的一个表现。

（3）人格品质方面的矛盾

由于家庭、社会影响的复杂性、多元性，或者由于教育工作的失误，现实中也会出现一些“差生”“顽劣生”，他们或者形成了某些比较稳定的不良意识，或者沾上了某些不良习惯，个别甚至滑向犯罪的泥坑。对待这些少数学生，也要采取矛盾分析的方法，从他们身上发现某些可以“开发”和“利用”的积极因素，通过发扬、依靠这些积极因素去克服消极因素，这是转变“差生”、挽救失足学生的必由之路。如果忽视这种矛盾转化，把学生看作是“不可救药”，推出不管，或单纯采取惩罚手段，则不仅达不到挽救的目的，反而会使他们变得更“坏”，更加难以改造。

4. 学校德育是对多方面教育影响实行优化组合的过程

从促进学生思想品德成长的教育影响因素来看，具有明显的多样化的特征。任何一种教育影响都不可能“单独”地运作。它们的教育效能和效率，完全取决于各种教育影响是否实现优化组合，结成一个协调一致、互相配合的教育网络系统。如果能实现这种优化组合，则必将大大提高各种教育影响的威力；反之，就会造成种种“内耗”，严重削弱各种教育影响的效能和效率，甚至“劳而无功”。

实现各种德育影响的优化组合大致包括以下两个层面。

（1）学校内部德育影响的优化组合

学校内部德育影响，大致可以分为以下五个方面：① 教书育人系统。主要是通过各学科的教学内容、方法和组织过程及任课教师的言行榜样，对学生施加各种德育影响。② 活动育人系统。主要是通过各种内容形式的课外、校外活动，学生集体生活和劳动，使学生在实际活动中受到教育。③ 管理育人系统。主要是通过“学校—班级”的一套管理制度、后勤保证及管理人员、后勤人员的服务精神和工作对学生产生德育影响。④ 校园环境育人系统。包括校园物质环境和校风建设对学生的影响。⑤ 学生自我修养系统。主要是通过学生和学生集体的自学、自律和日常交往等形式，对其自身思想品德的成长产生影响。

上述五种影响系统作用不同，时常会产生这样或那样的矛盾或冲突。要做好学校德育工作，首先要形成各育人系统目标一致、步调统一、相互配合的局面，这样才能形成学校内部德育影响的强大优势。

（2）学校、家庭和社会影响的优化组合

学校、家庭、社会影响虽然来自不同方面，影响的内容也往往是异质的、多元化的，但它们之间存在着必然的统一性。这首先是因为教育年轻一代是全社会的共同责任。青少年学生集学校学生、家庭成员和社会未来公民三种角色于一身。他们的健康成长，需要学校、家庭和社会多种渠道予以关心和教育。其次，因为学校、家庭和社会的影响是相互制约的。其中任何一方面的德育影响都需要依赖其他方面德育影响的支持与配合，才能发挥出最大的作用。多年的学校德育实践表明：学校德育工作的威力，如果没有家庭与社会的配合，就不能形成优化的校外教育环境，学校德育的质量和效果就会大打折扣甚至出现反面效果；而家庭、社会影响的德育化，也有赖于学校的支持、帮助与指导。积极做好学校、家庭、社会影响的优化组合，建立以学校为主导的学校、家庭、社会齐抓共管的大德育网络，是当前加强和改革青少年德育工作的迫切需要。

上述两个层面也是相互制约的。首先，要立足于校内各育人系统的优化组合，最大限度地发挥学校德育的主导作用；其次，也要不断实现学校、家庭和社会三方面的优化组合，不能把它们割裂开来。

5. 学校德育是一个循环反复、逐步提高的过程

学生思想品德的形成与发展过程是一个由低到高、由浅入深的不断深化的过程。它不会停留在某一个不变的水平上，而是或者有所进步，或者有所“回潮”。因此，学校德育不可能立竿见影，“毕其功于一役”，必然是一个长期不间断的过程。同时，由于学生思想品德的形成与发展过程一般说来呈曲折反复的螺旋形上升趋势，因此，学校德育也必然是一个循环反复、逐步提高的过程。

（二）德育原则

德育原则是人们在长期教育实践中形成的。在中外教育史上，许多教育家在不同的历史时期提出了各种各样的德育原则。我国中学德育原则有以下几点。

1. 导向性原则

导向性原则是指德育要有一定的理想性和方向性，以指导学生朝正确的方向发展。导向性原则是德育的一条重要原则，因为学生正处在品德迅速发展的关键时期，一方面他们的可塑性大，另一方面他们又年轻，缺乏社会经验与识别力，易受外界的影响。学校德育要坚持导向性原则，为学生的品德健康发展指明方向。

贯彻导向性原则的基本要求是：① 坚定正确的育人方向；② 德育目标必须符合新时期的方针、政策和总任务的要求；③ 要把德育的理想性和现实性结合起来。

2. 疏导原则

疏导原则是指进行德育要循循善诱，以理服人，从提高学生认识入手，调动学生的主动性，使他们积极向上。

贯彻疏导原则的基本要求是：① 讲明道理，疏导思想；② 因势利导，循循善诱；③ 以表扬激励为主，坚持正面教育。

3. 尊重学生与严格要求学生相结合原则

尊重学生与严格要求学生相结合原则，是指德育要把对学生个人的尊重和信赖与对他们思想和行为的严格要求结合起来，使教育者对学生的影响和要求易于转化为学生的品德。苏联教育家马卡连柯曾说：“要尽量多地要求一个人，也尽可能地尊重一个人。”

4. 教育的一致性与连贯性原则

教育的一致性与连贯性原则是指德育应当有目的、有计划地将来自各方面对学生的教育影响加以组织、调节，使其相互配合、协调一致、前后连贯地进行，以保障学生的品德能按教育目的的要求发展。

贯彻这一原则的基本要求是：① 要统一学校内部各方面的教育力量；② 要统一社会各方面的教育影响；③ 要有计划、有系统地进行。

5．因材施教原则

因材施教原则是指进行德育要从学生的思想认识和品德发展的实际出发，根据他们的年龄特征和个性差异进行不同的教育，使每个学生的品德都能得到最好的发展。孔子早就提出了“视其所以，观其所由，察其所安”这一了解学生的有效方法，并根据学生特点进行有区别的教育。

四、德育途径与方法

学校德育的实施是在德育目标和德育过程的基本原理指引下，通过一定的途径和方法，并在一定的组织管理下进行的。

（一）学校德育的途径

学校德育工作是通过一定的空间组织形式进行的。学校德育的途径就是指实施德育的空间组织形式。在现代社会里，学校教育日益社会化，学校德育的途径也日益多样化、社会化和网络化。目前，已形成的德育途径主要有思想品德课、其他学科教学、班主任工作、共青团（少先队）、劳动和社会实践、课外活动与校外活动、校内外教育环境的建设等。各种途径都有各自的特点和功能，它们相互联系、相互制约，结成了一个巨大的教育网络系统。学校德育的效果，在很大程度上取决于各个德育途径间的相互协调与配合。

1．思想品德教育课与其他学科教学

这是学校有目的、有计划、系统地对学生进行德育的基本途径。通过这个途径，教育者能够引导学生掌握系统的科学知识、马列主义的基本理论和社会主义道德规范。这对提高学生的思想认识、形成他们的道德观点、奠定他们的人生观与世界观的基础都有极为重要的作用。由于通过教学进行的德育，是建立在掌握科学知识和认识事物发展规律的基础上，经过了逻辑论证和学生个人的思考、领悟，所以培养的品德是自觉的、巩固的；而且教学是一种组织得十分严密的活动，有明确的目的、任务、内容与一定的进度，需要教师与学生集体严格遵守一定的要求、制度与纪律，自觉调控自己的思想与行为，有助于培养学生各种良好的品德和风尚。但教学这个途径也不是万能的，只通过思想品德课和其他学科教学进行德育，容易使学生脱离社会生活实际。

2．课外活动与校外活动

这是生动活泼地对学生进行德育的一个重要途径。它不受教学计划的限制，让学生根据兴趣、爱好自愿选择参加，自主地组织、开展丰富多彩的活动，制定并执行一定的计划与纪律，以调节自己的行为和处理人际关系。因此，通过这个途径进行的德育，符合学生的特点和需要，能激发他们的兴趣，调动他们的积极性，特别有助于培养学生辨别是非和自我教育等道德能力以及相互友爱、团结合作、有责任和有纪律的良好品德。

3．劳动

这是学校进行德育尤其是劳动教育的重要途径。通过劳动，学生容易产生对劳动、科学与技术的兴趣爱好，激发出巨大的热情与力量，经受思想与行为上的磨炼，看到自己的才能和成果，培养勤俭、朴实和顽强的良好品德。所以，劳动在德育上有着特殊的功效，往往是使后进生发生根本转变的一个重要途径。

4. 学校共青团、少先队活动

这是通过青少年自己的组织所开展的活动来对他们进行德育的重要途径。共青团是中国先进青年的群众组织，是青年学习共产主义的学校。少先队是中国共产党委托共青团领导的少年儿童的群众组织，是少年儿童学习共产主义的学校。共青团和少先队都以马克思主义的基本思想、社会主义的道德规范和共产主义的理想教育自己的成员，并团结广大青少年一道前进。青少年也非常关心、热爱自己的组织，积极参加团、队的活动，并努力提高自己，创造条件争取早日光荣参加团、队组织。因此，通过团、队活动，能激发青少年学生的上进心、荣誉感，使他们能够严格要求自己，自觉提高思想水平，培养良好的品德。

5. 班主任工作

这是学校对青少年学生进行德育的一个重要而又特殊的途径。通过这个途径，学校才能强有力地管理基层学生集体、教育每一个学生，才能更好地发挥上述各个德育途径的作用。严格地说，这个途径与上述途径不能平列，它通过班主任的自觉能动作用，能够对其他途径起调节作用，对学生品德的发展产生巨大的影响。

上述德育的途径各有自己的特点与功能，互相联系、互相补充，构成了德育途径的整体。对完成德育任务来说，其中每一个途径都是不可缺少的，不应有所偏废。学校应全面利用各个德育途径的作用，使其科学地配合起来，以便发挥德育途径的最大的整体功能。

（二）学校德育的方法

德育方法是指教育者用来施加德育影响的工作方式。其中有的是以教育者活动为主，有的是以教育者组织引导下的学生活动为主，有的是教育者利用环境的积极因素影响学生，有的是依靠学生集体组织和个人的自我教育。各种德育方法不仅适用于学校，也适用于家庭和社会的德育。

1. 说理教育法

说理是通过摆事实、讲道理，使学生提高认识、形成正确观点的方法。要求学生遵守道德规范、养成道德行为，首先要提高认识、启发自觉、调动他们的积极性。这就需要运用说理的方法来讲清道理，使学生明白应该怎样做和为什么要这样做。学生的认识提高了，感到有必要了，他们才能自觉去履行。说理的运用范围很广，无论用哪一种德育方法，都离不开提高学生的认识，都需要结合运用说理的方法。说理需要注意以下几方面：

其一，说理要有针对性。说理不等于说教，说理的目的是要学生服理，而且应该是口服心服。如果教师讲的道理与学生无关，“放空炮”“唱高调”，是不会激起学生共鸣的。只有了解学生情况，联系学生实际，有的放矢地进行说理教育，才会产生良好的教育效果。

其二，说理要生动有趣。青少年学生有强烈的好奇心和求知欲，他们对一个有趣的故事、一首动听的歌曲、一番有感情的演说会产生极大的兴趣，甚至终生难忘，他们从中领悟教育的要求，明确前进的方向。而那些成人化、呆板化、公式化的说教，会使学生感到乏味，影响教育效果。

其三，说理要符合客观实际。青少年学生一个最大的特点就是具有求实精神。他们对真话和假话最敏感，因此教师讲道理时所列举的事例一定要符合实际，是什么就是什么，对事物的真相不得掩盖和歪曲，应引导学生进行科学分析，以形成他们的正确的道德观念。

其四，说理要抓住时机。教师对学生说理不是任何时候都会有效，只有当学生内心产生需要时，才会产生教育作用。如青少年探索人生需要教师的引导；新学期开学需要教师的指点；学生有了不必要的担心需要教师的劝说；学生犯了某一过失需要教师热情的关心和帮助等。因此，教师对学生说理要善于抓住良机，不失时机地教育，这样才能达到预期的教育目的。

其五，说理要有耐心。教师说理，学生服理，往往需要多次反复的过程才能完成。教师要允许学生思想有反复，要有足够的耐心，并注意说理的艺术。

其六，说理要考虑学生年龄特征和个别差异。由于学生在不同年龄阶段有着不同的身心发展特征，并且他们生活的环境、所受的教育不同，存在着不同的个性特点，因此，他们的认识水平、知识水平和道德发展水平都不一样。教师说理深浅程度要因人而异，要有针对性，对不同学生提出不同的教育要求。

最后，说理要与提出行动要求相结合。教师对学生说理的最终目的是使学生懂得道理，掌握行动的指南。同时学生的行为实践可以巩固所讲道理的效果，有利于加深学生对道理的理解。因此，教师在向学生讲清道理的同时，还要提出相应的行动要求，让学生把弄清了的道理诉诸行动。

总之，说理教育法要按照一定的要求来运用，这样才能取得良好的教育效果。说理教育的方式多种多样，通常采用讲解和报告、谈话、讨论和辩论、指导阅读及参观和调查访问等。

2. 情感陶冶法

情感陶冶法是教师利用自己对学生的爱和各种情境中的教育因素，对学生进行潜移默化的教育，使其耳濡目染，心灵受到感化的方法。一般来说，情感陶冶法具有潜移默化的特点，它不像说理教育法那样，学生理解了便可及时产生效果。它需要较长时间的定向陶冶，才会使学生产生较明显的个性品德。但是，有些情境中的教育作用有着强烈的感化作用，极易使学生产生情感共鸣，教师如能及时做好强化工作，将对学生品德的形成产生显著的效果。

情感陶冶也具有多种方式，其中对学生影响较大的主要有以下几种：

(1) 教师的爱。它是指教师对学生真挚的爱。热爱学生是教师的天职，是师德的重要表现。教师爱学生必然会得到爱的反馈，形成尊师爱生的风气。这种师生之间爱的情感交流，有利于把教师的要求转化为学生的行动，因为尊师之感的迁移能成为学生品德形成的重要因素。因此，教师爱学生能起到陶冶情感、培养品德的作用。

(2) 环境陶冶。环境陶冶是指学生所生活的环境对其思想品德潜移默化的影响。一般来说，影响学生情感的环境因素可由客观存在的事物构成，还可由集体舆论、人际关系等构成，这些自然的、社会的环境因素对学生都有陶情冶性的作用。但是，环境中的教育因素是不会自发地起作用的，学校必须重视对学生进行环境知识的教育和欣赏环境能力的培养，使学生逐渐懂得环境因素与人的关系，受到环境知识和环境道德的熏陶，收到良好的陶情冶性的效果。

(3) 良好的人际关系。学生经常交往的对象是家庭中的家长和兄弟姐妹，学校中的老师和同学。因此，家庭关系民主化，家庭成员和睦共处，尊老爱幼，移风易俗，文明上进，以及学校生活教育化，尊师爱生，团结友爱，生动活泼，奋发向上，都会有益于学生的健康成长。学生生活在这样的环境中，将会产生积极自觉的情感体验。如果教师向他们有计划地灌输有关的道德观念，并使这种观念与学生的直接情感体验联系起来，就能促进学生优良品德的形成。

（4）艺术作品。好的艺术作品对学生的情感陶冶也具有明显效果。例如，可以给学生选一些优秀的文学作品，给学生提供一幅优美的自然景色画面。作品中栩栩如生的画面，能使学生受到优美情境的陶冶；英雄模范人物的高大形象作为社会道德的化身而存在，具有生动性和感染性。这些道德形象会使学生产生积极的道德情感，激励他们去效仿英雄模范人物的思想行为。这些道德形象潜入学生的心灵，就像明灯一样在他们的心灵里闪光，照亮他们前进的道路。因此，指导学生阅读有教育意义的文学作品或观看有益的电影、电视和戏剧，既能使学生得到美的享受，又能激发道德情感，这种与具体道德形象相联系的情绪体验，是学生优秀品德形成的重要因素。

3. 实际锻炼法

实际锻炼法是教育者组织学生参加一定的实际劳动，在行为实践中锻炼思想、培养优良品德和行为习惯的方法。这种方法侧重于意志锻炼和行为练习。

一般地说，学生思想品德形成从知开始，以行结束。尽管在具体培养中有不同开端，但行才是思想品德形成的标志。说理教育使学生形成一定的政治、思想、道德的观点，情感陶冶使学生产生与观点相应的情绪体验，但是，只有在情感的推动下，通过行为实践，才能把观点、信念转化为行动。同时，学生某些道德观念和信念的形成，不是说理教育和情感陶冶的结果，而是在行为实践中形成的。实践锻炼不仅可以锻炼意志，形成行为习惯，而且有助于形成观念、情感和信念。在实践中加深认识，在实践中培养情感，在实践中坚定信念。因此，在一般情况下，道德认识、道德情感、道德意志和道德行为的培养，可以在学生的实践中同时进行。实际锻炼的方式很多，大致包括练习、制度、委托任务和组织活动等。实践锻炼法对于培养学生知行结合、言行一致具有特殊的意义。

运用实际锻炼法时要注意以下几点要求：

第一，坚持严格要求。有效的锻炼有赖于严格要求。进行任何一种锻炼，如果不严格遵守一定的要求和规范，而是马马虎虎，就会搞形式主义，不可能使学生得到锻炼和提高。有经验的教师都懂得，对学生品德的锻炼贵在一个“严”字，丝毫不能放松。一处松，处处都松，对一个学生马虎，对个个学生都可能马虎，教师的要求便流于形式。

第二，调动学生的主动性。锻炼虽有赖于教师的要求，但主要是学生的活动。只有激发学生的主动性、积极性，使他们内心感到锻炼是必要的、有意义的、有价值的，他们才能自强不息、自觉严格要求自己，获得最大的锻炼效果。在同一个活动中经受锻炼，结果有的学生有很大的收获，有的学生则收获不大或没有收获，其差别就在于学生主体的主动性和积极性是否调动起来了。

第三，注意检查和坚持。良好的习惯与品德的形成必须经历一个长期的、反复的锻炼过程。前紧后松、一曝十寒、时冷时热，都不仅无益于品德的培养，而且一旦造成学生疲沓散漫的习气，则将严重影响德育的进行。故对学生的锻炼，要强调自觉，但又不能放松对他们的督促、检查,还要引导他们长期坚持下去。这样,久而久之就会见效。

4. 榜样示范法

榜样示范法是教育者以他人的高尚思想、模范行为和卓越成就来影响学生品德的方法。榜样把道德观点和行为规范具体化、人格化了,形象而生动,具有极大的感染力和吸引力。而青少年学生又富有模仿性,爱效法父母、师长和学习有威望的同学,尤其崇拜伟人、英雄。在良好的环境里,榜样的力量是无穷的。它能给学生指明方向,给他们提供巨大力量,引导他们积极向上。但在缺乏制度、纪律和正确舆论的环境里,榜样的作用则将受到局限。

对中学生来讲,榜样主要包括伟人的典范、教育者的示范、学生中的好样板。历史伟人、民族英雄、革命导师、著名的科学家、思想家和各方面的杰出人物,他们是民族的代表、人类的精英,当然是青少年学生学习的典范。引导学生对照典范严格要求自己,推动自己积极上进,确定学习的典范,是德育的重要方法。教师、家长和其他长者给青少年学生所做的示范,也是学生学习的一种榜样。尤其是教师与父母,他们肩负着培育青少年学生的重任,也得到学生的信赖。他们的言行、举止、仪态、作风、为人处世和各方面的表现,都对学生起着示范作用,产生潜移默化的深远影响。此外,从学生中评优,包括评优秀个人(如三好学生、某一活动的积极分子),评优秀集体(如优秀班、组、其他集体等),也是一个运用榜样的方法。当然,学生中的样板不可能那么完美与稳定,但它产生于学生中间,为学生所熟悉,容易引起学生的关心与学习。运用榜样示范法要注意以下几点要求:

第一,选好学习的榜样。选好榜样是学习榜样的前提。虽然学生大多积极向上,但对人生问题却很少考虑,不少学生缺乏理想、没有确立起学习的好榜样,有的甚至交友不慎,身受不良行为的影响。因此,指导学生选好榜样是一个重要的问题。在我国古代教育中就重视对榜样的学习,要求以尧舜孔孟为榜样,"法古今完人",提倡"论学取友","择其善者而从之"。我们也应根据时代需要和学生实际情况,指导他们选择好学习的榜样,获得前进的明确方向与巨大动力。

第二,激起学生对榜样的敬慕之情。要使榜样能对学生产生力量,推动他们前进,就需要引导学生了解榜样;了解榜样的身世、艰苦奋斗的经历、伟大卓越的成就、崇高光辉的品德,特别要了解那些感人至深、令人起敬之处,使他们在心灵深处对所学榜样产生敬慕之情。这样,外在学习榜样才能转化为学生心目中的榜样。为了培养学生对历史典范人物的情感,应指导学生读一些历史著作、人物传记。为了引导学生向生活中的模范教师和优秀学生学习,应鼓励他们多接触这些人。荀子说:"学莫便乎近其人。"多接近才能产生情感,受到良好影响。

第三,引导学生用榜样来调节行为、提高修养。常有这种情况,每当学生听到伟人、英雄、模范和杰出人物的动人事迹时,总是激动得流下眼泪,有的立即表示出学习的决心。但时过境迁,这种感动和决心便烟消云散。主要原因在于,教育工作者没有抓住时机,及时把学生的情感、冲动引导到行动上来,把敬慕之情转化为道德行动和习惯。如果不这样,学生对榜样产生的感情就不能得到巩固和深化。因此,我国中小学在榜样教育上提倡"学英雄,见行动",这个经验很宝贵。

5. 修养指导法

修养指导法是指导学生自己教育自己，以形成社会所要求的思想品德的方法。思想品德教育和思想品德修养是相辅相成的。思想品德教育是指外在教育，是青少年思想品德形成的外部影响条件；思想品德修养是指自我教育，是青少年思想品德形成的内部因素。指导学生进行自我修养，对于提高学生的道德水平具有重要意义。

学生思想品德的形成是学生思想品德内部矛盾运动的结果，自我教育是学生进步的内部动力。我国古代教育家就很重视个人道德的修养，他们认为思想品德的形成过程是一种“自求自得”的过程，强调“内省”“躬行”，以实现个人的修养目的。苏联教育家苏霍姆林斯基论述过：少年期和青年早期是困难的年龄期，学生在身体、智力和道德方面都在迅猛发展，教育者将会遇到很多困难，只有把教育和自我教育结合起来，才能顺利地克服这些困难。因此他说，教育的艺术和技巧就在于使自我教育的愿望成为每一个学生的精神需要。只有能够激发学生进行自我教育的教育才是真正的教育。这些论述是教育经验的总结，是很有说服力的。

根据修养在思想品德形成中的作用，可从以下几个方面加强修养的指导。

（1）指导学生掌握修养的标准

学生掌握修养标准，明确努力方向，这是进行自我教育的基础。因此，教师要指导学生学习现代科学文化知识，学习党的路线、方针与政策，并把这种学习与社会实际、与自己的行为表现相联系，时时处处以社会主义社会的道德准则要求和检查自己的言行。要使学生懂得什么是对的，应该去做，什么是错的，不应该去做。这样，学生随着年龄的增长，不断地朝成熟和稳定的方向发展，便能逐步做到自觉地加强理论学习，提高理论水平和自我修养的自觉性。

（2）指导学生进行自我评价

自我品德评价是运用已掌握的修养标准和准则对自己的行为进行分析、判断的过程。它是修养的重要内容。学生能正确地评价自己，就能确定合理的行为方向，把道德认识变为组织个人行动的自觉力量。学生正确地认识自己、判断自己的能力是逐步发展起来的。学生首先从认识别人的品德开始，对自己的评价只能重复教师或家长的看法，后来他们才慢慢学会独立地评价别人，在独立评价别人的过程中逐步过渡到独立评价自己。但最初进行自我评价时，学生还不善于运用已有的理论知识和行为规范去全面地、准确地分析自己的行为，还需要教师的指导。因此，教师应根据学生的年龄特征，有步骤地培养他们自我评价的能力。教师要善于运用教材、日常生活中的典型事例与学生实际进行对比，并指导他们做经常性的总结，进行自我监督等，以不断提高学生的自我评价能力。实践证明，教师的自我评价示范，对学生自我评价能力的形成与提高，将产生深刻的影响。

（3）指导学生进行道德情感的体验

道德情感是学生形成思想品德的重要因素，也是学生提高个人修养的重要方面。只有当他们的道德认识渗透着深厚的情感因素时，他们对事物的认识才更深刻，行动起来才更坚决。因此，教师要重视指导学生进行对形成品德有意义的情感体验。如自尊心、羞耻心、同情心等既是学生道德情感的基本内容，又是直接推动个人修养最关键的情感体验。自尊心是推动个人修养的前提条件，一个人的自尊心被挫伤，就会缺乏克服消极因素的力量源泉。因此,教师要鼓励学生积极向上,保护他们的自尊心,不要轻易把学生的缺点和错误公布于众,更不容许不尊重人格的讽刺、挖苦学生的现象发生。当发现学生产生自卑心理时,要设法调动他身上的积极因素,以帮助他点燃自尊心的火种,树立起前进的信心。一个人有了羞耻感,就懂得了什么是光荣的,什么是耻辱的,便能自觉通过内省的修养方式进行自我认识和自我批评,一旦发现自己做错了事,就会产生内心的谴责,控制或克服不道德行为的发生。

在当前教育中,还应注重培养学生的同情心,因为同情心是集体主义情感的基础,是义务感和责任感的情感支柱。教师要指导学生在日常生活中,养成与人为善、将心比心、谦让、设身处地为别人着想的美德;要启发学生在追求内在的真、善、美的同时,摒弃、鄙视和厌恶一切假、丑、恶的东西,为培养他们的高尚道德情操打下良好的基础。

(4) 指导学生在社会实践中锻炼品德

学生的个人修养要通过行为举止来表现,也要靠行为实践来实现。学生只有在参加社会实践的过程中才能锻炼成长,所以我们指导学生加强个人修养时,不能脱离社会实际,要在改造客观世界的实践过程中,让学生接触社会主义现代化建设实际,联系日常生活,学习英雄模范,积极参加共青团、少先队活动和各种教育活动,去进行实际交往。总之,要到实践中吸收精神养料,锻炼品德,不断提高个人修养。

6. 品德评价法

品德评价法是通过对学生的思想品德给予一定的评价对学生进行教育的方法,这也是德育常用的和不可缺少的一种方法。对学生品德的评价或是肯定,或是否定,从两个方面促进学生在大脑皮层的神经联系中,不断地增强积极方面,抑制消极方面,促进优良品德的形成与发展。因此,这种方法有利于鼓励学生积极向上,预防和克服不良品德的滋长。

品德评价法的主要方式有以下几种。

(1) 表扬(赞许)与奖励

表扬(赞许)与鼓励是对学生好的思想品德行为做出肯定的评价,用以巩固和发扬学生的优良行为的方式。表扬是对学生思想品德行为做出好的评价,可用口头或书面表扬。赞许是教师常用的方式,它是对学生的品德行为表示赞同或称赞,可以用口头或用点头、微笑等表情表示。表扬(赞许)的目的是增强学生的上进心和自尊心,好的学生需要表扬和赞许,后进学生更需要鼓励。应为后进学生创造受表扬和赞许的机会,提出易达到的要求,当他开始进步时,及时给予肯定,点燃他们自尊心的火种,增强他们前进的信心,然后再步步提高要求,促其不断进步。

奖励是对学生特别突出的思想品德行为的肯定方式,一般是召开隆重大会发给奖状、奖品、纪念章,或授予光荣称号。奖励是对学生先进思想行为的"强化"。学生在庄严的气氛中获得奖品,接受荣誉,以至终生难忘,激励他更严格地要求自己,为发扬优点、克服缺点做出更顽强的努力。学校应完善奖励制度,充分发挥奖励在培养学生品德中的作用。

(2) 批评与惩罚

批评与惩罚是对学生不好的思想品德行为做出否定的评价,用以改正和克服他们的不良道德行为的方式。批评可以个别或当众进行,以个别进行为主。可采用口头和书面两种方式，以口头方式为主。惩罚是对学生严重的不良行为的否定。根据学生错误的性质和认错的态度，一般可分为警告、记过、留校察看和开除学籍等。对未成熟、需培养和教育的青少年学生，惩罚不应过多、过重。另外，学校是教育人的阵地，对学生的惩罚一般不宜采用经济制裁的手段。

教师批评也是对学生的一种关怀，要有爱护之情，要着眼于提高学生的认识，使其明白错在哪里、为什么会错及如何改正错误，进而对未来充满希望，坚定改正错误的信心。因此，惩罚也要从教育学生出发，使学生接受教训，痛改前非，奋起直追，以此作为他进步的起点和前进的鞭策力。惩罚要运用得当，以便产生积极的效果。

（3）评比竞赛

评比竞赛是对学生思想品德行为做出比较评价，用以表彰先进、鼓励后进的方式。评比竞赛可运用于个人，也可运用于集体；可以进行单项评比竞赛，如卫生、纪律、锻炼等，也可以进行全面性的评比竞赛，如评选“三好学生”“优秀干部”和“先进学生集体”等。青少年自尊心强，要求上进，容易形成你追我赶生动活泼的局面。所以这种方式实际上是一种动员群众自己教育自己的有效方式，如能够正确运用，就能促进学生思想品德的形成和发展。评比竞赛要注意定期检查和总结，及时宣传，大力表彰好人好事，以达到鼓励本人和教育他人的目的。

（4）操行评定

操行评定是在一学期或一学年对每个学生的操行做出全面的评价，用以表扬优点、克服缺点的方式。这种方式是班级德育工作的重要内容，同时也是班级德育工作的有效手段。评定学生操行是对本班学生在一定时期内的思想品德状况做全面的总结和评价，其目的在于肯定学生的优点和进步，指出学生存在的缺点和问题，明确学生今后的努力方向，使之不断进步。

评定学生操行的德育价值首先在于它的本身。它是采取学生自我评价、学生之间相互评价和教育者评价相结合的方式进行的，是学生之间的自我教育和教育者的教育相结合。这里有自我肯定，又有集体中的相互鼓励；有自我批评，又有教育者的希望。这些都是有积极意义的教育。其次，评定时要有贯穿于全过程的思想政治工作，教育学生正确认识操行评定的重要性，端正对操行评定的态度，教育他们正确评价自己，正确对待他人。所以，教育者不应把评定学生操行仅仅当作一种程序性的工作，应该将其看作一次教育本班学生的重要活动。

评定学生操行一般在一学期或一学年末进行。目前操行评定不评分，也不评等级，只写评语。评语的内容包括思想品德、学习目的、学习态度、劳动、社会工作、公益劳动、文体活动等方面的表现。评语要坚持一分为二的观点，但应以正面肯定、积极鼓励为主。提出学生的缺点和错误，要实事求是，注意分寸，多以中肯的希望的形式提出。评语的文字表述要简明、准确。教育者的评价与学生的自我评价应尽量求得一致，以便使学生更容易接受教育者的评价，收到良好的效果。

案例分析与讨论

案例一　德育积分换物品，怎么看？

在中小学德育上，近年来不少学校推出了德育银行、德育积分制等举措，但侧重精神鼓励为主。而这学期，江山城南中学却在七、八年级试行“德育积分可兑换”，融入了物质奖励。从精神走向物质，这样的德育师生们会怎么看呢？

城南中学虽地处城区，却是一所合并3所农村初中异地新建的学校，有48个教学班，2400名学生中，近70%是住校生。为落实德育工作，该校设计了从积分到“南中币”再到超市换购的一整套流程。所有学生均被赋予20分保底的荣誉积分，高出的部分每10分就可以兑换10个“南中币”，10个“南中币”在换购物品时，相当于1元人民币。学生可以凭“南中币”到学校开设的“爱心超市”兑换荣誉奖品，包括学习用品、玩具、书籍、体育器材等。

该校政教主任周民告诉记者，以前的德育“只惩不奖”，对于某方面表现好的学生，仅限于教师口头表扬，蜻蜓点水，对学生的触动并不大。而现在，每个人的品行表现被一项一项清晰地记录在成长记录册上，“不用谁提醒，学生就会暗暗比拼谁的‘南中币’更多”。

无独有偶，为达到对学生的有效激励，从去年开始，宁波鄞州区云龙镇中学将德育积分制与书香校园建设进行了有机整合，学生的德育积分可以兑换学校自己印制的“德育积分奖励书券”，以换取自己喜欢的图书。

一段时间以来，两所中学都从中尝到了甜头。云龙镇中学的德育积分换书券一经推出，学生就发生了令人欣喜的改变。而城南中学党委委员郑荣华感慨，德育积分兑换制虽只试行短短几个月，然而班级面貌却有了很大改观。

德育与物质奖励挂钩，会不会助长学生的功利性？对此，江山城南小学德育副校长姜玲认为，还是要注重物质、精神奖励二者兼顾为好，不管是物质奖励还是精神奖励，在设计上都需要积极、正面一些，引导学生从小树立正确的价值观。

“德育是什么？是人生观、价值观、世界观等观念的培育及养成，是让学生树立一种信念或信仰。”杭州市教育科学研究所专家韩似萍表示，“与物质激励促进学生学习目标的达成有着根本上的不同，德育与物质激励有着相悖的地方。”

她说，在小学阶段，德育积分制及物质奖励的手段或许是积极的、可行的，因为小学生的自我意识还不强，通过一些积分兑换奖品的激励，有助于使他们的一些做法持续地得到强化，从而实现好的行为习惯的养成。但到了初中，学生有了自己的道德判断，再用这种方式去达成德育目标显然不适合。“应不断将道德原则内化为学生自己的道德信念，去坚守某些东西，经得起任何外界的诱惑，而不是说，为了某种好处，才会去做。”

（资料来源：“搜狐教育”，http://learning.sohu.com/20160523/n450870551.shtml，2016-05-23.）

讨论题

1. 如何看待物质化的德育评价方式？

2. 作为教师，该如何对学生的道德品质进行引导和提升？除了教材中介绍的德育方法，你还有什么好的想法？

案例二　应试教育是学校德育问题的总根源

从对各个具体问题的分析中，我们深刻感受到：虽然表面上学校德育存在的问题种类繁多，问题与问题之间似乎没有多大的关系，但是对这些问题逐一深入分析之后，我们发现这些看似多样的问题背后，隐含着相似乃至相同的问题根源——应试教育。

当前，学校德育存在的诸多问题，如德育课程的知识化、边缘化，德育管理的强控制，课堂教学的考点化，德育活动时间和空间的窄化等，都与应试教育有着直接或间接的联系。应试教育对于学校德育，乃至整个教育的危害主要不在于它的考试取向，而在于它扭曲了教育的本质，消减了学生的学习兴趣，导致了教育与教学的断裂甚至对立。

首先，学校以应试之名压缩了德育的空间和时间。德育在学校中所处的地位比较尴尬。表面上看，没有哪个学校会说自己不重视德育。而且，在学校的有关计划和文件中，德育也总是被提到很高的地位。但从德育在学校中的现实境况来看，德育的实际地位与其名义上的地位之间，存在着很大的落差。在学校教育工作中，当德育与其他教学活动有时间、空间、经费等方面的冲突时，需要做出让步的常常是德育。

其次，学校以应试之名扭曲了教育与教学的关系。这种扭曲主要表现在两方面：一是教育与教学相剥离。教育与教学本应是有机统一的。但是，在实际教育教学工作中，这两者往往被当成对立的双方。而双方对立的结果几乎都是教学以绝对的优势压倒教育。这就是德育课经常被其他学科占用，德育活动很少开展的重要原因。实际上，教育与教学的统一性是学校教育的基本原则。这一点在很多教育家那里都得到了很好的论述。正如赫尔巴特所言，教学如果没有进行道德教育，那么它只是一种没有目的的手段。

最后，应试教育强化了学校的科层管理与控制色彩。应试教育由于将教育简化为单纯的知识灌输和应试技能的训练，从而把教育演变为具有工业生产特征的流水线作业模式，这无疑会强化学校对教育过程的严格管理和控制。这种严格管理和控制不可避免地强化了学校的科层制特征。

（资料来源：班建武：《学校德育问题诊断的策略》，华东师范大学出版社，2014 年。）

讨论题

1. 如何理解“应试教育是学校德育问题的总根源”？

2. 学校德育如何才能实现自身作为教育目的的基本使命？

阅读导航

1. 袁振国：《当代教育学（第 4 版）》第十章“当代学校德育”，教育科学出版社，2010 年。

2．王道俊、郭文安：《教育学》第十章“德育”，人民教育出版社，2009 年。
3．檀传宝：《学校道德教育原理（第 3 版）》，教育科学出版社，2015 年。
4．郑航：《学校德育概论》，高等教育出版社，2007 年。
5．班建武：《学校德育问题诊断的策略》，华东师范大学出版社，2014 年。

思考与探究

1．学校德育的基本目标和任务是什么？

2．德育过程的基本矛盾是什么？教师该如何引导学生顺利解决这些矛盾？

3．在多元化的社会背景下，该如何对学生进行爱国主义和集体主义教育？

4．当今德育有哪些新理念？其与传统道德教育的不同是什么？

5．请回忆自己在中学阶段的学校道德教育，反思学校德育对自身的主要影响和作用是什么。

第四篇

课程原理与开发

内容提要

课程是指学校所开设的供学生学习的种种科目与学生参与校内外多种教育活动所获得的教育经验。学校课程可划分为学科课程、活动课程与综合课程、显性课程与隐性课程、国家课程、地方课程与学校课程、必修课程与选修课程等不同类型。学校课程设计应坚持多元化原则。

课程开发的基本模式是目标模式——泰勒原理。课程开发包括课程设计、课程实施与课程评价等环节,其中,课程设计是指编制课程计划、编写课程标准和教材。学校课程处在不断的变化和发展之中。21 世纪的课程改革是当代教育改革的核心所在。

校本课程开发可以弥补国家课程开发的不足,有利于学生主体性的发展、教师专业水平的提高,有利于形成学校办学特色。校本课程的开发程序主要包括组织建立、情境分析、方案设计、解释与实施、评价与修订。校本课程的开发主要有补充、拓展、选择、改编、新编、整合等方式。校本课程方案主要包括课程目标、课程内容、课程实施、课程评价等要素。

综合实践活动课程是基于学生的直接经验,密切联系当代社会生活实际,综合运用所学知识解决实际问题的实践性课程。它对于转变学生的学习方式,发展学生的实践能力、创新能力和综合素质具有重要作用。活动方案设计是根据学校资源状况和学生发展需要,对活动主题、目标、内容、过程、方法等进行设计和规划的过程。活动方案设计应坚持整合活动内容、联系学生经验、运用多种活动方式等理念。

专题一　课程的概念与类型

学习要求： 掌握课程的基本含义；了解课程的主要类型及其特点；联系我国基础教育改革实际，正确认识不同课程类型之间的关系。

一、课程的概念

（一）课程的基本含义

随着学校教育的发展，课程概念也在不断地演变。南宋朱熹在《朱子全书·论学》中说过“宽著期限，紧著课程”，“小立课程，大作工夫”等，这里的“课程”含有所学范围、进程的意思。近代兴办学校以来，人们一般把课程理解为学生在学校学习的教学内容的科目及其进程、安排。

在西方，课程（curriculum）一词源于拉丁语（Race-Course），本义为跑马道，转义为学习之道，含有学业进程的意思。随着课程认识的深化，近年来，有学者认为对“跑道”理解的重点应放在“跑”上，强调把课程理解为学生积极主动的认识经验，而不仅仅是学业进程。1859 年英国教育家斯宾塞在《什么知识最有价值》一文中把课程定义为“教育内容的系统组织”。20 世纪 60 年代以后，国外越来越重视潜在课程的研究，学校中学科教学之外的一切非计划化的教育因素亦被纳入课程范畴，课程概念得到了进一步的拓展。

课程概念可以从多个层次来理解。有人认为，课程概念就是指某门学科或某门学科的教材，如小学语文、中学物理。这个概念太狭隘，遭到指摘，于是人们把课程定义为各级各类学校为了实现培养目标而规定的教学科目及其目的任务、内容范围，即将课程理解为人才培养的计划、方案。后来，由于隐性课程（又称潜在课程）研究的兴起，课程的概念进一步拓展。课程不仅指在课程计划、课程标准、教材中规定的，计划实施的显性信息，还包含由学校生活质量、教师态度、教学活动的道德背景等所传递的隐性内容，这些内容虽未经计划，但潜移默化地影响着学生的发展。今天，随着终身教育思潮的传播，课程概念除了包含校内正规教育内容，也包含校外非正式教育内容。如：通过大众传播媒体获得的知识信息，在家庭生活、社区的有关文化教育机构获得的培训内容等。总之，凡是对学生发展产生影响的任何活动都可纳入课程的范畴，课程被理解为经历、经验，课程是学生成长的重要资源。

我们认为，课程主要指学校所开设的供学生学习的种种科目，它表现为课程计划、课程标准与教学材料。同时，课程还包括学生参与校内外教育活动所获得的教育经验。

（二）影响课程发展的因素

学校究竟设置哪些课程，这不是随心所欲的事，必须考虑多方面的因素，概括地讲，影响课程发展的因素可分为外部因素与内部因素。

1. 来自教育外部因素的影响

社会经济发展和文化传统是制约课程发展的基本因素，社会因素包括经济因素、政治因素、民族文化传统和意识形态等。在这些因素中，政治因素决定课程的性质与方向，它表现为国家颁布的教育方针、政策法规规定的教育任务和培养目标。经济因素影响着课程内容的选择。如今天学校开设的计算机、生物工程、航天技术、激光技术等方面的课程反映了经济发展对课程的需求。民族文化传统使学校课程带有一定的民族色彩，如有宗教传统的国家往往开设宗教课程。

科学的发展、知识的积累影响着课程的设置、选择与组织。如古代自然科学的发展处于萌芽时期，学校课程设置以古典人文学科为主；文艺复兴后自然科学的革命引发了学校课程的变革，学校出现了自然、物理、地理等新学科，17、18 世纪又分化为地理学、植物学、动物学、物理、化学等；19 世纪以来，自然科学发展的新成果不断地走进学校课程，课程内容日益丰富。

除了社会发展、知识进化对课程演进的影响，课程发展还受到来自学生身心发展的需要和可能的制约。课程设置必须满足学生共同的发展需要，设置统一的必修课程，同时要注意适应学生的个性差异，设置符合不同学生个性发展所需的选修课程。此外，学生身心发展的需要和可能，制约着课程开设的顺序。课程设置应根据学生身心发展水平，为不同学段的学生安排不同层次的课程，以增强课程对学生的适应性。

2. 源于教育内部因素的影响

不同国家的课程存在一定的差异，体现为课程的多样性，它反映了不同国家不同的课程传统，因为课程设计总是植根于一定的历史传统与文化土壤，一国的课程改革应是在原有课程基础上的发展与创新，不能操之过急、全盘否定，更不能推倒重来、另起炉灶，否则欲速则不达，会给课程的健康发展带来不必要的损失。

课程是人为的，是人们对教育目标、教育内容所做的规划，课程工作者特别是课程学者对课程内部基本关系的看法，诸如直接经验与间接经验、科学主义与人文主义、社会本位与个人本位、知识本位与能力本位、分科与综合等，往往会影响具体的课程设计，形成不同的课程形态和面貌。我国今天中小学课程教材之所以大变脸，背后的缘由是学者们对课程概念的认识发生了很大的变化。

（三）课程在学校教育中的价值

课程是学校教育的心脏，体现着国家的教育目的、学校的培养目标，也影响着教育的水平和质量。在学校教育的广阔舞台上，课程扮演着十分重要的角色。

1. 课程是师生互动的中介

教学过程是师生互动的过程，教学关系实际上是课程内容的传递与转化的关系。在这一过程中，课程成为联结师生活动的纽带。没有课程，师生的教学活动便失去了共同的话语，教和学双方也就互不相干。另一方面，课程也是学生与客观世界联结的纽带，通过课程,丰富多样的世界呈现在学生面前,借助课程这一中介,学生可以超越个体认识的时空限制,便捷有效地去认识客观世界。通过多门课程的学习,学生可以多角度、多方位地认识客观世界,从而提高认识世界的起点,缩短认识过程,将认识水平迅速提升到当今社会所要求的发展水平,这是其他活动所无法比拟的。

2. 课程是学生和谐发展的基础

课程凝聚着人类的经验和文明成就,为学生和谐发展提供了基础。当今社会正处于"知识爆炸"时期,知识传播的途径也日益多样化,特别是电视、电影、报刊、网络等大众传媒的影响越来越显著,但学生和谐发展所需知识信息主要靠课程提供。我国中小学课程设置内容主要包括三个方面的知识经验:关于自然、社会和人的发展的基础知识;关于一般智力技能和操作技能的知识经验;关于对待自然、社会和自我的态度的知识经验。我们相应地设置了语文、数学、外语、历史、地理、物理、化学、生物等分科课程,品德与社会(生活)、科学、艺术、体育保健等综合课程及综合实践活动课程。通过这些课程的学习,学生可以获得智力、体力、创造力、思想品德、审美情趣、健康人格的发展。丰富的课程、生动的内容为学生精神世界的完美和健全人格的生成提供源源不断的食粮和不竭的动力。

3. 课程是教师实施教学设计的依据

学生学什么、怎样学?教师教什么、怎样教?设计教学的根据何在?这些答案的线索大多可以在学科课程标准、教材之中寻找。首先,教学目标体现在学校的课程标准之中,教师必须根据课程目标,考虑学生的特点,设计具体的、合理的教学目标。其次,教师必须钻研课程标准及教材,从整体上把握本门学科的教学内容在整个课程中的地位和作用,以及本门课程内容与其他课程内容的关系,在此基础上确定教学内容的广度和深度、教学内容的体系和进度。再次,教师要研究课程标准中的"教学建议""课程资源开发与利用的建议",根据教学目标与内容,选择教学方法、手段和形式。如果要求学生掌握一定的概念、原理,教师更多地选择讲授、讨论等方法;如果欲培养学生的技能、技巧,教师则可能更多地采用练习法、实验法,使教学方法适应教学内容,达成教学目标。

二、课程的类型

(一)显性课程与隐性课程

以课程的外在表现形式或影响学生的方式为标准,可将课程的类型划分为显性课程和隐性课程。

显性课程指一整套以教学计划、课程标准和教材的形式存在的知识技能、价值观念和行为规范,这是一种以直接的、明显的方式呈现的课程。学校课程表给我们呈现的一门一门的课程就是显性课程,它包括教师必须有目的、有计划地组织实施的那些学科和活动。

隐性课程也称为潜在课程、隐蔽课程。一般认为,隐性课程以潜在性和非预期性为主要特征,它不是通过课程表直接表现出来,而是通过学校教育环境(物质环境、文化环境、人际环境)静悄悄地、润物细无声地作用于学生,对学生的态度、情感、价值观有着潜移默化的影响。

隐性课程可以辅佐显性课程,隐性课程通过培养学生的情感、态度等,对显性课程中学生掌握知识技能、发展智力、创造力有着一定的促进作用，并可以使学生的学习突破课堂教学的限制，扩大到学校生活的全方面，同时对学生人生观、价值观等的形成也起着潜移默化的作用。我国一些中小学已经把隐性课程作为一项重要内容来抓。例如：有的注重建立学校的各项规章制度，形成良好的校风、学风；有的注重学校中各种人际关系特别是良好的师生关系、学生与学生关系的建立，给学生营造宽松和谐的心理环境；有的注重校园的美化、绿化、艺术设计，陶冶学生的情操等。这些都是试图通过各种隐性课程的建设形成良好的物质、文化、心理环境来促进学生的身心发展，全面提高教育质量。

（二）学科课程、综合课程与活动课程

以课程内容及组织形式为标准，可将课程类型划分为学科课程、综合课程、活动课程等。

1. 学科课程

学科课程是一种古老的课程类型。我国西周时设置"六艺"：礼、乐、射、御、书、数；伟大的教育家孔子用诗、书、礼、乐教学生就是我国学科课程的雏形。古希腊设置的"七艺"，即文法、修辞、辩证法、算术、几何、天文、音乐，可看成是西方学科课程的原始形态。时至今日，学科课程在各国学校仍占据绝对优势。它是一种以人类各门科学的知识体系为基础、以学科为中心的课程设计类型。学科课程始终受人们重视，主要原因是学科课程具有很多的优点：一是在指导思想上重视成人生活的分析与准备，为学生提供的每一学科都是从人类文化遗产中提炼出来的精华，学生学习这些学科能为将来生活做准备。二是学科课程编订能依照学科本身固有的内在联系，把学科的基本概念、基本原理有序地统合起来，最大限度地保持知识的系统性和连贯性，使学生通过分科学习掌握不同事物的运动规律。三是学科课程具有简约性的特征。它以间接经验概括千百年的文化精华，高效率地传递文化，引导和创新文化，学科课程形式是人类有意识传递文化与文明最优化、最有效的形式，这正是学科课程在当代依然在课程体系中占据主导地位的原因。但学科课程有其明显的不足之处：一是学科课程过多注重于间接经验的学习，知识凌驾于学生之上，容易脱离学生的生活实际，不利于培养学生的社会生活能力。二是学科课程分科过细，割裂了知识的内在联系，导致学科间相邻隔离、相互封闭，往往造成知识学习的片面、孤立、呆板。此外，学科课程还可能造成并进课程过多，加重学生的学业负担。

2. 综合课程

综合课程采用合并相邻学科的方法，把几门学科的教学内容组织在一门综合学科之中以减少教学科目而编订的课程，如将物理、化学、生物合并为科学，将音乐、美术合并为艺术课等。学校设置综合课程，一方面是科学发展的结果。科学本来就是一个统一体，在科学研究中，许多科学家解决难题，获得重大突破，在多数情况下，都是不同学科的科学家协同作战的结果。分科过于精细，会妨碍科学研究的视野与合作，限制科学发展。另一方面，学校设置综合课程也是对学校学科课程局限性的克服。综合课程不仅仅在课程内容上，而且在课程目标的追求上皆与学科课程不同。学科课程追求系统理论知识，让学生掌握各部分。综合课程强化了学科间的联系，帮助学生从整体上掌握知识，认识世界，使学生形成合理的知识结构，发展学生的创造力和思维能力。

当代各国的教育实践已为课程综合提供了多种形态：有的在一学科中借用另一学科

的思想和概念,有的学科利用另一学科领域的方法,也有的在已有的知识领域交叉处形成新的边缘学科。

综合课程的表现形式

相关课程。仍采取分科形式,确定科际联系点,加强学科之间的联系。例如:在语文与历史或数学与物理等相邻学科之间确立科际联系点,使学科之间保持横向联系。

融合课程,将相邻学科合并在一起,构成一种新学科。例如:中国历史、世界历史合并为历史,或历史、地理、政治科目融合为“社会学科课程”。建立融合课程的目的在于尽量保持知识完整性,以保证满足人类适应实际社会生活的需要。

广域课程,又称合科课程,它突破了原有的学科界限,合并数门相邻学科的教学内容,形成范围更广的课程。例如:将学校课程分为普通社会科、普通理科、普通技能等,它突破了原有的学科界限,比融合课程更具综合性。采用广域课程可减少分科数目,增加课程间的内在联系,克服知识的零碎性,使教学内容更加贴近生活,但要把不同学科的知识综合在一起,教材编写充满挑战,师资方面也存在一定的困难。

核心课程,也称问题中心课程或轮形课程,它是以个人或社会生活的现实问题为核心将其他学科组织起来的课程设计类型。如社会健康、人口控制、能源保护、贫困等课程。核心课程完全打破了学科的界限,以解决实际问题的逻辑顺序为主线来组织教学内容,利用一定知识和技术去解决问题。这样的课程具有明显的跨学科性,可以随时充分吸收科学发展的新成果,密切联系社会和学生生活的实际,中小学开展的研究性学习就属于这类课程。在理论上,核心课程可以避免分科课程脱离生活实际、活动课程过分迁就学生直接兴趣的偏向,它以社会为中心,利用跨学科的由近及远,然后逐步扩展的设计,使学校课程同社会生活联系起来,并调动学生解决问题的积极性。但核心课程设计对教师要求高,社会问题难以确定,编制出的课程单元缺乏整合性、连续性。

3. *活动课程*

活动课程相对于学科课程而言,有时又被称为经验课程,是从儿童的兴趣和需要出发,以学习者为中心,按照各种实践活动类型和特定活动方式而设计的课程类型。其主要倡导者是美国实用主义教育家杜威和克伯屈。他们认为按学科分科教学容易忽视儿童的兴趣、需要,要求课程重视儿童的兴趣和需要,学习计划由师生共同设计。活动课程打破了分科界限,根据学生所需要的经验和感兴趣的问题构成学习单元,让学生“从做中学”,帮助学生解决当前主要的问题。活动课程能较好地照顾学生的兴趣和爱好,密切联系生活实际,丰富学生的学习经验,调动学生学习的主动性,培养学生的实践能力。但它过分夸大了儿童的经验,忽视知识本身的逻辑顺序,忽视教育中关键性的社会目标,不利于传授人类文化遗产,学生难以获得系统的文化科学知识,导致教学质量下降。

新中国成立后，我国一直重视课外活动的开展，视其为课堂活动的补充和延伸。1992年的“九年义务教育初级中学、小学课程计划”将中小学的课程分为学科课程和活动课程两部分，把一部分课外活动上升为活动课，纳入课程计划，如晨会、班团队活动、体育锻炼、科技文体活动、社会实践活动和校传统活动等。2001年的新一轮基础教育课程改革专门设计了“综合实践活动”课程，从小学至初中皆要实施，并作为必修课，每周3节，主要领域包括信息技术教育、研究性学习、社区服务与社会实践及劳动与技术教育。其根本目标是培养学生的综合实践能力、探究创新精神、社会责任感，并为学生确立正确的价值观，形成良好的情感和态度奠定基础。

综合实践活动课程的设置是对我国基础教育课程体系的结构性突破。它以学生的直接经验和体验为基础，体现学科知识的综合运用，由学校自主开发，这是与各学科课程领域有着本质区别的新的课程领域。这一课程的设置体现了我国课程改革的趋势是倡导课程向儿童经验和生活回归，它反映了课程价值观的深层变革。综合实践活动的课程开设，把学生的兴趣、需要置于核心地位，重视学生的自主选择，为学生个性的发展开拓了广阔的空间，也使学生获得亲身参与实践的机会，必将丰富学生的生活经验和人生体验，促进其关注社会，关注生活现实，主动地发现问题、探究问题，促进学生分析问题和解决问题能力的形成、创新意识的萌发、创新能力的形成。另外，这样的课程设置，拆除了学生的学习与社会、与他的生活世界之间的人为的屏障，使彼此融为一体，形成了一个自然、社会、自我内在联系的整体，使课程与儿童的生活经验和当代社会的发展及科学技术的进步结合在一起。

学科课程、综合课程、活动课程各有优点与局限，因此，在实际的课程规划与设计中，它们常常相互结合，彼此渗透，保持着一定的比例。

湖州市综合实践活动课程开发

浙江省湖州市经过探索，逐步完善综合实践活动课程，形成了五种操作模型：(1) 课题研究型，教师指导模式、学生自主研究模式及师生合作研究模式。(2) 学科结合型，即结合学科内容，将活动内容与学科教学结合起来，从学科学习中寻找活动内容，如安吉高级中学将语文综合实践活动分为语言学习专题（包括春联、婚联、丧联等楹联的收集整理；现代流行语、网络语的收集整理；广告语言与现代流行语的收集整理；安吉方言土语研究）、文化研究专题（包括收集民间故事、民间传说；收集民间谚语、俚语、俗语等；收集孝文化的民间传说；研究“孝丰”古地名的由来；安吉文化名人研究；安吉地方民俗文化研究）、社会实践专题（包括研究安吉生态旅游的文化内涵；黄浦江源——安吉龙王山生态考察；“中国竹乡”竹文化研究；“竹产品开发现状”调查研究；安吉茶文化研究）。(3) 创意实践型，如每年举办中小学创新大赛。(4) 社团活动型，即根据学生的个人爱好和个性特长，自主组合成各种学生社团，并自主地开展活动。(5) 社区服务型，根据社会生活中的实际问题或配合社会各部门的中心工作展开活动，市教育局每年组织全市中小学生开展寒暑假“五个一”活动，各校开展了社区环境保洁工作、绿化维护、敬老活动、居民消费趋势调查、与孤寡老人结对献真情、社区青少年假期课业辅导等活动。

（全国基础教育课程改革经验交流会会议材料（二），第42页，2009年10月，南京。）

（三）国家课程、地方课程与学校课程

按照课程开发与管理主体的不同，课程可分为国家课程、地方课程、学校或校本课程。

国家课程也称“国家统一课程”，是由国家教育部门总体规划确定的课程门类和课时，通过课程计划颁布，并依据未来公民接受教育之后所要达到的共同素质要求而开发的课程。它集中体现了国家的意志，具有权威性、强制性。这是一个国家基础教育课程设计中的主体部分，是衡量一个国家基础教育质量的重要标志。

地方课程是在国家规定的各级各类学校的《课程计划》内，由国家授权的教育部门依据当地的政治、经济、文化、民族等发展需要而开发的课程。我国幅员辽阔，人口众多、民族多样，各地经济发展不平衡，国家课程的实施必须根据地方的情况和需要加以实施，并开发出适应当地政治、经济、文化、民族等发展需要的课程，以落实国家课程，促进国家课程更好地实施。

学校课程也称校本课程，它是学校根据国家的教育目的，在对学校自身条件和本校学生需求做出评估的基础上，充分利用社区和学校的课程资源而开发的多样性的、可供学生选择的课程。校本课程的开发使学校教师和学生改变以往被动的课程执行者、实施者、消费者角色，一跃成为积极、主动的课程开发者、创造者，使教师拥有了更多的专业自主权，有利于开发符合独特的地方环境和学校特色的课程，也有利于学校形成各自的特色。校本课程的开发过程中，课程编制、实施、评价皆由学校本身负责承担。校本课程一般由某一学校个别教师、部分教师或全体教师承担，有时也可由各学校之间的教师、各地区的教师合作开发。如四川省有一所镇农村小学，所处的镇先后被文化部命名为全国“剪纸艺术之乡”，结合本地实际，该校长年坚持校本课程的开发，在剪纸、刺绣、纸扎、泥塑、根雕等方面的教学实践中做出了骄人的成绩。其中，剪纸课程是最系统、最完整的。

国家课程、地方课程、学校课程反映了不同权利主体在课程领域中的诉求，既是多方课程权力博弈的结果，也是课程适应不同地方、学校、学生需要的内在必然，它们之间应保持恰当的平衡。

（四）必修课程与选修课程

根据课程计划对实施的要求，可将学校课程划分为必修课程与选修课程两种类型。必修课是保证学生获得基本技能和终身发展能力的课程，通过必修课的学习，学生可以获得终身发展的知识和能力。① 选修课的设置与实验是新一轮高中课程改革的一个亮点，它的设置有助于拓展学生的知识与技能、发展学生的特长兴趣、培养学生的个性、促进教师的专业成长、促进学校特色的形成与办学模式的多样化。② 选修课不是必修课的陪衬，

① 编写组：《走进高中新课程》，华中师范大学出版社，2004年，第102页。

② 潘洪建、曹汉斌：《高中选修课开设的几个问题的探讨》，《课程·教材·教法》，2005年第7期。

更不是必修课的附庸，它是一个独立的课程领域，有其独特的目标、任务、优势和作用，是现代学校课程制度的重要支柱，不可或缺。我们必须彻底打破中学课程结构封闭、僵化、萎缩的状态，重构高中课程结构，使必修课与选修课优势互补、动态平衡，充分释放各种课程的潜在功能，发挥每一个学生的聪明才智，为现代社会输送各级各类高素质人才。选修课可分为侧重于基础知识和基本技能拓宽的学术性选修课和为就业做一定准备的职业性（或技术性）选修课，也可分为限定选修课和任意选修课。为了学生全面而有个性地发展，必修课程与选修课程应保持适当的比例，坚持以必修课程为主、选修课程为辅的原则。

三、课程类型多样化

以往的课程结构只有单一学科课程，缺少活动课程，只有单一的必修课程，几乎没有选修课程，单一的课程类型和结构，造成了学生在知识、能力方面的片面发展。语文、数学等课程所占课时比例过大，加重了学生学习负担，而且只有分科教学，没有综合课程，学科体系相对封闭，部分课程内容陈旧、偏难等，造成学生知识学习机械、孤立，制约了学生的发展。

针对以往课程结构的弊端，新课程在结构上进行了重大改革，如分科课程与综合课程并存；在小学以综合课程为主，初中分科和综合并重，高中以分科为主；语、数、外等课程保持分科教学特色，占有一定地位；而小学品德课程与生活、社会综合，初中理、化、生等综合为科学课程。综合实践活动课程作为新的课程形态在课程结构体系中成为重要组成部分，从小学到高中都设置。国家课程、地方课程、学校课程并举，有利于不同地区经济与文化的发展。尤其是学校课程的开设使学校和学生成为学校课程改革的主体，有利于课程适应不同学校的特殊性，体现不同学校的文化特色。这样的课程调整可大大激发地方和学校参与课程开发和实施的积极性，使课程内容更加多姿多彩。

阅读导航

1. 施良方：《课程理论》，人民教育出版社，1996 年。
2. 廖哲勋、田慧生：《课程论新编》，教育科学出版社，2002 年。
3. 钟启泉：《课程论》，教育科学出版社，2007 年。

思考与探究

1. 你如何理解课程的内涵？
2. 课程的类型有哪些？如何处理不同课程类型之间的关系？
3. 试以某一小学或中学的课表为例，分析其课程类型及其构成比例。

专题二　课程开发

学习要求：理解课程开发目标模式即泰勒原理的基本内容；知道中小学课程开发的基本程序；根据附录表格及内容，初步分析义务教育课程方案、高中课程方案的基本精神与主要特点。

一、课程开发的基本模式——泰勒原理

课程开发也称课程编制，是完成一项课程计划的整个过程，即课程开发是一个不断改进、不断完善的过程。课程开发涉及的主要工作包括课程方案的拟订，课程实施与课程评价等内容。课程编制是一个复杂的系统研究过程，需要教育行政部门、课程专家、教师、学生等的协同参与，同时还必须在课程理论指导下进行，这样才能保证课程编制的合理性、科学性。有关课程编制的理论很多，许多理论对课程编制都产生了重要的影响。现代课程开发理论的重要代表是美国课程论专家泰勒的泰勒原理（或目标模式）。泰勒原理是泰勒在 1949 年出版的《课程与教学的基本原理》一书中提出的系统的、完整的课程编制理论。

泰勒（Ralph W. Tyler）简介

关注学校尤其是大学教学内容及学生学习情况的人会对泰勒（Ralph W. Tyler）的回忆录感兴趣。泰勒是美国教育最有影响力的人物之一。他 1902 年出生于芝加哥，在内布拉斯加州成长并接受教育。19 岁大学毕业后，在南达科他州教自然科学的时候，泰勒迷上了教学，后来便将他的专业从医学转向了教育。在芝加哥大学读研究生期间，他认识了受人敬仰的教育家查尔斯·贾德（Charles Judd）和查特斯（W. W. Charters）。两位教育学家关于教育和考试的思想对他后来的工作颇有影响。1927 年，他成为俄亥俄州立大学的老师，在那里他进一步研发了一种新的考试方法。1938 年泰勒开始闻名全国，受罗伯特·哈钦斯（Robert Hutchins）之邀，他带着八年来的工作成果从俄亥俄大学来到芝加哥大学。泰勒是斯坦福行为科学高等研究中心的第一任主任，任职长达 14 年。他坚信为了获得研究上的独立精神，研究人员应该有充分的自由。虽然泰勒在 1967 年正式退休了，但实际

上他一刻也不曾退休过。他工作于国内外的许多教育组织，甚至当他 80 岁的时候，他还游历全国，为教师和管理人员们关于如何在各自学校确立开展最佳教学的目标提供建议。

（http：//blog. csdn. net/vagabond1/archive/2010/04/15/5489001. aspx）

（一）泰勒原理的基本内容

泰勒认为一般课程编制必须回答以下四个基本问题：

1．学校应达到哪些教育目标？

泰勒认为课程设计的首要任务就是确定所要达到的目标。首先，他提出了目标的三个来源，即对学生的研究、对当代社会生活的研究、学科专家对目标的建议。他认为，任何单一的信息来源都不足以明智而全面地确定教育目标，必须在三个来源的基础上收集信息。其次，泰勒提出了教育目标筛选的原则，以剔除那些不重要的和相互矛盾的目标，一是“学校信奉的教育和社会的哲学”，二是“学习心理学所提示的选择教育目标的准则”。即教育目标只有接受哲学和心理学的甄选，才能获得恰当的教育目标。最后，泰勒还规定了有效陈述目标的形式：“既指出要使学生养成的那种行为，又言明这种行为能在其中运用的生活领域或内容。”只有这样，教育目标的表述才能有助于选择学习经验，有助于指导教学过程。

泰勒《课程与教学的基本原理》封面

2．提供哪些教育经验才能实现这些目标？

这里的教育经验与学习经验同义，不仅包括课程所涉及的内容、教师所从事的活动，而且还包括学习者与学习对象及环境的相互作用。泰勒制定了选择经验的五条原则：一是为学生提供的学习经验必须既能使学生有机会实践这个目标所隐含的行为，又能使学生有机会处理该目标所隐含的内容。二是学习经验必须使学生在从事实践目标所隐含的那种行为中获得满足。三是学习经验所期望的反应是在学生力所能及的范围之内的。四是有许多特定的经验可以用来达到同样的教育目标。五是同样的学习经验往往会产生几种结果。

3．怎样为有效地教学而组织学习经验？

泰勒提出学习经验的组织有两种：一是纵向组织，指不同阶段学习经验之间的联系。二是横向组织，指不同领域的学习经验之间的联系。学习经验有效组织的标准主要包括连续性、顺序性和整合性。连续性是“直线式地重申主要的课程要素”。对主要内容要让学生有机会反复涉及它，以便于理解和掌握。顺序性强调后续经验建立在先前经验的基础上，同时对有关问题进行更广泛、更深入的探讨，也就是说有关内容不能停留在同一种水平上简单重复，其难度、深度要在各种练习中不断增加。整合性是指课程经验之间的横向联系，即学习经验的组织应有助于学生获得统一的观点，并把自己的行为与学习过程的要素统一起来。

4. 怎样才能确定这些目标正在得以实现?

泰勒第一个将评价引入课程编制过程,他认为评价就是要找出课程实际教育效果与教育目标之间的差距。他给出评价的基本程序:一是界说教育目标,二是确认评价情境,三是编制评价工具,四是利用评价效果。在此基础上获得的评价结果是对现行教育计划实现预定教育目标程度的基本判断,因而是修正或改善教学计划的基本前提。正因为有评价环节的存在,整个课程开发过程才能不断地得到反馈、调节,成为一个不断往复提升、不断完善的动态系统。

上述四个问题实际上是课程编制的四个阶段或步骤:确定目标、选择经验、组织经验、评价结果。其中,确定目标最关键,其他步骤都是围绕目标展开的。确定目标是课程编制诸问题中最主要的、最关键的问题,其他问题都围绕着目标确定来分析和解决,因此,泰勒原理又被称为“目标模式”。

(二)泰勒原理的影响

泰勒原理的四个问题基本上涵盖了课程研究的基本范围,是对课程现象合乎规律的认识,是任何人思考和研究课程所不可回避的问题。泰勒原理对课程理论的贡献主要有以下几方面:首先,以目标为课程编制的出发点和工作中心,明确了课程编制的方向,提高了课程编制的效率。其次,首次将评价引入课程编制的过程,将评价引入课程编制大大提高了课程编制的科学性,加强了课程编制的反馈、调节,使课程编制过程成为动态开放的过程。最后,将目标贯穿课程编写的全过程,并将学生、社会生活、学科专家三方面共同作为目标的来源,使目标模式获得了合理的基础。总之,它是一种明晰的、连贯的、便于操作的课程编制模式,在课程领域产生了广泛而巨大的影响。直到今天,它依然在课程理论与实践领域占主导地位。

当然,泰勒原理也存在一些不足之处,受到多方面的批评。英国著名的课程论专家斯滕豪斯在反思和批判泰勒的目标模式的基础上提出了“过程模式”。

斯滕豪斯认为,知识只能作为思考的材料,教育是为了使人获得理性,发展人的批判能力。课程编制是一个过程,它不以事先确定的、仔细分解的行为目标作为课程编制的依据,而应关注整个展开过程的基本规范,使之与宽泛的目标保持一致。在他看来,编制课程不是为生产出一套“计划”“处方”,然后予以实施和评价效果,而是一种研究的过程,其中贯穿着对整个过程所涉及的变量、要素及其相互关系的不断评价和修正。这个过程将研究、编制和评价合二为一,是个连续不断的过程,整个过程没有确定不变的、必须实施的东西。教师是整个过程中的中心人物,课程的研究和变革应依赖教师,为此,必须扩大教师的专业自主性,让教师参与确定研究任务,探索课程和教学中许多重要的实践问题,把教学与研究结合起来,他据此提出,“教师即研究者”,“学校是课程编制的中心”。但该模式仅仅是一个思路,不够清晰,还有待完善。

二、课程开发的主要环节

(一)课程设计

课程开发首先需要设计、规划,课程设计涉及目标、内容、经验组织、评价等要素安排,但重点是目标制定与内容的选择和组织。课程设计主要包括制定学校课程计划(或教学计划）的制定、课程标准（或教学大纲）的研制与教科书的编写。其中，教材编写包含各种文字教材的编写和音像教材、电脑软件的制作。

课程设计涉及的基本工作

课程设计的任务是编写三种课程文本：(1) 制定课程计划（宏观）。确定课程的总体设计，包括课程宗旨、培养目标、课程结构、学科介绍、学年安排等。(2) 研制课程的标准。学科课程的具体设计，包括确定课程的性质、地位、设计理念与设计思路、课程学习目标、课程内容的范围、实施与评价建议等。(3) 编写教科书。包括编写课本、教学辅导材料、学习辅导材料。

1. 制订课程计划

课程计划就是我们以往十分熟悉的教学计划，它是对学校课程的总体规划与设计的结构框架，是学校教育工作的基本蓝图。它是根据教育目的和不同层次、类型学校的培养目标，由教育主管部门制订的有关学校教育教学工作的指导性文件。教学计划体现了国家对学校的统一要求，是办学的基本纲领和重要依据。课程计划的内容有：学科设置、学科顺序、课时分配、学年编制和学周安排等。课程计划的具体内容一般包括以下几个方面：

（1）指导思想与培养目标。我国当前的课程计划是在素质教育的背景下，以促进学生全面发展、培养创新精神和实践能力为根本目标，增强课程设置的灵活性、多样性，给学生更多的时间和空间，让他们自主地参与学习。

（2）课程设置。根据各级各类学校的任务、培养目标和修业年限，学校设置学科、活动。开设哪些学科是课程计划的中心问题。针对以往课程结构的弊端，新的课程改革对课程结构进行了重大调整。新课程结构的主要特点是：① 分科课程与综合课程并存。小学以综合课程为主，初中分科和综合并重，高中以分科为主；语、数、外等课程保持分科教学特色，占有一定地位；而小学品德课程与生活、社会综合，初中理、化、生等综合为科学课程。② 设置了综合实践活动课程，从小学到高中均开设。③ 国家课程、地方课程、学校课程并举。新的课程结构不但规定了作为必修课程的国家课程，以保证国民素养的共同标准，还留有一定余地开设地方课程和学校课程作为选修课程，以适应不同地区经济与文化的发展。

（3）课程开设顺序。各门课程的安排要保证一定的顺序性，以保证课程系统地、循序渐进地进行，保证课程前后连贯、相互衔接。不同阶段学生的学习科目有多种多样，在安排顺序时，各门学科不能齐头并进，也不能单科独进，要根据学校学习年限、各门学科内容及相互间关系、学生心理特点等，由易到难、由浅入深、由简到繁地合理安排。

（4）各门学科和活动的课时数分配。根据学校培养目标，各门课程的教学任务及其在课程体系中的地位、教材的分量、难度及教学法上的要求确定课时数，包括每门课程的总时数和每学年每周的授课时数。课程计划要在确保主要课程的教学时数的前提下恰当地分配各门学科的学时数，并使每门课程的课时比例保持一定弹性。

（5）地方与学校安排的课程。为适应不同地区文化、经济发展和学生发展的不同特点，地区课程由各省、自治区、直辖市教育厅（局）根据本地区实际情况制定不同的课程纲要，学校针对学生的学习需求设置的课程在总的课程计划中占有一定的课时比例。

(6) 学年编制与学周安排。学年编制包括学年的阶段划分，各学期的教学周数(包括上课、复习、考试时间等)，学校传统活动、社会实践活动、节假日的时间规定等。学周安排是在学年编制基础上的具体安排，包括每周上课总时数、活动时数等。课程计划应在突出教学活动时间的同时，对学校的各种活动做出合理安排。

2. 制定学科课程标准

课程计划确定后，接下来的工作是制定课程标准，确定学科教学工作的基本框架。课程标准在新中国成立后曾一度叫作教学大纲，2001 年改称课程标准。课程标准是根据课程计划，以纲要形式规定的有关学科教学内容的指导性文件，是对单科课程的总体设计。它反映某一学科课程的性质、理念、设计思路，提出课程目标、课程内容标准与实施建议(教学、评价、教科书编写、课程资源的利用与开发等)。课程标准是国家对各门课程提出的要求和建议，是编写教科书的直接依据，是检查、衡量教学质量的重要标准，是教师教学的主要依据，对教师的教学有直接的指导意义。

学科课程标准具有下述特点：(1) 学科课程标准只是对学生在经过某一学段之后的学习结果的描述，而不是对教学内容的具体规定。(2) 它是国家(地方)制定的某一学段的共同的、统一的基本要求，而不是对教学内容的最高要求。(3) 它是对学生学习结果的描述，应该尽可能是可理解的、可达到的、可评估的，而不是模糊不清、可望而不可即的。(4) 它隐含着教师不是教科书的执行者，而是教学方案(课程)的开发者，即教师是“用教科书教，而不是教教科书”。(5) 学科课程标准的范围应涉及学生作为一个完整的个体发展的三个领域，即认知、情感与技能，而不仅仅是知识方面的要求。

课程标准的大致框架

前言。结合本门课程的特点，阐述课程改革的背景、课程性质、基本理念、设计思路和设计思路。

课程目标。按照国家的教育方针和素质教育的要求，从知识与技能、过程与方法、情感态度与价值观三方面阐述本门课程的总体目标与学段目标，学段的划分大致规定是 1 ~2 年级、3 ~4 年级、5 ~6 年级、7 ~9 年级，有些课程只限在一个学段，有些课程兼两个或两个以上学段。

内容标准。根据上述课程目标，结合具体的课程内容，用尽可能清晰的行为动词阐述目标。

实施建议。主要包括教与学的建议、评价建议、课程资源的开发与利用建议、教材编写建议等。同时要求在易误解的地方或出现新的重要内容的地方，提供适当的典型性的案例，以便于教师理解。同时，提供实施建议也是引导教师接受一种新观念的有效方法。

术语解释。对标准中出现的有些重要术语进行解释与说明，令使用者更好地理解与实施。

学科课程标准的研制要注意下述问题：（1）研究本学科在课程体系中的性质、意义、功能，掌握本课程的发展变化趋势，由此确定本课程的知识体系与结构内容范围。（2）研究学生的认知水平、认知方式及本课程的知识基础，按学科的逻辑顺序、学生的认知特点和顺序，科学地设计某门课程的逻辑结构和难易程度。特别对高中阶段某学科的课程标准还应具有多样性、多层次性，为学生提供选择和发展的空间，由此促进学生个性发展。（3）要考虑本学科知识内容之间的衔接关系，还要研究本学科与相应学科之间的横向关系。（4）根据课程计划的有关规定，科学地确定本课程教学的内容分量、教学时间和教学要求，并注意设计好本学科参与实践、自主探索、阅读目标及活动、访问、调查、实验、实习等项目的时间。

3．编写教材

教科书是根据课程标准编写的教学用书。它以准确的语言和鲜明的图表等，明晰而系统地阐述课程标准规定的教学内容。教材是知识授受活动中的主要信息媒介，是学科课程标准的进一步展开和具体化。教科书是学生在学校获得系统知识、进行学习的主要材料，也是教师进行教学的主要依据。

教材的形式主要有两种：一种是印刷品，主要包括教科书（又称课本）、教学指导书、补充读物、图表等；另一种是声像制品，包括幻灯片、电影片、录音带、磁盘、光盘等。其中，教科书是教师授与学生受的主要材料，教科书一般包括目录、课文、练习题、实验、图表、注释、附录、索引，课文是教科书的基本部分。

编写教材是一项科学研究工作，是一项创造性的劳动。编写教材要注意以下方面：（1）教材选编要体现科学性与思想性的统一。根据课程标准编选进教材中的知识，应当是经过实践检验的准确无误的科学知识，在中小学教材中，科学上尚未定论的东西不应当包括在教材内容之中。同时，各学科教材的编写要寓思想政治教育于学科教学内容之中，把科学性与思想性结合起来。（2）教材内容要联系社会生活与学生经验实际。教材内容要处理好基础知识与时代发展特征之间的关系，中小学学生主要学习的是基础知识，教材也应及时补充科学研究的最新成果，体现现代社会的思想、观念，反映人类关注的重大问题，使教材内容具有时代性。同时，教材内容要联系学生的生活经验，适应学生的兴趣与需要。（3）教材编排要做到知识内在逻辑与学生认知发展相统一。教材内容的编排应考虑知识的系统性，反映知识的内在逻辑结构，同时又要注意学生的认知发展水平、符合人类认识发展的规律，循序渐进，由感性到理性、一般到具体、具体到抽象地安排知识。按此要求，学科课程标准和教材的编排通常采取直线式和螺旋式两种方式或将二者有机结合起来。（4）教科书的编排形式既要注重结论，又要注重过程与方法。教材既要关注知识体系，向学生呈现系统的科学文化知识，又要注重过程与方法，引导学生学会学习。教材编写要重视从学生的生活经验和实际需要出发，注意设计问题，体现内容和要求的弹性，给学生留有思考的空间。教材的呈现方式不应仅仅是告诉式，还可以让学生去猜测，鼓励学生想象，促进学生思考和探究知识。此外，教材的文字表达要简明扼要、条理清楚，不过分雕琢。为了学生容易理解，有些抽象的、较难的知识需要用举例、对比分析、逻辑演绎、图文并茂等手段和方式，深入浅出，让学生通过自学也能获得知识与能力。

（二）课程实施

1. 课程实施：从理想到现实

课程实施是将课程计划（方案）付诸实际的过程，是实现预期理想、达到预期效果的过程。课程实施研究有助于分析制约课程实施的因素，提高实施质量；有助于发现课程方案的优缺点，对课程方案进行改进，完善课程方案；有助于丰富课程理论。

教学是课程实施的基本方式。教学设计是课程从计划到实施最重要的环节。教学设计包括教学目标设计，教学内容的处理、取舍、加工，教学方法、策略、模式的选择与运用，等等。除了教学，课程实施的其他方式有课程实验、变革、自习、社会实践等。

课程实施的基本取向有：（1）忠实或精确取向，即课程实施准确理解设计者的意图，按部就班，不折不扣地操作，以便达到预期目标。（2）相互适应取向，即课程方案与学校情境的相互适应，课程计划（方案）为适应学校情境和学生特点而进行调整，实际情境为适应课程计划而发生改变。师生伴随新课程的实施共同成长、共同发展。（3）创生或缔造取向，课程实施是教师与学生的创造，已设计好了的教材仅仅是一种资源或背景，还需要教师与学生在具体情境中不断地生成、丰富，联合缔造新的教育经验。三种取向也反映了课程实施的不同水平。

2. 课程资源的开发利用：课程实施视野的拓展

广义的课程资源指有利于实现课程目标的各种因素、条件、手段。狭义的课程资源指形成课程要素的来源及实施课程的必要而直接的条件。课程资源可理解为课程设计、实施和评价整个过程中可资利用的一切人、物、信息及文化资源的总和，包括教材、学校、家庭和社区中有利于课程编制、提高学生素质的各种资源。课程资源的合理开发与有效利用是课程目标顺利达成的必要条件，也是课程改革顺利进行的有力保障。课程资源的开发利用有助于扩大课程实施的范围，提高课程实施的水平；有助于教师拓宽教育视野，转变教育观念；有助于转变学生的学习方式。

课程资源多种多样，包括：素材性资源与条件性资源；校内资源与校外资源；自然资源、社会资源与文化资源；文字资源、实物资源、活动资源与信息化资源；有形资源与无形资源。有形课程资源包括教材、教具、图书、仪器、设备、场地等有形的、占有一定空间的物质资源。无形课程资源则是指那些不具实物形态，但又具有巨大教育价值和教育意义的精神存在物，它主要包括人文环境、教育主体内在特质及学校声誉等资源。

课程资源的开发与利用是课程实施中的一项基本工作。课程资源的开发是探寻一切有可能进入课程实施领域的因素，使之与教育教学活动发生联系；课程资源的利用则是充分挖掘被开发出来的课程资源的教育教学价值。课程资源的开发与利用的深度和广度对课程实施的质量具有重要影响。教师要树立课程资源意识，自主开发与利用课程资源，提高实施效果。

（三）课程评价

1. 课程评价的基本含义

课程评价是根据一定的标准、运用科学的方法收集课程系统的信息，并对课程产生的效果做出价值判断的过程。它既包含对课程设计过程及其结果的评价，也包括对实施过程和结果的评价，同时还包括对整个课程管理系统的评价。课程评价包括：课程计划的评价、课程标准与教材评价、教学工作评价。它既是课程编制中的一个环节，也是整个课程系统持续不断地进行的工作，贯穿课程系统的全过程。课程评价具有优化课程设计、选择课程方案、促进课程实施等功能。

新课程改革特别强调发展性课程评价，重视课程评价对课程改革和教学的导向、调控和促进作用。新课程改革明确提出要建立促进学生、教师和课程不断发展的评价体系。发展性评价的基本理念是：评价不是一种任务，而是一个持续的过程；评价是为了促进学生的表现，为学生学习服务；评价要关注学生的个体差异等。发展性课程评价形式多样，如成长记录袋评价、真实性评定、动态评价、多元评价等。

2. 课程评价的主要模式

（1）泰勒的目标模式。该模式主要有七个步骤：确定目标、界定目标、确定情境、呈现、记录、记分、样本。它以目标为中心，克服常模参照的不足，用明确、具体的行为方式来陈述目标，把教育目标用学生行为化的成就来加以表达。教育评价就是找出实际活动与教育目标的差距，并据此修订计划或修改目标本身。该模式明确、清晰、逻辑性强，便于操作，但忽视了预期目标之外的东西。

（2）目标游离模式。斯克里文（M. Scriven）提出。它是针对目标模式忽视非预期效应的弊端提出来的。他说："对目的的考虑和评价是一个不必要的，而且很可能是有害的步骤。"因为目标评价很容易使评价人受方案既定目的的约束，限制评价的范围，从而削弱评价的意义。他建议把评价的重点由"方案想干什么"转移到"方案实际干了什么"上来，全面收集关于方案实际结果的各种信息，不管这些结果是预期的还是非预期的、是积极的还是消极的，以便对方案做出正确的评价。它主要是一种关于评价的思想，有待完善。

（3）CSE 评价模式。该模式是美国洛杉矶加利福尼亚大学评价研究中心（Center for Study of Evaluation）的简称。CSE 评价的步骤包括：① 需求评定。调查人们有何需要，以确定教育目标。② 方案计划。对各种备选方案达到目标的可能性做出评判，包括教学内容与教育目标的一致性的分析及设备、资金和人员配置情况的研究。③ 形成性评价。发现实施过程中的成功与不足，以修正教学活动中某些偏离预期目标的地方，从而保证教育目标的实现。④ 总结性评价。即对教育质量的全面调查和判断。CSE 模式是一种综合性的评价，旨在为教育改革提供服务，它将评价形成性功能与总结性功能有机统一，将评价活动贯穿教育改革的全过程，因而在课程评价中得到广泛运用。

3. 课程评价的发展趋势

（1）强调发展性评价。课程评价对课程改革和教学起着导向和调控的作用，新课程改革明确提出要建立促进学生、教师和课程不断发展的评价体系，即建立发展性课程评价体系。发展性评价的基本理念是：评价不是一种任务，而是一个持续的过程；评价是为了促进学生的表现，为学生学习服务。评价除了基本的选拔、筛选功能外，更注重对学生的发展导向、记录成长过程及反思等功能。

（2）关注差异性评价。尊重学生的个别差异，注重用多元化标准与方法认可学生的独特性，鼓励学生多元发展。

（3）强调全面的评价。评价关注学生综合素质的考察，不仅关注学生的学业成绩，而且关注学生的创造精神、创造能力，还关注学生学习兴趣、态度、情感体验等良好心理素质的发展。

（4）倡导多元的评价。评价主体多元，既注重教师评价，也注重学生的自评、互评。评价标准多元化，用不同标准评价学生。为学生提供多次、不同层次的评价机会。

案例分析与讨论

课程资源开发

重庆市江津区因地制宜，开发课程资源。(1) 创造性地使用教材资源。首先，要求并指导村小教师根据自身情况和学校差异的课程需要，创造性地使用教材。比如，教材要求孩子逛商场，村小教师就带领孩子赶场；城镇孩子统计车流量，村小教师就带领农村孩子统计农户家的家禽。其次，根据农村学生的学习起点，创造性地使用教材。比如，在学习“分类”时，用农村学生熟悉的玉米、小麦等农作物让学生分一分，让学生理解哪些农作物属于同一类，在此基础上进行分类教学。最后，注意挖掘农村学生学习中生成的学习资源。比如，有个学生的题为“小鸡”的作文写得有特点，教师用他的作文作为教学素材，让这个学生介绍自己是怎样观察小鸡的，让其他同学来评一评。用学生的优秀作文作为乡土“教材”，不仅让学生感到亲切，而且有利于培养学生的成功体验，让农村学生对自己的学习充满自信。(2) 开发和利用农村自然资源，丰富课程资源。在村小教学实践中，力求从学生熟悉的生活情境出发，将学生身边的、自己感兴趣的素材引入教学，让学生感受书本知识与日常生活的紧密联系，激发学生学习的兴趣，充分调动学生学习的积极性。例如，在语文教学中，教师带领学生细致观察乡村景观，让他们学会如何生动地描写景物。在数学教学中，教师带领学生数池塘里的鹅、塑料大棚里的菜、山坡上的野花、树上的果子；计算土地面积的教学中，教师带领学生到山坡上测量土地、计算面积、估计产量……让学生在现实情境中开展观察、操作、比较、猜想、交流和反思等一系列学习活动。乡土化的生活情境，身边的课程资源，有效地发展了农村学生的学习能力。

针对村小教具和学具严重缺乏，而有些教具和学具又不能用农产品直接代替的现实情况，充分利用当地资源，发动师生自制教具、学具。例如，让学生用沙石、草茎、泥土、鲜花等做美术作品素材；用收获的玉米秆或竹棍制作小棒；用泥土、泡沫塑料、萝卜等制作长方体的底座，再插上筷子、穿上算珠、标上数位就成了计数器；用废旧纸盒制作长方形、三角形、梯形等图形模型；用废旧纸板自制口算卡片……(3) 开发和利用农村人文资源，培养学生感情。一是培养学生在课余注意收集素材的习惯，如收集农村家庭置办年货的计划、端午节划龙舟的具体安排计划方式、三峡移民的安置情况等，这些资源成为农村学生作文的鲜活题材。二是将乡土人文资源引入教学。例如，结合年、月、日的教学，让学生了解本村的历史和今后十年内的发展规划，把对学生进行热爱家乡的情感培养渗透于知识教学的过程中。在此基础上，引导学生对家乡未来发展中的一些问题进行调查、研究，如人口发展问题、土地利用问题、资金投入问题、村镇规划问题等。通过具体生动的现实情景，提高学生分析问题和解决问题的能力。

（资料来源：全国基础教育课程改革经验交流会会议材料（二），第 78 页，2009 年 10 月，南京。）

讨论题

1．课程资源开发与利用对于课程实施有哪些意义？

2．有人抱怨农村学校缺乏课程资源，真的如此吗？请参照重庆市江津区的探索，说说如何充分挖掘地方资源，拓展课程资源开发的视野与途径。

阅读导航

1．［美］泰勒：《课程与教学基本原理》，施良方译，人民教育出版社，1993年。

2．课程教材研究所：《课程改革整体论》，人民教育出版社，2003年。

3．张廷凯：《新课程设计的变革》，人民教育出版社，2003年。

4．潘洪建、刘华、蔡澄：《课程与教学论基础》，江苏大学出版社，2012年。

思考与探究

1．你如何理解课程开发的内涵？

2．简述泰勒课程开发原理的基本思想。

3．选择一中小学教材，根据教材编写的要求，说说该教材有哪些地方值得改进。

4．阅读某一学科课程标准与教材，分析其构成与特点。

专题三　校本课程开发

学习要求：理解校本课程开发的含义与意义；掌握中小学课程开发的基本程序与主要方式；初步学会撰写校本课程方案。

一、校本课程开发的含义

校本课程开发一词是1973年由菲吕马克(Furumark. A. M)和麦克米伦(MacMillan)两位学者在爱尔兰阿尔斯特大学召开的国际课程研讨会上提出的，其英文表述是School-based Curriculum Development，其缩写词为SBCD。该概念后来得到广泛认同。目前对校本课程的概念有着不同理解，许多学者对这一概念进行了界定①，比如：

校本课程开发是在实际的教育场所中发生的并渴望能够使教师们积极地参与并卷入广泛的相互作用和课程决策之中的一种课程开发策略。

校本课程开发是基于学校课程需要的自发的行动，促使地方和中央教育当局之间的权利和责任重新分配，使得学校获得法律、行政和专业的自主权，进而得以从事自身的课程开发的过程。

校本课程开发是由学校共同体设计并实施的课程变革的草根模式。

校本课程开发是指在学校现场发生并展开的，以国家和地方制定的课程纲要的基本精神为指导，依据学校自身的性质、特点、条件及可利用和开发的资源，由学校成员自愿、自主、独立或者跟校外团体或个人合作开展的旨在满足学校所有学生学习需求的一切形式的课程开发活动，是一个持续和动态的课程改进过程。

二、校本课程开发的意义

1. 校本课程开发可以弥补国家课程的不足

国家课程是由国家教育行政管理机构组织专家决策、编制的课程，它体现国家意志，统一教育标准。但它难以适应地方社会生活和社会发展需求的实际变化，没有也不可能充分考虑各地方、各学校的实际，更不可能照顾到众多学习者的背景及特点。而校本课程

① 徐玉珍：《校本课程开发：概念解读》，《课程·教材·教法》，2001年第4期。

开发尽可能地反映社区、学校和学生的差异性，及时融进最新的科技成果、社会问题，充分考虑教师的积极参与、学生的认知背景与需要，为学生提供多样化的课程选择，它在一定范围内可以弥补国家课程开发的不足。

2. 校本课程开发有利于学生主体性的发展

尊重学生的个性差异，提升学习者的主体性，培养学习者的创新意识、创新能力，已成为21世纪课程改革的主要趋向。校本课程开发正体现了这一方向，它充分考虑时代的特点、学生的需求，适应学生不同性格发展的需要，充分发挥学生的自主性、独立性，充分发挥其主体地位和主观能动作用，能更好地发展学生的特长和个性。

3. 校本课程开发有利于教师专业水平的提高

校本课程开发赋予了教师一定的自主权，充分调动了教师积极参与课程开发的热情，为教师提供了发挥创造性空间和大显身手的机会。教师参与课程开发有助于提高教师的专业水平和课程意识，对实施国家课程和地方课程也有促进作用。

4. 校本课程开发有利于形成学校办学特色

以往统一的课程设置，难以反映不同地区、学校的实际情况和特殊需要。把课程编制权力部分下放到地方和学校，让一部分优秀校长和特长教师参与校本课程的开发任务，在确保国家教育整体质量的基本前提下，开发更多有特色的课程，满足学校“个性化”发展需求，凸显学校办学特色。

三、校本课程开发的方式

校本课程开发的主要方式有课程补充、课程拓展、课程选择、课程改编、课程新编、课程整合等。①

1. 课程补充

课程补充主要是指对原有课程的不足进行针对性的补充，以形成一门新的校本课程。课程补充可以是对国家课程的补充，如英语会话、作文写作指导等，以提高国家课程的实施效果；也可以是对校本课程的补充，可以是矫正性的，也可以是补救性的。

2. 课程拓展

课程拓展主要是指对原有课程内容进行拓展，以形成一门新的课程，包括正规课程延伸和个性化拓宽。即课程拓展可以是对国家课程的拓展，如数学思想研究、唐诗欣赏等，也可以是对校本课程的拓展，如国际象棋Ⅰ、国际象棋Ⅱ等。

3. 课程选择

课程选择主要指在备选的几种课程中选出一种最符合自己需要的课程作为校本课程。包括对课程科目的选择、配套教材的选择（教学内容的选择）、教学方法的选择、评价体系的选择等。学校有众多课程项目可供选择，或在校本课程开发初期，可采用此种方式。

---

① 潘洪建、刘华、蔡澄：《课程与教学论基础》，江苏大学出版社，2010年，第350－352页。

4. 课程改编

课程改编主要是指学校和教师对已有的课程进行修改,以形成一门适合实际需要的课程。它也包括某些学校引进国外的课程进行翻译和本土化改造。课程改编一般涉及目标、内容选择与组织、实施方式、评价方式与课程资源这五个方面的某一方面或几个方面的修订。

5. 课程新编

课程新编主要是指根据对学生课程需求的评估及对可得到资源的分析,在学校教育哲学的观照下,依托拟定课程计划,开发全新的课程板块或课程单元。如开发校本特色课程、乡土教材、新兴课程、专题课程、主题模块等。

6. 课程整合

课程整合主要是指按照某个重要的主题将两门以上的学科知识或技能组织成一门新的课程。主要有两种形式:一是关联课程的整合,二是跨学科课程的整合。课程整合可以减少知识的分割和学科的隔阂,弥补以分科为主的国家课程的不足,减少因知识剧增而带来的课业负担;同时也可以使校本课程引进最新的主题元素,如灾后心理辅导、奥运志愿者、太湖水污染治理等这样的主题。课程整合可以是内容的广度拓宽,也可以是内容的深度加深。

四、校本课程的开发程序

在学校层面上,校本课程的开发程序主要包括:组织建立、情境分析、方案设计、解释与实施、评价与修订。其中,方案设计是一个重要环节。校本课程开发的一般程序为:

1. 组织建立

成立课程委员会或工作小组,确立参与成员及工作程序,进行校本课程开发准备。校本课程开发委员会或相应的工作小组的成员一般由校长、教师代表、学生代表、校外课程专家、家长代表及社区人士代表组成,各方代表共同参与学校课程方案的规划、实施和评价活动。校长是主要的指导者、组织者和决策者;教师是校本课程开发的中坚力量和主力军;吸引学生参与是因为校本课程开发的起点是学生,校本课程开发的最终目的是为了学生个性的充分发展;课程专家掌握课程理论和开发技能,可以为校本课程开发全过程提供咨询或技术指导;家长参与校本课程开发是因为校本课程开发需要吸收家长的意见、获得家长的认同;社区人士参与校本课程开发主要包括为校本课程开发提供设施、场地、经费等资源支持。

2. 情境分析

首先,要对学生的需求进行合理的评估,如通过发放问卷、开座谈会等方式,让学生自己确定感兴趣的领域和知识,使课程的开发真正体现学生的需要。其次,要对学校及社区的课程资源进行评估,使课程植根于学校和社区现有的课程资源。整个情境分析的过程就是要进行需求评估、问题反思、资源调查。

3. 方案设计

校本课程开发方案包括学校拟订的总体方案与教师拟订的课程纲要，学校拟订的总体方案包括校本课程的目标、类型、每门课程的课时与学分要求，以及课程实施和评价的要求。课程框架确定以后，可由教师提出申请，撰写简要的课程纲要，交给学校课程委员会或工作小组初审，初审通过后，列入校本课程目录，提供给学生选择。教师拟订的课程纲要包括说明部分与正文部分。

4. 解释与实施

在这一阶段，要根据预定的方案组织学生开展一系列学习活动，以实现预定的目标。校本课程的实施应突出自主性、探究性、合作性等特点。在校本课程方案实施中要强化教育哲学思想和特色意识，营造课程实施的氛围，统筹教育资源。

5. 评价与修订

评价与修订阶段的主要任务是设计监控和交流系统，准备评价方案，追踪课程实施效果，收集反馈意见，修订课程开发方案，促进学生和教师的发展。

五、校本课程的方案设计

学校拟订的总体方案包括校本课程的目标、类型、每门课程的课时要求及限制性条件等。教师拟订的课程纲要包括说明部分（包括开课教师、教学材料、课程类型、授课时间、授课对象等）与具体方案（包括课程目标、课程内容与活动安排、课程学习要求、课程评价要求等）。

教师层面的课程纲要正文部分主要有：

课程目标。课程目标是指针对学生发展的课程要求，校本课程开发要促进学生哪些素质的发展，一般包括知识目标、技能目标、态度目标等。

课程内容。课程内容指校本课程实施的具体内容，它可能是以知识学习为主，也可能以技能训练为主，还可能是社会调查。

课程实施。校本课程的实施要引导学生在“做”“考察”“实验”“操作”等一系列活动中分析、解决问题，体验、感受生活，发展、提高实践能力与创新能力。同时，校本课程实施可采取合作小组的形式，依靠集体的力量和智慧来解决问题，合作的形式可以是学生与学生合作、学生与家长及社区人士合作等。

课程评价。校本课程开发的评价是一个搜集信息和分析信息，对校本课程开发进行价值判断，进而做出合理决策的过程。校本课程开发评价时应注意评价内容的全面性、评价主体的多元性和评价方式的多样性，不断修订校本课程方案，以促进学生素质的全面发展、教师能力的不断提高、学校课程实践的不断完善。

案例分析与讨论

案例一　学校层面的校本课程开发(小学课表)

详见表4-1、表4-2。

表4-1　限选课程

类别	科目	年级	教师	教材	课时	具体负责人
品德教育类	感动中国人物故事	1—6	班主任	自编	每月1课时,从班队课或品德生活课中调剂	
	心理健康教育	1—6	班主任	自编		
	综合实践活动	1—6	全体教师		集中时间	
学科知识延伸类	经典阅读	1—6	语文教师	引进	每周1课时	
	看图写故事	1—2	语文教师	改编	每两周1课时	
	计算能力训练	1—6	数学教师	自编	每天10分钟(托管时间调剂)	
体育活动类	跳绳、踢毽、校操	1—6	体育教师	自编	每天1小时	

表4-2　自选课程

类别	科目	年级	教师	教材	课时	具体负责人
学科知识延伸类	北大数学少年	1		引进	每周2课时	
	朗文英语	1		引进		
	神奇奥妙的自然界	3—6		改编	每周1课时	
	英语会话与情境表演	3—6		自编	每周1课时	
技艺特长类	军乐表演	3—6		改编	每周1课时,周六半天	
	口琴演奏	1—6		改编	每周1课时	
	童声合唱	1—6		引进	每周1课时	
	舞蹈	1—6		自编	每周1课时	
	橡皮篆刻	1—6		自编	每周1课时	
	田径训练	1—6		自编	每天1小时	
	棋类基础训练	1—6		改编	每周1课时	
	计算机基础	2—4		改编	每周2课时	
	绘画与书法	1—6			每周1课时	
	采访与编辑	3—6		自编	每周1课时	
	主持与演讲	3—6		自编	每周1课时	

续表

类别	科目	年级	教师	教材	课时	具体负责人
生活技艺类	十字绣	1—6		引进	每周1课时	
	装饰折纸	1—6		自编	每周1课时	
	布贴画	1—6		自编	每周1课时	
	装饰编织	1—6		自编	每周1课时	

讨论题

1. 该课程表将校本课程分为限选与自选两类是否合理？将综合实践活动放到校本课程中并归入品德教育类的做法合理吗？为什么？

2. 如何结合当地实际开发校本课程？说说该校校本课程开发还有哪些地方尚待改进？

案例二　教师层面的课程方案

“公民与法——民法案例分析”校本课程纲要

一、课程背景

21世纪，中国社会的发展将面临新的机遇与挑战。民主、文明、富强与法治是中国社会结构的重要特征。民法作为法治的核心内容之一，在法治发展进程中将受到高度重视，人们将在更广泛的范围内关注民法问题。作为新世纪的中学生必须具有广阔的知识视野，“公民与法——民法案例分析”课程的开设正是拓宽学生知识面的一条便捷有效的渠道。由于民法的内容在时间和空间上与学生距离比较近，感染力、影响力强，大多数民法案例一般都能与中学思想政治理论相联系，因而能引起学生的学习兴趣。

本课程是政治学科的校本选修课程，课程的学习对象为高一、二年级的学生。本课可在相关的政治、地理、历史等学科学习的基础上，培养他们法治意识和获取信息、总结归纳、分析说明问题的能力，对于扩大学生知识面、培养其综合能力具有重要促进作用。

二、课程目标

1. 学科宗旨

开设本课程，有助于培养学生理论联系实际，尝试用所学的民法知识分析解决实际法律问题的意识与能力，丰富课堂所学知识，深刻理解人类政治文明的发展进程。

2. 目标要求

(1) 了解民法的基本知识(知识识记)。

(2) 在网络环境或其他开放性的环境中，搜集、提取反映与所要研究的重大国内外时事相关的信息，并对之进行甄别、归类，养成处理与分析信息的能力；进行角色扮演与辩论，养成论证、辩驳等创新能力；制作网页，养成设计、绘制、布局等实践能力(能力培养)。

(3) 养成法治意识和热爱祖国、关心国家安全的精神。密切关注法制生活和社会生活，加强知识学习与实践活动的联系(情感教育与价值观)。

三、课程内容

1. 选择标准

本课程内容选择的标准是《中国民法经典案例选》《中国司法考试案例选》《民法》《中国法律大全》等参考文选,以及相关法律网站,如中国法律资源网(http://www.lawbase.com.cn/)、中国法律信息网(http://www.law-star.com/)、北大法律信息网(http://chinalawinfo.com/)、法律教育网(http://www.chinalawedu.com/)。

2. 内容范围

本课程的内容范围涉及国内外重大政治、经济、文化等方面发生的民法案例。

四、课程实施

1. 教学安排

本课程拟在高一、二年级开设,整个学年开设,每一学期课程学习内容不同。整个学年课程约需30课时,依据每节课研究专题的不同,具体安排如下:

第一学期:

(1) 张铁林诉周美凝及成都商报社名誉权纠纷案(2课时)

(2) 最高人民法院再审刘涌案(2课时)

(3) 秘密窃取代保管物应如何定性(2课时)

(4) 侦查员包庇疑犯应如何定罪(2课时)

(5) 迟晖等人勾结民警关达以查案为名进行盗窃案(2课时)

(6) 刘淑琴、王珍拐卖妇女案(2课时)

(7) 李卫业等人利用信用卡进行诈骗案(2课时)

(8) 管志诚为其他单位购买钢材从中受贿、贪污案(2课时)

(9) 邓洪在冯宝霞诈骗行为实施终了前参与诈骗案(2课时)

(10) 模拟法庭实践考察(2课时)

第二学期:

(11) 寇洪林使用变造的支票以购货为名骗取回扣案(2课时)

(12) 收取差价作为回扣的行为是贪污罪,还是受贿罪(2课时)

(13) 王玉清诉赵守增赠与合同纠纷(2课时)

(14) 非典期间的司法问题:① SARS的预防治理的立法(1课时);② SARS对中国司法的影响(1课时)。

(15) 特邀嘉宾福建师范大学法学教授友情客串。(1课时)

(16) 特邀嘉宾福州市十佳律师友情客串。(1课时)

(17) 福州市台江区法院民事庭见习。(3课时)

(18) 模拟法庭实践考察。(2课时)

说明:教学与研究性学习相结合。学期末研究小课题汇报,在平时专题学习与研究的基础上,以2~3人的小组为单位,提出新的研究小课题,并制作课件进行汇报(上学期2课时,下学期2课时);其余课时安排学生进行网络环境下小组自学和教师引导下的小组之间的自由辩论与交流(约6课时)。

2. 教学方法

本课程主要采用以网络环境下学生的小组合作学习为主的“活动—发展”教学法，辅之“情景—质疑”教学法和模拟实践教学法。结合教师讲座和学生课余时间搜集资料，论坛讨论及课件制作，为学生提供动手、动口、动脑的契机，营造创新与实践的氛围，构筑理论联系实际的平台。

五、课程评价

1. 形成性评价。包括：对学生创新学习参与度的评价（包括：师生互动，气氛活跃；围绕主题，提出问题；积极思维，踊跃参与；准确交流，及时反馈）；对学生质疑求异活跃度的评价（包括：主动探究质疑；质疑手段多样；发散思路独特；变通复杂对应）；对学生探究实践延伸度的评价（包括四小项：成果展示新颖；资料收集广泛；主题设计创新；媒体运用熟练）。各小项均分为 a，b，c 三个等第，根据教学安排。形成性评价拟于每个专题教学结束后进行。

2. 终结性评价。包括：模拟法庭实践考察、法院民事庭见习、信息收集、课堂辩论、课件制作与成果汇报。各分为 A，B，C 三个分类评价等第；三项汇总后再形成优、良、中、差四个等第。终结性评价拟于每一学期末进行。

综合形成性评价和终结性评价结果，得出课程评价的最终等第。

（资料来源：湖南长沙麓山国际实验学校，http：//www. cjedu. cn/newsInfo. aspx？pkId = 10459.）

讨论题

1. 根据课程开发的一般原理和基本环节，谈谈该方案的基本结构是否合理。
2. 该课程方案还有哪些值得改进与完善的地方？

阅读导航

1. 吴刚平：《校本课程开发》，四川教育出版社，2002 年。
2. 徐玉珍：《校本课程开发的理论与案例》，人民教育出版社，2003 年。
3. 熊梅：《校本课程开发的行动研究——来自一所小学的课程创新》，教育科学出版社，2006 年。

思考与探究

1. 如何理解校本课程开发的内涵？
2. 校本课程开发的意义有哪些？
3. 选择某一主题，根据校本课程方案的要素及其要求，撰写一份校本课程方案。

专题四　综合实践活动设计

学习要求： 理解综合实践活动课程的含义与意义；掌握综合实践活动方案的基本要素与要求；初步学会撰写综合实践活动方案。

一、综合实践活动课程的含义与意义

综合实践活动课程是基于学生的直接经验，密切联系当代社会生活实际，综合运用所学知识解决实际问题，强调实践能力、创新能力的培养及提高学生综合素质的实践性课程。

综合实践活动课程是国家课程计划中规定的一门必修的课程，是国家规定、地方指导与校本开发的课程。综合实践活动课程构成学校课程的有机组成部分，它不是可有可无的点缀，而是学校必须开设、学生必须选习的课程，它是一门与学科并列的综合课程，而不是从属学科的综合课程，综合实践活动课程在学校课程体系与结构中不可或缺，与其他课程具有互补性、等价性。综合实践活动是在教师指导下学生自主进行的跨学科、跨领域的实践性、体验性、探究性的学习活动过程。它与学科课程、传统的活动课程相比，在课程内容、目标、学习方式、发展空间等方面具有整合性、实践性、自主性、开放性、生成性等特点。

综合实践活动课程转变学习方式，发展学生的实践能力、创新能力和综合素质，它为学生获得亲身参与实践的机会和学生实现个性发展开创了广阔的空间。它也将丰富学生的生活经验和人生体验，促使学生关注社会，关注生活现实，主动发现问题、探究问题，促进学生分析问题和解决问题能力的发展。

二、活动方案的设计

活动方案的设计是依据综合实践活动的理念，根据学校资源状况和学生发展需要，对活动主题、目标、内容、过程、方法等进行设计和规划的过程。综合实践活动方案设计实际上是为活动开展制定基本框架，描绘综合实践活动实施的蓝图，是将教育部门制定的指导纲要和实施指南与不同地区、不同年龄、不同条件的现实情况结合起来的过程。因此，活动方案的设计要充分考虑学校的教育条件（包括学校的学生、教师的实际情况，以及学校周围的自然资源和社会文化资源），依据综合实践活动理念进行设计。活动方案设计的理念为：回归学生生活世界、发展学生的探究意识与创新能力、立足于培养学生的实践能力。

综合实践活动方案的基本要素大致包括：活动主题、活动背景、活动目标、活动内容与方式、活动准备、活动过程及其指导、活动结果展示与评价等。

1. *活动主题*

综合实践活动主题的题目要醒目具体，要准确反映活动的内容、范围与焦点。活动主题不能太模糊，否则就会导致活动目标空泛、活动过程蜻蜓点水，难以深入、持久。比如，“洗洁精对于生态环境的影响”这个主题表述就显得空泛，学生会感到无从下手，如果修改成“×××洗洁精对于生态环境的影响”，范围就小很多，学生容易把握。主题表述要准确，特别是关键词选用要准确、贴切，切忌模糊。综合实践活动主题要一目了然，直截了当地说明所要研究的问题。

2. *活动背景*

活动背景主要介绍主题产生的经过或起因，说明活动开展的基本条件、资源、基础，诸如学校实际、社区资源、学生的知识基础和经验背景、社会政策、流行时尚、时代思潮、历史传统等，说明主题活动选择的理由根据与价值追求，主题活动开展的个体意义与社会价值等。同时，介绍主题活动开展的特殊环境，为其他同人借鉴本方案提供一定的参考信息。活动背景要有针对性，不能空泛。

3. *活动目标*

这里的活动目标是某个主题活动的目标，它是总体课程目标的具体化。综合实践活动目标包括“知识与技能”“过程与方法”“情感态度与价值观”三个维度。不过，对于不同类型的主题活动而言，活动目标的表述可以有所不同。

4. *活动内容与方式*

活动内容的设计。从活动目标出发，针对学生的实际情况和课程资源状况，对活动内容进行规划。活动内容包括总内容与分段（或分项）内容，分段分项内容是活动总内容的分解、具体化和操作化。如“我们的地球村”主题活动内容可分解为：我们周围的水、我们周围的空气、与花卉树木为友、寻访小动物、绘制我们的环保地图、设计我们心中的地球村。

活动方式的设计。综合实践强调运用多种活动方式，因此，应根据主题的范围大小、性质选择活动方式，如问卷、访谈、观察、实验、设计、制作、展示、汇报等，多种活动方式有机结合，有助于丰富活动过程，促进学生多种素质的综合发展。

5. *活动过程及其指导*

综合实践应分阶段地开展活动。一般地，一项主题活动过程可以分为多个阶段，应明确每一阶段的目标、内容、方式与时间、地点的安排。在活动过程中，指导学生采用合理的方法开展活动，如，在信息搜集阶段，指导学生设计调查问卷或实验方案，开展查阅资料、观察、调查、实地考察、访谈、实验、设计、操作，通过各种途径搜集所需资料。信息处理阶段需要运用讨论、对话、论证等方法，对搜集到的资料进行汇总、筛选、整合。展示交流阶段，则需要运用宣传、展板、会演、报告、作品展览等方法。

6. *活动准备*

为了保证综合实践主题活动顺利、有效地开展，教师与学生要做好物质上、心理上、组织上的准备。物质上的准备包括图书、材料、工具、场地、设备等。心理上的准备，主要指激发学生的内在需求，激发学生的探究积极性，并针对活动过程中需要注意的问题及可能遇到的困难进行提前指导，使学生真正投入，进入探究前的活动准备状态。组织上的准备主要指成立活动小组，加强与校外相关单位、人员的联系、沟通，争取社会力量对活动的支持等。主题确定之后，教师可以根据具体情况如学生的兴趣、特长、爱好等划分活动小组，或由学生自由组成活动小组，并通过竞选或者集体推选等方式产生活动小组负责人，负责人联络组员，负责活动安全等问题。随后，引导小组进行主题分解，各组确定分主题，指导学生在此基础上制订本小组的活动方案，从不同的侧面对活动主题展开探究。

7. 活动结果展示与评价

在活动成果展示阶段，教师要引导学生对活动资料进行整理、归类，结合本小组活动方案选择活动成果的表现形式，可以是调查报告、研究论文、心得体会、活动日记、访谈记录等，也可以采用文艺的形式，比如短剧、相声、朗诵、歌舞等，还可以把学生的各项成果汇编成册向社会宣传。学生根据主题内容，选择合适的展示方式，可以在班级内部展示，也可以在学校范围内展示，还可以走出校门，到社会上进行成果展示。成果展示的目的不仅仅是宣传学生的研究成果，更重要的是通过这种方式鼓励学生参与综合实践活动的积极性和创造性，认可学生的亲身体验。当然，这些只是教师的设计，实际活动实施结束时，教师要引导学生自己商讨成果展示方式，留给学生生成的空间。

综合实践活动方案初定之后，需要通过论证才能实施。方案论证是制订综合实践活动方案的重要组成部分。方案论证的方式有专家评议、开题报告等。

三、活动方案设计的理念

1. 整合活动内容

综合实践活动的基本特征是综合性。综合实践活动指导纲要倡导“以融合的方式设计和实施综合实践活动”。尽管每个活动主题有其特定的内容，但是仅仅围绕特定内容展开，不符合综合实践活动的性质，不利于学生多种素质的发展。因此，方案设计应将活动主题置于学生的实际生活中，把活动主题与学生的生活经验、不同学科内容、学生的知识结构结合起来，帮助学生利用家庭生活、学校生活、社会生活的经验去实践与探索，引导学生处理好人与自然、人与社会、人与自我之间的内在关系。此外，要充分利用学校的教育条件，比如，所处地区的自然资源、人力资源、文化资源等，让学生把课堂中学习的学科知识与社会生活充分结合起来。因此，设计综合实践活动方案时，一方面要最大限度地整合课程内容，通过专题、项目将研究性学习活动、社区服务与社会实践、劳动技术教育、信息技术教育四个领域加以整合，不能把综合实践活动划分为四门具体课程来开设，而是要适当整合；另一方面也要注意与非指定区域（如班团活动等）的整合，以及各个学科领域之间的综合运用。

2. 联系学生经验

学生经验包括直接经验和间接经验，直接经验是指通过直接认知获得的感性知识，而间接经验是指通过间接认知获得的理性知识。与注重间接经验的学科课程相比，综合实践活动课程特别强调学生的直接经验，尤其强调学生亲力亲为的体验活动，因此，综合实践活动方案设计要充分考虑学生的直接经验，与学生的经验相融合。要以学生的生活实际为源泉，从学生的兴趣和直接经验出发去选题、设计，让学生在活动中独立地发现问题、解决问题。当然，活动主题的选择不能完全迁就学生的生活经验，根据“最近发展区”原理，可以选择稍微高于学生已有的发展水平的、学生探究起来有点难度的课题，有挑战性的课题更能激发学生的参与精神和创造热情。

3. 运用多种活动方式

综合实践活动方案的设计要着重考虑活动方式的多样性，通过不同的方式方法，调动学生参与活动的积极性，激发学生的探究欲望。一方面要根据学生的特点与发展要求指导学生恰当地选择学习活动方式；另一方面也应该根据综合实践活动课程目标，创造性地将多种活动方式在学生的活动中加以综合运用。比如，适当运用参观、访问、调查、实验、测量、宣传、郊游、义务劳动、设计制作等方式，充分调动学生多种感官的参与、动手与动脑相结合。其次，设计中应该通过多种途径为学生提供具体的现实情境，让学生通过亲身经历、实际操作，在大自然、大社会中活动，丰富感受与体验。①

案例分析与讨论

“纸和我们的生活”综合实践活动方案②

一、课题的由来

纸是人类必不可少的文化用品，在日常生活、学习、工作中有着广泛的用途。同时，造纸术还是我国的四大发明之一。纸的出现促进了人类文明的进步，改变了人类生活，给人类带来了极大的便利。学生与纸的交往也不少，可对纸的知识又了解多少呢？学生对纸的发明、种类、用途等知识有一定的了解是很有必要的。

恰巧在一次与学生的课外座谈中，我请他们谈一谈对身边的哪些事情有个人的想法。学生们情绪高涨，提出了很多。我认真倾听，细心观察，当有一位同学提出“每天扫地时，总要扫出很多纸，一次两次都撮不干净，能否想个好办法来解决”时，全班同学积极响应，各抒己见。据此，我做出判断，这个问题肯定是学生们比较关心的。果然，在其他班也出现了这种情况。因此，在全体学生的主动参与下，我们决定以“纸”为主题开展一次综合实践活动，课题是“纸和我们的生活”。此次活动中，学生表现出了空前的热情，他们不但积极参与活动的全过程，而且提出了很多解决这一问题的好办法。

二、活动目标

1. 认知目标：了解纸的历史，以及纸与人类生活的密切关系。

2. 能力目标：培养运用调查、访问获取信息的能力，利用查阅参考书籍、上网等手段获取信息的能力，观察、访谈、记录的能力，变废为宝的动手能力，创意设想的能力，以及团

① 潘洪建：《中学综合实践活动指导》，高等教育出版社，2010年，第81－82页。

② 林巧莺，http://www.xxjxsj.cn/article/17218.html，2008－03－18.

队合作能力和人际交往能力。

3. 情感目标：围绕“纸和我们的生活”这一主题研究，激发学生的探究欲望、兴趣，培养学生的环境保护意识，养成学生节约用纸的习惯，同时在研究实践中培养学生良好的学习态度，鼓励学生勤于思考、勇于创新。

三、活动准备

1. 教师依据课程标准，根据身边环境和学生的年龄特点，设计问题，准备教具和学具。

2. 教会学生利用网络搜索和利用图书馆资源查询的方法。把学习的主题告诉学生，让学生在活动前收集有关资料和信息。教师查找有关纸的资料的网站告诉学生，旨在通过现代信息技术解决纸的制造、造纸原料等学生比较陌生的问题。

3. 教师了解学生收集到的生活中的纸制品和常见的纸。

4. 教师通过查找资料，针对本课学习内容，制作多媒体课件和教具。

四、活动资源

网站链接：纸易，http：//202. 109. 114. 198/paperknow/xingneng10. htm；纸的发明与应用，http：//www. kepu. com. cn/gb/technology/printing/evolve/evl127. html.

书籍：《十万个为什么》《少儿百科全书》《成语故事》《蔡伦的故事》……

五、活动基本设想与计划

第一阶段：启动课（40 分钟）；

第二阶段：教师、学生活动（两周）；

第三阶段：活动成果展示（40 分钟）。

六、活动形式

1. 分小组进行研究性学习

班内同学随机分成 6 个小组，每组 6 ~ 7 人，推选出组长，并为小组分别选定一个以纸为题的个性化名字（如太阳组、红花组、春芽组等）。研究过程中，课题组成员各有独立的任务，既有分工，又有合作，各展所长，协作互补。

实践活动采用个人研究与小组集体讨论相结合的“开放式作业”形式，即先由教师和学生共同确定研究的内容，由大家一起讨论并提出研究的课题，从中确定自己小组的子课题，各自相对独立地开展研究活动，用两周的时间完成研究性学习作业。小组成员围绕同一个研究子课题，各自搜集资料，开展探究活动，取得结论或形成观点。再通过 5 个组的全体成员讨论或辩论，分享初步的研究成果。

2. 汇报展示活动

七、活动过程

1. 第一阶段：启动课 40 分钟（略）。

2. 第二阶段：教师、学生活动（两周）。

① 第 1 小组（6 人）

研究性学习内容：探究纸的历史（你知道古时候的人把字写在什么上面吗？纸是谁发明的？纸是怎样发展演变的？），关注中国的古代四大发明之一——造纸术，激发民族自豪感。

方法：查阅书籍，上网搜集资料。

② 第 2 小组（6 人）

研究性学习内容：纸的种类和用途（在日常生活和学习中，哪些地方用到了纸？纸的种类有哪些？）。

方法：观察法、访问法、统计法。

制作纸的种类和用途统计表（包括：纸的种类、特点、用途等）。

③ 第3小组（7人）

研究性学习内容：我们每天的用纸量（调查班上的同学，看看每天要用多少纸；调查身边的教师、同学家庭用纸情况怎样，对节约用纸的认识，以及有没有浪费纸张的现象）。

方法：调查法、采访法、列表统计法、写一份节约用纸的倡议书。

班级用纸情况统计表包括：时间、学生名字、合计、平均等。

家庭用纸情况统计表包括：时间、用途、数量等。

教师用纸情况统计表包括：时间、用途、数量等。

④ 第4小组（6人）

研究性学习内容：纸与环境（造纸的原材料有哪些？造纸给环境带来什么影响？纸与森林有什么关系？节约用纸与保护环境的关系是什么？）。

方法：到造纸厂参观采访、查阅资料、上网搜集信息、绘画。

⑤ 第5小组（6人）

研究性学习内容：纸文化知识（纸有哪些文化？有关纸的成语故事有哪些？）。

方法：访问法、查阅资料、上网搜集信息。

⑥ 第6小组（6人）

研究性学习内容：废纸的妙用（怎样变废纸为"宝"？纸能成为哪些艺术作品？）。

方法：查阅书籍、上网搜集、调查访问、请教他人。

各小组按照活动计划，在组长的组织下开展研究活动，各小组所聘教师跟随活动进行必要的指导。

3. 第三阶段：活动成果展示（40分钟）。

各小组开展研究活动，在指导教师的帮助下，各自完成研究报告。带上采访录音、图片、照片、问卷表、统计图等。可利用活动课，组织学生进行成果交流。

展示内容：

第1小组：纸的网页：包括"纸的历史"资料、学习体会等。

第2小组：出墙报、访问报告：搜集的"纸的种类和用途"资料，自己的想法。

第3小组：调查报告：班级用纸情况汇报，交流确定节约用纸的倡议书。

第4小组：搞展板、演小品：交流搜集的"纸与环境"资料、展示绘画作品等。

第5小组：纸文化知识竞赛，讲述"纸"的成语故事（如《洛阳纸贵》《纸上谈兵》等）。

第6小组：纸艺时装表演、纸艺包装展示。介绍变废为宝的方法，进行小艺术技巧讲座，辅导学生学习纸艺制作。

成果交流以后，对提出的建议进行汇总整理，提出相关建议。

八、活动总结（略）

附：

1. 资料1（调查记录表，见表4-3至表4-5）

表 4-3　纸的种类和用途统计表

纸的种类	特点	用途

表 4-4　纸的比较

方法	看	摸	撕	折叠	写	滴水	浸	其他方法
结果								
相同点								
不同点								

表 4-5　班级用纸情况统计表

学生姓名	周一	周二	周三	周四	周五	合计	平均
合计							
平均							

2. 家庭用纸情况统计表(略)
3. 教师用纸情况统计表(略)

(资料来源:小学教学设计网,http://www.xxjxsj.cn.)

讨论题

1. 根据综合实践活动方案设计的要素,谈谈该活动方案的主要优点。
2. 该活动方案还有哪些值得改进与完善的地方?

阅读导航

1. 郭元祥:《综合实践活动课程设计与实施》,首都师范大学出版社,2001 年。
2. 李臣之:《综合实践活动课程开发》,人民教育出版社,2003 年。
3. 潘洪建、李庶泉:《小学综合实践活动指导》,江苏大学出版社,2010 年。
4. 潘洪建:《中学综合实践活动指导》,高等教育出版社,2011 年。

思考与探究

1. 结合实际,分析综合实践活动课程对学生发展的独特价值。
2. 到附近中小学了解一下综合实践活动课程开设的情况,分析存在的主要问题。
3. 根据综合实践活动方案的构成要素及其要求,设计一份综合实践活动方案。

附录一　基础教育课程改革纲要（试行）摘要

课程改革目标

改变课程过于注重知识传授的倾向，强调形成积极主动的学习态度，使获得基础知识与基本技能的过程同时成为学会学习和形成正确价值观的过程。

改变课程结构过于强调学科本位、科目过多和缺乏整合的现状，整体设置九年一贯的课程门类和课时比例，并设置综合课程，以适应不同地区和学生发展的需求，体现课程结构的均衡性、综合性和选择性。

改变课程内容“难、繁、偏、旧”和过于注重书本知识的现状，加强课程内容与学生生活以及现代社会和科技发展的联系，关注学生的学习兴趣和经验，精选终身学习必备的基础知识和技能。

改变课程实施过于强调接受学习、死记硬背、机械训练的现状，倡导学生主动参与、乐于探究、勤于动手，培养学生搜集和处理信息的能力、获取新知识的能力、分析和解决问题的能力以及交流与合作的能力。

改变课程评价过分强调甄别与选拔的功能，发挥评价促进学生发展、教师提高和改进教学实践的功能。

改变课程管理过于集中的状况，实行国家、地方、学校三级课程管理，增强课程对地方、学校及学生的适应性。

课程结构

整体设置九年一贯的义务教育课程。

小学阶段以综合课程为主。小学低年级开设品德与生活、语文、数学、体育、艺术（或音乐、美术）等课程；小学中高年级开设品德与社会、语文、数学、科学、外语、综合实践活动、体育、艺术（或音乐、美术）等课程。

初中阶段设置分科与综合相结合的课程，主要包括思想品德、语文、数学、外语、科学（或物理、化学、生物）、历史与社会（或历史、地理）、体育与健康、艺术（或音乐、美术）以及综合实践活动。积极倡导各地选择综合课程。学校应努力创造条件开设选修课程。在义务教育阶段的语文、艺术、美术课中要加强写字教学。

高中以分科课程为主。为使学生在普遍达到基本要求的前提下实现有个性的发展，课程标准应有不同水平的要求，在开设必修课的同时，设置丰富多样的选修课程，开设技术类课程。积极试行学分制管理。

从小学至高中设置综合实践活动并作为必修课程，其内容主要包括：信息技术教育、研究性学习、社区服务与社会实践以及劳动与技术教育。强调学生通过实践，增强探究和创新意识，学习科学研究的方法，发展综合运用知识的能力。增进学校与社会的密切联系，培养学生的社会责任感。在课程的实施过程中，加强信息技术教育，培养学生利用信息技术的意识和能力。了解必要的通用技术和职业分工，形成初步技术能力。

农村中学课程要为当地社会经济发展服务，在达到国家课程基本要求的同时，可根据现代农业发展和农村产业结构的调整因地制宜地设置符合当地需要的课程，深化“农科教相结合”和“三教统筹”等项改革，试行通过“绿色证书”教育及其他技术培训获得“双证”的做法。城市普通中学也要逐步开设职业技术课程。

课程标准、教学过程、教材开发与管理、课程评价、课程管理、教师的培养和培训等从略。

（参见《中国教育报》2001 年 7 月 27 日第 2 版）

附录二　义务教育课程设置实验方案摘要

课程设置的原则

1. 均衡设置课程

根据德智体美等方面全面发展的要求，均衡设置课程，各门课程比例适当，并可按照地方、学校实际和学生的不同需求进行适度调整，保证学生和谐、全面发展；依据学生身心发展的规律和学科知识的内在逻辑，义务教育阶段九年一贯整体设置课程；根据不同年龄段儿童成长的需要和认知规律，根据时代发展和社会发展对人才的要求，课程门类由低年级到高年逐渐增加。

2. 加强课程的综合性

注重学生经验，加强学科渗透。各门课程都应重视学科知识、社会生活和学生经验的整合，改变课程过于强调学科本位的现象。

设置综合课程。一至二年级设品德与生活课，三至六年级设品德与社会课，以适应儿童生活范围逐步从家庭扩展到学校、社会，经验不断丰富以及社会性逐步发展；三至九年级设科学课，旨在引导从生活经验出发，让学生体验探究过程，学习科学方法，发展科学精神；一至九年级设艺术课，旨在丰富学生的艺术经验，发展感受美、创造美、鉴赏美的能力，提高审美情趣。

增设综合实践活动，内容主要包括：信息技术教育、研究性学习、社区服务与社会实践以及劳动与技术教育等。使学生通过亲身实践，发展收集与处理信息的能力、综合运用知识解决问题的能力以及交流与合作的能力，增强社会责任感，并逐步形成创新精神与实践能力。

3. 加强课程的选择性

国家通过设置供选择的分科或综合课程，提供各门课程课时的弹性比例和地方、学校自主开发或选用课程的空间，增强课程对地方、学校、学生的适应性，鼓励各地发挥创造性，办出有特色的学校。

在达到九年义务教育基本要求的前提下，农村普通中学试行“绿色证书”教育，形成有农村特点的学校课程结构。城市普通中学也要逐步开设职业技术课程。

课程设置（见表4-6、表4-7）

表4-6　义务教育课程设置表

	年级								
	一	二	三	四	五	六	七	八	九
课程门类	品德与生活		品德与社会				思想品德	思想品德	思想品德
							历史与社会（或选用历史、地理）		
			科学				科学（或选用生物、物理、化学）		
	语文	语文	语文	语文	语文	语文	语文	语文	语文
	数学	数学	数学	数学	数学	数学	数学	数学	数学
			外语	外语	外语	外语	外语	外语	外语
	体育	体育	体育	体育	体育	体育	体育与健康	体育与健康	体育与健康
	艺术（或选择：音乐、美术）								
			综合实践活动						
	地方与学校课程								

表4-7　义务教育课程设置及比例

	年级									九年课时总计（比例）
	一	二	三	四	五	六	七	八	九	
课程门类	品德与生活	品德与生活	品德与社会	品德与社会	品德与社会	品德与社会	思想品德	思想品德	思想品德	7%～9%
							历史与社会（或选择历史、地理）			3%～4%
			科学	科学	科学	科学	科学（或选择生物、地理、化学）			7%～9%
	语文	语文	语文	语文	语文	语文	语文	语文	语文	20%～22%
	数学	数学	数学	数学	数学	数学	数学	数学	数学	13%～15%
			外语	外语	外语	外语	外语	外语	外语	6%～8%
	体育	体育	体育	体育	体育	体育	体育与健康	体育与健康	体育与健康	10%～11%
	艺术（或选择音乐、美术）									9%～11%
			综合实践活动							16%～20%
	地方与学校课程									
周总课时数（节）	26	26	30	30	30	30	34	34	34	274
学年总课时（节）	910	910	1050	1050	1050	1050	1190	1190	1122	9522

注：表格内为各门课的周课时数，九年总课时按每学年35周上课时间计算。

附录三　普通高中课程方案(实验)摘要

课程结构

1. 课程结构

普通高中课程由学习领域、科目、模块三个层次构成。

(1) 学习领域

高中课程设置了语言与文学、数学、人文与社会、科学、技术、艺术、体育与健康、综合实践活动八个学习领域。

设置学习领域能更好地反映现代科学综合化的趋势,有利于在学习领域的视野下研制各科课程标准,指导教师教学;有利于整体规划课程内容,提高学生的综合素养,体现对高中学生全面发展的要求;同时,要求学生每一学年在所有学习领域都获得一定学分,以防止学生过早偏科,避免并学科目过多,以利于学生全面发展。

(2) 科目

每一领域由课程价值相近的若干科目组成。八个学习领域共包括语文、数学、外语(英语、日语、俄语等)、思想政治、历史、地理、物理、化学、生物、艺术(或音乐、美术)、体育与健康、技术等 12 ~ 13 个科目。其中艺术、技术是新增设的科目,艺术与音乐、美术并行设置,供学校选择。鼓励有条件的学校开设两种或多种外语。

(3) 模块

每一科目由若干模块组成。模块之间既相互独立,又反映学科内容的逻辑联系。每一模块都有明确的教育目标,并围绕某一特定内容,整合学生经验和相关内容,构成相对完整的学习单元;每一模块都对教师教学行为和学生学习方式提出要求与建议。

模块的设置有利于解决学校科目设置相对稳定与现代科学迅猛发展的矛盾,并便于适时调整课程内容;有利于学校充分利用场地、设备等资源,提供丰富多样的课程,为学校有特色的发展创造条件;有利于学校灵活安排课程,学生自主选择并及时调整课程,形成有个性的课程修习计划。

2. 课程设置及其说明

普通高中学制为三年。课程由必修和选修两部分构成,并通过学分描述学生的课程修习状况。具体设置如表 4-8 所示。

表 4-8　普通高中的课程设置

<table>
<tr><th>学习领域</th><th>科目</th><th>必修学分
（共计116学分）</th><th>选修学分Ⅰ</th><th>选修学分Ⅱ</th></tr>
<tr><td rowspan="2">语言与文学</td><td>语文</td><td>10</td><td rowspan="11">根据社会对人才多样化的需求，适应学生不同潜能和发展的需要，在共同必修的基础上，各科课程标准分类别、分层次设置若干选修模块，供学生选择。</td><td rowspan="11">学校根据当地社会、经济、科技、文化发展的需要和学生的兴趣，开设若干选修模块，供学生选择。</td></tr>
<tr><td>外语</td><td>10</td></tr>
<tr><td>数学</td><td>数学</td><td>10</td></tr>
<tr><td rowspan="3">人文与社会</td><td>思想政治</td><td>8</td></tr>
<tr><td>历史</td><td>6</td></tr>
<tr><td>地理</td><td>6</td></tr>
<tr><td rowspan="3">科学</td><td>物理</td><td>6</td></tr>
<tr><td>化学</td><td>6</td></tr>
<tr><td>生物</td><td>6</td></tr>
<tr><td>技术</td><td>技术（含信息技术和通用技术）</td><td>8</td></tr>
<tr><td>艺术</td><td>艺术或音乐、美术</td><td>6</td></tr>
<tr><td>体育与健康</td><td>科目体育与健康</td><td>11</td><td rowspan="4"></td><td rowspan="4"></td></tr>
<tr><td rowspan="3">综合实践活动</td><td>研究性学习活动</td><td>15</td></tr>
<tr><td>社区服务</td><td>2</td></tr>
<tr><td>社会实践</td><td>6</td></tr>
</table>

说明：

（1）每学年52周，其中教学时间40周，社会实践1周，假期（包括寒暑假、节假日和农忙假）11周。

（2）每学期分两段安排课程，每段10周，其中9周授课，1周复习考试。每个模块通常为36学时，一般按每周4学时安排，可在一个学段内完成。

（3）学生学习一个模块并通过考核，可获得2学分（其中体育与健康、艺术、音乐、美术每个模块原则上为18学时，相当于1学分），学分由学校认定。技术的8个必修学分中，信息技术和通用技术各4学分。

（4）研究性学习活动是每个学生的必修课程，三年共计15学分。设置研究性学习活动旨在引导学生关注社会、经济、科技和生活中的问题，通过自主探究、亲身实践的过程综合地运用已有知识和经验解决问题，学会学习，培养学生的人文精神和科学素养。

此外，学生每学年必须参加1周的社会实践，获得2学分。三年中学生必须参加不少于10个工作日的社区服务，获得2学分。

（5）学生毕业的学分要求：学生每学年在每个学习领域都必须获得一定学分，三年中获得116个必修学分（包括研究性学习活动15学分，社区服务2学分，社会实践6学分)，在选修Ⅱ中至少获得6学分，总学分达到144方可毕业。

课程内容

高中课程内容的选择遵循如下基本原则：

时代性——课程内容的选择体现当代社会进步和科技发展，反映各学科的发展趋势，关注学生的经验，增强课程内容与社会生活的联系。同时，根据时代发展需要及时调整、更新。

基础性——强调掌握必需的经典知识及灵活运用的能力；注重培养学生浓厚的学习兴趣、旺盛的求知欲、积极的探索精神、坚持真理的态度；注重培养搜集和处理信息的能力、获取新知识的能力、分析和解决问题的能力、交流与合作的能力。高中课程内容既进一步提升所有学生的共同基础，同时又为每一位学生的发展奠定不同基础。

选择性——为适应社会对多样化人才的需求，满足不同学生的发展需要，在保证每个学生达到共同基础的前提下，各学科分类别、分层次设计了多样的、可供不同发展潜能学生选择的课程内容，以满足学生对课程的不同需求。

国家通过制定各科目课程标准规定高中课程的主要内容和要求。

第五篇 教学原理

内容提要

教学是教师教和学生学的交互作用过程，是学生在教师的帮助促进下主动获得知识基础上的身心发展活动。教学是学校的中心工作，是实现全面发展教育的基本途径。教学具有传递和保存社会文化、实现学生个性全面发展的重要价值。

随着教学改革的深入推进，当代教学过程正在发生深刻的变革，应大力弘扬生命化教学、以学生为本、教学生活化、体验教学、对话教学的理念。当代教学过程是一种特殊的认识活动，在此过程中，教学认识与学生发展辩证统一，同时也是教师与学生的交往过程，并且正在借助信息技术的发展向多媒体、网络技术教学发展。

教学过程是按照一定的基本程序展开，引导学生掌握知识、形成技能技巧的过程，由以下几个基本阶段组成：学习动机激发、领会知识、巩固和运用知识、检查和评价。当代教学改革倡导探究教学，即是对传统的接受式教学的补充与改革。引导学生自主探究的教学基本阶段一般由创设问题情境、自主探究与问题解决、交流与分享探究成果等组成。

教学过程存在多种关系的相互联系与作用，这些关系反映着教学过程的规律。教学过程的规律主要有：直接经验与间接经验相统一、教师主导作用与学生的主体作用相统一、知识掌握与能力发展相统一、传授知识与思想教育相统一、认知发展与情感发展相统一等。根据这些规律，中小学教师的教学主要遵循直观性原则和启发性原则、循序渐进原则、巩固性原则、理论联系实际原则和因材施教原则。

专题一　教学概述

学习要求：掌握教学的概念，了解教学的意义，理解教学的任务，把握教学过程的本质与规律，能从不同角度观察思考教学现象，尝试用教学理论分析和研究中小学教学过程中存在的实际问题，增强对教学工作的责任感和创新意识。

一、教学的内涵

从古至今，教学情况变化很大，教学活动的重心也并非始终如一，因而对教学的内涵，不同的人有不同的见解。教学既可以作为日常普遍使用的名词，也可指作为专业术语使用的科学概念。我们这里所要探讨的是作为专业术语的“教学”概念，是教学理论中的一个基本概念。对于学校工作来说，教学是学校的中心工作，是促进学生全面发展的基本途径。

在我国，“教学”一词最早见于《尚书》，但《尚书》中只是将教学看成教者先学后教、通过教人而学的单向活动。19 世纪末 20 世纪初，清朝政府废除科举制，兴办新式学校，班级授课制兴起，加上赫尔巴特教育学的影响，教学演变为“教授”，各种教学法一般解释为教授法。1917 年，我国著名的教育家陶行知从美国学成回国，他对当时国内学校“重教太过”的现象极为不满，极力主张“教的法子必须根据学的法子……先生的责任不在教，而在教学，教学生学”①，于是改“教授”为“教学”。新中国成立后，受苏联教育学家凯洛夫的影响，教学一直被理解为“教与学的统一活动”。

在西方，教（teach）和学（learn）最早也是同义的，可以通用，是由同一词源派生出来的，learn 与所教的内容相联系，teach 与教学得以进行的媒介相联系。② 后来，语义的发展不是两者兼取而是两者择一。因此，learn 与 teach 常指的是两种不同的活动、两个不同的概念，与汉语中教学涵盖教、学两方面的概念有区别。不过，西方文献中也用到 teaching-learning 这一合成词，既包括教，又包括学，与我国理解的教学可以等同。

我们主张从教与学的矛盾统一性入手探索教学概念，教学不是教师施教的代名词，没有学生的学，教师的教就失去了目的性和存在的意义。实际上，教学中教师的教是为了学生的学，学生的学又影响着教师的教，任何一方的活动都以另一方为条件。两者共存一

① 罗民主编：《陶行知文集》，江苏教育出版社，1997 年，第 37－38 页。

② 施良方、崔允漷：《教学理论：课堂教学的原理、策略与研究》，华东师范大学出版社，1999 年，第 7－8 页。

体，交往、互动，既相互矛盾，又相互统一，以学生的身心发展为出发点和归宿。既然教与学是教学过程不可分割的有机整体，不是教与学的简单相加，那么，我们动态地理解教学活动过程时就要看到：教学是师生双方为实现一定的教学任务共同活动，在活动中通过对话、沟通和多种合作产生交互影响，以动态生成的方式推动教学过程向前发展，因此，可以将教学的内涵理解为：教学是教师教和学生学的交互作用过程，是学生在教师的帮助下主动获得知识基础上的身心发展的活动。

我国学者关于教学定义的代表性观点

1. 所谓教学，乃是教师教、学生学的统一活动；在这个活动中，学生掌握一定的知识和技能，同时身心获得一定的发展，形成一定的思想品德。

（王策三：《教学论稿》，人民教育出版社，1985年，第2页。）

2. 教学是以课程内容为中介的师生双方教和学的共同活动。

（顾明远主编：《教育大词典》，上海教育出版社，1990年，第178页。）

3. 教学就是指教的人指导学的人进行学习的活动。进一步说，指的是教和学相结合或相统一的活动。

（李秉德：《教学论》，人民教育出版社，1991年，第2页。）

4. 教学即引起、维持、促进学生学习的所有行为方式。

（袁振国主编：《当代教育学》，教育科学出版社，2000年，第160页。）

5. 教学是师生间特殊的交往，是一种有目的、有组织、有计划的师生交往活动。

（陈时见主编：《课程与教学》，广西师范大学出版社，2002年，第14页。）

6. 教学是以师生之间、生生之间的多向互动、动态生成这一基本方式，教师引导学生实现个人的经验世界与社会共有的精神文化世界的沟通和富有创造性的转换，逐渐完成个人精神世界对社会共有的精神文化财富具有个性化和创造性占有的过程。

（叶澜主编：《教育学原理》，人民教育出版社，2007年，第178页。）

7. 教学乃是在教师引导下学生能动地学习知识以获得个性发展的活动。

（王道俊、郭文安：《教育学》，人民教育出版社，2014年，第161页。）

二、教学的意义

（一）教学是传递和保存社会文化的重要途径

教学是一种严密组织起来的社会活动，它是把社会与个人联系起来的纽带。社会的延续和发展，必须有一代一代的人接替，而这些新人必须要掌握人类发展中积累起来的各种社会经验，如科学、政治、伦理等，这样才能在前人的基础上进步，认识和改造客观世界。所以教学对社会发展的首要的功能是传递和保存社会经验。首先，教学活动促进学生在较短的时间内基本掌握人类历史经验的精华，将人类长期积累起来的科学文化知识转变为个人的知识财富,从而使历代创造积累的光辉灿烂的文化都保存传递下来。其次,教学使人类社会历史经验与个人经验得到统一。在人类社会的历史经验和个体经验之间存在着矛盾,有时个体往往不能自觉地很好地掌握人类社会历史经验,不能适应社会新的发展要求,这个矛盾在今天尤其突出,而今社会发展加速,这个矛盾会越来越尖锐,知识的积累越来越多,增长速度越来越快,如果人们不能迅速地进行知识、能力更新,就很难创新,社会也必将延缓发展。通过教学,可以快速地使个体的经验迅速提高到社会所要求的水平上来,为从事社会各种实践活动和创新奠定基础。

(二)教学是促进学生个性全面发展的重要环节

教学对社会发展的影响作用是通过个人发展来实现的。教学对学生个性全面发展的影响是直接而具体的。教学使学生的认知突破了时间、空间的局限和个体直接经验的局限,扩大了学生的认知范围,提高了学生的认知效率,使学生能用较少的时间和精力顺利地获得人类经历几百年甚至几千年才能获得的大量知识和技能,并在此过程中促进智能发展和创造性的形成。教学也使学生品德的发展建立在科学知识基础之上;同时,整个教学活动本身又是强有力的德育途径,教学的内容和方法、教师的言行、教学的氛围都对学生品德的形成起着潜移默化的影响作用。另外,体育和保健、生物学等课程的教学为促进学生身体健康和科学地锻炼身体提供指导;音乐、美术、劳动技术等课程的教学也为学生的审美能力和劳动能力的培养提供了重要的途径。由此可见,教学中学生个性的全面发展都是紧密结合科学知识的传授和学习而进行的,是在一个统一的过程中实现的。

(三)教学是实现全面发展教育的基本途径

教学在学校各项工作体系中居于中心地位,是实现全面发展教育目的的基本途径。所谓学校工作要以教学为中心,即学校应将大部分时间用于教学,在内容上以学习书本知识为主,在组织形式上以课堂教学为主,发挥教师的主导作用。当然,以教学为中心和基本途径,不是教学唯一,教学必须与其他形式相配合,使学校工作以教学为主,全面安排。因为一方面,教学能使年轻一代在短时间内获得大量的知识,为他们全面发展奠定科学的基础,并提供机会和条件;但是另一方面,它又容易脱离学生的生活实践和社会的实际,对于学生全面发展所需的广阔天地来说,也毕竟是有限的和狭隘的。所以,把教学作为唯一的工作和途径,难以完整地实现教育目的,必须与其他教育形式相联系、相配合。教育实施的途径多种多样,把教学这个基本途径变成唯一途径是错误的,应确保教学的中心地位,以教学为主,全面统筹,合理地安排好其他工作。

三、教学的一般任务

教学任务是社会要求与教育内部规律、教育目的与教学具体实践相结合的产物,是教学活动的出发点,也是确定教学内容、教学方法和手段的依据。完成教学任务的过程是实现教育目的、发挥教学作用的过程。教学任务具有层次性:有一般任务,即各科教学、各种教学活动都必须完成的共同任务;也有各阶段教学、学科教学的具体任务。一般意义上的教学任务主要有以下几方面:

（一）引导学生掌握系统的文化科学基础知识，形成基本技能

所谓知识是指对客观世界的现象、事实及其规律的认识结果，是人类实践经验的概括和总结。根据反映的深度，知识可分为感性知识和理性知识；根据反映的内容，知识可分为自然的、社会的和思维的知识；根据知识的来源，知识可分为直接知识和间接知识。

现代学习理论对知识的更广义的理解

当代著名的认知心理学家安德森根据人们提取知识的方式，将知识分为陈述性知识和程序性知识。陈述性知识是关于世界的事实性知识，是我们通常理解的知识概念；程序性知识指在一定条件下可以使用的一系列操作步骤。

在安德森理论的基础上，梅耶又将知识分为三类——语义知识、程序性知识、策略性知识。语义知识指个人关于世界的知识，即陈述性知识；程序性知识指用于具体情境中的算法或步骤；策略性知识主要涉及学习者学习的方法和解决问题的一般策略。

20世纪50年代，英国物理化学家、思想家波兰尼将知识分为两类——明显知识和缄默知识。明显知识是指能言传的知识，而缄默知识则是指不能言传的、不能系统表述的那部分知识。缄默知识镶嵌于实践活动中，具有情境性、个性化的特点，不能以正规的形式加以传递，但它与实践技能、科学创新密切相关。

国际经济合作与发展组织在1996年发布的《以知识为基础的经济》报告中对知识的形态做了更明确的界定。知识应当包括四种类别：事实知识，指人类对某些事物的基本知识所掌握的基本情况；原理知识，指产生某些事情和发生事件的原因和规律性认识；技能知识，知道实现某项计划和制造某个产品的方法、技能和诀窍等；人力知识，知道是谁创造的知识。

现代学习理论对知识的理解为我们正确理解当今的知识教学任务带来了启示。我们这里所讲的基础知识属于陈述性知识的范畴，从另一角度说又是明显的知识，是课程计划和课程标准所规定的关于自然、社会和人类思维的基本知识，具体表现为各科教材中的基本事实、概念和原理所形成的知识体系，基础知识具有很强的概括性和相对稳定性。这些基础知识的学习不仅是学习某一学科必备的知识，而且是学习所有学科知识的基础，也是学生进一步学习的基础。

基本技能属于程序性知识范畴。所谓技能是指学生在已有的知识、经验基础上通过练习所形成的执行某种任务的比较稳定的活动方式。基本技能是学生最主要、最常用的技能，一般包括智慧技能、动作技能和认知策略。智慧技能是通过练习而形成的完成一定的智力活动的技能，例如：运算的技能、阅读的技能、写作的技能等。动作技能是通过练习而形成的完成一定的肌肉运动的能力，它以明显的动作表现出来，例如：写字、体育运动的技能，物理、化学的实验技能，信息技术的操作技能，等等。认知策略是学生用来调节自己内部的认知活动的技能，是一种特别和非常重要的技能，支配着学生的学习、记忆和思维活动，例如：推理、归纳和策略，保存阅读的信息、策略，解数学应用题的策略，等等。

上述各种技能中,有的操作动作很简单,经过一定的练习可达到自动化程度,这时技能就成为技巧,但复杂的技能无论怎样训练都很难形成技巧。

基础知识和基本技能通称为“双基”,是学生参加社会劳动、政治、文化生活所应具有的素质,也是学生将来进一步学习各种专业知识、从事科学研究、进行创造发明的基础。学生掌握了“双基”,夯实了基础,能产生广泛的适应性,并产生很强的迁移性,“双基”成为各种能力、智慧的生长点。因此,今天素质教育思想指导下的教学不是削弱“双基”,而是要进一步拓宽其内容,严格而科学地进行强化和训练,使学生良好素质的形成获得坚实的基础。

(二)发展学生的智能,使学生学会学习

智能主要表现为个体反映客观事物的深刻、正确、完全的程度与应用知识解决问题的速度和质量。所谓使学生学会学习,是指要使学生掌握学习各种知识技能的方法,其中包括学科知识中的科学方法和学生在教学条件下的科学学习方法。

发展学生智能,教会学生学习,首先是实现我国教育目的的内在要求。教育要培养全面发展的新人,这样的新人的素质的重要方面就是思维敏捷、智力发达,拥有可持续发展的潜力。其次,是现代社会经济发展和信息技术迅猛发展对教学提出的要求。现代社会发展加速,知识总量猛增,知识更新周期缩短,任何知识都只有暂时性的意义。据统计:“18 世纪知识的老化周期为 80 – 90 年,现在为 5 – 10 年。”① “未来 30 年,人类的科技知识总量将在现有的基础上再增加 100 倍,而一个大学生在校期间所学的知识仅占一生所需知识的 10%……国外有研究表明,农业经济时代,人们只要在 7 – 14 岁接受教育,就足以应付 40 年工作生涯之所需,在工业经济时代,人们求学的时间延伸为 5 – 22 岁,而在知识经济时代,学习将成为人们的终身需要。”② 对一个社会成员来说,是否具备一定的智能素质,拥有不断掌握最新知识的能力和方法比掌握多少现有的知识更重要。未来的时代将是一个学习化社会,学习成为人一生生活的重要组成部分,学生仅凭一次性的学校学习难以适应社会的发展,教学要为学生终身的学习打下基础。

(三)培养学生的创新人格和创新才能

随着知识经济时代的来临,创新日益成为一个国家经济、科技发展的决定性因素。培养未来人才的创新素质成为 21 世纪的教育目标追求,为此,培养学生的创新人格和创新才能是中小学各科教学的主要任务。“创新”有多种含义,有促进物质文明的实物创新,有提出解决问题新对策的对策创新,有设计出某种新的制度、体制、管理方式方法的制度创新,有提出新的理论思想的理论创新,有提出观察事物的新角度、新认识、新观点的认识创新等。创新对人才素质的重要要求就是具备创新人格和创新才能。创新人格是一个整体人格,包含创新精神、奉献精神、独立精神、合作精神、冒险精神等,这些都是创新的内在动力。创新才能对中小学学生来说,主要指能够运用自己已有的知识和智能去探索发现和掌握尚未知晓的知识的能力,主要包括创新思维和创新技能。其中创新思维是创新才能的核心,它是思维的高级状态,具有批判性、独特性、多向性等方面的特征。创新人格和

① 王英伟:《学习型社会的六大特征》,《社会科学论坛》,2003 年第 6 期。

② 同①。

才能的培养应是各科教学的最高境界，教师要创造适宜于学生主动参与、主动学习的新的教学环境，采用先进的教学媒体手段，构建以学生自主学习、探索为基础的新型的教学过程，使教学由继承性向创新性转变。

（四）培养和提高学生的思想品德、审美素质

培养学生良好的思想品德是由我国教育目的决定的，也是学生自身健康发展的需要。教学中学生学习文化科学知识对其思想感情、观点、信念的形成有着深刻的影响。因此各科教学应根据教材内容的特点，结合学生实际，有目的地培养学生良好的道德品质，正确的世界观、人生观和价值观，以及爱国主义、集体主义的精神；教师在教学中应以正确的思想品德和健康的人格影响学生，使教书与育人始终结合在一起。

培养和提高学生的审美素质是各科教学的又一重要任务。学生的审美素质是在审美活动中形成和发展的，教学活动应成为对学生进行美的熏陶的过程，激发学生对美的追求。教学活动中存在着大量的审美因素，教师应树立美的意识，引导学生去感受美、鉴赏美，用美去开启学生的智慧，激发他们热爱科学知识的情感，引发他们对真理的渴望和追求，用美去陶冶学生高尚的情操，培育学生善良的心灵，塑造学生健康的人格。艺术学科对学生审美素质的形成有着独特的功能，要特别重视艺术学科的教学，促进学生审美素质的培养和提高。

（五）促进学生体质增强，维护学生的心理健康

中小学阶段是学生生理、心理发展的关键时期，教学过程首先要注意发展学生的体力，促进学生增强体质，这是保证学生参与学校学习的需要，也是学生进一步学习、生活和就业的需要。这一任务不仅是体育任务，也是各门学科教学的任务。教学要从学生的生理发展特点出发，提出科学的要求，给予合理的学业负担，使学生掌握有关体育卫生的知识与锻炼身体的方法和技能，养成锻炼身体和讲究卫生的习惯，学会有规律、有节奏地学习与生活，增强体质，促进发展。

中小学教学还要使学生在兴趣、情感、意志、性格等人格素质方面健康发展，促进学生整体素质的提高和个性的和谐发展。应试教学，过重的学习负担，单调、乏味的课堂教学，以分数为标准的片面评价导致激烈的考试竞争，使部分学生产生了孤僻、焦虑、情感不适、自信心不足等心理障碍，消极地影响着教学过程，阻碍了学生的正常发展。针对以往教学的弊端给学生心理健康带来的危害，当今教学应重视在各门学科的教学中渗透对学生的良好心理素质的培养，在各门学科教学中要针对不同学生心理发展的水平和特点，制定相应的学习计划、要求；重视教学内容、方法、形式的改革，给学生合理的学习负担；激发学生的学习兴趣、情感，培养其坚强的学习意志和自尊心、自信心、责任心、好胜心；培养学生的自学能力、应试能力、耐挫能力等，促进身心两方面的健康和谐发展。

上述五方面的任务是一个相互联系、相互促进的整体，学校教学要以使学生掌握基础知识、形成基本技能为基础，以发展学生智能、创造才能为核心，全面地完成教学任务，以实现促进学生身心全面发展的理想目标。

四、当代教学理念的转变

与传统教学相比，当代教学在理论与实践两个层面上均已发生很大变化，了解与认识当代教学的新变化与新理念,对我们有效开展教学活动有重要的指导意义。

(一)从关注知识转向关注生命

传统教学把学生的培养仅仅局限在知识的传授上,教学的目的是使学生掌握知识,因而,教师是知识的占有者和传授者,是知识的供应商,学生成了盛装知识的容器,对学生心理世界丰富性和差异性等的轻视,使师生的生命力在教学中得不到充分发挥,因而也未必能够使学生达到掌握知识的目标,教学便从根本上失去了对人的生命存在及其发展的整体关怀,这便是传统教学的根本缺陷。当代教学提倡把教学看成师生人生中一段重要的生命经历,教学中的生命意义在于使每一个生命获得新的成长和发展,把精神生命发展主动权还给学生,使他们拥有自我选择和自我决定的权利,使教学凸显生命的灵动,使课堂充满成长的气息。我们的教学关注学生在课堂上的学习过程、生存状态时,就会进入学生的生命领域、精神世界,让学生的身心作为生命体参与其中,课堂会凸显生命关怀,充满人文关怀,成为人性养育的殿堂,教学效率也会得到最大可能的提高。用知识养育、滋润生命,让生命变得丰富、厚重,生命因为知识、教学而美丽。

教育学的原点是对生命的体悟

在"基本理论研究"丛书首卷《回归突破:"生命·实践"教育学论纲》一书中,叶澜以"教天地人事,育生命自觉"做出了"生命·实践"教育学派对"教育是什么"的中国式表达——

教育是基于生命、直面生命、通过生命所进行的人类生命事业。生命是教育的"魂",实践是教育的"行",学校(以及其他教育组织、机构)是教育的"体"。教育是一项充盈着人的生命的人类实践活动。

1997年发表的《让课堂焕发出生命活力》被认为是国内第一篇从生命的视角探讨教学活动的文章。叶澜坦言,这篇文章之所以会触动这么多学校和教师,可能是因为它触及了教育的基础性问题、原点问题,并且与教师们的教育体验和生命体验联系在了一起。

叶澜领衔的"新基础教育"研究始于20年前,在试行"新基础教育"的学校听课的时候,在与许多教师、学生交流的时候,叶澜深切地感受到"生命"对于教育的重要性。

面对当时颇为普遍的课堂"沙漠化",叶澜意识到,对学生作为个体的特殊性以及个体生成方式的忽视,导致了教育和教学成为重复性的机械劳动,成为不需变革的一次次封闭的循环过程。与此同时,教师的生命价值也不同程度地被挤压、被遮蔽、被忽视了。

以"生命"为切入点研究教育,来自叶澜注重生命体验、关注个体生命的自觉。她常常从自己的成长经验出发,观照教育研究的对象。

(王珺:《教育学教授叶澜:让生命唱歌》,《中国教育报》,2015年6月22日。)

（二）由遵从教师的意愿转向服从学生的需要

我们经常看到课堂上有这样的情景：学生们被要求身正形定，不要乱说乱动，教师用各种方法精心导入新课，或展示许多与新课相关的实物或图片，或提出与新课相关的问题，然后充满激情地启发学生：想不想知道其中的奥秘？当学生也满怀兴奋地回应教师"想知道"时，教师似乎就觉得已成功地激发起学生的兴趣了。但其中学生真实的需要教师未必了解，所有的"兴奋"不过是迎合教师的需要，按教师的意愿来表现罢了。这种做法完全是遵从教师的意愿，这是对学生主体意识和自主精神的一种伤害。其实所有的学生都希望在课堂学习中得到充分尊重，"让我按我的需要来学"已成为大多数学生的心声，每个学生只有在满足个人和心理需要的环境中才能更有效地学习。课堂让学生按照他们的需要来学，主要表现为给他们应有的自主权和选择权，使学生"让我用我的方式成功"，并不是放任自流，也不是不需要对学生提出明确的学习要求，而是在实践中应特别注意切实理解学生的个体心理和学习需要，接纳学生，教学的任务是组织学生学习，教学设计就要从学生的真实问题出发，而非从教师或是教师假想的问题出发。教师面对的是一个个鲜活的个体，不能满足学生需要的教学便失去了教学应有的价值与意义。

（三）由为未来生活做准备转向教学生活化

英国教育家斯宾塞认为，课堂教学的追求是"为将来生活做准备"，为我们的完满生活做准备是教育应尽的职责，而评判一门教学科目的唯一合理办法就是看它对这个职责尽到什么程度。斯宾塞是在以一种成人化、社会化的生活模式试图来预定、规划并使学生接受这种属于未来的生活模式。而这样的生活对于学生而言是虚无缥缈的、虚拟的"成人生活"，是一个遥远的世界，与自己当下的现实生活有着较大时空距离。在上述思想指导下的课堂教学难以使学生体验和享受到自己本应拥有的童年生活和乐趣。学生的现实生活世界是课堂教学的根基，走进课堂是学生生活的一部分，学生又在课堂中开始了一种新的特殊的生活。课堂教学作为一种以提升学生的生活质量和生命价值与意义为目的的特殊的生活实践过程，必须首先着眼于学生的现实生活世界，失去了学生生活世界的支撑，他们获得的间接经验和书本知识就只能是一堆"没有活力的死知识"，容易导致本应生动活泼、充满生命活力的课堂教学变得枯燥无味。正如有学者所说，"教学世界是生活世界和科学世界的中介，是生活世界与科学世界的双向二重化，即化科学世界为生活世界和化生活世界为科学世界，教学就是在这种双向二重化的过程中，将其转化的结果沉淀在学生的精神世界里，最终实现教学之目的"。① 因此，课堂教学必须以学生的现实生活世界为基础，以直接经验来丰富、扩展和提升学生的个体认识，打通书本世界与生活世界之间的界限，把生活世界中的教育资源与书本知识融会贯通，从而发挥直接经验和现实生活世界对于学生身心发展的积极而又独特的作用，如果真正的、广阔的生活冲进教室的门而来到课堂上，教室的天地就广阔了。

---

① 南纪稳：《教学世界：生活世界与科学世界的双向二重化》，《华东师范大学学报（教育科学版）》，2015年第3期。

论教育与生活世界的关系

教育与生活关系十分密切。起初，人类社会生产与生活中有教育，教育融入社会生产与生活之中。后来随着专门教育机构——学校的出现，教育与生活开始了分离，并且越来越表现为一种隔离。为了解决这一问题，斯宾塞提出了“教育为未来生活做准备”的观点，杜威提出了“教育即生活”的主张，当代哲学大师胡塞尔与哈贝马斯则从现象学的角度论述了“生活世界”与“科学世界”。这些都为当今理解“生活世界”与“教育世界”的关系奠定了基础。

（王鉴:《论教育与生活世界的关系》,《华中师范大学学报(人文社会科学版)》,2006 年第 3 期。）

（四）由传授—接受教学转向体验探究教学

以往总是仅把教学过程视作知识的传授过程，其实，学生体验发现知识的“过程”比记住知识的“结论”更有意义，它能唤起学生探索与创造的愿望，教会学生怎样学习。体验是一种由诸多心理因素共同参与的活动，体验活动是与主体的情感、态度、想象、直觉、理解、感悟等心理功能密切结合在一起的，体验中不仅有认知的参与，还有情感和态度的参与，体验的过程是主体获得新的自我认识、自我建构、提升其主体性的过程，是学生心灵的感悟、经验的升华和生命力量的显现。因此，多种注重学生体验的教学方式正在各种课程的教学改革中加以推行。借助各种活动和创设情境使学生身历其境，教学内容中所包含的各种知识，通过个体自身的体验真正走进个体内在的精神世界而生成素质，可以促进知识学习的过程成为素质生成的过程。可以说，没有个体对知识的内在体验，知识就很难被内化，个体的素质也就很难生成。体验教学主张学生以积极的心态参与到教学过程中去询问、去探究、去发现，还可以使学生在学习知识的同时发展其创造性。当然，在这一过程中教师的指导也是十分重要的。

（五）由独白式教学转向对话教学

历史上许多教育家推崇和主张通过“对话”来探究知识，《论语》就是孔子与其弟子对话的实录，孔子与学生借助展开立足于现实生活的、真诚的对话，帮助师生形成对社会、人生等方面的理解，在彼此启迪的过程中，完成对学生道德的养成和知识的传播。古希腊哲学家苏格拉底同样推崇对话，将“对话的艺术”作为推理的一种方法，广泛地运用在教学当中。而在我国传统的应试教育思想影响下，教学注重知识的单向传递，成为灌输或教师的“独白”过程。巴西著名教育思想家保罗·弗莱雷(Paulo Freire)把这种教育称为“存储行为”，它将知识和真理“储存”进学习者的头脑中。保罗·弗莱雷认为教育应当基于对话理念，以培养学生探究他们生存的世界现实，培养学生成为批判的思考者。对话就是在实现一定教学目标的过程中将教师和学生密切联系在一起的共同活动，充满对话的教学旨在改善师生对共享探究的理解，而不只是将真理从一位知识专家传播到一位被动的接收者身上。对话使教师和学生相互理解并集体创造着学科与生活，教师和学生的角色得以重建，“学生的教师”与“教师的学生”两种角色不复存在，教师和学生成为同一个过程的共同负责者，在此过程中，他们共同成长，由此不断生成自由思想、独立人格。

专题二　教学过程

学习要求： 理解教学过程的本质特征，掌握不同教学过程的基本阶段，深入中小学观察体验，能运用相关知识对教育实践中存在的问题进行思考分析。

任何教学都是通过一定的过程而展开的，都有其外在形式、内在结构与具体属性，表现为一定的存在状态，这是影响教学的一切内外因素综合作用的结果。教育促进人的发展，教育使人聪明，使人变成“人才”，教育的这些功能都是通过教学过程逐步实现的。

一、教学过程的本质

（一）教学过程本质的不同观点

关于教学的本质问题，我国教学理论界进行了许多有益的探讨，特别是20世纪80年代初期，继教育的本质问题和人的全面发展问题讨论不久，就逐渐开展了对教学过程本质的探讨。关于教学过程本质的观点多种多样，其中具有代表性的观点大致有以下几种：①

1. 特殊认识说

这是一种关于教学过程本质的经典性学说，源于苏联教育家凯洛夫关于教学过程本质的认识。此观念认为，教学过程是学生理解与掌握人类积累起来的科学文化基础知识和基本技能的认识过程，学生的智力、体力发展和品德形成皆离不开知识掌握，都要受认识规律制约。但教学过程不同于一般的认识过程，它具有自身的特殊性。

2. 认识—发展说

这是对特殊认识说提出质疑的一种代表性观点。此观点认为教学过程不仅仅是教师引导学生能动地认识世界的一种特殊认识过程，且也是以此为基础，发展学生智力，培养学生能力，并使学生在体力、品德、人格等方面和谐发展的过程。知识技能的传授和身心发展的促进两者相辅相成，缺一不可：忽视传授知识技能，发展就缺乏坚实的基础；忽视学生身心发展，传授知识、技能就失去了方向和动力。

3. 多本质说

这是20世纪80年代初期至中期具有较大影响力且存在许多争议的教学本质观。持此观点的学者认为，从认识论及心理学、生理学、经济学、伦理学等不同学科角度来看，教

① 熊和平：《我国近20年教学过程本质研究的反思》，《教育与现代化》，2001年第3期。

学过程各存在不同方面的本质；再从时空角度来看，小学、中学、大学不同阶段的教学，一门课程的某一单元、一章、一节课的教学都存在着层次的区别，不能混为一谈。此观点运用辩证唯物主义的方法和系统科学研究问题的方法，主张从多学科、多角度对教学过程进行深入细致的研究。

4. 交往说

联邦德国20世纪70年代出现的交往教学论主张教学过程是一种交往过程，近几年我国许多学者受此启发，也认同并极力提倡此观点。交往说的基本精神在于：教学过程的本质是特定情况下教师与学生的交往活动，教学即交往，没有交往就没有教学。这里的交往包括师生之间、学生个体之间、学生个体与团体之间、学生团体间立体的、全方位的交往活动。此观点侧重于从师生关系的角度来观察教学活动，重视在教学过程中通过师生间的交往活动，促进学生掌握知识、技能，提高能力和形成良好的品德。近几年我国许多学者受此启发，也认同并极力提倡此观点。

上述这些观点之间有差异，主要是考察问题的视角不同，每一种观点偏重一侧面，特殊认识说等侧重于教学过程，认识—发展说侧重于教学价值和功能，交往说侧重于教学关系，这些观点能否成立，关键在于这些观点是否合理阐明了教学的特殊性。

（二）对教学过程本质的基本认识

对教学过程的理解本质上受教育观的影响。传统教育信仰的是“容器理论”，认为教学过程的本质是传授知识；现代新的教学过程观认为，教学过程不是一种单纯的传授知识的过程，而是对生命意义的实现过程，在这一过程中，不仅要实现知识与技能的习得，而且更为重要的是理解生命的意义，使教学活动成为一种“人对人的教育”，而不是人对“物”的塑造和训练。据此，我们认为教学活动是人类实践活动的一个特殊领域，当代教学过程保持和延续着传统教学中的合理特征，但当代教学过程结构更具有复杂性，活动的条件和方式具有多样性，活动过程更具有动态性。随着时代的变化，探讨教学过程本质的理念与方法论也具有新的特点，因此，对教学过程本质应有以下几点基本认识：

1. 教学过程是一种特殊的认识活动

教学过程本质上是一种认识过程（即教学认识活动），确切地说是教师教学生个体进行认识的活动，人类永远需要教学认识活动这种方式传递、延续、发展人类历史经验，培养下一代，促进社会发展。

教学认识过程与人类的一般认识过程具有共同的特性，人类认识过程的普遍规律是支配教学过程的根本规律，首先表现为社会实践是人类认识的目的基础和检验标准，教学过程也必须以一定的社会实践作为基础。其次，人类认识过程是一个辩证运动过程，是一个曲折复杂的过程，必须完成从感性认识到理性认识的飞跃，以及从理性认识到实践的飞跃。人类通过认识过程不仅认识了客观世界，也同时改造着主观世界。教学过程可以使学生正确地认识客观世界，即掌握反映客观世界的科学知识体系；改造自己的主观世界即发展能力，形成科学的世界观，培养一定的道德品质。

但教学认识过程又不同于人类的一般认识或其他形式的认识，它具有特殊性，具体表现为：第一，教学认识过程中学生的认识对象是间接经验。人类的一般认识是以客观世界为认识对象，学生是以间接经验为主要的认识对象，即学生认识的对象是人类几千年文明所积存下来的真理性知识和智慧，以此为中介间接地认识客观世界。第二，教学认识过程具有引导性。人类的一般认识是一个没有专人指导、独立研究和探索未知的过程，期间会经历多次的失败和曲折。学生由于自身在知识、能力等方面的局限性，不能独立地认识世界，他们是在专门教师的引导下进行认识，可依靠前人、他人的实践，依靠语言、文字等传递、记载经验的工具，简捷有效地去保存和占有前人的知识经验，这些知识经验可以提高学生认识的起点，缩短认识过程，发展其认识能力。第三，教学认识过程对学生具有教育性。学生进行认识的过程同时是接受德、智、体、美、劳全面发展教育的过程。正确理解教学认识的特殊性，可将教学活动与其他社会实践活动从根本上区别开来，确立教学过程的相对独立性和存在的价值，立足于教学活动本身，自觉地促进学生的发展。

“教学认识论”在中国的确立及其贡献

教学认识论被认为是我国教学论的一个理论流派，1988年初版和2002年的修订版《教学认识论》被看作是这一理论流派学术主张的代表作。人们说它是一个流派，是因为它有一以贯之、内在高度一致的理论主张，有一支具有共同学术价值观的学术研究团队；更因为教学认识论有比较重要的影响，无论是积极的还是消极的，总是不能被忽略不计、弃之不顾的影响。事实上，教学认识论之所以有重要影响，主要因为它在一定程度上揭示了与普通大众的教学实践相吻合的教学规律，也可以说它是把芸芸众生的教学实践，用系统的、理论化的方式表达出来，形成了由概念和命题组成的、有内在联系的理论系统。换言之，教学认识论不是某些人头脑中想象的产物，不是他们主观演绎的产物，而是人类千百万年来教学实践活动的总结，尤其是对现代学校教学实践经验的总结、提炼。教学认识论对教学规律尤其是对学校教学规律的反映与揭示，凝聚了人类共有的关于教学实践的可贵的认识成果。……它之所以影响巨大，主要是由于它所提出的关于学校教学的基本概念、基本命题，与广大教师的朴素认识多有契合，成为进一步指导广大学校进行教学实践的基本原理。

（郭华：《“教学认识论”在中国的确立及其贡献》，《山西大学学报（社会科学版）》，2015年第4期。）

2. 教学认识与学生发展是辩证统一的

为学生的多方面主动发展服务是教学最基本的立足点。这里的发展即学生个体的发展，包括身体的健康发展、智能水平的提高、人格的完善等，最高层次是形成学生主动发展的意识与创新能力。教学过程中认识和发展既有联系，也有区别。苏联教育家赞科夫也认为，教学与发展是辩证统一的。具体的教学活动既可能促进学生的发展，也可能效果不大甚至阻碍学生的发展，如传统教学压抑学生在教学中的主动精神和探索欲望，这样的教学成为阻碍学生发展的力量。学生的发展也不单纯依靠教学认识，个人的独立活动、同伴之间的交流、接触各种媒体获取信息等都可以影响学生的发展。所以，教学认识与发展两者不是同一种事物，但又有着密不可分的联系，具体的教学活动是“因”，发展是教学认识的“果”,教学的任务和宗旨是促进学生的发展。但学生的发展不是在真空中进行的,教学中教师是通过教学认识实现学生发展的,通过认识掌握各种知识是学生发展的资源和手段。所以,教学认识活动要成为发展的具体过程和措施。当今教学中,教师要善于组织实施认识活动,要在教学认识的科学化、系统化、创造性等方面做出努力,这样才能最终实现教学与发展的辩证统一。

3. 教学认识过程也是教师与学生的交往过程

仅仅将教学过程概括为一种特殊的认识过程尚不足以揭示教学过程的丰富的内涵,稍有简单化理解,便造成教学中师生的单一的主客体关系,不利于学生个性和谐、整体发展。教学过程是教师教和学生学组成的双边活动过程,但不是简单相加,而是有机统一,其统一的实质是交往,这是教师主体与学生主体之间相互作用、相互沟通、相互理解,一起合作、共同发展的过程。教学中的师生交往目的不是一般的交往,而是为了促进学生掌握人类积累起来的文明经验,促进学生发展,交往要服务于学生掌握人类文明经验和学生身心发展需要。在这方面,国外一些学者也提出了自己的见解:德国交往教学论流派把教学过程视为一种交往过程,即教师和学生的互动过程,师生交往、互动的目的是“解放”学生。俄罗斯学者季亚琴科更明确地提出了教学的交往本质观,在他看来,“教学是有知识和经验的人与要获得这些知识和经验的人之间交往的特殊场合”。① 因此,现代教学是为了学生的发展,师生间在认识上、伦理上、情感上进行着多层次的综合交往,是师生智慧、人格的碰撞与融合的过程。无论在班级授课,还是在分组教学、合作学习等侧重于师生群体合作的教学模式中,没有教师与学生多种多样的交往,教学认识活动就无法有效进行。从这一意义上说,交往是教学认识的前提和条件,教学认识成为交往的内在成分和结果,因此,没有交往就没有教学。

教学作为文化交往实践:理解课堂教学的新视角

关于知识传递的教学理解,以教学的知识传递功能遮蔽了教学的文化交往属性,产生了知识教学的异化,使教师难以从更为广阔的视域、在更深层次理解课堂教学的本质与价值。实际上,教学不仅仅是知识传递行为,更是文化交往行为。因此,将课堂教学理解为经由知识传递而至文化交往的实践行动,是一种更为靠近课堂教学本真的理解路径。这种新的课堂教学的理解路径,主张教师不仅需要从知识传递功能理解教学,更要从文化交往维度理解教师和学生作为文化不同主体及彼此的文化差异对教学的影响。它为深化教师对课堂教学的理解,从更广阔的视域审视教师自己的教学行动,获得更为深刻全面的专业认同和促进学生发展提供了新的思考视角。

(程宏良:《知识传递与文化交往:课堂教学的路径审视》,《西北师大学报(社会科学版)》,2015 年第 4 期。)

① 王本陆:《教学认识论三题》,《教育研究》,2001 年第 11 期。

鉴于以上几点认识，我们认为，教学过程是以师生交往为基础，学生在教师有目的、有计划的引导下借助于多种教学媒体自主活动，主动地建构知识，获得多方面发展的过程。

二、教学过程的基本阶段

教学过程的基本阶段（或环节）是教学活动开展的基本程序。在教育史上，中外教育家都从不同角度进行了系统的分析和研究，提出过多种多样的理论，如前面提到的我国孔子的学、思、习、行，赫尔巴特学派的“五段教学法”，杜威的“五步教学法”等。20世纪50年代后，对我国教学过程基本阶段研究有重大影响的主要是苏联教育家凯洛夫的教学理论。他在所主编的《教育学》一书中，指出系统地传授和学习知识的过程是六个阶段或环节：学生进行学习的诱因；学生感知新教材；观念与概念的形成；知识的巩固与复习；在运用知识的过程中学生的技能、技巧的形成；对于学生掌握知识的技能和技巧情况的检查。现代教学出现了多种形态，除了教师引导学生主动掌握知识技能的活动外，还有教师引导下学生的自主探究等，不同的教学过程具有不同的阶段划分。

（一）引导学生掌握知识的基本阶段

1. 学习动机激发

教学过程中教师是教学过程的规划者和实施者，教师首先要明确教学目的和目标，在研究教学过程特点的基础上，针对教学目标和任务，激发学生的学习动机。学生的学习动机是学生进行学习和探索活动的心理倾向，在教学过程中起调节作用，学生只有具备良好的学习动机，才能积极参与教学过程，使教学要求顺利转化为内在的学习愿望。作为教师，要了解学生的学习动机存在外部动机和内部动机，而对学生学习和发展来说，外部动机也能起一定作用，但内部动机是促进学生学习的真正动力。内部动机更能激发学生在学习过程中克服困难、获得成功，更能促使其充分感受自己的学习成功和快乐。因此，教学中教师更应注意内部动机的激发。激发学生内部动机的方法很多，例如：向学生提出问题、创设问题情境以引起学生的思考，使他们感到需要去掌握新知识技能；注重知识内容的趣味性，引起学生对学习的直接兴趣；通过学习目的、理想教育激发学生的学习责任感；等等。激发学生学习动机的方式方法无固定模式，教师可根据教学内容、学生年龄等方面的特点，发挥自己的创造力，展现自己的教学艺术。

2. 领会知识

这一阶段是在教师的组织和指导下展开教学活动，教师的任务是要对教学内容进行创造性加工，选择最佳的方法、形式，培养学生的观察力、思维能力、记忆能力和想象力，使学生获得知识技能、个性品质等。学生的任务是要在教师的指导下，积极地进行智力活动，正确地认识和理解教材的基本概念。

这个阶段是教学过程中最重要、最复杂的阶段，它又往往由以下两个小的阶段组成。一是感知阶段。教材是人类理性认识的成果，学生在学习中难免感到抽象，只有凭借自己的生活经验和有关的感性知识才容易理解教材中的知识。教师的任务就在于使学生尽量扩大感知领域，教会学生观察，形成正确的感性认识。二是理解阶段。这是学生掌握知识过程的中心环节。学生要理解知识的概念和定理，掌握事物现象的本质和规律，教师要善于引导学生对获得的感性认识进行分析综合或抽象概括,实现由感性认识向理性认识的飞跃,培养学生的逻辑思维能力。

3. 巩固和运用知识

巩固知识是引导学生把所学的知识牢固地保持在头脑中,以便需要时能准确地再现出来。在巩固的基础上运用知识,主要指教师引导学生动口、动手,进行反复的操作和练习,使从教材中获得的概念、原理、公式能运用于学习和生活的实践,解决实际问题,加强教学与社会实际生活的联系,并进一步开发学生智力,培养创造性解决问题的才能。

4. 检查和评价

这是对一定时间内教学效果的检查和评定。这一阶段包括两个小阶段。第一个阶段是检查阶段:教学中经过一段时间的教学,学生知识掌握的情况如何、技能技巧的形成如何、其他方面的发展如何,需要通过检查来确定。检查主要包括两方面:一是教师通过一定的方式检查学生。可以通过课堂提问、检查各种课内外作业、进行各种测验等进行,教师通过检查,获得有关教学情况的反馈信息。二是学生自我检查学习情况。学生自己从教师的课堂评价、作业批改结果、测验结果等方面进行自我反省、自我总结,发现自己的成绩与不足。第二个阶段是评价阶段。即教师针对获取的各种信息进行分析,分析学生在各方面的进步与不足,包括学生知识掌握的数量和质量、技能技巧的数量和质量,特别要注意学生学习能力、学习态度、精神状态及不同学生的发展差异和教学中存在的问题,及时调整学习的内容、步骤、方法及对学生的要求等,以便在下一阶段的教学中扬长避短,提高教学质量。学生也要针对自己的检查结果进行自我分析,以便更好地掌握知识、技能,形成自我检查的能力和习惯,学会学习。从整个教学过程来看,检查、评价应贯穿始终,使教学过程处在不断的反馈调节、控制之中,必要的情况下,可以在某一时间内、某一专门的阶段集中进行。

以上教学过程的阶段反映了引导学生掌握知识为主的教学活动的时间流程或逻辑历程。这往往是一个教学周期的几个阶段,理解这些阶段,需要注意以下几方面:第一,教学过程是一个教与学的辩证统一过程,因此,每一个阶段都有教师教的活动和学生学的活动,教师始终起主导作用,学生是学习的主体,教师的教是为了学生的学。第二,一般说来,教学过程各阶段的开展有一定的顺序,但不是绝对的,它们之间也可相互穿插,例如,引起学生的动机、调动学生的学习积极性应贯穿教学过程的始终,检查、评价也应注重在感知、理解、巩固、运用等小阶段中随时进行,对教学过程随时调控,因此,不可将此教学阶段模式化、固定化,可根据教学目标、教材内容、学生发展水平、教师自身素质及教学许可的条件,对这些基本式做些改变,灵活地加以应用。具体案例见第六篇之"教学设计"部分的教案内容。

(二)引导学生自主探究的教学基本阶段

当代教学不仅要学生掌握大量的系统知识,更强调学生要体验获得知识的过程,掌握学习和研究知识的方法。我国2001年开始的新一轮课程改革倡导探究教学,既是对传统的接受式教学的补充,也是对以接受式教学为主的传统教学的改革。

在自主探究教学实施过程中,一般是在学生学习概念和原理时,教师有目的地引导学生从问题出发,为学生提供时间和空间,让学生自己通过阅读、观察、实验、思考、讨论等方式去主动地探究，通过亲身实践和实际操作，提高解决问题的能力，并在实践与研究过程中理解知识原理，形成自己的概念，同时也学会了研究科学的方法。在此教学过程中，学生的主体地位得到了确认，学生的学习与探究知识的能力会获得提升。这一教学过程的主要阶段有：

1. 创设问题情境

自主探究式教学以问题为中心，学习活动主要围绕问题展开，探究式教学的出发点是设定需要解答的问题，这是探究的起点。需要注意的是，这里的问题往往是带有一定难度和挑战性的问题，是需要学生经过思考、分析和探究等才能解决的问题，所以问题应具有很强的启发性和吸引力，教师只有根据教学目的和内容，准确把握学生的智能基础和兴趣特征等，精心考量，才能提出难度适度、逻辑合理的问题。

2. 自主探究与问题解决

学生在富有开放性的问题情境中进行独立或者合作探究，这是自主探究教学的关键阶段，教师要指导学生拟定合理的研究计划，选择适合的研究方法，学生可以在质疑问难中探究，在观察比较中探究，在矛盾冲突中探究，在问题解决中探究，在实践活动中探究。同时，要求教师提供一定的探究条件或必要的参考资料，由学生自己动手去查阅和实践操作，最终寻求问题的答案。根据问题的特点，这个过程可以由单个学生独立完成，也可以由多个学生分组合作完成。如果独立探究，要注意启发学生独立思考，学生不明白时可适当点拨，诱导探究的方向。如果是小组合作探讨，要注意指导学生的分工合作，培养学生寻求合作的团队精神。在探究过程中，教师必须进行准确的角色定位，处理自己“引”和学生“探”的关系。教师是探究过程的组织者、促进者和顾问，其基本任务是启发诱导，不断激发学生的探究兴趣与探究的责任感，鼓励学生进行各种大胆的猜测与想象，教师要做到既不过多干涉、控制甚至代替，也不放任自流。

这一阶段探究的最后，学生要对实验或其他方式的探究过程或者查阅的资料进行总结梳理，自己探究、发现新事物得出自己的结论并加以解释、论证。可能不同的学生或者小组就同一问题研究后会有不同的解释或看法，教师既要尊重学生的创造性，又要注意科学性。

3. 交流、分享探究成果

在课堂上，探究得出结论后要让学生交流、分享探究成果，在互相交流中，学生们不同的思维相互碰撞，多种多样的探究方法可以相互启发，特别是交流中所提出的问题，以及普遍存在的模糊认识和不同的结果可以引发大家的质疑和再思考，要使学生思维碰撞，促进学创造性思维的发展。这个过程同时也要让大家分享探究过程与结果的快乐。这一阶段可以让学生自由发言、展示，也可以让不同探究小组交流、展示。

在此阶段，教师要密切关注学生汇报交流中存在的问题，及时进行调整和引导；交流展示中要充分调动每一个学生的积极性，善于捕捉“闪光点”，尤其是思维与探究结果的独特性、创造性，给予学生肯定和鼓励，要使各个层次的学生都得到锻炼与提升。学生不仅真正成为学习的主人，能主宰自己的学习过程，也成了真正意义上快乐的学习者。自主探究的学习过程也给教师提供了向学生学习的机会，教师要有开放的心态，善于从学生的探究过程和成果中汲取智慧，发展自己，与学生教学相长、共同发展。

提倡自主探究式教学是对我国传统应试教育反思的结果，这一教学过程是培养学生创新精神和实践能力的重要途径。现代教学越来越重视每个学生的终身学习与发展，越来越关注每个学生潜能的开发和个性的发展。自主探究教学过程改变了原有教学过程、教学条件下偏重于对知识的记忆和理解，立足于教师传授的特征，它激发了学生生命的灵气和学习的乐趣，开发了学生智慧的潜力，培养了自主学习和探究的能力，改变了一味强调"接受式"学习的教学定式，使学生的独立性、能动性真正得到张扬和升华，实现了学生思维与个性的解放，符合学习的本意和目的，符合学生自身发展的规律及教学规律。以下某教师设计的探究教学过程片断充分显示了这些特点。

教学过程

1. 情境引入

(1) 网上图片及新闻：① 三峡电站大型发电机定子；②"神舟五号"飞船巨大的太阳能电池帆。

(2) 学生利用自制的实验器材演示：① 磁铁移近不闭合的铝环，磁铁移近闭合的铝环；② 小磁铁从铝管中竖直下落。

(3) 网上资料：① 奥斯特"电生磁"实验；② 法拉第"磁生电"的设想及其电磁感应现象的发现。

2. 实验探究

(1) 学生分组进行实验探究

实验方案　有无电流

实验1：条形磁铁在线圈中　插入____________
拔出____________

实验2：线圈A在线圈B中　插入____________
拔出____________

实验3：线圈A在线圈B中不动，
开关　闭合____________
断开____________

实验4：线圈A在线圈B中不动，
滑动变阻器的电阻　增大____________
减小____________

实验5：(自己设计实验方案)____________

遇到的困难：____________

存在的问题：____________

产生的疑问：____________

萌发的设想：____________

实验的结论：____________

(2) 小组讨论、汇报实验情况。

(3) 多媒体演示：实验现象分析归纳。

感应电流产生的条件：(1) 闭合回路；(2) 穿过闭合回路的磁通量发生变化。

3. 拓展应用

(1) 多媒体演示：学生练习：矩形线圈穿入、穿出磁场，完全在磁场中平动，能否产生电流？

(2) 拓展实验：闭合线圈在地磁场中产生感应电流。

(3) 设计实验：利用较长的铁钉一根、漆包线若干、干电池一节、检流计、开关、导线等器材，设计一个合适的电路，验证产生感应电流的条件。

(4) 思维拓展：

活动1：有小直流电动机、石英钟、导线等器材，如何使石英钟走动？

活动2：有录音机、线圈、磁铁、导线等器材，用两种以上方法使录音机发声。

4. 历史回眸

网上阅读有关法拉第的资料，回答下列问题：

(1) 法拉第发现电磁感应现象有什么意义？

(2) 你从有关法拉第的资料中学到了什么？

5. 作业

(1) 观察磁带、磁盘、磁卡，思考为什么磁带要“走”，磁盘要“转”，磁卡要“刷”。

(2) 自制简易发电机。

(3) 上网查阅有关电力方面的资料。

（段玉文：《新课程背景下探究式教学案例分析》，《物理教学探讨》，2004年第11期。）

上述案例是一个探究式学习的课堂教学设计，整个设计贯穿了学生自主建构知识这一主线，抓住了探究式学习的本质和核心，充分调动了学生学习的主动性，体现出以下几个特点：一是拓展了探究的时空，扩大了教学资源；二是激发了探究的欲望，引发了思维认知冲突；三是让学生体验了科学探究的一般过程，领悟了科学研究的方法。本案例在学生构建知识的过程中，精心设计了问题，设置了障碍物，构建了一个充满适度竞争与阻碍的动态系统，创设了一个探索表达，分享思想、计划和产品的自我完善的时空，还给了学生进行意义建构和知识建构的学习领地，体现了学生知识自主建构是探究式学习的本质与核心这一教学思想。

专题三　教学规律与原则

学习要求：掌握教学过程基本规律的内容，理解我国中小学主要教学原则的内涵与贯彻要求，能用这些知识评价中小学教师的教学实践。

一、教学过程的基本规律

教学过程是由多个成分相互联系、相互作用而展开的动态运行过程，教师、学生、教学内容、教学方法和手段组成了教学过程的基本要素，如果课程是乐曲，教学过程是一首歌，这首“歌”就是由教师、学生、教学内容与教学方法和手段组成的四重唱。这一过程纷繁复杂，存在多种关系的相互联系与作用，关系反映着教学过程的规律。正确理解这些内容，有助于教师形成正确的教学理念，科学地进行教学实践。

（一）直接经验与间接经验相统一的规律

直接经验是学生通过亲自活动、探索获得的经验；间接经验是指他人的认识成果。间接经验与直接经验相结合，反映了教学中传授系统的科学文化知识与丰富学生感性知识的关系、理论与实践的关系、知与行的关系。

1. 学生认识的主要任务是学习间接经验

间接经验是前人实践经验的总结，这种学习是由教师引导学生掌握前人发现、创造、积累的人类的社会经验，学生把这些经验内化为自己的经验，使其成为自己认知事物、分析问题、处理问题及发明创造的工具的一种学习方式。在教学中，学生主要是学习间接经验，以间接经验为主组织学生进行学习，这是学校教育为学生精心设计的一条认识世界的捷径。

间接经验学习的主要特点有以下几方面：一是教师是主导者；教学中教师的教学水平、道德素质和知识储备等对学生的学习有直接的影响。二是教学内容是确定的；学习的内容主要由教材或是教师以定论的方式呈现，学习者的任务就是接受以定论形式呈现的知识。三是强调学习者的原有知识；间接经验学习是以一种个体经验的形式去掌握社会历史经验的人类学习的过程。学生的原有知识体系是学习新知识的基础。四是学生通过对知识的量的积累促成能力的养成，情感和态度作为实现知识强化记忆和运用的一种辅助手段，在教学中仍然以认知目标为主，以知识的传承为核心要件。

间接经验学习有着不可替代的优点：一是间接经验学习可以使学生在相对较短的时

间内掌握大量的科学文化知识。人类在长期的实践认识活动中积累了丰富的科学文化知识。二是间接经验学习有助于培养学生从书本中获取知识的习惯和能力，使学生能适应终身学习的需要。三是间接经验学习的成本低。与直接经验学习相比较，间接经验学习对教育设备、设施的要求较低，经济易行。但间接经验学习过程需要注重方式方法，因为间接经验学习在培养学生的探究精神、创造精神和动手实践能力方面不如直接经验学习的方式，容易使学生机械学习，要不断改革传统的传授式的间接经验学习方式。

2. 学生学习间接经验要以直接经验为基础

直接经验学习是学生通过自己再发现知识形成的步骤，以获取知识并发展探究性思维的一种学习方式。在直接经验学习中，学生的主要任务不是接受和记住现成的知识，而是参与知识的发现过程；教师的主要任务也不是向学生传授现成的知识，而是为学生发现知识创造条件和提供帮助。直接经验学习的基本过程是先由教师创设情境，使学生在这种情境中产生矛盾，从而进行积极、主动的思考，提出要解决的问题和设想；然后经过分析和操作等过程，对学习对象进行加工、改组；最后从中归纳出结论，并用之来解决新问题。要使人类的知识经验转化为学生真正理解掌握的知识，必须以个人以往积累的或现实获得的感性经验为基础。

直接经验学习的特点如下：一是学生在学习中具有主动性，如学生针对一个具体的问题探究可以自己搜集各方面的材料进行推理、实验等。二是学习内容与学习结果的不确定性。学生通过推理或是实验后得出的答案是不能确定的，更有利于发挥学生的想象力与创造精神。三是知识的零散性。学生通过实验所得到的知识是一个相对零散的、独立的知识体系。四是学习过程中需要主动参与其中，通过亲身经历，运用知识，转化知识，最终获得知识。五是学生在主动获取知识、运用知识、训练技能、人际交流、表达情感态度等方面都能得到锻炼，从而形成个性化的能力素质。六是学生在探究的过程中，不断体验各种不同的情感和态度，这种经历使他们的探究更具个体价值，对其发展的影响是深远的。

直接经验学习具有很重要的发展价值，它的优点是：可以培养学生的主动学习、实践技能及推理能力；有助于培养学生深入问题本质内部，对一个问题的处理能根据具体的情况提出最优化的解决方案。但仅仅学习直接经验具有局限性，学生学习知识的量在一个相对的时间内较少，知识来源渠道较狭窄，学习成本较高，需要各种实践条件，如实验室、各种器材、时间和场所等。

直接经验、间接经验同样重要，不可偏废：过分强调间接经验，会陷入经验主义泥潭；一味强调直接经验，又会陷入瞎摸石头的困境。直接经验与间接经验相结合的规律，要求我们在教学过程中正确处理直接经验与间接经验的关系，既要防止过分强调系统知识传授，又要防止过分重视学生个体经验的积累。

（二）教师主导作用与学生的主体作用相统一的规律

教师与学生是组成教学活动的主体性要素，离开了教师与学生，教学就失去了存在的前提。每一个教师和学生总是生活、发展于自己所参与、构建的教学世界之中，相互影响、制约，同时又不断地创造新的教学生活和世界，因此，教学活动是师生共有、共存的过程。我们可以把它看成教师与学生的创造物，同时又是教师与学生不断发展、自我完善、自我实现的手段。教学中,教师与学生存在多种关系,其中认识关系是最基本的关系,正确地认识教学过程中教师与学生的地位和作用,是教学有助于学生成长和教师提高的前提。

长期以来,人们对教师与学生主客体的关系存在不同看法,争论不休,主要有以下几种:教师唯一主体论、学生唯一主体论、教师与学生是复合主体论、学生既是客体又是主体论。这四种观点代表了教育理论界对教师与学生主客体关系的重要看法。如何将教与学统一起来,从总体上把握教学过程中的主客体关系,依然是目前和今后教育理论研究的关键课题。在具体的教学过程中,谁是主体,谁是客体,关键看谁是活动目的的确定者和活动过程的支配者。在教的活动中,教学目标的确定者是教师,教学过程由教师安排计划,检查考核也由教师组织进行,教师当然居于主体地位,学生是客体,教材是中介。就学生学的活动而言,学生自己提出学习目标,根据自己的需要和愿望,用自己喜欢的方式来学习,是认识活动的积极计划者、执行者,有时还进行自我检查。这时,学生的学习完全在自主的状态下进行,学习的效果、质量很大程度上由主体能动性决定;这时,学生成为主体。教学中有时目标与过程由教师和学生共同确定,教师与学生共同构成主体。所以,教学中的主客体关系是具体的、复杂的,不能用一种简单的模式去确定。

1. 充分发挥教师的主导作用

作为具有主体性的教师,首先要积极主动地、自觉地把握好自己教的活动,明确自己所肩负的教育责任,自觉地履行各种教学义务,把自己看成知识文化的传播者、解决问题的顾问、学生学习的促进者、人格的表率、帮助学生走向自我实现的人,要发挥帮助学生寻求获取知识的方法,以及促进学生个人才能的最佳发挥和自由人格的发展的作用。要做到这些,关键是要掌握学生的特点和学习规律,作为主体性的发挥的依据。否则,教师主体性的发挥就可能是盲目的,达不到预期的目的。其次,教师的主体性还包括创造性。因为教学工作是一项创造性很强的工作。教学中,不少学生已不满足于教师和书本提供的现成结论和结果,他们思考的新颖的解题方法、对某些现象的独特见解,都是发挥自己主观能动性的成果。学生的创造性客观上要求教师有更高的创造性,没有教师的创造性,学生的创造性发展可能会受到阻碍,甚至泯灭。如今,以创新为标志的知识经济时代已经来临,这对教师的创造性提出了更高的要求。在今后的教学工作中,既需要教师兢兢业业,具有对教育事业的献身精神,更需要教师以创造的意识与创造的能力去研究教育教学中的新现象、新课题。最后,发挥教师的主体性,应反对"教师中心论"。我们强调教师在教学中的主体性,是针对教师能否发挥学生的学习主体作用而言的,必须与传统的以赫尔巴特为代表的"教师中心论"的观点区别开来。"教师中心论"过分强调教师在教学过程中的绝对权威,强调发挥教师对教学过程的绝对支配作用,学生只能顺从教师的教导,这就把教师对学生的主导作用夸大到了"主宰"的地步,无视学生的主动性,使教学死板、被动,不利于培养学生的自主精神和创造才能,与现代社会发展对教育的要求格格不入,必须摒弃。

2. 培植和发挥学生的主体性

现代教学作为一种培养人的社会实践活动,是以增强学生的主体意识、发展学生的主体能力和培养学生的主体人格为目标的,应通过活动来引发学生主体与环境客体之间的相互作用,从而塑造和建构教学活动主体,促进学生主体性的发展。一切教学活动都离不开学生主体性的发挥，学生是学习活动不可替代的主体。西方建构主义学习理论认为，第一，学生学习不是被动地接受外在信息，而是根据先前的知识结构积极主动地建构知识。第二，这种建构过程是双向的。一方面通过使用先前认知结构中的知识建构当前事物的意义，以超越所给的意义；另一方面，被利用的先前的知识也随着情景的变化而重新建构，由于要进行双向建构，学习者必须积极参与学习，必须时刻保持认知灵活性。第三，学习者的建构是多元化的。由于事物的复杂多样，每个学生的认知兴趣、情感、先前认识结构等又存在差异，因此每个学习者对事物意义的建构将是不同的。建构主义理论揭示了学生主体性的发展内在于教学过程之中，其发展的程度取决于教学过程中学生自主构建的水平，而学生自主构建的水平又取决于教师的引导和教学情境（教学空间、课堂师生人际关系、课堂生活质量、课堂心理氛围等）的质量，设计教学情境和教学过程要以学生主体性的发展为目标导向。

根据建构主义学习理论，我们在教学中培植和发挥学生的主体性应注意以下几点：首先，教师要认识到发展学生的主体性是教学的首要目标，也是教学动力的源泉，是有效教学的内在依据，它与学生知识生成、人格丰满是同一过程的不同方面，没有学生的主体性，知识教学就成为简单的灌输。如果学生的学习靠外在力量驱使，教学过程就会失去活力和乐趣。其次，教学过程是学生知识的重组、改造和丰富的过程，是在一定的情境中学生主体通过活动和交往建构而成的，教学要积极创设良好的课堂教学情境。物质的设备条件固然是重要的，但尤其重要而又常被教师忽视的是课堂的氛围。教学中教师与学生之间要相互尊重、相互理解和相互信任，发展师生之间和学生之间的情谊，教师要对学生尤其是后进生多一些提醒和鼓励，少一些责备，使学生产生心理安全感。改教师“一言堂”为师生“群言堂”，正如有些学者给课堂教学“新定位”所说的那样，课堂应该像个“家”，让学生要有亲切的归属感，在课堂的大家庭里能十分自由、愉快地生活；课堂又应该像个“俱乐部”，在这个课堂里，学生具有双重身份，既是学生，又是俱乐部成员，每个人都可以自由地发表意见，自由地参与教学活动。再次，根据教学目标和教学内容的特点，进行集体教学，也要实施指导个体化学习；要统一要求，也要分层次、有区别地教学，为学生个性发展提供时间和空间。应把几者有机结合起来，既保证达到国家规定的标准，又因材施教，照顾学生的个别差异。作为教师，要关注每一个学生的学习状态和发展潜能，引导不同层次水平的学生在不同方向、领域和不同层次获得符合自身需要的发展。最后，重视学生的合作学习与竞争学习。重视合作学习，让所有学生充分参与教学活动，给所有学生以充分表现智慧与才能的机会，可以发挥学生在学习中互教共学的积极性和学生相互交往的教育、发展功能。开展学生之间的竞争学习，变被动学习为主动学习，能培养学生的自我发展能力。要努力在教学中使合作学习、竞争学习二者兼容并存，构建以发展学生主体性为目的的多边互动的课堂教学结构。以上我们强调教学中要通过多种方式和途径培植和发挥学生的主体性，但不同于杜威强调的“学生中心论”。“学生中心论”强调教育的一切措施都围绕着学生转，教师的主动性、主导作用被放在次要的位置上，使学生的学习陷入了盲目的探索，违背了认识规律与教学规律，必然导致学生发展受阻。所以从教与学的统一性出发，教学过程中任何时候都应是两种积极性的发挥，片面夸大或否定任何一方都是有害的。

（三）知识掌握与能力发展相统一的规律

知识与能力既相联系又有区别，知识是能力发展的基础，是思维的依据和源泉，如果没有充实的知识做基础，能力也很难获得发展；能力是掌握知识的前提，能力发展水平的高低影响着对知识的掌握。教学过程中知识掌握与能力发展都是重中之重的任务，如何处理好这两者的关系，是各派教学理论争论的焦点。近代教育史上形式教育论和实质教育论曾经有过长期的争论：形式教育论主张教育应训练学生的思维形式，知识掌握是次要的，重要的是能力发展；而实质教育论认为教育的主要任务是使学生获得丰富的、对实际生活有用的知识，至于能力，则是不需专门训练的。这两派理论都有合理的一面，也有其片面性。正确认识和处理好知识掌握和能力发展的关系是有效教学的前提。

1. *知识掌握是能力发展的基础*

当前的课程与教学改革中，有一些学者认为随着知识爆炸时代的来临，掌握知识已经不重要了，重要的是掌握获取知识的方法，所谓“授人以鱼”不如“授人以渔””；有人甚至提出，当前的基础教育要整个地从“知识中心”转移到“能力中心”，从“学会知识”转移到“学会学习”。表面一看，似乎很有道理。但其中也有值得商榷之处，难道知识掌握和能力发展水火不相容吗？就知识掌握与能力发展的关系而言，知识掌握应该是能力发展的基础，掌握知识可以促进学生对人类社会文化的了解，为能力发展奠定基础，人们常说的“无知必无能”蕴含着知识掌握对学生能力发展的基础作用，离开了知识掌握，能力发展就成为无源之水、无本之木。所谓能力，无非是运用知识解决理论和实践问题的熟练程度。虽然不能说能力和知识绝对成正比，但这种熟练程度的高低从根本上取决于问题解决者对与问题相关的知识的熟悉程度，对解决问题的各种方法的掌握程度。在某一问题上知识缺乏或知识结构不合理的人，必然缺乏解决那一问题的能力。因此，在教学中我们强调方法和能力目标重要性的同时，不应该忽视和弱化知识掌握的目标，否则就会阻碍学生的能力发展。

2. *在知识掌握中培养能力*

我国2001年制定和实施的《基础教育课程改革纲要》中明确提出，新课程实施过程中应倡导“学生主动参与、乐于探究、勤于动手”，以实现“培养学生搜索和处理信息能力、获取新知识的能力、分析和解决问题的能力以及交流合作的能力”的目的。为达到这些能力培养的目的，必然要求我们在教学中注意知识与知识、知识与生活、知识与实践、教师与学生间关系的协调、处理，实际上是如何让学生在获得知识的同时能力得到发展与提高，在能力得到提高的同时又增加对知识理解的深度和广度。苏联教育家苏霍姆林斯基告诫教师，教学中不要让知识和能力关系失调，他认为能力和知识之间的关系失调，表现为学生还没有具备作为掌握知识的工具的那些能力，可是教师已经把源源不断的新知识硬塞给他：快点掌握，别偷懒！这样的学生就好比没有牙齿的人，他被迫地把没有咀嚼的整块食物囫囵吞咽下去，开始时感到胃里不舒服，以后就生起病来，以致无论什么也不能吃了。这一形象的比喻会给我们带来思考和启示。

教学的目标是要让学生在知识掌握和能力发展上得到双赢，但知识掌握与能力发展之间不是自然而然的生成关系，如何在知识掌握的过程中发展学生的能力呢？关键是不要让知识变成不动的、死的“行装”，而要使它们在学生学习和交流的过程中活起来。因此，一要注重科学、合理、高效的结构化知识的教学，帮助学生建立良好的认知结构。在知识的掌握中，要实现结论与过程的统一。传统教育的最大特点是，学生所接触的只是一些看似确定无疑的、不存在任何对立与冲突的“客观真理”，学生经过学习只是熟悉了一些现成的结论并形成对这些结论确信无疑的态度，这种重结论轻过程的教学只是一种形式上走捷径的教学，把形成结论的生动过程变成了单调、枯燥的条文背诵，从源头上割裂了知识与能力的关系。二要实现教学方式、方法的转变。不是任何一种知识的教学都能有效地发展学生能力。学生能力的发展不仅与掌握的知识特点有关，更重要的是与他们掌握知识的方式、方法、态度紧密相关。从培养学生能力出发，教师要转变观念，加强教法研究，注重对各种知识信息的分析、加工与综合，要着力促进学生学习方式的转变，教会学生思考、探索。传统的接受学习要改进，更要倡导学生的自主学习、合作探究性学习。要通过科学正确的评价来引导、激发学生不断地探索、创新，使掌握的知识有效地转化为能力。

（四）传授知识与思想教育相统一的规律

此即教学的教育性规律，指教学过程既是传授和学习系统的文化科学知识的过程，又是学生在掌握知识的基础上接受思想品德教育的过程。

教学为何具有教育性？从社会要求看，教学活动是按照一定社会或阶级的要求来开展的，受社会意识形态的制约，并服务于一定社会的政治制度；从教学内容看，科学知识本身具有思想品德教育的因素；从教学手段看，教学组织形式、教学方法也具有教育因素；从教师看，教师是具有一定思想观点的人，在教学中总是表现出一定的立场、观点和个性特征，从而对学生产生影响。在教学过程中，教师永远起示范作用，对学生的价值观和世界观有影响，从学生的角度看，学生的学习目的、思想状况和学习态度，对学习的积极性也起着决定性的作用，也具有教育性。因此，正如赫尔巴特所说，“我想不到任何无教育的教学”，所以教学永远具有教育性。当代有学者也认为，教学“是人类的一项善举”，“是一系列意在给学生带来期望变化的‘善’的实践活动”。①

1. 传授知识与思想品德教育具有统一性

首先，传授知识的过程和思想品德教育的过程共存在于教学过程。教学过程不仅要传授知识，同时还要形成学生的道德品质和世界观的基础，以及促使学生的兴趣、情感、意志、性格等的发展。知识是对客观事物的认识，思想品德是在认识过程中产生的对客观事物的态度和形成的心理个性，两者是同一事物的两个侧面。传授知识与思想品德教育，在教学过程中统一，进而促进学生身心全面发展。知识是思想道德形成的基础，思想品德的提高为学生积极的学习知识提供动力。其次，传授知识的过程与思想品德教育的过程是相互渗透的。思想品德教育的过程中要解决学生对客观事物的态度问题，而态度问题的解决离不开学生对客观世界的认识和改造，学生正是在认识客观世界的过程中形成自己的态度，传授知识过程中以什么样的态度去认识和改造客观世界，这就需要思想品德教育的保证。

2. 传授知识不等于自然提高了学生的思想品德水平

传授知识与思想品德教育共存于同一教学过程，但是，同一教学过程中的两个不同侧

---

① 杜芳芳：《教学实践的伦理品性及其彰显》，《中国教育学刊》，2013年第4期。

面并不是完全同步发展的，在教育实践中，有人认为"学生的知识学多了，自然明事理"是错误的。任课教师要在传授知识过程中，按各科自身的教学特点，自觉地、有意识地在课堂教学中渗透思想品德教育，培养学生良好的学习态度、学习习惯和良好的意志品格，使学生养成文明行为习惯。但是，还要注意，传授知识与思想品德教育还存在差异性。知、情、意三种因素可以在传授知识的过程中实现，道德行为则要求进行行为训练，只有正确认识传授知识与思想品德教育之间的统一性、差异性，教师才能做到知识教学时不断挖掘教材的思想教育因素，克服只教书不育人的倾向，同时又防止教学中进行思想品德教育的自然主义和形式主义。要寓德育于教学之中，做到教书育人。

（五）认知发展与情感发展相统一的规律

认知因素和情感因素在教学过程中是同时发生、交互作用的，教学过程如果没有学生认知因素的参与，教学任务不可能有效地完成。同样，如果没有情感因素的参与，教学活动不能发生也不能维持。教学中忽视了学生的情感发展，会把生动、复杂的教学活动囿于固定、狭窄的框框之中，产生"教师无激情，学生无热情"的现象，这是"丢掉了一半的教育"（日本教育家井深大语），最后只能导致"学生知识虽然丰富，但缺乏真正的感动之心和体谅"（日本学者丸山敏秋语）。面对当今和未来社会，我们要培养全面发展的"完人"，帮助学生创造完满的人生，必须使教学改变单一的认知，促进认知与情感兼顾，实现学生情感与认知的协调发展。

1. 教学既是一个认知过程，也是一个情感过程

认知指人们认识事物的整个心理过程，包括了观察、记忆、思维、想象等一系列具体活动过程。教学过程首先是一个认知过程，教与学的内容无论是知识性的，还是技能性的、思想性的，都可归结为认知信息，教学过程也可以归结为认知信息的传递与转化，最后产生各种认知结果。教学过程中存在两大认知系统，即教师教的认知系统和学生学的认知系统，教师教的活动与学生学的活动构成了一个动态的统一体。

情感是人对客观事物的态度的体验。它往往作为感情、内心体验需要、愿望价值追求等一系列心理现象的统称。教学过程也是情感过程，组成教学过程的教师、学生、教材内容都存在着情感因素，这些构成了教学中丰富而复杂的情感现象的三个源点。教学过程也是教师与学生的情感交流过程，其交流主要通过两条途径进行：一是通过学生的认知活动过程形成情感的交流；二是通过教学中的人际交往进行情感交流。课堂教学中教师全身心投入、充满激情地教，学生主动参与、充满感情地学，使认知活动与情感交流活动相伴而行。

2. 教学要注重认知发展，也要注重情感发展

认知活动过程与情感活动过程存在统一性，有学者认为认知活动过程与情感活动过程有机组合，可以产生"总体大于部分"的系统效率，学生如果每天保持好心情的话，那将是认知发展的基础保证。有学者研究中学生在情绪难过、平静、焦虑的状况下创造性如何，后来发现愉快的相对于难过的、平静的相对于焦虑的创造性会大大提高，这就是说好的心情能提高学生的创造性、记忆力和智商。在所有非智力因素中，只有情感能够直接影响智力因素，直接影响认知活动。因此，我国基础教育课程改革强调"知识与技能""过程与方法""情感、态度和价值观"的三维目标，强调关注"情感、态度和价值观"在教学中具

体表现为：在掌握知识和发展能力的同时，要关注学生的情绪生活和情感体验，关注学生的道德生活和人格养成。教师要努力使教学过程成为学生的高尚的道德生活和丰富的人生体验，这样，学科知识增长的过程同时也就成为学生人格的健全与发展过程。

在教学中促进认知过程与情感过程的融合，才能实现学生情感与认知的协调发展。可以采取以下策略：一是引导学生积极主动地领悟和体验教学内容。教学内容是学生认知的对象，教师引导学生把已有的知识与书本知识相联系，理解知识的本意，明确基本的概念、原则和方法。同时，教师还要引导学生去感悟教学内容的情感特征，引导学生用全部身心去拥抱知识，与知识融为一体，与教学内容中蕴藏的情感产生共鸣。这种学习知识不再是一种外在的要求，而是一种自由、快乐和幸福，创造的智慧幼芽也会在教学过程中悄悄萌发，从而进入乐学的境界。二是创设认知过程与情感过程统一发展的教学物质环境和心理氛围。教学要设置优美宜人的物质环境，为学生的认知和情感发展创设良好的外在条件。尤其要注重的是创设有美好情趣、使人愉快的教学气氛。三是采用既能使学生认知发展又能使师生情感交流的教学方式。许多学者都提倡教学中师生对话和沟通，他们认为人类正步入对话的时代，对话正逐渐成为人们的生存状态。教学实际上在进行着最广义的对话，对话意味着教学从知识的接受走向学生知识的自主建构，教学双方走向积极的沟通与合作。教学是合作的艺术，不是教师单方面的表演，成功的教学中教师与学生总是在进行情感和思维的对话，这种对话的发生和存在都依赖于情感合作的持续发展。只有在对话中，师生双方以教学内容和情境为中介，在融洽的气氛中实现信息的交流、情感的交流和人格的认同，这时的师生关系是同伴关系、合作关系，教学才能真正实现人性化。四是利用现代教学技术创造教学内容与主体心灵产生情感联系的条件。现代教学技术手段介入课堂教学，教学由“人—人”系统变为“人—机—人”系统，为学生的自主学习和个别化教学提供了可能，同时也为师生的情感交流提供了更便利的条件。对学生来说，利用教学技术手段使教学内容变得更生动、更形象，开阔了学生的视野，学习过程充满乐趣。另外，教师还可以利用各种教学软件、教学网络系统更好地对学生进行个别差异的教学。现代教学技术带来了课堂的活力和创造力，师生平等、融洽的关系和情感交流将会进入更高阶段和更高层次。

二、教学原则

（一）教学原则的内涵

教学原则是有效教学必须遵循的基本要求或行为准则。它既指导教师的教，也指导学生的学，贯穿于教学过程的始终和各方面。遵循教学原则是提高教学质量和教学效率的前提。

教学原则是对教学实践经验的总结，但只有那些经过长期实践证明确实能给予教学工作正确指导的经验才能够保留下来成为教学原则。如我国古代教育家孔子据其多年的教学经验就提出教学中要经常复习和进行启发等要求。《学记》中“教学相长”“启发诱导”“预”“长善救失”等教学经验也属于对教学的要求。在西方，近代教育家们明确提出了教学原则的概念，制定了一系列教学原则。17 世纪捷克教育家夸美纽斯在《大教学论》

(1632年)中提出37条教学原则,19世纪德国教育家第斯多惠在《德国教师教育指南》(1834年)中总结了33条教学规律与教学规则。随着教学实践和心理学等有关科学的发展,教学论中教学原则的内容越来越丰富,后来的教育家如赫尔巴特等不断地研究,提高了概括化程度,并得到科学的论证和说明。当代教学原则的研究更加深入,主要依据哲学、心理学、系统论、控制论等科学提出,如:美国教育家布鲁纳依据心理学提出了动机原则、结构原则、程序原则、反馈原则;苏联教育家巴班斯基依据系统论的整体观点提出了11条教学原则。这些教学原则都可以作为我们教学改革的借鉴。

教学原则不同于教学规律。教学规律是贯穿于教学活动中的客观存在的、必然的、本质的联系,是客观存在着的。教学原则是对教学规律的反映,根据同样的教学规律可以提出不同的教学原则;对同一客观的教学规律认识不同,提出的教学原则也不相同;因此教学原则与教学规律彼此之间不一定是单义的联系。

(二)中小学常用的教学原则

教学原则是教学活动的准则,对教学活动中的内容、方法、手段、形式的选择都有着积极而重要的作用,对教学活动的各个方面都起着指导和调控的作用,对教师教学活动的顺利有效进行、提高教学活动的质量和效率都具有重要意义。因而中小学教学过程中教师必须遵循一定的教学原则。关于中小学教学的主要教学原则有直观性原则、启发原则、循序渐进原则、巩固性原则、理论联系实际原则、因材施教原则等。

1. 直观性原则

直观性原则指根据教学活动的需要,通过让学生观察所学事物或教师语言的形象描述,引导学生形成对教学内容中概念、原理等理论知识的清晰的表象,丰富他们的感性认识,从而使他们能正确理解书本知识和发展他们的认识能力。

教学活动的特点之一在于它是一种间接认识,学生在教师的引导下以学习前人经验即书本知识为主。这些书本知识与现实世界和学生自己的个人经验存在相当的差距,有些对于学生甚至是完全陌生的,学生们在学习和理解的过程中必然会遇到各种各样的困难和障碍。人类认识运动的总规律总是从感性认识上升到理性认识,从具体过渡到抽象,没有感性认识和具体形象做基础和支撑,是不可能真正掌握纯粹理论知识的。直观性原则的意义在于,通过提供给学生直接经验或利用学生已有的经验,帮助他们掌握原本难以理解的理论知识。

一般地说,直观的具体手段有以下三种:

(1) 实物直观。实物直观是通过实物进行的,包括观察各种实物、标本等直接将对象呈现在学生面前,也包括在实习、教学性参观中所观察到的事物。实物直观能够最为真实有效和充分地为学生提供理解、掌握所必需的感性经验。

(2) 模像直观。模像直观是运用各种手段对实物的模拟,包括各种图片、图表、模型、幻灯、录音、录像、电影、电视等。实物直观虽然具有真实有效的特点,但往往受到客观条件的限制;模像直观则能够有效地弥补实物直观的缺憾,特别是现代技术在教育领域的应用,使得模像直观的范围更加广阔,大到宇宙天体,小到分子结构,都能够借助某种技术手段达到直观的效果。

(3) 语言直观。语言直观是教师运用自己的语言、借助学生已有的知识经验进行比喻描述，达到直观的效果。与前两种直观相比，语言直观可以最大限度地摆脱时间、空间、物质条件的限制，是最为便利和最为经济的，一般针对高年级学生运用较多。语言直观的运用需要教师提高自己的综合素质，特别是语言表达能力。

在教学中贯彻直观性教学原则，对于教师有以下基本要求：一是恰当地选择直观教具和现代化教学手段。直观手段的选择和多媒体课件制作时，应该根据教学内容、教学任务、学生年龄特征等多方面的不同，做出不同的选择，以达到最佳的直观效果。二是直观是手段而不是目的，防止滥用和使用不当。一般地说，在教学内容对于学生比较生疏且难以理解时，才需要教师运用直观手段，如果教师滥用或使用不当，为直观而直观，只能导致教学效率的降低，反而阻碍学生抽象思维和创造能力的发展。三是运用直观要与教师的讲解相配合。直观手段呈现的内容更多给予学生的是感性经验，而教学的根本任务在于让学生掌握理论知识，提高对客观世界的认识。因此，教师运用直观时应注意通过讲解对学生的观察进行指导，并启发学生思考，透过现象看本质。

在《角的认识》一课中，一位教师设计了以下教学步骤：

（1）说说生活中看到的角：学生说得兴高采烈，扇子、红领巾、书本、五角星、桌面、墙角等五花八门，体现了生活情境的引入。

（2）用多媒体课件展示生活中的实物如扇面、红领巾、桌面等，并把有角的部分用红色醒目地标示出来，体现了由生活实物到实物图的初步抽象。

（3）去掉课件中的实物部分，只留下红色显示的角的图形，再让学生直观观察角的特点。这就完成了由实物到几何图形的抽象。

在这个案例中，教师依据学生的生活背景与知识背景，逐步完成由实物到几何图形的抽象观察，非常符合学生的认知规律，而且学生对角的认识也更加立体。

2. 启发性原则

启发性原则指在教学中要承认学生是学习的主体，充分调动其学习的积极性，引导他们独立思考与积极探究，生动活泼地学习，使他们具有掌握知识、提高分析问题和解决问题的能力，体验学习过程的快乐。

我国古代伟大的思想家、教育家孔子早就提出了“不愤不启，不悱不发”的教学要求，这是“启发”一词的来源。最早的教育著作《学记》中也提出“道而弗牵、强而弗抑、开而弗达”，阐明了教师的作用在于引导、激励和启发学生学习。教学过程虽然是教师引导下的学生认识活动，没有教师的主导作用，学生不可能自行达到社会对于他们的要求；然而，学生是教学活动的主体，教师的主导作用与学生主体性充分结合起来，才能促进学生智能提高与学习兴趣的增强。

在教学活动中贯彻启发性原则，教师应从以下几方面进行：

（1）确立学生的主体地位。学生是学习的主人，学生必须能够自觉主动地学习，否则，学生对于科学知识的真正掌握，以及智力与态度情感的发展都不可能。教师的启发只有在切合学生实际时才可能避免盲目性，因而只有承认学生的主体地位，真正研究和了解学生的学习需要，教师的启发才可能是有针对性的和有效的。

（2）启发学生积极思维。教师的启发应当能够激起学生紧张、活泼的智力活动，从而使学生深刻地理解知识、获得多方面的体验和发展。为此,教师要创设问题情境,选择那些具有一定难度、需要学生进行比较复杂的思维活动,但又是他们通过积极的思考与探究能够解决的问题。同时教师也要鼓励学生多问,理解学习的过程,掌握获得知识的方法,领悟知识学习的价值与对自己人生发展的意义,引导教学步步深入。下面这一位教师的教学过程很好地体现了教学对学生思维的启发。

一位教师《保持水土》一课的课堂教学结构

(1) 学生通过观看长江流域发生特大洪水的录像提出问题;

(2) 为学生提供黄河上游的资料(文字、录像、图片等),让学生尝试推想:“黄河水为什么会含有大量泥沙?”

(3) 为学生提供模拟实验的材料,让学生自己设计实验并验证自己的推想;

(4) 学生在教师的指导下,讨论如何解决水土流失;

(5) 通过阅读材料,结合前面的研究,讨论怎样保持水土问题。

(3) 激发学生的主动性和创新意识。上述过程中,教师通过组织实际探究活动激发学生的主动性和创新意识。教师将组织学生的探究活动作为课堂教学改革的突破口,通过进行科学探究、深入社会生活实际、合作探究等,让学生亲自动脑和动手,激发学生的主动性和创新意识,在解决实际问题过程中主动获得知识和技能,学会手脑并用,提高学习兴趣与能力。

(4) 建立民主平等的师生关系。启发性教学原则的实施需要教师营造宽松和谐的课堂氛围,学生快乐、积极才可能将聪明才智发挥出来。在权威式的师生关系中,教师是凌驾于学生之上的真理代言人和学术权威,学生很难真正做到自由地、充分地思考和提问。只有当学生真正感受到教师将自己当作人格上与之完全平等的人时,他们的学习自觉性才可能真正地调动起来。所以,教学过程中,教师和学生要相互尊重、相互学习、民主平等。

3. 循序渐进原则

循序渐进原则指教学要按照学科的逻辑系统和学生认识能力发展的顺序,由浅入深、由易到难、因势利导,促进学生系统地掌握基础知识、基本技能和发展能力。

这一原则是我国古代教学经验的总结,《学记》中提出的“学不躐等”“不陵节而施”等都强调教学要按照一定的顺序进行,否则,“杂施而不孙,则坏乱而不修”。南宋著名思想家、教育家朱熹也明确提出读书要“循序渐进、熟读精思”。西方教育家夸美纽斯、乌申斯基等也都强调要循序渐进地学习一切知识,形成一定的系统。这条教学原则也是由知识本身的系统性和学生的认知规律所决定的。它可以指导教师处理好教学活动的顺序、学科课程的体系、科学理论的体系、学生发展规律之间错综复杂的关系。

在教学中贯彻这一原则,要求教师做到:

(1) 按照课程标准及教材的系统性进行教学。这是为了保证所学知识的系统性。课程标准是各门课程的内在逻辑系统的反映,并且依据学生发展的一般规律所制定,各种教材以此为依据组织编写,教学活动从根本上按照课程标准的顺序展开。教师要认真理解和把握课程标准的要求,这是教学循序渐进的前提。

(2) 教学必须由近及远、由浅入深、由简到繁。课程标准与教材虽然考虑了学生的认识发展,但主要是按照学科逻辑编排、制定的,因此教师要认真研究学生,针对他们在学习过程中的认识需要和特点处理好近与远、浅与深、简与繁等问题。

(3) 根据具体情况解决好重点与难点。循序渐进并不意味着面面俱到、平均使用力气,刻板、僵化地实施课程标准与教材内容。在实际教学中,教师要根据不同地区、学校、学生的情况差异,在遵循课程标准的前提下,善于从学生的实际出发,适当地调整速度,增删内容,重点突出,抓主要方面。

4. 巩固性原则

巩固性原则指在教学中教师要引导学生在理解知识的基础上,通过练习、复习等对所学的知识牢固地掌握和保存,必要时能准确地再现与运用。这一原则要求教师引导学生正确处理好获取新知识与保持旧知识之间的关系。

教学活动中,学生更多获得的是间接经验,不是亲身实践体验的结果,学生要不断地学习、记忆巩固新知识,正如孔子所说,要"学而时习之"。由于知识具有内在的联系,旧知识是新知识的基础,所以在教学中巩固知识的意义在于:不仅强化对旧知识的理解与记忆,也有助于学习新知识,即孔子所说的"温故而知新"。

在教学中贯彻这一原则,对于教师有以下基本要求:

(1) 将巩固建立在对知识理解的基础上。对于所学知识的理解是巩固的前提,只有理解了知识,学生才能在头脑里留下深刻的印象。教师首先应当保证学生学懂学会,才有可能获得巩固的良好效果。

(2) 保证巩固的科学性。心理学研究揭示了关于记忆和遗忘的一些规律,按照这些规律组织安排巩固,可以提高巩固的效率。教师应当熟悉并且善于运用这些规律。

(3) 巩固的具体方式要多样化。除了常见的各种书面作业外,教师应当善于利用各种不同的方式帮助学生巩固所学知识,比如调查、制作、实践等,都能够使学生通过将知识运用于实际有效地达到巩固的目的,并且能够促进学生多方面的发展。

(4) 保证学生的身心健康。国内若干调查显示,学生的学习负担过重、睡眠不足是相当普遍的现象,原因之一是作业量偏多。学生的身心发展对他们的一生、对整个国家和社会都是至关重要的,教师应当本着对学生和社会负责的精神,合理地安排巩固工作,将学生的作业量控制在适当的范围内。

调查:中国学生作业量全球第一

据美国侨报网12月16日报道,经济合作与发展组织最新的调查数据显示,中国上海15岁青少年平均每周花费在家庭作业上的时间约为14个小时,列全球首位。相比之下,芬兰同龄青少年仅为3个小时,排名垫底。而美国同龄青少年平均每周花费在家庭作业上的时间为6.1个小时,列第15位。

美国《大西洋月刊》网站日前报道称，尽管一些教育专家呼吁减少甚至废除家庭作业，但不得不承认的是，家庭作业的多寡与学生的成绩似乎成正比。据悉，经合组织自2000年起每3年抽取全球范围内的15岁青少年参加国际学生评估项目，以测试他们取得的学业水平。在2012年的评估中，上海学生的数学成绩列全球第一（除数学成绩外，上海学生的阅读成绩和科学成绩均列全球第一）。不过，需要指出的是，上海学生取得的学业水平不代表整个中国大陆地区学生的学业水平。

经合组织发布的报告强调，尽管有很多因素会影响学生的学业水平，但家庭作业的多寡确实会影响评估成绩。比如，在2012年的评估中，数学成绩列全球前五位的除了中国上海，还有中国香港、日本、中国澳门和新加坡，学生家庭作业平均多出1个小时，成绩就提高17分。

报告指出，虽然学生个人可能从家庭作业中受益，但评估一个学校的整体表现，除了学业水平，更多地要看其他因素，比如教学质量、（学校）组织架构等。

根据统计，全球15岁青少年平均每周花费在家庭作业上的时间约为5个小时。有些国家或地区的学生花费在家庭作业上的时间较少，但这并不代表他们花在学习上的时间就少，比如韩国的学生平均每周花费在家庭作业上的时间仅有3个小时，但他们要与家庭教师共同度过1.4个小时，还要花费3.6个小时在课外辅导班上，远超报告记录的全球平均时间。

（鲲鹏：《应试教育产物，中国学生作业超多》，《中国青年报》，2015年12月14日。）

5. 理论联系实际原则

理论联系实际原则指教学活动要以学习基础知识为主，把理论知识与生活、社会实践结合起来，并引导学生学会运用知识分析问题和解决问题，用理论分析实际，用实际验证理论，学以致用，充分领悟知识的价值。

学生主要以学习理论知识为主，主要是在学校和课堂上通过教师的讲授和书本进行学习，很容易导致学生所获得的理论知识与实际相脱节：既不了解概念和原理是如何产生的，又不能够运用它们去阐释和解决实际问题。俄国教育家乌申斯基说过："空洞的毫无根据的理论是一点用处没有的……理论不能脱离实际，事实不能离开思想。"①在教学中教师必须提供和创造机会，通过多种多样的途径和形式使学生从事实践活动，引导他们体会思想观点、态度信念等的形成对于解决实际问题的意义。

在教学活动中贯彻这一原则，对教师有以下要求：

（1）重视理论知识的教学。学生的学习以理论知识为主，要保证理论知识的主导作用，因为基础理论知识反映了自然界、社会和人类思维发展最普遍的规律，对实践具有广泛的适应性和指导作用。没有理论，联系实际就降低到了儿童自然生活的水平，必然降低教学质量。学生从事各种实际活动都是在理论知识的指导下，把教学和生活、间接经验和

① 转引自王道俊、郭文安：《教育学》，人民教育出版社，2009年，第214页。

直接经验、观点和材料结合起来。

(2) 注重从多方面入手引导学生运用知识。教师应结合教材的系统学习,恰当地联系具体实际,使学生了解所学理论知识的实际意义,帮助学生获得必要的直接经验和事实材料,关键是教师创造多种多样的活动形式,鼓励学生去尝试和探索,引导学生将知识运用于实践,如练习、实验、实习、参加一定的生产劳动和社会活动等,这些活动既可以使学生获得基本技能,又可以使学生学会独立地、创造性地运用知识,同时在解决问题的过程中获取新的知识,补充书本知识的不足,从而使各种能力得到锻炼、发展。

(3) 补充必要的乡土教材。乡土教材是以本地的地理、历史、经济、文化和民族状况等为内容的教材。18 世纪,法国思想家卢梭和瑞士教育家裴斯泰洛齐就曾主张教给儿童乡土地理知识。教给学生乡土教材,将书本知识与学生生活实际相关的内容相联系,也符合学生认识由近及远、由具体到抽象的特点,可以直接帮助学生拓宽知识视野,提升书本知识学习的质量。

6. 因材施教原则

因材施教原则指教师在教学活动中要从学生的实际出发,依据学生的年龄特征与个别差异,进行有差别的教学,使每个学生都能扬长补短、长善救失,获得最佳的发展。因材施教就是要适应每个学生的不同需要与可能进行有针对性的教育。这一原则要求教师要处理好集体教学与个别教学、统一要求与尊重学生个别差异的关系。

我国古代伟大的教育家孔子的教学实践就为后人提供了因材施教的典范,他根据学生不同的个性特点进行教育,如他说:"求也退,故进之;由也兼人,故退之。"(《论语·先进》)孔子根据学生不同的智力特点区别对待,如他说:"中人以上,可以语上也;中人以下,不可以语上也。"(《论语·雍也》)朱熹总结孔子的教学经验说:"夫子教人,各因其材。"这是因材施教的来源。

多元智能理论"之父"——霍华德·加德纳

霍华德·加德纳是世界著名教育心理学家,最为人知的成就是"多元智能理论",被誉为"多元智能理论"之父。现任美国哈佛大学教育研究生院心理学、教育学教授,波士顿大学医学院精神病学教授。加德纳认为过去对智力的定义过于狭窄,未能正确反映一个人的真实能力。他认为,人的智力应该是一个量度他的解题能力(ability to solve problems)的指标。根据这个定义,他在《智能的结构》(*Frames of Mind*,1983)这本书里提出,人类的智能至少可以分成语言智能、数理逻辑智能、空间智能、肢体运作智能、音乐智能、人际智能、内省智能、自然探索智能、存在智能。

教育者要善于发现和挖掘受教育者的不同智能,

提供适合每个受教育者个体不同智能的教育需求，使受教育者的各种智能得到充分、全面的发展和完善。

（霍力岩，等：《多元智力理论与多元智力课程研究》，教育科学出版社，2003年，第5页。）

由于遗传素质、家庭环境和个人成长经历的不同，在同一班级中的学生，虽然有着共同的年龄特征，但是在学习成绩、学习态度和方法、兴趣和爱好、气质和性格、禀赋和潜能方面都会存在很大的差异，尤其在智力方面具有多样性。美国心理学家加德纳提出了著名的“多元智力理论”，为教师因材施教提供了重要的理论依据。

在教学中贯彻这一原则，对于教师有以下要求：

（1）充分了解学生。了解学生是因材施教的前提，既要了解学生的智能，也要了解学生的个性；不仅要了解学生的学习成绩，也要了解学生的家庭背景、生活经历等；不仅要了解优等生、学困生，也要了解中等程度的学生。这样才能针对每一个学生因材施教，使之受教育机会公平，实现每个学生的差异化、个性化发展。

（2）坚持课程计划和课程标准下的统一要求。课程计划和课程标准是国家对所有学生德、智、体等方面全面发展的基本要求，这些要求是学生全面发展的必要基础，实现这些要求才能保证基础教育的质量，提升民族素质水平，因此，因材施教要与统一要求结合起来。

（3）针对不同层次学生的差异有的放矢地教学。现代教育的一个重要理念是，每一个学生都有权利得到适合于自己的教育，不能够要求儿童适应教育，而是要使教育适应儿童。学生差异具有客观性、合理性，因材施教的前提是不仅要承认差异，而且要尊重差异。在达到基本要求的基础上，教师应当允许学生有差异地发展，特别是有才能的学生，可以针对其潜能特点专门设计课程、组织课外活动进行特殊的培养，有条件的可以分班或分组教学，允许他们超常规地发展。而对于学习困难的学生，则要采取各种措施进行特别的帮助和辅导，做到“不让一个孩子掉队”。中等程度的学生是在一个班级中占绝大多数的学生，他们的优点、缺点不大明显。一般情况下，中等生很难受到教师的特别关注，往往失去了许多教师指导的机会，关注中等生的学习不仅是对每个学生负责，而且他们的学业状况影响着学生整体水平，教师需要帮助中等生获得最适宜的学业支援，这样才能培养出大批个性充分发展的人。

案例分析与讨论

案例一 《最后一课》

这是《最后一课》的第一个课时，学生已经预习课文，了解过课文故事中的背景。这一课的教学分为三个环节：

第一个教学环节：阅读，思考。（15分钟）

思考：韩麦尔先生是一个怎样的人？

要求：阅读全文。综合全文内容，根据这一问题表达见解。自读课文15分钟，并拟出发言要点。

第二个教学环节：讨论，朗读体会爱国情感。（25分钟）

1. 学生发言，认为韩麦尔先生：

① 是一个可怜的人；② 是一个原先不大负责的人；③ 是一个严厉的人；④ 是一个普通的人；⑤ 是一个温和而严肃的人；⑥是一个有勇气的人；⑦ 是一个忠心耿耿的人；⑧ 是一个爱国的人；⑨ 是一个留下了高大形象的人……

2. 学生发言后教师组织讨论三种“见解”。

① 韩麦尔是一个普通的人；② 韩麦尔是一个“可怜”的人；③ 韩麦尔是一个爱国者。

① 韩麦尔先生是一个普通的人

镇上的一位教师。平平常常工作了40年，课堂教学的管理水平不大高。有时还“玩忽职守”……

② 韩麦尔先生是一个“可怜”的人

最后一次上课。明天就要永远离开这个地方。一动也不动地瞪着眼看周围的东西。脸色惨白，话说不下去。教了一节课又一节课……

③ 韩麦尔是一个爱国者

换上礼服，纪念这最后一课。自责及对阿尔萨斯人直率的批评。赞美法语。说明语言好比打开监狱大门的钥匙，恨不得把全部知识都教给我们。内心的极大悲痛。使出全身的力量写“法兰西万岁！”（课文七处点至韩麦尔先生的爱国。）

3. 朗读体会爱国情感。讨论时重点放在第③种“见解”。结合讨论，诵读韩麦尔先生的大段独白，诵读课文最后一部分，想象、描述这一精彩的特写镜头，体会其中的爱国情感，掀起课堂教学的高潮。

第三个教学环节：讨论，点拨。

作者为什么不把韩麦尔写成一个“高大”的“英雄”，而让他以一个普通人的身份出现？

教师点拨：

正因为普通，韩麦尔先生才能够代表千千万万的法国人，他那热烈深沉的爱国情感，才能被理解成是所有法国大众所具有的，才能使这篇小说所表现的爱国情感成为整个法兰西民族的共同心声……

讨论题

1. 案例中教师的教学结构体现了怎样的教学理念？
2. 案例中教师教学遵循了哪些教学原则？

案例二　一位青年教师的教学反思札记

这是一节公开课，内容是《北大荒的秋天》。当学到北大荒的小河这一段时，突然有一个学生站起来问：“老师，‘明镜一样的小河’能换成‘明净的小河’吗？”我愣了一下，这个问题多少让我觉得有些突然。我没有直接说不能。于是,我给了大家一个“提示”,在黑板上写了“明镜”和“明净”。果然,一个孩子说:“不能,因为两个词虽然读音相同,但意思并不相同。”我为顺利解决难题而沾沾自喜。

下课了,一位有丰富语文教学经验的老师对我说:“现在,你看这两个词可不可以换呢?”我仔细一想,真的能换!“其实,这两个词的确可以换,但你可以提醒学生注意当‘明镜一样的’换成‘明净’,才读得通。当然,用‘明镜’更形象一些。”我惭愧极了,原来我最精彩的地方竟然是自己失误的地方!

讨论题

1. 根据上述案例谈谈这位青年教师的失误在哪里。
2. 根据案例谈谈有效的教学应该具有哪些特征。

阅读导航

1. 傅道春:《新课程中课堂行为的变化》,首都师范大学出版社,2002 年。
2. 周小山:《教师教学究竟靠什么——谈新课程教学观》,北京大学出版社,2002 年。
3. 裴娣娜:《教学论》(第二卷),教育科学出版社,2007 年。
4. 丁谷怡、孙双金:《重建课堂文化》,教育科学出版社,2009 年。
5. 雷玲:《教师的幸福资本——成长为优秀教师的 8 种特质》,华东师范大学出版社,2011 年。
6. [日]佐藤学:《静悄悄的革命——课堂改变,学校就会改变》,李季湄译,教育科学出版社,2014 年。

思考与探究

1. 你对教学概念是如何理解的?当代教学提倡哪些新理念?
2. 在教学过程本质问题上存在哪些不同的观点?你是如何理解教学过程本质的?
3. 你是如何理解教学过程中教师与学生的主客体关系的?
4. 你如何理解教学中掌握知识与发展智力的关系?
5. 教学过程如何实现学生情感发展与认知发展的统一?
6. 什么是教学原则?教学原则与教学规律有哪些区别与联系?
7. 指导我国中小学教学的原则有哪些?
8. 参观一所学校,了解教学改革情况,谈谈目前中小学教学存在哪些问题,以及应如何解决。

第六篇

教学实践

内容提要

从古至今的教育实践活动表明，教师只有在正确的教学理论指导下，科学地选择和不断地改革教学方法与形式，才能取得教育实践的成功。中小学常用的教学方法包含以语言信息传递为主的教学方法、以直接感知为主的教学方法、以实际操作训练为主的教学方法、以情感陶冶为主的教学方法、以探究为主的教学方法等类型，每一类型的教学方法又包含若干具体方法，“教学有法，但无定法”，必须科学选择。

教学组织形式是教学活动过程中教师和学生的组织方式及教学时间和空间的安排方式。教学组织形式主要有个别教学、班组教学、班级授课制、分组教学、道尔顿制、开放教学、现场教学等。当代教学的基本组织形式是班级授课制，该形式有不可替代的优点，但客观上不能适应学生的个别差异因材施教等，人们一直在尝试对它进行改革。

教学活动有效开展的前提是教学设计，教学设计是教师应用学习理论、教学理论、系统科学理论、传播理论及其他相关学科的理论与技术，分析教学问题和教学需求，确定教学目标，有效组织各种教学资源，建立解决教学问题的方案，试行并评价教学方案，且对教学方案进行修改的一系列科学化的操作过程。

教学模式是当代教学研究中的一个综合性课题。当前国内外值得关注的几种教学模式有自主探究教学模式、体验教学模式、自学指导教学模式、合作教学模式等。

任何课堂教学的具体实施都需要有效的课堂管理，最大限度地利用各种教学资源，达到预定的课堂教学目标，同时还需要通过各种形式评价学生学业成就，学生学业成就评价的趋势是重视评价的发展性功能和重视评价类型的多样化等。

专题一　教学方法与形式

学习要求：理解教学方法与组织形式的内涵，把握中小学常用的教学方法和组织形式的主要类型，学会教学方法与形式的使用技能，并能深入中小学了解教学实践现状，用所学知识进行评析与尝试性实践。

从古至今的教育实践活动表明，教学如果缺少了适合学生特点和教材内容等的教学方法与形式，就很难完成教学任务，达到理想的教学效果。因此，教师必须在正确的教学理论指导下，科学地选择和不断地改革教学方法与形式，才能取得教育实践的成功。

一、教学方法

（一）教学方法的内涵

无论对哪个学习阶段的学生，无论对个别学生授课还是对整个班级授课，教学方法总是至关重要的方面。关于教学方法，目前仍然存在着不同理解，一般认为教学方法是为了完成一定的教学任务，教师和学生共同所采用的教与学的活动方式，既包括教师教的方法，也包括学生学的方法，是教法与学法的统一。但教学方法不是将教法和学法简单相加，本质上是师生共同活动的方法，也是教师指导学生学习的方法。

教学方式与教学方法的比较：教学方式是构成教学方法的细节，是教师教和学生学的具体基本动作、所进行的个别操作活动。也就是说，教学方法是由若干的教学方式构成的，同一种教学方法可以由不同的教学方式构成；而同一种教学方式也可以运用于不同的教学方法之中。

（二）中小学常用的教学方法

目前在教学实践中积累的有效教学方法多不胜数，据不完全统计，多达700余种，面对如此众多的教学方法，我们要做到"教学有法，但无定法"。我国中小学常用的教学方法有以下几方面：

1. 以语言信息传递为主的教学方法

语言性教学方法，是在教学过程中以口头语言或书面语言为主要传递形式，其特点是能较迅速、准确而大量地向学生传授间接经验，其效果主要取决于教师是否具有较强的阅读理解能力。在语言性教学方法中使用最广泛的是讲授法。

（1）讲授法

所谓讲授法，是教师通过语言直接地向学生系统连贯地传授知识的方法。此法主要用于传授新知识，有利于教师充分发挥主导作用，将科学知识系统连贯地传授给学生，使学生在较短时间内获得较多的知识。讲授法包括讲述、讲解、讲读、讲演、讲评五种方式。

讲授法的基本要求：一是讲授内容要有科学性、思想性。讲授要符合科学事实、历史事实，反映科技成果，有利于形成学生正确的观点。二是讲授内容要系统，条理清楚，重点突出。讲授要由已知到未知，逻辑严密、层次分明，指导学生掌握系统的认识，形成认知结构。注意突出重点，化解难点，讲清关键，观点与材料相统一。三是讲授语言要清晰、简练、准确、生动。要吐字清楚，音量适度，语速适中，简明扼要，用词准确，通俗易懂，形象生动。四是恰当地运用板书。板书课题名称、内容提纲、主要结论及讲授中出现的术语，书写工整，条理清晰，美观得体。

根据一些研究者的建议，讲授法适用于以下几种情况：

- 当目标是呈现信息的时候；
- 当信息不容易获得的时候；
- 当学习材料需要以特殊的方式进行组织的时候；
- 当有必要唤起学生对某一学科的兴趣的时候；
- 当学生自己阅读前需要先介绍有关主题的时候；
- 当不同来源的信息必须被加以综合的时候；
- 当谈论后需要总结的时候；
- 当教材内容过时需要更新的时候；
- 当教师需要在讨论前向学生提供多种可供选择的观点或者明确要讨论各种问题的时候；
- 当学生自己学习可能会遇到困难，需要教师针对学习材料提供必要的解释和说明的时候。

（2）谈话法

谈话法亦称问答法，它是教师通过连贯的设问方式提出问题，激励与引导学生思考、回答问题，以此来引导学生获取或巩固知识、发展能力的方法。谈话法一般包括四种类型：一是启发性或开导性谈话；二是复习性或检查性谈话；三是总结性或指导性谈话；四是讨论性或研究性谈话。

问答法与讲授法不同，讲授法是一种单向交流行为，而问答法是一种双向交流行为，它的特点在于设问、诱答、评价三个阶段。谈话法的基本要求：一是充分准备，写好谈话提纲。提问目的要明确；提问内容要有启发性，难度恰当；提问对象要有针对性。二是有计划地组织谈话。围绕主题，面向全班学生，给予足够的思考时间，及时反馈，加强引导。三是启发学生积极参与，鼓励学生提问。指导学生倾听问题，分析问题，发展学生的思维能力，鼓励学生勇于提问、善于提问。四是做好谈话的总结工作。

（3）读书指导法

读书指导法是教师指导学生通过阅读教科书、参考书及其他书籍以获取知识的教学方法。它的特点是学生独立阅读并理解教学材料，教师主要指导学生的阅读行为，帮助学生掌握一般阅读方法和阅读策略。

读书指导法必须把握住“指导”和“独立阅读”这两个方面，科学应用读书指导法的基本要求：一是指导阅读教科书，如预习、提问、编写提纲等。二是指导阅读参考书，如做记号、批注、摘录、提纲、概要等。指导学生掌握阅读教科书的科学方法。根据不同的学科性质和教学过程的不同阶段，教师要指导学生采用不同的阅读方式。在传授新知识的过程中，教师应指导学生独立阅读，阅读时能提出问题，找出重点难点；在应用知识的过程中，教师应指导学生依据教材释去疑点，突破难点，积极思考，深入探讨；在布置作业的过程中，教师应指导学生做好预习、复习、背诵等。

（4）讨论法

这是在教师的指导下，由学生围绕某一学习主题发表意见、阐述看法、表明观点的一种方法。问答法注重教师与学生之间的双向交流活动，而讨论法注重学生与学生之间的双向交流活动，提倡全体学生围绕某一主题积极参与，自由发言、提问，彼此发表想法，互相补充，互相修改，使讨论进一步深入。教师的职责主要是指导、组织和总结。

怎样才能组织和引导好课堂讨论呢？一般来讲，运用讨论法要注意：一是要提出富有挑战性、有价值的问题或课题。二是要创设课堂讨论的情境。讨论的过程就是一个由不完善到完善的过程，这一过程中教师对学生的回答不能求全责备，应给予鼓励、提示，创造平等、公平、协同的讨论气氛。三是教师要维护课堂讨论的秩序。课堂讨论对教师的驾驭能力要求较高，如果教师不能有效地维护好讨论秩序，课堂讨论就限于一种无政府状态，就会流于形式，不能深入到主题的本质。四是要做好讨论小结。

2. 以直接感知为主的教学方法

以直接感知为主的教学方法，是教师在教学过程中以实物或教具进行演示，带领学生进行教学性的参观等。这种方法以直接感知为主要形式，使学生掌握知识。其特点是生动形象、具体真实，学生视听结合，记忆深刻。

（1）演示法

这是一种教师通过实物、直观教具展示或实验演示，让学生观察和模仿的一种直观性教学方法。这种方法适于给学生传递形象性、动态性的教学内容，给学生在学习上积累一定的感性认识经验，为理性认识打基础。

演示法是教师配合讲授或谈话。演示的种类很多，按演示教具分，有实物、标本、模型演示；照片、图画和地图演示；幻灯、录像、教学电影及具体实验的演示等。按演示对象分，有单个物体或现象的演示，有事物发展全过程的演示。

演示法的基本要求：一是演示要清楚，使全班学生都看见演示对象。二是演示与说明、提问相结合，以引导学生观察、思考。三是演示要适时、适量。演示法是一种辅助性的教学方法，一般常与讲授法、谈话法、问答法结合起来使用。

（2）参观法

参观法是教师根据教学目的，组织学生到校外一定场所进行直接观察、访问、调查、研究而获得知识或验证知识的方法。这种方法能加强教学与实际生活的联系，扩大学生的眼界，激发学生的求知欲。

参观的类型主要有四种：一是感知性参观。即使学生获取必要的感性材料，为学习新课奠定基础而组织的参观。二是并行性参观。即在学习某一课题的过程中，为便于理解、丰富和记忆知识而组织的参观。三是验证性参观。即在某一课题结束后，为了用事实来检验和论证学生已学的知识而组织的参观。四是总结性参观。即在讲完某一课题后，组织学生结合所学的内容，到现场做出结论或验证结论而进行的参观。

参观法的基本要求：一是做好参观前的准备。二是在参观过程中加强指导。三是参观结束后要注意总结。

3. *以实际训练为主的实践性教学方法*

实践性教学方法，是以形成学生的技能技巧或行为习惯等实际训练为主要形式的教学方法。其特点是学生在接受知识的过程中手脑并用，学以致用。

（1）练习法

练习法是在教师的指导下，学生运用所学知识、技能解决问题的一种方法。它的运用有利于学生巩固与运用知识，熟练掌握技能、技巧，提升综合能力。练习法是以学生自主学习活动为特征的教学方法，它既强调学生在练习活动中的独立性，又强调教师在练习活动中的指导性。

练习的类型和方式多种多样。按练习的任务分，有说话练习、解题练习、绘画制图练习、作文和创作练习、文体技能技巧的练习等；按练习的形式分，有口头和书面练习、问答和操作练习、课内和课外练习等；按练习的方法分，有重复练习、变换练习、循环练习、综合练习等；按练习的特点分，有模仿性练习、训练性练习和创造性练习等。

练习法的基本要求：一是明确练习的目的、要求。二是精心设计、选择练习题。三是掌握正确的练习方法。练习目的要明确，过程要科学，时间分配要适当，效果反馈要及时，方式要多样化。

（2）实验法

这是学生在教师的指导下，运用实验仪器进行观察、验证、探究事物发展规律及其变化过程的一种方法。实验法是一种很有价值的方法，学生亲自动手完成实验过程，有利于培养学生严谨的科学态度和求实精神，有利于培养学生的操作技能。它广泛地运用于自然科学学科的教学中。

运用实验法进行教学，要注意：第一，要预先根据实验内容设计好实验步骤，准备好实验器材。第二，要重视实验过程。实验教学是在实验过程中获得知识，培养操作能力、观察能力、思维能力，因此，绝不能轻视实验过程。第三，要注重对实验数据、结果的分析。

（3）实习作业法

这是教师组织学生在课堂外进行实习的一种方法。实习作业法是把课堂上学到的知识、技能运用于具体实践中，有利于加深和巩固运用所学知识，是理论联系实际的有效方法之一。

实习作业法的本质在于实践应用，因此，此方法运用的关键是给学生提供现实的实践基地。另外，教师要做好实践指导工作。

4. *以探究为主的教学方法*

这是指教师组织和引导学生通过独立的探究或研究活动而学习知识、形成技能和发展能力的方法。其主要特点在于，在探索解决学习任务的过程中，使学生的独立性得到高度发挥，进而学习和巩固知识，培养技能技巧，发展探索和创新的意识与能力。这类方法主要有发现法。

发现法，又称探索法、研究法，是指教学过程中，教师只给学生一些事例、课题和问题，指导学生通过独立地阅读、观察、实验、调查、思考、讨论、听报告等途径，创造性地解决问题，获取知识、形成技能和发展能力的方法。发现法改变了“教师讲，学生听”的传统教学方式，而鼓励学生探索和发现，注重激发学生的学习兴趣，使学生的独立性得到发挥，从而培养和发展了学生的创造能力和思维能力等。

5. 以情感陶冶为主的教学方法

这是指创设一定教学情境，或利用特殊内容和艺术形式，使学生通过体验事物的真、善、美，陶冶性情和培养正确的态度、兴趣、理想和审美能力的方法。这类方法主要有欣赏法、情境教学法等。

（1）欣赏法

以欣赏活动为主的方法，简称为欣赏法。其主要特点是，通过各种欣赏活动，使学生在认识了所学事物的价值以后产生出积极的情感反应。

（2）情境教学法

情境教学法是指在教学过程中，教师有目的地引入或创设具有一定情绪色彩的、以形象为主体的生动具体的场景，以引起学生一定的态度体验，从而帮助学生理解教材，并使学生的心理机能得到发展的教学方法。

情境教学十分讲究直观手段与语言描绘的结合。在情境呈现时，教师伴以语言描绘，这对学生的认知活动起着一定的导向性作用。语言描绘提高了感知的效应，情境会更加鲜明，并且带着感情色彩作用于学生的感官。以情促知，知情统一。

六种创设情境的途径

1. 生活展现情境。即把学生带入社会，带入大自然，从生活中选取某一典型场景，作为学生观察的客体，并以教师语言的描绘，鲜明地展现在学生眼前。

2. 实物演示情境。即以实物为中心，略设必要背景，构成一个整体，以演示某一特定情境。以实物演示情境时，应考虑相应的背景，如“大海上的鲸”“蓝天上的燕子”“藤上的葫芦”等，都可通过背景，激起学生广远的联想。

3. 图画再现情境。图画是展示形象的主要手段，用图画再现课文情境，实际上就是把课文内容形象化。课文插图、特意绘制的挂图、剪贴画、简笔画等都可以用来再现课文情境。

4. 音乐渲染情境。音乐的语言是微妙的，也是强烈的，给人以丰富的美感，往往使人心驰神往。它以特有的旋律、节奏，塑造出音乐形象，把听者带到特有的意境中。用音乐渲染情境，并不局限于播放现成的乐曲、歌曲，教师自己的弹奏、轻唱，以及学生表演唱、哼唱都是行之有效的办法。关键是选取的乐曲与教材的基调上、意境上，以及情境的发展上要对应、协调。

5. 表演体会情境。情境教学中的表演有两种，一是进入角色，二是扮演角色。进入角色即“假如我是课文中的××”；扮演角色，则是担当课文中的某一角色进行表演。由于学生自己进入、扮演角色，课文中的角色不再是在书本上，而就是自己或自己班集体中的同学，这样，学生对课文中的角色必然产生亲切感，很自然地加深了内心体验。

6. 语言描述情境。以上所述创设情境的五种途径，都是运用了直观手段。情境教学十分讲究直观手段与语言描绘的结合。在情境出现时，教师伴以语言描绘，这对学生的认知活动起着一定的导向性作用。语言描绘提高了感知的效应，情境会更加鲜明，并且带着感情色彩作用于学生的感官。学生因感官的兴奋，主观感受得到强化，从而激起情感，促进自己进入特定的情境之中。

（http://wenku.baidu.com/view/5c04650203d8ce2f0066,2010－03－27.）

（三）教学方法的选择与运用

以上各种教学方法的功能有差异，在具体的教学运用中，要合理地对这些方法做出选择和搭配，以形成一个教学方法体系。选用教学方法的依据是：

1. 根据教学的目的和任务

教学方法是实现教学目的和完成教学任务的手段，不同的教学目的和任务，要求运用不同的教学方法。任何教学方法都是为一定的教学目的和任务服务的。教师必须注意选用与教学目的和任务相适应并能实现教学目的和任务的教学方法。

2. 根据教学内容的性质和特点

教学目的和任务是通过教学内容来实现的，教学内容的性质和特点不同，就应选用不同的教学方法。只有选用的教学方法与教学内容的性质和特点相符合，才能使教学内容发挥出更大的效益。否则只会适得其反。

3. 根据教学对象的实际情况

教学对象的年龄、性别、经历、气质、性格、思维类型、审美情趣等的不同，也对教学方法提出了不同的要求。只有选用与此相适应的教学方法，才能真正有效地提高教学对象的知识能力和思想水平，促进其健康向上地发展。

4. 根据教师自身素养及所具备的条件

教师自身的素养条件和驾驭能力，直接关系到选用的教学方法能否发挥其应有的作用。教师应对自身素养及所具备的条件实事求是地进行分析，根据其特点和条件选用恰当的教学方法，以扬长避短。哪怕别人行之有效的方法，也不可盲目照搬，这样才能确保对教学方法运用自如。

5. 根据教学方法的类型与功能

每种教学方法都具有不同的特点与功能，教师应认清各种教学方法的优缺点，把握其适应性和局限性，或有所侧重地使用，或进行优化组合，不可盲目地选用教学方法。

教学方法的选择与运用还受教学手段、教学环境等因素的制约，各种教学方法都有其优点和局限性，必须根据主客观条件综合地加以选择与运用，坚持启发式指导思想，反对注入式。总的来说,教学方法运用要做到具有综合性、灵活性、创造性。综合性是指根据教学任务和教学内容的需要,综合运用多种教学方法。灵活性是指在实际应用中,要从实际需要出发,随时对其进行调整。创造性是指从教学实践出发,在把握现有教学方法的基础上有所创新。教学方法的选择与使用,体现着教师的智慧,标志着其教学艺术水平的高低。

二、教学组织形式

(一)教学组织形式的定义

教学活动是一个系统,各种教学要素(教师、学生、教材等)总是要借助一定的手段在特定的时空关系中组合起来,各要素在时空上的组合结构影响着教学活动的效率与质量。

教学组织形式定义的不同理解

苏联教学论者斯卡特金主编的《中学教学论》在对教学组织形式的历史演变和类型进行分析之后提出:"教学组织形式就是由既定的作息制度和规章制度规定的师生之间的相互作用。"休金娜认为:"教学组织形式是教学过程的极重要的组成部分。教学组织形式体现为对学生的学习活动进行严密的、按时间的组织,它与教师的活动又是相互联系的。这种活动可以是全班教学、小组教学,还可以是群众性的教学。"

我国的教育学界对教学组织形式也有不同的解释。有学者认为,教学组织形式就是"教学活动的结构"。有学者提出:"教学组织形式就是关于教学活动应怎样组织,教学的时间和空间怎样有效地加以控制和利用的问题。"有学者提出:"教学组织形式,就是教学活动中师生相互作用的结构形式,或者说,是师生的共同活动在人员、程序、时空关系上的组织形式"。还有学者提出:"教学组织形式,是为实现一定的教学目标,围绕一定的教育内容或学习经验,在一定时空环境中,通过一定的媒体,教师与学生之间相互作用的方式、结构与程序。"

(潘洪建,等:《课程与教学论基础》,江苏大学出版社,2012 年,第 205 - 206 页。)

由此可见,国内外教学理论界并未形成大家都认同的教学组织形式的概念。我们暂且把教学组织形式定义为教学活动过程中教师和学生的组织方式及教学时空安排方式。

(二)教学组织形式的主要类型

1. 个别教学

个别教学产生于古代,教育规模狭小,受教育的学生人数少,而且年龄层次和知识水平相差悬殊,教师根据不同的水平分别教授一个或几个学生。这种教学组织形式的特征是教学速度慢、效率低,没有明确或固定的学习年限,学生既不分年限,也不分科进行学习。

2．班级授课制

班级授课制是一种集体教学形式。它把一定数量的学生按年龄与知识程度编成固定的班级，根据周课表和作息时间表，安排教师有计划地给全班学生集体上课。在班级授课制中，同一个班的每个学生的学习内容与进度必须一致，但开设的各门课程，特别是在高年级，通常由具有不同专业知识的教师分别授课。该形式经夸美纽斯的论证和赫尔巴特的发展而定型，工业革命后，成为欧美学校主要的教学组织形式。在我国，京师同文馆于1862年率先采用。

3．贝尔—兰卡斯特制

贝尔—兰卡斯特制也称导生制，产生于19世纪的英国。在工场手工业向机器大生产的过渡中，为了满足生产需要并榨取个人的血汗，资本家只给工人最初级的教育，即由教师教年龄大的学生，再由学生中的佼佼者"导生"去教年幼或学习差的学生。因这种教学组织形式由牧师贝尔和兰卡斯特创建，故称贝尔—兰卡斯特制。该形式很难保证教学质量。

4．道尔顿制

随着班级授课制在学校中的普及，其问题也逐渐显现出来，整齐划一的教学内容与进度很难适应个别差异和调动学生的学习积极性。从20世纪初开始，出现了许多否定班级授课制的教学组织形式，道尔顿制是其中之一。道尔顿制是1920年由美国人帕克赫斯特在马萨诸塞州道尔顿中学创行的。道尔顿制是典型的自学辅导的教学形式，教师不再向学生系统讲授教材，而只为学生分别指定自学参考书、布置作业，由学生自学并独立完成作业，有疑难时才请教师辅导。师生订立"学习公约"，学生完成一定阶段的学习任务后，向教师汇报学习情况和接受考查，合格后又接受新的学习任务。该形式有助于培养学生的自学能力。

5．分组教学

分组教学形式是为解决班级授课制不易照顾学生个别差异的弊端，于19世纪末20世纪初在西方出现的。各国的分组教学可以分为两类：一是外部分组。这种分组方式打破了传统的统一按年龄编班的做法，改由按学生的学习能力或学习兴趣来分组。这种形式的分组在西方国家运用得很广泛，一般根据兴趣、能力分组。二是内部分组。它是在保持传统的按年龄编班的班级教学条件下，根据学生的学习能力、学习速度和学习兴趣等因素将他们编入暂时性的小组里进行学习，因此也叫班内分组。分组教学能根据学生的能力或水平分层教学，便于教师因材施教，但对学生个性发展尤其是学习能力较差的学生的个性发展不利。

6．特朗普制

特朗普制，又称"灵活的课程表"，于20世纪后半叶出现在美国，由教育学教授劳伊德·特朗普提出。其做法是把大班上课、小班讨论、个别作业结合起来。首先是大班上课，把两个或两个以上的平行班合在一起上课，运用现代化教学手段，由最优秀的教师任教；然后是小班讨论研究，每个小班20个人左右，由教师或优秀学生负责，研究和讨论大班上课的材料；最后是个别作业，有的由教师指定，有的由学生自选。这三种形式的时间分配大致是：大班上课占40%，小班研究讨论占20%，个别作业占40%。这种教学组织形式试图将班级教学、分组教学和个别教学的优点结合起来。这种教学组织形式目前仍在使用，值得推广。

（三）当代教学的基本组织形式——班级授课制

班级授课制是当前中国乃至全世界最主要的教学组织形式。它有着自身的优势，在提高教学效率和质量方面发挥着主要的作用。但它也存在着明显的弊端，需要不断地改革。可以采用其他形式辅助，弥补其不足。

1. 班级授课制的基本特征

（1）把学生按照年龄和知识水平分别编成固定的班级，即同一个教学班的学生的年龄和知识水平大致相同，并且人数固定。

（2）有统一和固定的教学内容，教师按规定的教学计划、教学大纲和教科书进行教学。

（3）把教学内容，以及为实现这种内容通过教学手段、教学方法而展开的教学活动，按学科和学年分成许多小的部分，分量不大，大致平衡，彼此连续而又相对完整。这每一小部分内容和教学活动就叫作"一课"，一课接着一课地进行教学。

（4）把每一"课"规定在统一而固定的单位时间里进行。单位时间可以是50分钟、45分钟或是30分钟，但都是统一的和固定的。课与课之间有一定的间歇和休息时间。总体而言，可能是单科独进，也可能多科并进、轮流交替。

2. 班级授课制的基本形式——课堂教学

课堂教学是班级授课制的基本形式，学校教学的基本任务主要通过课堂教学完成。由于教学目标等的不同，因而课堂具有多种类型和结构。

课的类型，主要指课的分类，有的按照上课的主要任务把课分成不同的种类，一节课主要完成一种教学任务的称为"单一课"。单一课又根据完成的主要任务不同分为传授新知识课、巩固知识课、培养技能课等。如果在一节课里要完成的主要任务有两个或两个以上，这种课就叫作"综合课"。课的类型有时也根据教学方法的不同划分，如讲授课、讨论课等。

课的结构指课的组成部分及其各部分的顺序和时间分配。课的类型不同，课的结构也不同。单一课类型众多，课堂结构多样。这里主要讨论综合课的结构，一般认为，综合课由以下几部分组成：（1）组织教学。一般一堂课都是从组织教学开始的，而且它贯穿于课的始终。这一环节主要是可以迅速稳定学生的情绪，使学生集中注意力，教师在教学活动中善于机智地处理好课堂上出现的各种问题，保证课堂有序进行。（2）检查复习。在学习新的教学内容前，教师先通过检查作业、口头提问、练习等方式，复习检查以往所学内容，为学习新知识做好准备。（3）学习新教材。这是课的主体部分。教师首先要注意新课题的导入，激发学生的兴趣和求知欲望。应贯彻有关教学原则，选择和运用多种教学方法，启发、引导学生积极思维，积极参与各种学习活动。（4）巩固新教材。在引导学生理解新教材内容的基础上，要及时通过多种方式强化巩固所学内容，做到所学内容当堂消化，初步巩固并及时反馈，及时解决存在的问题。（5）布置作业。这是一节课结束前，教师提出明确的作业任务与要求，使学生利用课外时间进一步巩固所学知识，并培养学生独立作业能力。上面所说只是课型结构的一般情况，落实到每一节课，应结合学生的年龄特征、学习情况而具体确定。要灵活运用，不能把课的结构凝固化。

3. 班级授课制的优越性和局限性

班级授课制具有不可替代的优点，一般有：（1）可以大面积地培养学生，提高教学效率，且统一教学可以使全体学生共同前进。（2）有利于学生学习系统的知识。班级授课制有一套严格的管理制度，能保证学习活动循序渐进，并使学生获得系统的科学知识。（3）有利于教师发挥主导作用，教师不仅向学生传授知识，也可以用自己的态度、情感和行为直接影响学生。（4）可以发挥班集体的作用，学生彼此之间由于共同目的和学习任务互相观摩学习，集体学习的氛围也会对学生产生潜移默化的影响。（5）多种课程的学习有利于学生多方面的发展。学生能获得系统的知识、技能和技巧，同时集体学习也能启发学生思维、提高学生想象能力及激发学生的学习热情等。

班级授课制也存在局限性，主要有以下几方面：（1）班级授课更多由教师控制，学生的主体地位或独立性受到一定的限制。（2）局限于在学校里、教室中的学习，学生与现实世界相脱离。教学的开放性不足。（3）重视学科课程的教学，以课堂讲授为主要教学方式，对学生分析和解决问题的能力培养不足。（4）过于强调统一教学，难以照顾学生的个别差异。

（四）班级授课制的辅助形式——现场教学

现场教学是一种在空间上与课堂教学相对应的教学组织形式，指教师根据一定的教学任务，组织学生到相关的生产和生活场景中，通过观察、调查和实际操作进行教学。与实习和见习不同，它是以实际现场为课堂，让学生感知和理解新知识，对教材知识可以起深化和补充作用。生动有趣的场景还可以激发学生的学习兴趣。

作为对课堂教学的改革，这是一种“身体在场的教育”，可以使“学生身心整体投入学习过程，达到逻辑与直觉互补、理智与情感交融、动手与动脑结合的境界”。① 现场教学在师资、教学时间、教学手段和方法等方面均有自身的特点，它最大的特色是教学活动不是在学校的课堂中进行，而是在事件发生发展的现场中进行。但学校教学的主要任务是传授间接经验，因此，现场教学只能是教学的辅助形式。

（五）教学组织形式的改革趋势

1. 班级的小规模化

当前世界各国出现了缩小班级规模的运动。美国克林顿政府的 CSR（Class Size Reduction）计划主要采用联邦政府拨款的方式推动实施，准备将中小学各年级班级学生人数从平均 23 人减少至 18 人（2005 年实现）。日本教育研究学会的调查显示，低年级教师认为最恰当的班级规模大小为 20 人，日本山形县 2002 年实施的“新新计划”规定义务教育阶段的初中和小学各班人数为 30 人。韩国于 2001 年开始开展小班化教学，政府打算投入一半的教育预算（约 110 亿美元），加建学校和教室，以将班级人数降至 35 人。我国台湾地区决定以 10 年为限（1998—2007 年），把小学班级人数降为 35 人，中学班级人数降为 40 人。我国澳门已经实现了每班 35 人的目标。不仅中小学缩小班级规模，大学也

---

① 潘洪建：《身体在场：在活动中学习》，《教育发展研究》，2015 年第 22 期。

在缩小班级规模。这种改革可以使每个孩子都得到教师充分的关注,使教师对学生的指导更有针对性,可以使师生的互动更加深入,从而挖掘学生最好的一面。

我国小班化教学的推行

小班化教学是国内外教学改革发展之趋势:世界课程改革的趋势是倡导学生自主学习、合作学习、探索学习,这就使得大班化教学面临诸多问题,比如如何面向全体、如何因材施教等,小班化教学应运而生。近几年来,由于城市人口增长率逐渐下降,一些大中城市小学班级人数开始逐渐减少,他们实施了小班化教学改革实验,也取得了许多宝贵的经验,并在全国推广。1996 年,上海市率先开展小班化教育实验研究,10 所小学在起始年级中进行首轮小班化教学试点,此举被称为"教学领域的一场革命"。1997 年,北京等地的学校相继开展此项研究工作。杭州市从 1998 年开始实施小班化教学。南京市2001 年秋季正式开始进行小班化教学实验。大量的研究表明:小班化教育对提高学生的学业成绩、个性发展等效果明显,对改变教育观念、改进教学方法、优化教育资源等有革命性的突破。小班化教育成了教育的一场新革命。

2. 加强班级授课制与其他教学组织形式的相互配合

虽然不同的教学组织形式产生的社会背景和历史条件不同,适应不同的时代和地区的需要,但各种教学组织形式又都有其优点和缺陷,它们在一定意义上具有互补性,可以实现优化组合。例如,特朗普制把大班上课、小班讨论、个人自学结合在一起,以灵活的时间单位代替固定统一的上课时间。还有的将课堂教学与课外个别辅导结合起来,课堂教学要求面对全体学生,对所有学生统一要求。但学生之间存在着个体差异,在课堂上学生的个性难以充分张扬,将课堂教学向课外延伸,通过对个别学生的辅导,解决其在课堂上没有解决的问题,这是提高课堂教学效益的一种辅助手段,能有效地克服课堂教学之弊端。

3. 班级授课制的弹性化

1959 年,美国著名教育家约翰 · 古德莱德在其《不分级小学》一书中指出,分级制是一种僵化的教育体制,它不是建立在儿童发展的个别性和独特性的基础上,没有考虑到儿童发展的不同速度和不同层次,无法实现儿童发展的多样性。在实证研究的基础上,他提出了不分级小学这一解决方案,主张构建灵活的学制,让学生可以根据个体不同的学习能力和速度,得到最大限度的持续发展。通过实行这种学制,教师们则有可能根据学生的实际情况,设计创造型的教育与教学策略。

1999 年 1 月,芬兰颁布了《芬兰高中教育法》,明确规定所有高中都应采纳无年级制。实行无年级授课制的学校,不为学生分班或分配固定教室,不同学年入学的学生会因选择同一课程而坐在一个教室,而同一年入学的学生也会因为选择不同课程而坐在不同的教室。选修同一门课程,坐在同一个课堂上的学生,可以是刚进校的新生,也可以是即将毕业的高年级学生。新学年伊始,学校即发给学生每人一本课程设置手册,内含本学年开设课程的明细表，包括对课程的总体介绍、课程设置、各科详情、任课教师、选修必备前提条件等，同时将手册全部内容公布在校园网上，以便学生随时查询。学校对大部分课程的选修不做任何限制，只是根据课程难易程度加以编号并注明选修该课必备的知识前提。学生根据自身情况和各自不同的兴趣爱好，从学校提供的“课程菜单”中选择不同的学段课程和适合自己的任课教师，制订个人的学习计划并决定自己的学习进程。学生的学习进度和教学组织取决于学生对课程的选择。同年入学的学生，每个人的课程表很可能因为选课的不同而不同。学校建立了对学生的顾问制度，设专业的学生顾问，解答学生在学习、生活、未来择业或继续深造中遇到的各种问题。

4. 利用计算机网络教学

网络教学是利用已经普及的电脑和宽带网络等硬件环境，依托专业的网络现场教学平台，实现异地、同时、实时、互动教学和学习的新的教学模式，它是对“实地现场教学”模式的强有力的补充，是教育信息化和网络化的总体趋势和目标。

在网络教学模式下，教师准备讲课稿（word，ppt，pdf 等文件格式），像以往一样按照约定的时间上课。所不同的是：上课的地点不再是集中的固定的现实地点，而是网络系统平台上开设的固定班级，一个网络班级。上课的内容仍然是教师备好课的内容，教师只需要将讲课稿文件“打开”到讲课板上，整个网络班级的学员都能异地看到内容，学生完全可以在家通过网络学习开设的课程，免去了劳途奔波，极大地增强了学习的方便性，同时不乏现场教学中的互动和交流。网络教学主要实现手段有视频广播、WEB 教材、视频会议、多媒体课件、BBS 论坛、聊天室、e-mail 等。

目前流行的“翻转课堂式”使学生可以通过互联网去使用优质的教育资源，不再单纯地依赖授课教师去学习知识。学生在家完成知识的学习，课堂变成了教师与学生之间和学生与学生之间互动的场所，包括答疑解惑、知识的运用等，从而取得更好的教育效果。网络教学打破了传统的时空限制，随着教育信息化进程的推进及网络教学技术的不断发展，网络教学因满足教学的需要而将成为 21 世纪主流的教学方式。

从古至今，教学活动的组织形式始终处在不断的变化之中，教师可以根据不同的教学内容、教学任务、教学对象、教学的现有条件、学校的文化背景等因素进行选择。

专题二　教学设计

学习要求： 理解教学设计的概念，掌握教学设计的基本内容及方法，学会编写教案，形成说课的技能。

一、教学设计的内涵

设计就是为创造某种具有实际效用的新事物而进行的探究，一般具有超前性、不确定性、创造性等。教学设计具有一般设计的特征，同时，它又有自己特殊的内涵与特征。教学设计也称为教学系统设计，指教师运用学习理论、教学理论、系统科学理论、传播理论及其他相关学科的理论与技术，分析教学问题和教学需求，确定教学目标，有效组织各种教学资源，建立解决教学问题的方案，试行并评价教学方案，并对教学方案进行修改的一系列科学化的操作过程。教学活动不能完全凭借经验来实施，必须依据一定的理论和规律对教学活动做出有利于学生学习成功的科学化规划和安排，教学设计的成败直接影响着教学效果。

当今教学设计的基本要求是：要以学生发展为本，适应所有学生发展的不同需要，为学生的学习而设计教学；体现教学目标的多元整合，即知识与技能，过程与方法，情感、态度与价值观的整合；为学生营造基于多种资源的学习氛围；注重学生多样化的学习经历和有效的学习方法的综合，促进问题生成与探究意识的形成，提高学习能力；体现适应教学实际状态变化的教学机智。教学设计的本质是创新而不是预设，它既是教学中一个重要的环节，也是一项建立在理论基础之上的教学技术。这要求教师明确自己的主体地位与职责，认识到自己不仅是教学的组织者、领导者，更是教学的决策者、设计者、创造者；不是教书匠，而是具有教育教学智慧与技能的专业人员。

二、教学设计的内容与方法

（一）确定教学目标

教学目标是学生经历和参与教学活动后产生的多方面变化的预期结果。教学目标是教学活动的出发点和归宿，是教师选择教学内容，运用教学方法与教学媒体，调控教学环境的基本依据，也是评价教学效果的基本依据。在教学设计中，科学、合理地确定好具体的教学目标，是进行教学设计的首要环节。

1. 教学目标的分类

关于教学目标的分类，国内外有多种理论，它们提出的基本假设不同，出发点和着眼点也不尽相同，所以，在理论体系的建构上有一定的差异，但这些理论在很大程度上往往具有一致性。美国学者布鲁姆（B. S. Bloom）及其同事们对教学目标的分类做了系统研究，认为完整的教学目标体系应包括认知领域、情感领域、动作技能领域三大目标领域。他们将每一个领域的目标又由低级到高级分成若干层次，每一个层次代表着学生的不同学习水平。日本教育专家梶田睿一提出的目标体系包含三大类。一是基础目标（达成目标）。基础目标是指要求学生必须掌握的具体知识和能力。二是提高目标（向上目标）。提高目标是指要求学生向某种方向不断深化、不断提高、不断发展的目标。三是体验目标。体验目标是指使学生产生某种行为变化，并使学生从中产生特定的内在体验和感受。基础目标、提高目标、体验目标中都包含着认知、情感、动作技能领域的一系列亚类目标，而且每一个目标都有着具体要达到的要求。

我国2001年开始的新一轮课程改革更加关注学生的全面和谐终身发展，提出了教学的“三维目标”，即知识与技能，过程与方法，情感、态度与价值观。

知识与技能目标指传统的“双基”目标，是学生对知识的掌握和能力提高的目标，是最基本的目标，主要包括人类生存所不可或缺的核心知识和学科基本知识。所谓技能，是指通过练习而形成的完成某种任务所必需的活动方式，技能目标主要包括：读、写、算的技能，信息交流的技能，人际交往的技能，合作技能，等等。

过程与方法目标也就是学生获取知识、掌握技能的程序、途径、措施等。“过程”是指让学生经历知识与技能的形成过程，在体验、活动、探究中进行学习；“方法”是指学生掌握各类知识与技能的学习方式与策略，学会学习，学会反思，学会创造，能对自己的学习过程及其结果进行有效监控。很多过程和方法具有一定的规范性和模式化的成分，学生只要掌握了，就能举一反三、触类旁通，受益终生。

情感、态度不仅指学习兴趣、学习责任，更重要的是乐观的生活态度、求实的科学态度、宽容的人生态度。价值观不仅强调个人的价值，更强调个人价值和社会价值的统一；不仅强调科学的价值，更强调科学价值和人文价值的统一；不仅强调人类价值，更强调人类价值和自然价值的统一。这一目标是做人、做事的目标。

三维的课程目标应是一个整体，三个方面互相联系，融为一体。在教学中，知识与技能目标是要让学生学会，过程与方法目标是要让学生会学，情感态度与价值观目标是要让学生乐学。

2. 教学目标确定的依据

（1）课程标准。课程标准规定了一门学科的课程性质、课程目标、所学内容和实施建议等。它是教材编写、教师教学和评估的依据，尤其是课程标准中所列的学段目标，对于单元教学目标及课堂教学目标的确定具有更为直接的指导价值。因而，教学目标的确定是源于对课程标准的深入分析。教师备课时务必加强对课程标准的研究，结合本校学生实际情况，对课程标准进行分解和细化，以此再确定每个单位（模块）的教学目标，以及每节课的课堂教学目标。

（2）学科内容特点。科学确定教学目标必须对学科内容进行深刻分析和准确把握，比如数学对思维的训练特点、语文要文以载道等。学生学习某一内容后，要逐步形成该门学科的学科素养及相应的思维品质，教师每节课教学目标的确定都需要考虑该门学科的内容特点。而学科内容主要表现为教材内容，教材是实施课堂教学、达成教学目标的主要载体和案例文本，教师要在通读全册的基础上，先确定单元的教学重点和单元教学目标，再确定每节课的课堂教学目标，弄清知识的内在联系。

（3）学生基础。学生现有发展水平是确定本节课课堂教学目标的前提，教师备课时，要深入了解学生在学习新内容之前已经知道了什么，包括已掌握的知识和已有的生活经验，研究学生的心理特征和认知水平，预想学生在学习中可能出现的各种问题及预设解决这些问题的策略，确定合理的教学目标。

3. 教学目标的表述

教学目标要落实到课堂才能将预期变为现实，这就需要教师正确表述教学目标。通常，基础知识与基本技能目标要具体化为可观察、可测量的行为目标，要说明学生在教学后能学会什么，学到什么程度，说明教师预期学生行为改变的结果，这样才有利于教师在教学时对目标的把握与评定。通常，对行为目标的表述我们用 ABCD 表述法，情感领域的目标只有少数能用可以观察和可以测量的术语来描述，教师应当根据特定的教学任务和教学情境的需要，灵活对待教学目标的表述，可以使用一些定性的术语和概括性的描述来陈述教学目标，而不是机械地套用一些具体的行为动词，以免出现常识性错误。

教学目标的表述方式——ABCD 表述方法

ABCD 表述法。它们的含义是：A 即“行为主体”(audience)，意为学习者，是目标表述句中的主语。B 即“行为”(behaviour)，即学习者应做什么，目标表述句中的谓语和宾语。C 即“条件”(conditions)，意为上述行为在什么条件下产生。D 即“程度”(degree)，即上述行为的标准。例如，一个运用 ABCD 方法表述的教学目标例句：“学习昆虫的形态特点后，学生能以 90% 的准确度，从书上的图中辨认出哪些是昆虫。”其中，行为主体是“学生”，行为是“辨认”，条件是“在书上的图中”，标准是“达到 90% 的准确度”。

教学目标表述时一般使用的动词举例

在编写认知学习领域的目标时，可以选用下面的动词：

① 知道：说出……名称、列举、选择、背诵、辨认、回忆、描述、指出、说明等；
② 领会：分类、叙述、解释、选择、区别、归纳、改写等；
③ 应用：运用、计算、改变、解释、解答、说明、证明、利用、列举等；
④ 分析：分类、比较、对照、区别、检查、指出、评论、猜测、举例说明、图示、计算等；
⑤ 综合：编写、设计、提出、排列、组合、建立、形成、重写、归纳、总结等；
⑥ 评价：鉴别、讨论、选择、对比、比较、评价、判断、总结、证明等。

而在编写情感学习领域的目标时，则可以选用下面这些动词：

① 注意：知道、看出、注意、选择、接受等；

② 反应：陈述、回答、完成、选择、列举、遵守、称赞、表现、帮助等；

③ 价值判断：接受、承认、参加、完成、决定、影响、区别、解释、评价等；

④ 组织：讨论、组织、判断、确定、选择、比较、定义、权衡、系统阐述、决定等；

⑤ 价值体系个性化：改变、接受、判断、拒绝、相信、解决、要求、抵制等。

（二）确定教学起点

为了教学有的放矢，课前我们应该先弄清楚一些问题，如学生是否已掌握了目标中要求学会的知识与技能、学生在学习内容前的起点能力是什么、哪些需传授或点拨等，这就是要求教学设计时准确把握教学起点。把握教学的起点必须首先了解学生的现实发展水平，主要指学生已有的知识准备、能力水平、身心成熟程度和学习动力状态等，可以从以下三方面进行：一是认知因素。主要包括学生已有的智力发展水平、学习的技能技巧、知识储备、认知结构和认知风格等。二是非认知因素。主要包括学生的一般生理发展水平和成熟程度，学生的学习动机状态如学习兴趣、态度、需要、意向及情绪情感状态等。三是社会因素。主要包括学生家庭的文化背景和职业背景，学生间的社会交往、相互关系，以及师生间的人际关系等。在全面了解学生上述各方面情况的基础上，教师需要对学生已有的知识准备状况和学习动机状态给予特别关注、认真分析，因为这两方面因素是构成学生现实学习水平的主要方面。在如何准确设计教学起点以促进学习任务的完成方面，奥苏贝尔提出的"先行组织者"学说具有重要借鉴意义。所谓"先行组织者"，实际上就是在正式的学习开始之前以学习者易懂的通俗语言呈现给学习者的一个引导性或背景性知识材料。"先行组织者"的主要作用是为教学提供一个适当的起点，充当新旧知识联系的桥梁。在充分了解学生学习状况的基础上合理设计教学起点，安排教学进程，使教学循序渐进，才能保证教学的有效性。

（三）设计教学内容

1. 陈述性知识及其教学设计

陈述性知识主要是有关"是什么"的知识。这类知识包括：有关事物名称或符号的知识、简单命题知识或事实知识、有意义命题的组合知识，即经过组织的言语信息。由于陈述性知识对学生的学习要求重在理解记忆。因此，教师在进行陈述性知识的教学设计时，应将重点放在如何帮助学生有效地理解、掌握这类知识上。具体设计时，教师应注意解决好以下几个方面的问题：（1）提供新知识与原有相关知识连接的"支点"，讲清二者之间的相互关系，以帮助学生在理解的基础上有效吸收、同化新知识；（2）确定学生学习的起点，即对学生的学习准备状况做认真细致的分析；（3）适当引入教学媒体，增强教学内容设计的直观性、形象性和多样性。

2. 程序性知识及其教学设计

程序性知识是有关"怎么办"的知识，它主要涉及概念或规则的应用，即对事物进行分类和进行一系列运算、操作。它对学生的学习要求重在操作和应用，形成技能技巧。因此，程序性知识的教学设计的主要目的就是帮助学生形成运用概念、规则和原理解决问题的能力。应注意以下几点：(1) 明确设计教学内容教与学的程序、步骤；(2) 要有充分的练习设计，无论是概念学习、规则学习，还是原理学习，都要设计适量练习，使学生得到充分的练习、实践；(3) 注意正反例练习内容的设计，呈现正例有助于概括和迁移，呈现反例有助于辨别，使概念精确；(4) 正确处理练习时间的分散与集中，以及部分与整体的关系，对于较复杂的程序性知识应先练习局部技能，然后进行整体练习；(5) 合理规划、分配讲授与练习的时间，使学生对教学内容的理解与技能训练都能得到有效保障。

3. 策略性知识及其教学设计

策略性知识也是回答“怎么办”问题的知识，它与程序性知识的主要区别在于它所处理的对象是个人自身的认知活动和个体调控自己认知活动的知识。一般来说，策略性知识可分为两种水平：一般认识活动的策略性知识，如调控注意的策略、记忆策略等；创造思维策略知识，如发现问题的策略、获取灵感的策略等。策略性知识是渗透在各科学习中的，没有专门和具体的学科内容。根据策略性知识的特点进行教学设计，需要解决好课程、教师、学生三个方面的问题。我国传统的课程没有把认知策略的训练作为一个重要的目标，教材中缺乏相应的内容；许多教师缺乏有关学习策略、认知策略方面的知识，缺乏策略教学的训练；学生大多缺乏认知策略的基本知识和基本技能。因此，搞好策略性知识的教学设计，要注意以下两点：(1) 教师必须首先学习和掌握有关学习策略、认知策略方面的知识和技能，加强策略教学的训练；(2) 注意挖掘课程中的策略性知识内容，依据学生学习的特点进行有针对性的教学设计。例如，通过提问控制学生的注意，使之逐步由外界控制变成自我控制；教会学生在听课和看书时如何做笔记；教会学生如何将知识加以组织与意义加工，促进和便于回忆等。

(四) 选择和利用教学资源

教学资源指一切对课程和教学有用的物质条件、文化资源和人力。教学资源的概念有广义与狭义之分。广义的教学资源指有利于实现课程和教学目标的各种要素；狭义的教学资源仅指形成课程与教学的直接因素来源。

要正确理解教学资源，必须对教学资源有清晰的分类。第一种是直截了当地分为有形资源和无形资源。有形资源包括教材、教具、仪器设备等有形的物质资源；无形资源的范围更广，可以包括学生已有的知识和经验、家长的支持态度和能力等。第二种是将教学资源按照功能分为素材性资源和条件性资源。素材性课程资源包括知识、技能、经验、活动方式与方法、情感态度和价值观，以及培养目标等方面的因素；条件性资源包括直接决定课程实施范围和水平的人力、物力和财力，如时间、场地、媒介、设备、设施和环境等因素。第三种是按照空间分布和支配权将教学资源划分为校内资源、校外资源和网络资源。校内资源，主要包括本校教师、学生、学校图书馆、实验室及其他各种教学的硬件和软件；校外资源，主要指校外各种文化设施、大众传媒、研究机构、校外学科专家、有关政府部门、家长等广泛的社会资源及丰富的自然资源；网络资源主要指多媒体化、网络化、交互化的以网络技术为载体开发的校内外资源。这几种分类大多是学校在新课程的实践中摸索总结出来的。

教学资源丰富多样，教学设计应如何有效开发和利用各种资源呢？首先，最重要的是分析和处理教材，因为教材是教师教和学生学的主要依据，分析处理教材就是要能“活化”教材。分析和处理教材的基本依据是课程计划、课程标准，理解课程的基本理念和总目标，把握本学科或本课程的教育目标及各单元、课题的具体目标，领会教材编写意图，分析教材的系统体系，明确各部分在整个教材中的地位与前后联系，分析教材的重点和难点及其内容的组织结构，根据学生的认知特点和教学条件等灵活处理教材。新课程理念强调，教学过程是教师“用教科书教”的过程，而不是“教教科书”的过程。其含义有两方面：一方面，教师是教材的理解者、参与者、实践者。教学设计时，教师要钻进教材之中，有自己的钻研、解读和思考，一味地接受和照搬，教师就只是充当教科书的“传声筒”、知识的“贩卖者”角色，而没有了自己的思考，很难将课上出新意和深意。另一方面，教师要跳出教材，超越教材。“教材无非是个例子”（叶圣陶语）。既然是例子，说明教材并非是教学的全部，要广泛阅读教学参考资料，选取合适材料以充实教学内容。吸收生活中鲜活的素材，把它及时地整理、融合到自己的教学中。总之，教师教学设计时，既要钻进教材之中仰视解读，又要高居教材之上审视并超越教材。只有这样，把自己变成教材的主人，教师才能充分发挥教材的功能，使学生得到充分的发展。其次，要科学选择各种条件性资源。目前，多种媒体资源无疑是为学习者提供学习支持服务的必要的物质基础。当代教学强调现代化多媒体技术的使用，应提高教学的生动性与有效性，但要注意科学、最优化地使用，使用了最现代化的媒体，并不一定能提高教学质量，要综合运用多种媒体资源组织教学，做好教学一体化设计。目前我们强调教学的开放性，教师还要合理利用社区各种文化资源，要树立全新的课程资源观，改变长期以来把教科书当成唯一的教学资源的倾向。

（五）设计教学策略

学生喜欢某一教师上课，不仅仅是因为其教学内容有吸引力，更重要的是教师的教学策略能调动学生的积极性，能创造一个积极的课堂环境，使学生学习有效。好的教学需要有创意的、行之有效的策略。所谓教学策略，是指为了完成特定教学目标而采取的一系列可施行的对策、方略，也就是依据学习任务分析的结果确定“如何教”及“如何教最好”的问题。教学策略的制定是教学设计的主要环节，其目标就是依据前期分析结果，有针对性地制定采用什么样的教学操作程序、组织形式、方法、媒体等的策略，给学生构建出有效促进教学任务完成的教学环境。因此，教学策略本质上是为了有效展开教学活动而建立的一套方法论体系。前面已经介绍了有关教学方法与组织形式的选择等，这里主要谈谈教学活动程序的设计。

课堂教学要有序，安排什么样的步骤，选择什么样的环节，都必须做到合情合理、有条不紊。培养学生也要有序，不仅要训练有术，而且要训练有序。教学活动程序的设计就是为了教学有序。教学是一个非常复杂的过程，它受到相关教学理论、教学思想的影响，又与教学目标、教学任务、教师的教学风格、教学环境等因素密切相关。因此，关于教学活动程序的研究一直是国内外教学实践研究的重要内容。

教学活动程序设计要遵循三个步骤：第一步，确定教学阶段。教学阶段的确定要根据教学活动的性质和教学任务来完成，比如实施一个陈述性知识（言语信息）的教学活动一般需要三个阶段，即知识的获得阶段、保持和巩固阶段、再现或运用阶段。第二步，安排教学活动的操作程序。这一步主要是确定在一定的阶段通过哪些步骤来达到本阶段教学目的。比如什么时候明确教学目标，什么时候设定教学情境，什么时候讲授，什么时候讨论问题等，以及与各阶段教学实施相应的讲授、指导、演练、示范、练习、总结等。事实上，在一定阶段既要确定教学活动步骤，又要确定教学活动的先后顺序。第三步，统整教学环节，使之形成一个适于特定教学任务的有机教学整体。这个统整的过程实质上是教学活动程序协调优化的过程，要做到重点突出、结构合理，以保证教学过程的有序和完整。

（六）设计教学效果检测方式

这是教师教得怎样和学生学得怎样的效果检测设计。如果说教学策略的设计回答了“如何教学”的问题，那么在教学设计中，最后一个问题是“教学结果怎么样”。它要求了解某一阶段的或最终的教学结果是否已经达到预期的目标，为教学的反馈调控获取翔实的信息。因此，教学评价是教学设计中一个重要的、不可或缺的部分。一般教学效果检测可以通过课堂作业、讨论、操作等方式检验达标状况。

综上所述，教学设计不是简单的上课准备，也不应该是对课堂情境进行面面俱到的预设，它需要明确努力实现的三维目标，要给课堂教学活动留下足够的创生空间；它是教师生命力的载体和再现，它是教师构思教学的过程，凝聚着教师对教学的理解、感悟和教育的理想、追求，闪烁着教师的教学智慧之光与创新精神，是教师教学过程中的创造性劳动。它不是一部已经定稿的剧本，而像是一部不能画上句号的手稿，它一直处于自我矫正、自我完善、自我否定的动态发展之中。它是课前的构思与实际教学之间的反复对话，是一次次实践之后的对比、反思和提升，至少，它的重要意义并不体现在课前的详细教案之中，而是展现于具体的教学过程、情境和环节之中，完成于教学之后。

三、教案的基本样式

教学设计的具体产物是经过验证的最优化教学方案，也就是我们常说的“教案”。教案，是教师经过备课，以课时为单位设计的具体教学计划或方案。它是教师实施课堂教学遵循的蓝本，它将为教师理顺教学思路，进行合理化、最优化的教学设计提供指导性的框架。教案的建立可能由于教师的习惯不同而具有明显的个性化倾向，但是教案的建立有一般的规范性。

教案类型多种多样，按形式分为条目式教案和表格式教案，按篇幅分为详细教案和简要教案。这里主要介绍常见的条目式教案和表格式教案。下面就常见的条目式教案和表格式教案的一般规范化格式进行介绍，以便教师在教学设计时参考。

（一）条目式教案

条目式教案是以顺序排列的条目为结构形式的教案类型，有大致固定的条目及其结构顺序，每一个条目之下研究、设计和安排相关内容。它的主要特点是，每一个条目的容量具有伸缩性，可因人因材因校制宜，是一种常用的教案。

条目式教案包括背景记载，有学校、班级、科目、课本、教师和日期等项目；一般由课题名称、教学目标、教学内容、重点难点、课的类型、教学方法、教材教具准备、教学时间、教学过程设计和板书设计等十大条目组成。下面是条目式教案设计范例：①

① 黄埔全、王本陆主编：《现代教学论学程》，教育科学出版社，2005年，第383页。

What is he / she doing?

学校：×××小学；班级：二年级1班；科目：英语；教师：×××；时间：3月18日上午第2节。

一、课题名称：What is he / she doing?

二、教学目标：

通过本节课的教学，学生能做到：

1. 应用进行时形式的动词做基本句子结构及简单句型；
2. 朗读进行时形式的句子，读音清楚、语调适当；
3. 用所学的句型进行简单的对话。

三、教学内容：

1. 复习几个动词。
2. 学习 What is he / she doing? 中的动词替换练习。
3. 就 What is he / she doing? 进行问答对话。

四、重点难点：

① 动词进行时形式的正确读音；② 就 What is he / she doing 问答对话。

五、课的类型：综合课。

六、教学方法：指导阅读法、讲解法、谈话法、练习法、活动作业法。

七、教材教具准备：课本、练习册、图片、词卡、图卡、句式卡。

八、教学时间：35分钟。

九、教学过程设计：

（一）复习引入（5分钟）。利用词卡贴上黑/白板，组织学生朗读重温已学习过的进行时形式的动词。

（二）教学新课（25分钟）。

1. 问答教学（6分钟）。出示十幅图卡并将它们贴在黑/白板上，以 What is he / she doing? 作为问句形式，教导学生回答 He is ________ ing or she is ________ ing。先由教师问、学生答，答对后由教师或学生将正确的句式卡贴到相应的图卡右方，然后学生之间互相练习。完成后，组织全班学生阅读这些句子一次。

2. “戏剧式”演习对话（5分钟）。分别抽派数位学生自由做其中一个进行时形式的动作，教师再以 What is he / she doing? 这一问句，请其余学生自由举手回答问题。

3. 问答对话教学（6分钟）。出示数幅图片，并把图片贴在黑/白板上，以 Is he ________ ing? 或 Is she ________ ing? 作为问句形式，教导学生回答 Yes, he's/she's ________ ing. 或 No, he/she isn't ________ ing. 先由教师问，学生答；再请个别学生答；然后组织学生之间互问互答，反复练习。

4.“情景式教学”(6分钟)。分别抽两位学生上台在黑/白板上画出一个人物正在进行某个动作,然后以 What is he doing? 提问全班学生,学生可自由举手作答;作答后以 Is he ________ ing? 句式问及作画同学,而作画同学应视情况回答 Yes, he's ________ ing. 或 No, he isn't ________ ing.

(三)小结(2分钟)。以师生问答的形式归纳出 What is he/she doing? Is he/she doing? 问题句式及其 He/she is ________ ing. Yes, he/she is ________ ing. No, he/she isn't ________ ing 等回答句式。

(四)布置作业(5分钟)。分发并讲解作业纸,在学生作业期间进行个别辅导。

十、板书设计。(本教案免用板书)

(二)表格式教案

表格式教案是以特制的有专门栏目的表格为结构形式的教案类型,有特定的栏目及其结构,在每一个栏目之中研究、设计和安排相关内容。它的主要特点是具有提示特性,适合新教师使用。表格式教案是在条目式教案的基础上,把必需的条目、教学过程的环节,以及教与学的相互关系,设计为具有相对固定格式的表格。表格式教案有各种类型,有的仅仅是条目式的表格化,而有的则突出了表格的直观和结构模式化的特点。表6-1所示是表格式教案设计范例。①

表6-1 表格式教案设计范例

科目	中国地理	年级	初中二年级	任课教师		日期	
课题	中国“地形特点”						
教学目标	1. 能用自己的话说出中国地形三大特点及其影响。 ① 地势由西向东变化特点及其对河流的影响。 ② 沿海大陆架分布特点及其对经济的影响。 ③ 地形类型分布特点及其对经济的影响。 2. 对给予的某一纬度地形剖面图,能填写不同剖面所代表的地形类型。 3. 能说明“山地”和“山区”两个术语的含义异同。						
教学任务分析	1. 起点能力 ① 知识准备:学生已具备地形、地势和五类地型等概念。 ② 技能准备:能运用分层设色图、地形剖面图和景观图识别地形类型和地势变化。 2. 知识类型及其习得条件 中国地形、地势是一般地形、地势概念的特例,全课基本上是下位概念和具体事实性知识学习,原有上位概念是其学习的必要条件,阅读技能是其支持性条件。						
教学重难点	记住并能有效地提取这些特例及其特点。如地势分三级阶梯,每级阶梯的海拔高度以及具体山脉、高原、盆地的名称和位置等。						
课的类型	新知识习得与巩固并重					课　时	1课时
教学媒体(材料与设备)	景观图、地形图和剖面图						

① 蔡澄主编:《基础教育学》,江苏人民出版社,2006年,第397页。

续表

<table>
<tr><td>教学活动过程设计</td><td>（一）告知教学目标，明确学习任务
师：我们学习过《中国地理》中“位置、疆域和政区”“人口和民族”两章，今天学习第三章“地形”中的第一节（板书：地形特点）。
请看这节课的教学目标：（见上略）
（二）提示学生回忆原有知识，找到新知识同化点
师：为了学好本课知识，我们来回忆我们以前学过的相关知识。
师：利用投影媒体呈现景观图。
生：看图。
（以下4种景观图让学生一一识别并回答）
师：景观图表示哪类地形？
生：答。
师：地形和地势两个概念如何区别？
生：答。
师：小结。
（三）呈现新教材，促进新知识理解
1. 新授：中国地势由西向东变化特点
师：利用投影媒体呈现“中国地势阶梯状分布示意图”，提示学生观图。
生：观图，读高度表。
师：从图上可以看出中国地势由西向东变化有哪些特点？（教师从海拔、地形类型、分界线三方面启发学习做出判断）
生：看书回答。
师：边讲边板书30°N地势剖面图（图略）。
师：归纳并板书（地势西高东低，呈阶梯状下降）。
2. 新授：大陆架分布特点
师：我们完成了目标1、①。现在看沿海大陆架的特点（目标1、②），请同学们看书，观图。
师：我国近海大陆架的特点是什么？
生：答。
师：板书（沿海大陆架广阔）。
师：这样的大陆架对经济发展有什么好处？
生：答。
师：补充（略）。
3. 新授：中国地形类型分布特点
师：请同学们在中国地形图上找一找，我国有哪几种地形。
生：答。
师：地形类型分布有什么特点？
生：答。
师：归纳并板书（地形类型多样，山区面积广大）。
师：山区和山地两个概念有什么不同？
生：答。
师：补充说明1/3山地和2/3山区所指的地域差异。
师：小结并指导学生记忆三个特点和三级阶梯的海拔高度。
（四）知识巩固与目标检测阶段
1. 投影呈现30°N地形剖面图和这个地势阶梯状分布示意图，让学生观察，回顾刚学过的知识。
2. 检查知识理解和巩固情况。（把书合上）公布练习，学生当堂完成，教师指正。
（1）读36°N地形剖面图，写出各地形名称（图略）。
（2）填写中国地形三大特点：
__① 地势由西向东变化特点__。
__② 大陆架特点__。
__③ 地形类型分布特点__。
（3）请说说中国山地只占全国总面积1/3，而山区面积占2/3的原因。</td></tr>
</table>

四、教学设计的反思与研究——说课

（一）说课的内涵

说课是顺应教改潮流而推出的有别于备课、讲课的新生事物，是基础教育课程改革后普通中小学教师对课堂教学活动进行研究、交流的一种形式。说课主要是教师在个体钻研的基础上写成说课讲稿，面对同教研组或同学科的同行说出自己教什么、如何教和为什么这样教的设想。它是授课前的实践演练，也是一种探究式的教学研究过程。

说课有多种类型，根据说课活动目的的不同，说课类型包括：检查性的说课，旨在了解、检查说课者的说课水平；研讨性的说课，侧重于改进说课中存在的问题，帮助教师进一步认识和掌握说课的方法与规律，以期不断提高说课的水平与质量；评比性的说课，目的在于考查说课者的理论素养、知识水平和说课能力等。按学科分，有语文说课、数学说课、音体美说课等。按用途分，有示范说课、教研说课、考核说课等。从整体来分，说课可以分成两大类：一类是实践型说课，一类是理论型说课。实践型说课就是指针对某一具体课题的说课，而理论型说课是指针对某一理论观点的说课。

（二）说课的主要内容

1．说教材分析

教者要说明自己对教材的理解，因为只有对教材理解透彻，才能制定出较完满的教学方案。教材分析主要分析本节课内容在教材中的地位和作用，分析本节课的知识结构、特点及教者打算如何进行科学处理，分析本节课内容与学过知识的内在联系，分析本节课的重点、难点，在学生的知识、能力方面有哪些重要作用，对将来的学习会有什么影响，包括对教材做了哪些处理和加工。

2．说学生情况分析

正确说明学生已有认知结构与新内容之间的关系，明确学生可能遇到的难点。

3．说教学目标

按照新课程的三维教学目标分类，教师要明确提出通过本节课的教学学生要掌握哪些知识，哪些能力要在本节课上得到培养和训练，学生的情感、道德等非智力因素怎样培养。说课中要避免千篇一律的套话，要从识记、理解、掌握、应用四个层次上分析教学目标。

4．说教学策略

既要说出如何教学，又要说出如何教学更好，以及为什么。

（1）说教学选择的组织形式。如采用班级授课、小组讨论等。

（2）说教法与学法。要注意说明这节课的教学内容应以哪种教学方法为主，采用哪些教学手段。无论以哪种教法为主，都是根据教学任务结合学校的设备条件及教师本人的特长而定的，并注意实效、多种方法的有机结合。说学法主要说出准备教给学生什么学习方法，培养哪些能力和学习习惯，要把主要精力放在解说如何实施学法指导上。

（3）说教学媒体的运用。有些教师为上课制作了教具、多媒体课件等辅助手段，在说课过程中，可以向大家简明扼要地说清它们使用的目的和作用。必要时要演示这些软件，翔实的情景材料展示与案例呈现，可以让说课“丰满”起来。说教学媒体要说清楚什么时候用、什么地方用、为什么使用。

（4）说教学程序。教学程序的基本内涵是课堂结构，说课的核心和重点部分是课堂教学程序和设计。要说清楚教师突破难点教学的主要环节设计、化解教学难点的具体步骤，说清楚师生双边活动的具体安排及学情依据，说清楚课题的板书设计和设计意图，说清楚课后作业的布置和训练意图。应注意，说教学程序不是宣读教案，不能像按教案给学生上课那样讲，更不应变为课堂教学的浓缩，应省略具体的细节而着重说清楚教学过程的基本思路及理论依据。要讲清“为什么这样教”的理论依据，包括大纲依据、课程标准依据、教学法依据、教育学和心理学依据等。通过教学过程的分析才能看到说课者独具匠心的教学安排，它反映着教师的教学思想、教学个性与风格。也只有通过对教学过程设计的阐述，才能看到其教学安排是否合理、科学，是否具有艺术性。

（5）说时间安排与板书设计。说板书设计，包括板书设计的思路、依据和板书的具体内容，包括板书在教学过程中的展开程序，板书与教学内容的关系等，从中展示说课者的教学思路及教学技巧。

一般说课要让教学理念和教学思想贯穿说课的始终，总体要求是：说“准”教材；说“明”教法；说“会”学法；说“清”教学意图；说“清”练习层次。

案例分析与讨论

案例一　讲授法是否过时？

在《每周文摘》第1942期上看到某地教育行政部门制定了这样的优质课评选标准：课堂教学，教师讲解时间超过25分钟的，一票否决。当时我着实诧异。那我的老师如果参加这活动岂不是统统都得被枪毙。鉴于这种情况，我又查阅了一些资料(《中国教师》2006年第1期)，显示：近年来关于教育改革，关于教育创新的各种形式的文字中，已经很难看到涉及“讲授法”的正面论述了，而在“新课改”中，“讲授法”更是遭到前所未有的质疑和挑战，某些场合甚至谈“讲”色变，“讲授法”如今颇有些众矢之的的味道。尖锐的批评、痛切的斥责、激烈的抨击，如此等等，往往成为改革的宣言。然而像我们一直在“讲授法”灌溉下长大的所谓“知识分子”，不由得会生出这样一些困惑：究竟应当怎样看待这样一种教学方法？它是不是已经如一些专家学者所说的已经到了可以寿终正寝的时候？我们已经准备了够成熟的其他方法可以取而代之了吗？

讨论题

1. 根据案例内容谈谈你对“课堂教学教师讲解时间不超过25分钟”的看法。
2. 怎样运用讲授法才能达到有效教学？

案例二　以平等、宽容的态度激起学生的探究热情

一次，上海特级教师于漪上公开课，学习《宇宙里有些什么》。她让学生看书，提问题。这时一个学生站起来问："课文中有这样一句话，'这些恒星系大都有一千万万颗以上的恒星，这里的'万万'是多少？"话音刚落，全班学生都笑了。问问题的学生很后悔，责怪自己怎么问了一个这么愚蠢的问题，谁不知道"万万"是"亿"呢？没等老师让坐下，就灰溜溜地坐下去，深深地埋下了头，懊悔自己不应该给老师的公开课添这样的麻烦。

于老师笑着说："这个问题不用回答，可能大家都知道了，可是我要问，既然'万万'是'亿'，作者为什么不用一个字的'亿'，反而要用两个字的'万万'呢？谁能解释一下？"教室里静了下来，学生们都在思考。

于老师的学生毕竟是训练有素的，随即便有人举手。于老师叫了一个学生起来回答，学生说："我也不太懂，不过我想说点我的看法，我觉得用'万万'读着顺口，还有好像'万万'比'亿'多。"于老师说："讲得非常好，别的同学还有说的吗？"当于老师确定没有了不同的说法后总结说："通过对'万万'的讨论，我们了解到汉字重叠的修辞作用，它不但读起来响亮，还增强了表现力。那么，同学们想一想，我们今天的这个知识是怎么获得的呢？"全班同学不约而同地将视线集中到刚才发问的学生身上。这时，这个学生才如释重负，先前的那种羞愧、自责心理一扫而光，仿佛自己一下子又聪明了许多。

讨论题

1. 案例中哪些地方体现了于漪老师引导学生探究的艺术？
2. 该案例对你进行教学设计有何启发？

阅读导航

1. 李晓文、王莹：《教学策略》，高等教育出版社，2000 年。
2. 王本陆：《课程与教学论》，高等教育出版社，2006 年。
3. 徐英俊：《教学设计》，教育科学出版社，2002 年。
4. 杨九俊：《说课、听课与评课》，教育科学出版社，2004 年。
5. 赵中岳：《教学方法改革研究与实践》，北京理工大学出版社，2012 年。

思考与探究

1. 什么是教学方法？中小学教学的常用方法有哪些？如何选择教学方法？
2. 什么是教学组织形式？教学组织形式有哪些主要类型？
3. 试评析班级授课制。
4. 什么是教学设计？教学设计的基本内容与方法有哪些？
5. 如何确定一节课的教学目标？
6. 什么是说课？说课应该说哪些内容？
7. 选择自己未来所教学科的某一内容，练习设计教学方案，并写出说课稿，尝试说课。

专题三　教学模式

学习要求： 掌握教学模式的概念，了解教学模式的组成要素，掌握当前几种比较重要的教学模式的主要内容和特点，形成既重视学习模式又努力超越模式的态度。

一、教学模式是教学理论与实践的中介

教学模式是当代教学研究中的一个综合性课题，国外一般认为教学模式研究始于美国乔伊斯和威尔的《教学模式》(1972)一书的出版，该书提供了二十几种教学模式，并认为师范生必须掌握其中的7种或8种模式。我国教育界在20世纪80年代译介此书，从此逐渐形成了教学模式的研究热点，特别是在现代教育技术尤其是网络技术发展的影响下，教学模式作为一个重要的研究领域越来越被人们所关注。

教学模式是教学过程理论的具体化，对教育工作者设计和组织各种具体的教学活动具有多方面的帮助。国内外众多风格的教学模式都具有一定的科学性和先进性，为教师进行有效教学起着重要的指导作用。特别是对于新教师来说，在尚未较好地把握教学过程的规律，缺乏实践经验的情况下，学习现有模式可使其缩短反复摸索的过程，尽快进入教师角色，迅速成长为熟练型教师，向创新型教师发展。

(一) 教学模式的内涵

“模式”一词在汉语中指“标准的形式或样式”；在英语中和模型是一个词，即model。关于教学模式的概念，存在多种看法。国外有影响的定义是乔伊斯和威尔在《教学模式》一书中下的定义。他们认为教学模式是构成课程和课业、选择教材、提示教师活动的一种范型或计划。

国内学者提出了关于教学模式的多种理解，有人认为教学模式是教学活动的运行程序和操作步骤，有人认为教学模式是教学方法或多种教学方法的综合，有人认为教学模式是包括教师、学生、教学内容、教学方法在内的教学诸要素的联结组合方式等。不同观点分别从不同的角度定义，虽然各有各的道理，但把教学模式等同于教学程序或教学方法是不恰当的，缺乏对事物本质全面的考察。

用综合系统的观点考察教学模式，我们认为：教学模式是在一定教育思想、教学理论指导下，为实现特定的教学目标而设计的较为稳定的教学活动结构框架，以及具体可操作的教学实践活动程序和方式。它是教学理论的具体化，又是教学实践经验的一种系统概

括,可以理解为整体、稳定的教学实体模型或教学实践的范型。

(二)教学模式的构成要素

教学模式是由多种教学要素所构成的一个综合体,虽然不同模式有不同的结构特点,但一般都由以下几部分组成:

1. 理论依据

教学模式总是建立在一定的理论基础之上,模式中的结构、程序和方法的确定,模式运动的方向的控制总是具有一定的理论依据。它是教学模式深层内隐的灵魂和精髓,反映对教学目标、教学与发展、师生关系等问题的基本主张,是保证教学模式科学性、普遍性的重要因素。它既自成一体,又渗透或蕴含在其他各因素之中。

2. 主题

在一定教学理论基础上设计的教学模式都有一个鲜明的主题,它是教学模式中的核心因素,像一根主线贯穿整个教学过程,主导和制约着其他要素。例如:掌握学习模式的主题是掌握;范例教学模式的主题是范例。

3. 教学目标

每一种教学模式都是针对特有的教学目标而设计的,包含着教学期望,即教育者对教学效果的预期和对学生行为的一般要求;包含着教育者对教学模式运行结果的预测;反映了模式设计者的价值取向。例如:"发现教学"模式的教学目标是激发学生求知欲,调动学生的学习积极性,培养学生的探究精神和创造力;而"非指导性教学"模式的教学目标则是挖掘学生潜能,促进学生自我认识、自我实现。

4. 教学操作程序

教学操作程序是对教学模式运行过程的设计,主要包括教学的阶段顺序和教学步骤,是情境、内容、方式等在一定时空中的优化组合。它提供的是教师或学生在整个教学过程中的系列活动安排。由于教学中有教学内容的展开程序,又有教学方法交替运用的顺序,还有学生不同的心理发展顺序,因而教学模式都具有独特的操作程序和步骤,其程序和步骤只能是相对稳定的,不可能是一成不变的。

5. 支持系统

支持系统指促使教学模式发挥效力的各种条件的最佳组合,包括教学所需的物质条件(如教室、教学技术设备、教材、场地等因素),还包括教学中的人际关系、课堂的气氛等因素。不同模式对教学支持系统的要求不同,主要是物质条件、教师的作用、学生的参与程度等要求不同。有的模式以教师为中心,教师要承担更多的责任;有的模式以学生为中心,决定了学生要承担更多的责任;还有的模式对设备要求高而对其他方面要求相对较低。总之,模式不同,需要有相应的支持系统与之相适合。

6. 评价的方法标准

由于各种教学模式有着不同的理论依据和教学价值追求,因而有着不同的操作程序和策略方法,评价的方法和标准也不一样,每种教学模式都有适合自己特点的评价方法和标准。但目前,只有少数的模式形成了自己的评价和标准,许多模式至今尚未形成自己独特的评价体系,这是需要今后教学模式研究不断努力的一个方向。

以上因素相互联系、相互制约,完整地构成了一定的教学模式。目前国内外对教学模式的研究已取得了一定成果，出现多种多样、丰富多彩的教学模式，它们的着重点和侧重点皆有一些不同，但它们都有完整性、简略性、针对性、可操作性和发展性的共同特点。

二、当前值得关注的几种教学模式

（一）自主探究教学模式

自主探究教学模式是指学生在教师的指导下，通过自己的试探与求索、总结与概括，获得一定经验，发展智慧与能力，形成积极的情感、态度和价值观的教学实践活动。

这一教学模式以发展学生的自主性、培养学生的探究意识、提高学生分析问题和解决问题的能力、养成学生的探究习惯并最终发展学生的创造性为目标，它强调学生的自主建构，强调教学过程的开放性、动态性和生成性。这一模式的实施过程有多种变式，有学者将这一模式根据探究水平的不同划分为三种形式：

1. 有结构的探究

有结构的探究指探究时给学生提供探究的问题及解决问题所需的方法与材料，学生自己要根据搜集的数据或资料进行概括，发现某种联系，找出问题的答案。研究者将这种有结构的探究和相应的证实活动探究称为一级水平的探究。

2. 指导型探究

指导型探究指只给学生提供探究的问题，有时也提供材料，学生必须自己对搜集到的材料进行概括，弄清楚如何回答探究问题。这种探究为二级水平的探究。

3. 自由探究

自由探究指探究活动时学生必须自己独立完成探究任务，也包括自己提出调查研究的问题。这种探究类似科学探究。研究者将这种水平的探究称为三级水平的探究活动。

（二）体验教学模式

20世纪80年代，美国人大卫·库伯完整提出了体验式学习理论，他提出有效的学习应从体验开始，进而发表看法，然后进行反思，再总结形成理论，最后将理论应用于实践。在这个过程中，他强调共享与应用，他认为这种强调“做中学”的体验式学习，能够将学习者掌握的知识、潜能真正发挥出来，使语言学习的过程转变成一种创造运用语言的体验过程，成为一种栩栩如生的互动体验，是提高学习效率的有效学习模式。

近年来我国学者运用这种模式旨在改变传统的教学过程过于注重书本知识传授的被动局面，促进学生直接经验与间接经验的交融。这种模式的内涵主要指教师以一定的理论为指导，让学生亲身去感知、领悟知识，体验“生活”、体验自主、体验过程、体验创新、体验成功，从而培养学生的学习情感、创新精神和实践能力。其具体方法大致为：第一步是创境引题，即通过教师创设的一种教学情境，引出本节课要学习的课题。创设情境的方法多种多样，如教师采用简洁的语言、播放音像资源、出示实物资源、展示文本资源、学生表演等。无论哪种创设情境方法，所选择的内容一定要与本节课要学习的内容直接相关，从而导入本节课要学习的主题。第二步是活动体验，即所要学习的内容不是教师“告诉”的，而是学生在活动中通过体验得出的。“活动体验”可以是在“活动中体验”，也可以是在“体验中活动”，但“活动”强调学生的参与，绝不仅仅是学生的表演，也包括学生的“说”

"讲"等。第三步是情感升华,即通过本节课的学习,学生在情感上上升到一个新的高度。学生在情感上对某一问题有了更深的认识,才有利于他们在今后的生活中做出正确的行为选择。

体验式教学的各环节都突出了学生"体验"的地位和作用。在体验式教学过程中,教师尽可能为学生提供可听、可看、可触摸、可经历、可操作的机会,可以运用情境式、换位式、多媒体法、实践法等体验教学方式尽可能把抽象的知识还原成事实,让学生面对需要去思考、讨论、合作,让学生去体验事实,体验问题,体验过程,体验结论,使学生在教师引导下真正感受到感情与思想的萌生、形成和交流的过程,感受到引人入胜的探究过程。

(三)自学指导教学模式

自学指导教学模式又叫"学导式",主要针对传授—接受模式的弊端而提出。教学活动以学生自学为主,教师的指导贯穿于学生自学始终。近年来这种教学模式在我国中小学应用比较广泛,其中最典型的有:中学数学辅导教学;中学语文自学辅导教学;上海育才中学的"读读、议议、练练、讲讲"八字教学模式;辽宁语文特级教师魏书生提出的"定向、自学、讨论、答疑、自测和自结"的六环教学模式;湖北大学黎世法的"六课型(自学课—启发课—复习课—作业课—改错课—小结课)单元教学法"模式等。

自学指导教学模式以主体教育教学理论为指导,强调在教学中激发学生强烈的自学兴趣和良好的学习态度,使学生主动参与学习,独立地掌握系统的知识技能;让学生掌握学习方法,形成良好的学习习惯,培养独立学习能力。该模式的基本操作程序如下:第一,教师提出自学的任务、要求,使学生明确自学的方向和目标。第二,学生自学。这是最核心的阶段,学生独立阅读教材并完成作业,教师根据学生的具体情况分别指导。自学的顺序是基础阅读阶段—逻辑整理阶段—结构迁移阶段。第三,讨论交流。在这一阶段,学生集思广益,通过讨论相互启发,取长补短。第四,启发指导。教师针对学生的讨论情况和教学内容的重点、难点进行启发、讲解,解决学生自学中的疑难问题。第五,练习运用。学生通过自学和教师的启发指导,理解了知识内容,在此基础上开始各种练习,消化、巩固和运用知识。第六,评价小结。教师引导学生对学习结果和学习过程进行小结评价、总结得失,以便后续学习。

自学指导教学模式改变了过去教师讲、学生听,学生被动学习的局面,有利于培养学生的自学习惯和能力,有利于适应学生的个别差异,便于对学生的创造性培养。但运用此模式时,如果教师缺乏相应的引导,就不能保证学习的效果,同时此模式较少系统讲授,不适合在低年级使用。

(四)合作教学模式

合作教学模式由苏联教育理论工作者和实践者在20世纪80年代中期创立。该模式以社会主义的人道主义精神和个性民主化为理论基础,针对传统教学中不平等、专制的师生关系,以及强迫儿童学习、压制学生创造才能所造成教育的悲剧——师生冲突的弊端进行了批判,主张用社会主义的人道主义精神和个性民主化的原则,改造教学,使教学过程教师乐教,学生乐学。它的教学目标是通过教学建立民主合作的师生关系,并培养学生的独特性、创造性、责任感、自尊心和自我调节能力,使他们学会学习,成为个性和谐发展的人。该模式符合当代教育教学发展的大趋势,因而具有极强的生命力,成为对我国今天的教学改革有较大影响的教学模式。

合作教学模式尚在发展之中，实施过程的基本程序尚待概括成型，其基本的操作要点是：第一，在课堂教学中教师要为学生创造一个良好的心理环境，使每一个学生都体会到自己既是一个劳动者，也是一个收获者，减轻学生的心理负担，产生高度的学习主动性、积极性。第二，在检查提问时，要创造条件，消除学生产生的种种顾虑，使其勇于回答问题，乐于回答问题，学生回答有误时，教师没有任何伤害学生自尊心的言语、表情。良好的氛围可以使差生也能回答出以往优等生才能回答的问题。第三，在布置作业时，不应强制学生定时、定量完成同等的作业，而应针对学生的具体情况，区别对待，并用“推荐”代替“布置”作业，让学生有自主选择的余地。第四，在评分中要让学生看到前景，让学生了解评分标准，对优生、差生的评分应公平、公正，并帮助学生做好复习巩固工作。

合作教学的顺利进行要贯彻三不原则：无论所教的班级多差，教师也不在课堂上指责学生；不给学生打坏分数；不向家长告状。为此，首先，要求教师站在与学生平等的位置上尊重、爱护、信任学生，建立师生之间民主合作的关系。师生关系只有建立在合作的基础上，才能对学生的个性发展和认识发展产生积极的作用。其次，教师还要有改革探索精神，每天、每节课都应有创新之处，能冲破以往教学的束缚，大胆地探索，不断获取新信息，思考新问题。最后，从大环境来说，合作教学的顺利进行还需要民主、自由的社会大环境。

多种多样的教学模式为我们未来的教学实践提供了“工具库”，使我们能借鉴别人的成功的经验，迅速使自己成熟起来，形成自己的教学风格。但要树立正确的模式观，不能过分地强调学习、模仿、唯模式是从，导致“模式化”，进入教学误区。因为“模式化”就是固定化、定式化、僵化，没有生命力，教学如果陷入模式化，那么教学中教师根据固定、机械的模式框框来教学，教学就成为“演戏”，教师是“主角”，课本是“剧本”，教学模式就是“套路”，这又成为一个教学的大模式。如果所有教学都如此，其教学的创造性、实效性就受到影响。只讲“模式”，不讲创新，就没有出路，我们要发挥自身的创造性，标新立异，力求创建自己的风格，创造教学上的独特个性。

案例分析与讨论

案例一　河北衡水中学的“三转五让”教学模式

河北衡水中学出了名，靠高效率的课堂教学出了名。高效率的课堂教学效率又靠什么来实现呢？那就是“三转五让”教学模式。所谓“三转”，是指变注入式教学为启发式教学，变学生被动听课为主动参与，变单纯传授知识为知能并重。所谓“五让”，是指在课堂教学中能让学生观察的要让学生观察，能让学生思考的要让学生思考，能让学生表述的要让学生表述，能让学生自己动手的要让学生自己动手，能让学生自己总结的要让学生自己总结。这其中蕴含着的最大教学精神就是：自主、创造。它体现在课堂教学实践上的具体行为是，教师在教学过程中让学生极大限度地进行了自主探索，把吸收新知识的过程变成了一种“内化”行为，把知识真正汇聚到学生自身固有的知识流中去，学生既掌握了知识又提高了能力，特别是创造能力。

"十个环节"是指：教师的备课、讲课、布置批改作业、课内外辅导、检测；学生的预习、听课、完成作业、复习、小结。

教学常规管理：

"一个中心"：以提高教育教学质量为中心。

"两个对待，两个至少，两个五分钟"：把每一节自习都当作考试来对待，把每一次考试都当作高考来对待；每两周至少提问每个学生一次，每学期至少对每个学生进行一次面批面改；教师连续授课时间不超过5分钟，每节课末给学生留下5分钟思考总结的时间。

"三个按时，三个转变"：自习课按时到位辅导，按时布置作业，按时收缴作业；变注入式教学为启发式教学，变学生被动听课为主动参与，变单纯知识传授为知能并重。

"四精，四注重"：精选、精讲、精练、精评；注重启发诱导，注重学法指导，注重情感渗透，注重培养创新思维。

"五必，五让"：作业布置和检查要做到有发必收，有收必看，有看必批，有批必评，有评必补；在课堂教学中能让学生观察的要让学生观察，能让学生思考的要让学生思考，能让学生表述的要让学生表述，能让学生动手的要让学生动手，能让学生总结的要让学生自己推导做出结论，教师不能包办代替。

"六个环节"：备、讲、批、辅、考、评。

讨论题

1. 你认为衡水中学这种模式反映了什么样的教学观？
2. 你认为在这种模式中教师和学生应发挥怎样的作用？

案例二　洋思中学"先学后教，当堂训练"教学模式

洋思中学是一所农村寄宿学校，学生水平与基础较差。然而凡是在洋思经过三年自学训练的学生，学业水平都提高很快，平均每年80%的学生升入省级重点高中，其中包括一部分中等生和"差生"。记者跟踪调查发现，升入高中的洋思学生，后劲很大，他们自学能力比别人强，自主能力比别人好。洋思学生课上特别紧张，课下很宽松，每天6：00起床，晨练30分钟，早7：00～7：30看新闻，课后没有作业，中午休息1小时，晚9：30熄灯。下午无作业，自习时间用于复习与预习，预习到位，课堂效率高，作业当堂完成，形成良性循环。"先学后教，当堂训练"模式具体内容如下：

1. "先学"，教师简明扼要地出示学习目标；提出自学要求，进行学前指导；提出思考题，规定自学内容；确定自学时间；完成自测题目。

2. "后教"，在自学的基础上，教师与学生、学生与学生之间开展互动式的学习。教师对学生解决不了的疑难问题，进行通俗有效的解释。

3. 当堂训练：在"先学后教"之后，让学生通过一定时间和一定量的训练，应用所学知识解决实际问题，加深理解课堂所学的重、难点。

课堂的主要活动形式：学生自学——学生独立思考——学生之间讨论——学生交流经验。

4. 这种教学模式，教师不再留作业，学生在课堂上完全自我解决，当堂消化。

讨论题

1. 洋思中学的教学模式反映了怎样的教学理念？
2. 比较这种教学模式与衡水中学教学模式的异同。

阅读导航

1. 李定仁、徐继存：《教学论研究二十年》第九章，人民教育出版社，2001 年。
2. 王本陆：《课程与教学论》，高等教育出版社，2006 年。
3. 高文：《教学模式论》，上海教育出版社，2002 年。
4. ［美］Bruce Joyceden，等：《教学模式》，荆建华、宋富钢，等译，中国轻工业出版社，2002 年。
5. ［美］琳达 · B. 尼尔森（Linda B. Nilson）：《最佳教学模式的选择与过程控制》（第 3 版），魏清华，等译，华南理工大学出版社，2014 年。

思考与探究

1. 什么是教学模式？它有哪些组成要素？
2. 目前的中小学教学改革中主要倡导哪些教学模式？
3. 学习教学模式是否就是倡导教学模式化？
4. 查阅有关资料，就当前我国中小学教学模式改革问题进行专题研讨。

专题四　课堂管理

学习要求： 理解课堂管理的概念和意义，掌握课堂管理的有关理论和方法要点，学习课堂沟通技巧，能用有关的理论分析课堂实践中的问题，评价有关现象。

一、不可忽视的课堂管理

课堂管理不同于具体的教学过程，不是课堂教学本身，但与课堂教学同处于一个时空中，紧密结合，是有效教学的先决条件，对教学活动过程和结果具有十分显著的影响。好的教师也是好的课堂管理者，课堂管理的效果好坏也是衡量课堂教学成功与否的重要方面。

（一）课堂管理的内涵

课堂管理是教师根据教育目的和教学过程的规律，有意识地协调课堂内的各种教学要素，最大限度地利用各种教学资源，达到预定的课堂教学目标的过程。

从课堂管理的这一定义看，它包含了以下几层意思：一是指明了课堂管理的依据是教育目的和教学过程的规律。二是指明了课堂管理的任务和内容是有意识地协调课堂内的教学要素，有效利用各种资源。具体地说，可包括两方面的管理：课堂教学管理，如控制课堂教学的节奏与段落、指导学生学习；课堂纪律管理，如学生问题行为的矫正、课堂秩序的维护、人际交往的引导等。概括地说，包括教师试图鼓励学生积极参与教学过程进行教学合作的一系列行为和活动的组织技术。三是指明课堂管理的结果是构建良好的课堂秩序，促进学生学习和发展，不断地促成教学目标的实现。

（二）课堂管理的意义

1．营造“生态课堂”

“生态课堂”是以生命教育与教育生态观的理念为基础，以实现学生生命发展为价值追求，让师生在本真、自然、和谐的生态环境里，富有个性地、自主地进行课程、知识、社会多元多层次地互动，不断地开发潜能，开启智慧，改善和发展生命，取得文化素养和生命质量的整体提升的课堂。“生态课堂”的基本特征是平等、互动、开放及具有多样性和鲜明个性的课堂，生态课堂的起点不是知识，最终目标瞄准的不是学生的考试成绩，而是学生的健康发展和幸福成长。首先，生态课堂的主体和主人都是学生，因而课堂是学生学习的场所，不是教师展示演讲的大讲堂；课堂精彩的是学生，不是教师。生态课堂是我们追求的理想课堂，也是一种全新的教育追求。其次，课堂管理是为了提高课堂教学效率。课堂是由教师、学生、教学时间、教学物质环境、教学氛围、教学信息等多种因素组成的系统，教师和学生是在这样错综复杂的系统中共同完成教学任务的，课堂里任何与教学需要不一致的小动作、喧闹和情绪波动等，都会消极地影响师生活动的持续性、有效性。课堂管理通过采取一定措施，协调课堂各要素和谐发展，能有效地防止学生课堂问题行为，充分利用课堂的每一分钟，能构建一个既稳定、有序又活泼、愉快的课堂环境，让师生在课堂中充分发挥各自的主动性、创造性，高效率地完成教学任务。

2. 促进学生课堂自律、最佳学习

课堂管理总是要制定课堂规则，规定学生在课堂中的角色行为要求，对学生的课堂行为与课堂学习具有导向和激励作用，使学生可以明确应该做什么，不应该做什么。课堂规则同时也提供了学生判断课堂行为对错的价值标准，符合课堂规则的行为会受到教师、同学的认可、肯定和赞扬，违反课堂规则的行为会受到大家的批评、处理。学生通过学习课堂规则并体验其实施过程，产生认同且逐渐内化为自觉行为，并时刻以规则暗示或提醒、约束和控制自己有碍学习的不良行为，从而形成自律的品质，养成课堂的良好行为习惯。

二、课堂管理的主要内容

（一）课堂教学管理

课堂教学管理主要包括教学节奏处理和教学段落管理，管理的主要目的是通过对具体教学情境中教学活动本身的节奏快慢、段落衔接及学生注意力等的不断调控，为预定教学目标的达成提供保障。课堂教学管理是课堂管理的核心。

1. 合理把握教学节奏

课堂教学节奏指教学过程中各种可比成分连续不断的交替，在时间上以一定的次序、有规律地重复出现的形式。这些可比成分主要有课堂教学密度、速度、难度、重点度、强度、激情度。

如何把握课堂教学节奏的处理策略？首先，可以根据教学节奏的变化规律灵活地确定教学节奏。以上6种可比成分都可按照“弱—强—弱”或“强—弱—强”的趋势多次循环，形成起伏有致的教学节奏。此外，“弱—渐强—强”和“强—渐弱—弱”的变化模式也可在一定情况下产生好的节奏效果。如将多种可比成分一起考虑，有的可以重叠进行，有的只能交叉进行，要做到疏密有间、起伏有致。其次，可根据学生在课堂中脑力兴奋状态的变化规律调整教学节奏。在课堂时间里，如果是45分钟，学生的脑力不可能保持在同一种状态，有时情绪高涨、精力充沛，而有时又疲倦、松懈，教师的课堂管理需要把握这种高低起伏的规律。有学者研究发现，学生在听课过程中，随时间的推进，兴奋中心呈这样的规律变化：课堂的前15分钟和第25—40分钟是学生脑力的最佳状态，是教师传授知识技能的最佳时间，课堂内容的重点应放在这一段时间内解决。第15—25分钟这段时间是学生课堂疲劳的波谷期，是学生情绪上相对平衡的时段，以处理学生一般性问题、做练习或学生自学为好，如课堂教学内容需要，也可在这段时间形成一个教学的小高潮，使学生既可在精神上放松，又可促进对教学内容的顺利吸收。① 最后,教师应控制好自身的教学行为。教师要防止行为过敏、喧宾夺主而造成枝节过敏,或者对学生期望过敏等,教师要想科学而艺术地把握好教学节奏,一方面要努力提高自己的业务素质,另一方面也要加强自身的个性修养,控制好自己的课堂情绪、教学行为,以免在课堂管理中"自找麻烦",影响自己的威信。

2. 科学管理教学段落

课堂教学的段落指的是教师课堂推进中的几个活动阶段,它是课堂教学外在活动阶段的划分,不同于课堂教学环节,环节是对课堂内容学习内在联系的划分,它与学生内在的认识过程相一致。加强课堂段落的管理,使之相互衔接,对提高教学质量具有重要的意义。一般来说,一堂课的课堂段落大致可分为导入、课中、结束几部分。

课堂教学的导入是指教师在上课之始或刚进入一个新的单元和段落时,教师利用2~5分钟的时间,采用一定的方式方法将学生的注意力吸引到完成教学任务的程序中来。正确而艺术的导入起着稳定学生情绪、吸引学生注意、激发学生求知欲、将学生带入情境的作用。课堂教学的导入有多种类型,如直接导入、复习导入、观察导入、悬念导入、实践导入、事例或故事导入等。

课中是课堂教学的主体段落,从导入到课堂的结束前都属于这一阶段。课堂教学的计划主要通过这一阶段的活动落实,教学的目标也主要通过这一阶段完成,所以,管理好这一阶段对整个课堂教学的质量和效益都具有重要意义。教师要管理好这一段落,除了要设计好教学的程序,努力使学生积极参与教学活动外,尤其重要的是要做好充分的心理准备,随时应对各种可能出现的问题行为和偶发事件。学生问题行为和偶发事件处理不当会引起课堂秩序混乱,严重干扰正常教学活动。因此,恰当处理好各种学生的问题行为和偶发事件是课堂管理的重要任务,需要教师具备良好的教学机智和素养。如何艺术而有效地处理学生的问题行为,请参看本章其他有关内容。

课的结束是课堂教学的最后一个段落。经过前面几十分钟的教学,学生产生了一定程度的学习疲劳,教师本身的控制力也下降,这时的课堂秩序最难维持,有调查表明,学生不守纪律的行为的发生率在课程结束时最高。因此,教师要充分注意后几分钟的教学效果,精心设计和管理好课堂的结束。结束部分管理的主要目的是让学生"有序解散",即随着课堂教学任务的圆满完成,课堂教学正常而有秩序地结束。为此,教师应在课前精心准备、设计课堂结尾的方式。一般来说,课堂结尾的方式有归纳式、回应式、集中小结式、练习式等,课堂结束方式可多种多样,不管采用何种方式,在知识内容上都要紧扣教学内容的目的、重点和知识结构,要有利于学生回忆、检索和运用;封闭型的结束要有明确的结论,开放型的结束要鼓励学生继续探索,发挥丰富的想象力,课堂结束要自然、熨帖,水到渠成,使学生有秩序地解散。

(二)课堂纪律管理

1. 学生课堂问题行为内涵

学生课堂问题行为是指学生在课堂中发生的违反课堂规则,不正常交往、参与学习,妨碍教学或学习过程的不良行为。课堂问题行为一般具有消极性,学生由于问题行为而

---

① 傅道春编著:《教学行为的原理与技术》,教育科学出版社,2001年,第56、57页。

偏离正常的学习行为、纪律行为，导致听课效率差，学习兴趣下降，最终导致学习不良和品德不良，个别学生的问题行为还会影响周围甚至整个班级学生的学习秩序、学习效果。问题行为也具有普遍性，课堂中，各种不同类型的学生都可能发生问题行为，一般“差生”或后进生的问题行为多，发生频率高，有时程度较严重；而优秀生的问题行为程度相对较轻。问题行为一般以轻度为主，如上课迟到或不做作业、随便走动等，其他严重的问题行为只占极少数。课堂问题行为虽然以轻度为主，但教师不可轻视。

学生课堂问题行为分类主要有以下两大类：违纪行为和心理问题行为。违纪行为如轻度的矛盾冲突、不遵守作息制度、恶作剧行为等。心理问题行为主要表现为学生在课堂中表现出来的一些心理障碍。例如，有些学生在课堂里自卑，不相信自己的能力，对学习缺乏信心和兴趣，担心教师提问或批评，常常手足无措、心神不定，回答问题答非所问；还有的神经过敏，无端猜疑，烦躁不安或沉默寡言，做白日梦等。这些行为往往带有神经质的特征。引发学生课堂问题行为的因素多种多样，有的是学生本身的问题导致的，有的来自于课堂中的教师影响，有的来自于同伴的影响，也有的来自于家庭、校外社会环境的影响等，学生问题行为是多种因素综合影响的结果。

2. 课堂中教师处理学生问题行为的必备素质——教学机智

课堂教学机智是指教师针对课堂上学生听课情绪的变化、突然发生的不良行为或出乎意料的偶发事件，能迅速、恰当、巧妙地予以处理。这是一种教师的随机应变能力，是教师的创造性的表现。

教学中的事件突然发生时，教师事先没有准备，但又必须以最快的速度，迅速机敏地采取恰当的措施，容不得慢慢琢磨与思考，有时哪怕是迟疑片刻，某些机遇就可能丧失，可能出现课堂秩序混乱，因此快速性是教学机智的灵魂。教师不仅要具备快速应变能力，还要准确地、恰到好处地处理好事情，就是要对症下药，抓住问题的症结与教学目标之间的偏离度予以解决，如果偏离了方向，解决问题发生了错误，就会产生许多负效应，影响教学秩序和效率。教学机智还表明教师处理问题策略的巧妙，它包括方法巧妙、捕捉时机的巧妙，能利用突然发生的情景把教学活动引向深入，化消极因素为积极因素，做到适时、适情，巧中见奇，奇中见力。例如：

一名教师把某学生的作文当成范文在课堂讲评，刚读几句，一位学生喊：“这篇文章是抄来的。”课堂上立刻出现骚动，教师没有因这突如其来的事件改变初衷，镇定地问学生：“同学们，这篇文章好不好？”“好是好，可是……”教师再次强调说：“我问的是这篇文章好不好，不管其他。”学生说：“好极了！”“好就请同学们读读，看好在哪里？”教师接着说：“这样好的文章我以前读的不多，同学们可能也读的不多，以后多给同学们推荐一些好的文章，在班上交流，你们觉得怎样？”“好！”“那对今天第一次为我们推荐优秀文章的同学大家说该怎么办呢？”学生齐说：“谢谢！”当全体同学都心领神会时，教师说：“今后我们轮流推荐，不过，如果推荐原文，请别忘了标明出处和作者。”

上述案例，教师变“抄袭”为“推荐”，教师机智巧妙的转折，是爱护学生、尊重学生、循循善诱的最好体现。教师教学机智的形成需要教师掌握教育科学理论，经常观察和了解学生，懂得教育规律和学生身心发展规律，善于动脑，灵活多变，具有直觉思维，能在复杂多变的教育情境中确立教育的措施。丰富的教学实践经验是教学机智产生的源泉。

3. 处理课堂问题行为的主要策略

青少年学生可塑性强，做好事先的预防工作，可以减少学生问题行为发生的机会与可能。而问题行为方式可以运用多种方法进行艺术的处理：

（1）提问法。教师上课时，发现有学生在看课外书，与邻座讲话、做小动作或睡觉的，可以向不听讲的学生单独提问，也可向其旁边的同学提问。这样可使学生感觉到老师在注意他，学生会放弃非学习的行为，转向教学活动的目标。

（2）信号暗示法。教师对发生问题行为的学生用眼神、手势、表情、身体姿势等发出信号，让学生终止问题行为。例如，教师一边讲课，一边用眼睛盯着有问题行为的学生，也可用摇头示意的方式，还可用走近学生的办法。又如，一位老师上英语课时，发觉后排有一位学生伏在桌上睡觉，她没有马上叫醒他，而是借朗读课文之际，边读边走近他身边，轻轻拍醒，然后回到讲台上。当时，班上同学都在集中注意力听老师读课文，竟然没有发觉刚才发生的插曲。利用信号暗示法，既终止学生的问题行为，又不分散其他学生的注意力，能保证教学活动正常进行。

（3）幽默法。教师用幽默手段化解课堂矛盾，活跃课堂气氛，使学生在轻松、愉快的气氛中接受教育。例如，一位教师上课时，看到一名学生在打瞌睡，不停地点头，对全班同学说："有位同学很喜欢听老师的课，不停地点头同意，可惜的是他的眼睛总是闭着的。"其他同学听了大笑起来，那名学生的瞌睡也吓跑了。这种幽默既调节了气氛，恰如其分地批评了学生，又不伤害学生的自尊心，这种委婉、温和的批评，学生也易于接受。

（4）有意忽视法。对学生问题行为有意忽视有两种情况：一种是有些学生故意用问题行为引起教师的注意，如果教师理睬，正好迎合他们的目的。对这些学生，教师暂时不予理睬，让其自讨没趣，他们便可自动停止问题行为。还有一种学生处在中性状态，其问题行为不影响其他人，但对教师讲课情绪有影响。教师可以在不扰乱教学的前提下，让这些学生照常进行，如中断教学，逐个处理，会引起分心，可在课后逐个处理。

（5）安排任务法。帮助指导学生安排好课堂中的余暇时间，使学生觉得有事可做。如教师布置学生课堂练习题之后，再吩咐清楚，先做好练习的学生，可以自己看课外书、预习或做家庭作业等，使这部分学生的问题行为不会乘虚而入。

（6）行为协议法。对于经常违反课堂规则的学生，教师可与学生订立希望目标协议或合同，可以是口头的，也可以是书面的，但必须教师和学生共同认可，一旦认可就必须执行。订立协议，必须注明，学生遵守协议应给予奖励，违反协议就遭到何种惩罚。各种条款应书写清楚，并且在执行中，协议规定的各种奖惩措施要及时执行，不宜拖延。

这几种课堂管理策略，可以作为基础性策略。由于课堂千变万化，教师有效的课堂管理行为将不再遵从一种模式，教师可以根据自身的特点和具体的课堂情境建立个人课堂管理系统。这种个人课堂管理系统的建立需要一个过程，需要不断地反思自我、总结案例，制定管理系统模式。

三、课堂中的沟通艺术

课堂教学的有效进行需要教师以“平等中的首席”的身份来引领学生，需要通过沟通让学生有充分的思维空间、充足的活动时间，敞开心扉，相互交流。有效的师生交流可增进师生间的了解、配合，避免课堂问题行为和突发事件的发生。

（一）师生沟通的主要方式

1. 言语交流

言语交流是师生沟通的主渠道，是师生进行教学交流的最主要的方式。言语包括口头言语和书面言语。师生间良好的言语交流具有四方面的特征：一是可接受性。言语交流的主角是教师，教师言语的可接受性直接影响学生对知识内容理解的质量。二是合作性。师生用言语交流时，实际上是互为听众，互为发言者，彼此要相互尊重，要注意自己的言语态度，讲心里话，讲真话，交流畅通。三是广泛性。教师对学生的言语交流要面向全体学生，对学生的言语交流要具有广泛性、普遍性，要针对全体学生传送知识信息，要让所有学生都感觉到教师在对他讲课。四是情境性。教师与学生言语交流时，要根据一定的教学情境，充分利用表情、动作、声调或上下文关系来表达自己的意思。

2. 体态语交流

课堂中师生的体态语交流也可称为非言语交流，主要通过面部表情、眼神、动作姿态、手势、外表修饰等交流。在课堂上，非言语交流常伴随师生言语活动或代替言语活动进行。非言语交流的基本特征如下：一是辅助性。在师生交流中，言语起着主导、决定的作用，体态语起着次要和辅助的作用，仍具有不可替代性。二是直观性。教材中的知识内容具有抽象性，需要教师加以具体化、形象化，才能为学生所接受。要把抽象的东西具体化，除了利用直观教具以外，最便利的直观就是教师人体本身的动态、静态形象。体态语专家研究表明，人的体态语传示出的人的内心世界的效果是言语的五倍，特别是当两者不一致时，往往是体态语能够反映人的真实情感，人们可以从他人的表情、眼神、姿态等体态语中觉察出他人言不由衷的情况。因此，课堂上教师要注意自己言语信息与体态语的一致性，同时，在接受学生反馈信息时，要听其言，同时也要观察其面色、眼神、动作等，以获得真实的情况，对症下药。

（二）师生沟通的主要技巧

1. 表达的技巧

这偏重于言语交流方面的技巧，教师一是要做到学会多种方式的表达。例如述义：听学生讲过话以后，教师再按自己的理解把学生的话重复一遍，可以帮助了解对方真实的意图，也可以使学生知道教师对他的话感兴趣，使学生更愿意与教师交流。二是要注意表达的及时性。学生有了某些不适应或问题行为时，教师应及时处理。三是要多采用积极的表达方式。积极的表达方式是指通过赞扬的方式对学生予以肯定。可通过言语表达，也可通过微笑、首肯等体态语表达。

2. 倾听的技巧

倾听是一项技术，也是一种艺术。在学生表达自己的思想、情感或陈述某些事情时，教师认真倾听,能使学生感受到自己的表达是有意义的。倾听的过程可以分为三个部分:第一是注意过程。即注意学生和学生所表达的内容是否适当、正确。第二是理解过程。即教师对所听取的内容进行心智加工,对学生表达的意见进行分析、判断,选择重要内容并进行组织。第三是评价过程。教师对学生表达的内容进行权衡,对表达内容的可信度、动机、有效性,说话人的主要思想等做出归纳、评价,从而对学生的表达做出反馈。教师经常使用的倾听方式有静状倾听、酬答的反应、助长提示等。总之,在倾听学生陈述时,教师要有接纳他人的态度,要做到不贬抑他人的人格。

3. 观察的技巧

观察主要用于对学生体态语反馈信息的获取上。教师上课时要想及时获取教学反馈信息,最适当、最便捷、最有效的方式就是观察学生的面部表情、眼神、手势等体态语动作。对一位有观察力的教师来说,学生的欢乐、惊奇、疑惑、受窘和其他内心活动是最细致的表现,逃不过他的眼睛。课堂中教师对学生的观察主要应抓住以下几方面:一是观察学生的坐姿。学生在课堂中的不同坐姿,反映了学生不同的课堂情绪状态,也是教学效果的反馈信息。二是观察学生的课堂情绪。即主要看学生精神的专注、神态的兴奋是否都集中于教学活动之中。三是观察学生的眼神。教师要认真研究学生的眼神,搞清楚不同眼神中所反馈的信息,迅速做出相应的反应,及时进行教学调控。

近年来,随着世界范围内的课程与教学改革的深入发展,有效教学运动广泛掀起,课堂管理研究格外受到重视,产生了许多新的理论主张、模式和实践操作方法,从而使课堂管理在价值取向、管理理念、行动策略等方面呈现出鲜明的时代特征和变革走向。课堂管理理念由注重教师中心向注重学生发展为本转变,课堂控制方式由注重外在控制向注重内在控制发展,课堂管理策略由注重行为控制向注重满足学生需要发展,课堂管理内容由注重纪律管理向注重改进教学策略发展。认真分析和把握当代课堂管理的这些变革走向,对于构建理想的课堂具有重要意义。

案例分析与讨论

案例一　张老师这样惩罚林小虎

张老师是化学老师。有一天,当他正在指导一项没有危险的实验时,有人叫他到办公室接一个有关他孩子的加急电话。考虑到实验没有什么危险,而且所有真正有危险的材料都锁在柜子里,所以他就让全班学生继续做实验,自己出去接电话了。

后来发生的事让张老师既宽心又惊慌:当他发现“急电”不急时,是多么宽心;而当他听到化学实验室里的爆炸声时,又是多么惊慌。当时他以最快的速度赶回实验室,进去一看,屋子里烟雾弥漫。他首先关心的是有没有人受伤,幸好没人受伤。看上去学生们觉得这很好玩。爆炸是在一只金属做的废品篓里发生的,所以不大可能伤着谁。张老师接着注意到上了锁的橱柜被人打开了,他确定自己走之前上了锁,所以他推断有人有钥匙,或者有人撬了锁。

引起爆炸的学生可能并不清楚自己干的蠢事会铸成大错,甚至可能毁掉半个学校。

于是，张老师开始盘问全班学生，以查出应对爆炸负责任的人，但没有查到。许多学生说当时在做自己的实验，并不知道是谁干的。其实许多学生知道是谁干的，可没有一个愿意揭发肇事者。于是，张老师决定惩罚全班学生，他宣布：一个月之内，每天放学后全体学生都要留下来，另外，针对化学爆炸事件写一篇30页的文章。谁完不成任务，谁的化学就不及格。如果查出是谁干的，就取消这项惩罚措施。

第二天早上，张老师发现桌子上有一张匿名的纸条，指控一名叫林小虎的学生引起了爆炸。指控合乎情理——林小虎很聪明，他知道怎么干；况且，林小虎是学校里出了名的恶作剧者。林小虎的名声及他的个头、力气和攻击性，很容易说明当时为什么没有人告发他。而且林小虎的父亲是一名锁匠。这样看来，桩桩对得上号。

林小虎面对指控矢口否认。这使张老师感到很为难，他只有间接证据，且不足为证。不过，张老师还是决定惩罚林小虎。第二天，他宣布，由于肇事者已经查到，取消对全班学生的处罚，但是，林小虎在今年余下的时间里要继续接受放学后留在学校的惩罚，并且，他的化学成绩不及格。张老师的意图在于以林小虎为戒，他必须对学生的安全负责。他要让林小虎明白，引起爆炸是一起严重的事件。严惩林小虎是为了防止可能发生的严重事故。

讨论题

1. 张老师在对学生的管理上具有哪些合理性？
2. 张老师在处理方式上存在哪些不妥当之处？
3. 如果是你，将如何管理好这堂课？

案例二 “画饼充饥”

一次数学课上，老师讲完课后，即布置了几条课堂作业，让学生独立完成。当他巡视到坐在最后一排的几位同学身边时，发现有三个同学在抄课外辅导书的答案，老师当时火气直升，但当他看到几张天真活泼、充满稚气的脸时，他压住了心头的火，而是转身走向黑板，用粉笔在黑板上画了两个圈，并写上“烧饼”二字。学生们迷惑不解地发愣，还有的悄声议论：“老师在黑板上画烧饼干什么呀？”老师说：“大家上了一上午的课了，肚子都饿了吧？”“饿了。”同学们异口同声地回答。教师笑了笑说：“你们看着黑板上这两块烧饼就不饿了吧？”一时间学生哄笑起来，并反驳老师荒唐。教师制止住议论，用和蔼的口气说：“大家再想想，假如饿了不吃饭，只看画饼，这个人会怎样呢？”“那是自己欺骗自己。”教师见时机已成熟，忙高声说道：“同学们，大家说得很对，可有些同学做作业遇到困难时，不自己动脑筋，也不问老师，只是一味取巧，抄书、抄别人的，这样做的同学像不像一个‘画饼充饥’的小傻瓜呢？这样抄来的分数不就是一张‘画饼’吗？”老师的一席话使几个抄作业的同学低下了头沉思，有的满脸羞色。课后老师又进行了一番教育，使几个爱抄作业的学生改掉了不良的习惯。

讨论题

1. 该案例反映了教师怎样的教学机智？
2. 如果你在课堂遇到此类情况，你将如何处理？

阅读导航

1. 傅道春：《新课程中课堂行为的变化》，首都师范大学出版社，2002 年。
2. 周小山：《教师教学究竟靠什么——谈新课程教学观》，北京大学出版社，2002 年。
3. 王本陆：《课程与教学论》第十二章、十三章，高等教育出版社，2006 年。
4. [美]F. 戴维：《课堂管理技巧》，李彦译，华东师范大学出版社，2002 年。
5. [美]Raymond M. Nakamura：《健康课堂管理》，王建平，等译，中国轻工业出版社，2002 年。
6. 李森、杜尚荣：《课堂教学管理策略研究》，福建教育出版社，2013 年。

思考与探究

1. 谈谈你对课堂管理本质的理解。
2. 课堂管理的意义是什么？
3. 如何把握课堂教学的节奏？
4. 如何管理教学段落？
5. 教师如何处理课堂中学生的问题行为？
6. 去中小学听一节课，了解中小学课堂状况，学习中小学教师的课堂管理艺术。

专题五　学生学业成就评价

学习要求： 理解学生学业成就评价的概念及意义，掌握当代学生学业成就评价的新理念，学会学生学业成就评价的多种方法。

一、学生学业成就评价理念

正确地评价学生是教师的基本技能。学生学业成就评价是根据教学目标，采用可行的评价标准与工具，对学生的学习结果所做的测量、分析与价值判断。它与考试、教育测验、教育测量、教学评价等概念既相区别又密切联系。它内在地包含着一定的标准，这个标准就是课程标准。课程标准是对学生学业成就进行价值判断的依据和尺度。教师对学生的评价本质上是一种学生研究和教学研究，目的在于发现学生学习上的问题和自己教学上的问题，获得改善教和学的依据。

一个教师能否正确地评价学生会影响课堂教学的效率，同时作为管理教学手段和方法的评价，对学生知识的学习、能力的形成、意志品质的锤炼更有着导向作用。在课堂中，恰如其分的、准确的评价语能最大限度地调动学生的学习热情，拉近师生距离，创造出课堂教学艺术的佳境；在各种测验或考试中，教师对学生的正确鼓励和赞赏能使学生的自尊需要得以满足，激发他们学习的积极性，促进学生的发展。正确评价还对学生的学习具有诊断和调控作用，也有助于教师及时调整和改进自己的教学，提高教学效率，同时为家长更好地配合学校的教育提供依据。因此，具有正确的评价理念、运用正确的方法评价学生是教师的基本素质。当前教学改革强调评价学生的学业成就需要确立以下理念：

（一）注重评价的发展功能

传统的评价是“为了选拔适合于教育的儿童”，把评价的着眼点放在甄别、鉴定和选拔的功能上，其目的是筛选适合于接受高一级教育的学生，淘汰另一部分学生。当代的学生评价强调发展性评价，是要满足学生发展的需要而创造适合学生的教育。因此评价要从单一的“判别式”走向多元的“鼓励式”。这样的评价不是一般的测量，而是更注重评价的价值判断，即重视人的意义世界和精神生活，回答有关生命成长、精神发展、道德完善等价值领域的问题，把关注教学结果以外的意义和价值作为学生评价的根本。我们应力求通过评价让每一个学生张扬个性，生动、活泼、全面发展，通过恰到好处的鼓励、激发，不断地点燃学生心中求知的火焰，使学生在成功的快乐中不断前进、不断求索；也通过客观、公正的学生评价，帮助教师诊断和发现教学工作中存在的问题，为教师自身的发展和改进教学工作，更好地提高教学质量提供具体的反馈信息。

（二）统一要求与尊重个别差异统一

传统教育评价标准单一，教师看待学生、评价学生往往遵循一个统一的标准——以学业成绩为基准，把学生分为三六九等，使评价学生之间的差异明确化、凝固化，而忽视学生的全面发展和个体差异。这种统一化的评价标准，忽视了学生之间的个体差异，对于不同智力水平和不同智力特征的学生来说非常不公平。心理学研究表明，人的发展存在很大的差异，尤其是智能上存在的差异更为明显。不同的人，会有不同的智能优势和发展潜力。后现代主义给我们课堂教学评价提供的新视野是：每个学习者都是独一无二的个体，教学不能以绝对统一的尺度去度量学生的学习水平和发展程度。对学业成绩差的学生，教师也许会觉得他们一无是处。但如果关注学生的各种智能表现，也许我们就会发现他们其实是各有所长了。因此，必须正确认识和尊重学生间的个体差异，建立“因材施评”的评价体系。要注重多元化评价标准与评价方式，尊重学生的个体需要，利用评价识别和培养学生区别于他人的智能和兴趣，帮助学生实现富有个性的发展。

（三）结果评价和过程评价结合

促进学生发展的评价应该着眼于学生的成长和未来发展，建立健全促进学生学业成就不断提高的评价体系，从而达到调动学生积极性、改进学习方法、提高学习效果的目的。教师要明确考试只是学生学业成就评价的一种方式，要将考试与其他评价手段结合起来获得关于学生学业成就的完整图景。我们期望的学生学业成就表现在多个领域，考试只能评价学生在知识领域的表现，对于问题解决、批判性思考之类的高层次技能的评价作用有限。教师需要综合运用考试及表现性评价之类的多种评价方式，获得关于学生学习的充分的证据。所以“评价不是为了证明，而是为了改进”。在评价的方法论方面，传统的教学评价崇尚以客观、量化为标志，当前，质性评价逐步兴起，确立了研究者主体价值参与的合理性，充分尊重了评价对象的独特性。注重过程评价可以同时考虑实际发生过程及其情景条件，而结果评价通常难以再现学习活动、研究活动发生的情景，因此过程评价可以更好地帮助研究者和教师了解学习的真实过程和条件，这在建构主义教学理论中是极受关注的一个方面。

二、学生学业成就评价的主要类型

（一）根据评价作用的不同分为诊断性评价、形成性评价和终结性评价

1. 诊断性评价

诊断性评价是为了使教学适合于学习者的需要和背景而在一门课程或一个学习单元开始之前对学习者所具有的认知、情感和技能方面的条件进行的评估。如入学时的摸底测验就属于诊断性评价，它实质上是一种查明存在的问题进而分析问题、为后续教学活动有针对性地开展提供依据的活动。

2. 形成性评价

形成性评价也叫过程评价，指采用特定的测量程序和方法对学生的学习过程、使用的学习策略和学习各阶段的成效进行评价。通过形成性评价，教师和研究人员就可以有效地把握每一个阶段的学习成效或者研究成果，了解存在的问题和不足，以便及时地调整和改进教学。形成性评价的目的是及时了解活动进程的效果，及时反馈信息，以便及时修正、及时调节、及时强化。

3. 终结性评价

终结性评价指在教学活动、某个计划和产品设计完成之后对学生最终的学习成果进行的评价，主要关心和检查教学活动或项目实施之后的效果等，如期末考试、毕业会考、产品鉴定会就是这种评价。它可能会直接与事先确定的教学目标进行对照，从而判断教学过程的价值或学生学习的效果。由于终结性评价总是在活动完成之后进行，所以也常常被称为事后评价。

三种评价的目的不同，所使用的评价方式也有很大的差异。尤其是形成性评价由于强调对学习过程的测量，就必须使用一些反映过程特征的测量手段，如作业分析法、观察法等。而终结性评价一般以测验、考试的方式进行。另外，从评价的执行者角度来说，终结性评价主要由教学或设计活动以外的人来承担，而形成性评价则是由承担活动的人自己来进行。终结性评价是在教学活动告一段落时，为了解并确定其成果而进行的评价。三种评价之间的区别具体如表6-2所示。

表6-2　诊断性评价、形成性评价、终结性评价比较

种类	诊断性评价	形成性评价	终结性评价
作用	查明学习准备和不利因素	确定学习效果	评定学业成绩
主要目的	合理安置学生，考虑区别对待，采取补救措施	改进学习过程，调整教学方案	证明学习已达到的水平，预言在后继教程中成功的可能性
评价重点	素质、过程	过程	结果
手段	特殊编制的测验、学籍档案和观察记录分析	经常性检查、作业，日常观察	考试
测试内容	必要的预备性知识、技能的特定样本，学生生理、心理、环境的样本	课题和单元目标样本	课程和教程目标的广泛样本
试题难度	较低	依教学任务而定	中等
分数解释	常模参照、目标参照	目标参照	常模参照
实施时间	课程或学期、学年开始时，教学进程中需要时	课题或单元教学结束后，经常进行	课程或一段教程结束后，一般每学期1～2次
主要特点		"前瞻式"	"回顾式"

（施良方，等：《教学理论：课堂教学的原理、策略与研究》，华东师范大学出版社，1999年，第337页。）

（二）根据评价标准的不同分为相对评价与绝对评价

1. 相对评价

相对评价是一种依据评价对象的集合来确定评价标准，然后利用这个标准来评定每个评价对象在集合中的相对位置的评价类型(见图6-1)。它的基本特点是:由评价对象组成的群体的整体状况决定着每个群体成员的相对水平,标准源于该群体,也只适用于该群体,标准依群体变化而变化。相对评价的标准常常以学生群体的平均水平为基点。

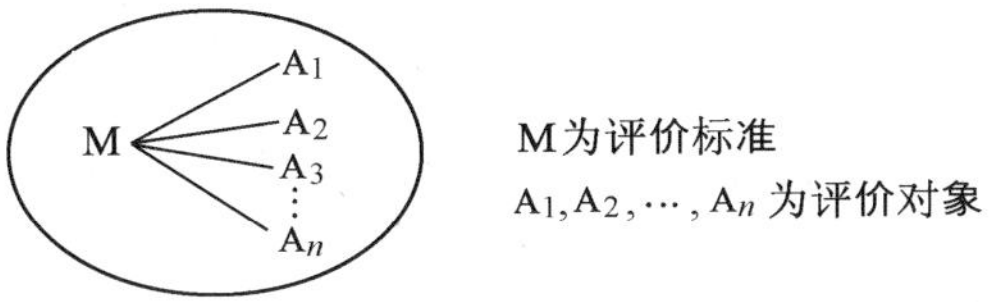

图6-1 相对评价法

2. 绝对评价

绝对评价是一种在评价对象群体之外,预定一个客观的或理想的标准,并运用这个固定的标准去评价每个对象的评价类型(见图6-2)。其标准不受评价对象群体状况的影响,评价结果的好坏只与对象自身的水平相关,而与其所处的群体无关。

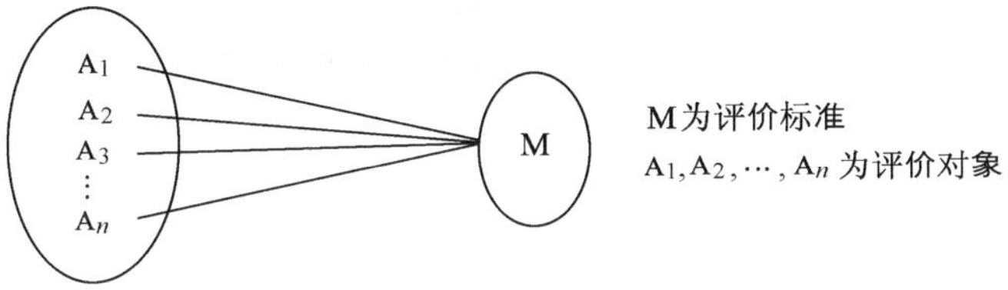

图6-2 绝对评价法

绝对评价的标准比较客观、公正,而且稳定,反映国家对教学的基本要求,能使被评价者明确自己与客观标准的差距。如果标准定得过高,会使被评价者丧失努力的信心。

(三)根据评价方法的不同分为定量评价和定性评价

定量评价是指对那些能够直接数量化的、存在量化途径的评价指标进行量化的评价方式,如运用教育测量与统计的方法、模糊数学的方法等,对评价对象的特性用数值进行描述和判断,具有客观化、标准化、精确化、量化、简便化等鲜明的特征。定量评价在一定程度上满足了以选拔、甄别为主要目的的教育需求,但往往只关注可测性的品质与行为,忽略了那些难以量化的重要品质与行为,忽视个性发展与多元标准,把丰富的个性心理发展和行为表现简单化为抽象的分数表征与数量计算。

定性评价则是指对不便量化的评价对象和内容,评价者根据评价对象平时的表现、现实和状态或文献资料的观察和分析,直接对评价对象做出定性结论的价值判断,具有人文化、情境化等特点,如成长记录袋、学习日记、情境测验都是定性评价的方法。定性评价强调观察、分析、归纳与描述。定性评价更加关注学生在"质"方面的发展,关注教育结果与教育目标之间的一致性;强调对学生的优缺点进行系统的调查,并对个体独特性做出"质"的分析与解释。定性评价是更具现代人本思想和发展性评价的理念。但是,定性评价有时使评价结果模糊笼统,弹性较大,难以精确把握。

三、学生学业成就评价标准与主要方法

学生学业成就评价是教学评价中最核心、最基本的活动。为了全面而准确地评价学生的学业成就，需要确立明确的评价标准，灵活运用各种方法。

（一）评价标准

学生学业成就评价的标准是课程标准。课程标准所蕴含的“为了每一位儿童发展”的理念，旨在促进学生全面、持续、和谐地发展，它相信每一个儿童的可塑性和巨大的潜力。课程标准从本质上说就是设立全国学生要知道些什么、做些什么的底线。它不仅划定了学习的领域和疆界，还给出学到何种程度的描述，即内容标准和表现标准。前者划定了学习的领域，保证学生学到、考到的内容是全面而均衡的。后者回答“很好是多好?”“怎样好才是足够好?”等问题，促进学生在不同程度上的学习。课程标准也是对学习结果的界定。它对学习结果的理解并不像一般人理解的那样，只是学习成绩，它包括多种学习结果，以数学课程标准为例，就从知识与技能、思考与解决问题、情感与态度三个方面做出限定。总之，课程标准给我们设计学业成就评价的维度提供参照，通过将学生学业成就评价设立在标准之上，可以规范不同类型的学业成就评价，减少偏题、怪题，也可以比较容易地形成一套教师、学校、地方和国家不同层级协调一致的、综合的学生学业成就评价体系。

（二）评价的主要方法

对学生学业成就做出全面公正的评价，必须改变以往将纸笔测验作为唯一或主要的评价手段的现象，运用多样化的评价方法对学生进行评价。在学生日常评价实践中使用较多的几种方法如下：

1. 各种类型的作业

新课程实施中的作业已经在形式和内容上发生了很大的变化，除了传统的纸笔作业之外，还有口语交际作业、综合实践作业、实验操作作业等。有的作业注重知识的理解与巩固；有的作业注重技能的熟练；有的注重模仿；有的注重创造；有的注重在真实情景中的实际表现能力等。作业类型的丰富多样有助于提高学生的作业兴趣，给学生合理的作业负担，促进学生多种素质的提高。

2. 多样化的测验

测验有多种类型，按照测验的时间分，可以有随堂测验、单元测验或阶段性测验；依据测验形式的不同，可以有口头测验、纸笔测验、操作测验等；按照施测对象的多少，还可以分为个别化测验和团体测验。一般学生学业成就以集体性的纸笔测验为主，为此，关键是要做好测验题目的选择，编制一份高质量的试卷。

测验题目的类型一般分为客观性试题和主观性试题。客观性试题主要包括选择题和填空题，主观性试题主要包括简答题、论述题和综合题等。应通过不同类型的试题从不同方面考查学生，发挥主、客观试题的功能，适当增加开放性试题。试题的题型应合理；试题的语言要简明易懂，符合学生的阅读习惯，有利于学生发挥真实水平。赋分、评分标准科学合理，试题所涉及的知识内容无科学性错误，杜绝“繁、难、偏、旧”的试题。对学生科学

探究的考查应从实际问题出发，重点关注学生的探究能力，应避免将科学探究分解为生搬硬套的知识和按部就班的程序进行测验。

3．档案袋评价

档案袋主要是学生作品的系统收集，它作为“等级化”“分数化”评价的一种替代，是基础教育新课程实践中涌现出来的一种新的学生评价方式。它的优势在于，为学生提供了一个学习的机会，使学生能够认识自己，判断自己的进步。这种评价方式着力于收集显示某学习领域里学习者的努力与进步的作品，调查每一个学习者获得的经验及其疑问和兴趣，探究各个时段的学习过程，通过编制“成长档案”，来把握每一个学习者的学习轨迹。

学生成长档案可以分三类。一是学习者用档案。可以明示每一个学习者内在的脉络和学习的轨迹，是学习者自身的东西，构成自我评价与相互评价的资料。二是教师用档案。这包括：培育学习者的目标，以及教学过程中所用的教材、素材；班级学生的资料与摘录、自我评价的资料。三是共同档案。记载与每一个学习者有关的老师、同学伙伴、社区人士、家长等的思考与愿望。相关人员共同制作的共同档案将成为激励学习的材料，也成为维护和推进学习网络的媒介。成长记录袋的类型、特点和评价目的具体如表 6-3 所示。

表 6-3　成长记录袋的类型、特点和评价目的

名称	作品类型	特点	评价目的
成果型成长记录袋	学生各个阶段的最佳作品	注重学生自我反省，主要受益者为学生	展示学生的成就
过程型成长记录袋	可以反映学生进步的不同时期的同类作品	注重学生反思，为教师、学生提供反馈，教师、学生均受益	描述学生的进步
评估型成长记录袋	依据一定的标准选择的作品	主要为教师提供信息，不注重学生反省	确定学生是否达到预期的表现水平

档案袋评价的实施主要有如下要求：确立明确的评价目的、内容、主题，保障每一个学生有自己的成长记录袋；有清晰明确的说明或使用指南；选择广泛多样的不同类型的作品样本；师生合作明确评判作品质量的标准；在教师指导下总体地或是分项目地评价作品；举办作品交流会；鼓励家长参与评价的过程。

学习档案记录了每一个学习者学习的轨迹，例如，从单元初到单元结束，该学习者的疑问、兴趣爱好、所想所感、体验与活动、观察调查的结果、访谈录、剪报和互联网信息的汇总、老师与同学的忠告、自己的学习总结、作品等。学习者在这里是名副其实地作为“学习的建构者”“活动的探究者”来描绘学习的过程与轨迹的。档案袋评价是培养和把握学习者自身实力的评价，是把握学习者在“现实脉络”和实际生活情境中的学习过程的评价，也是描绘学习者“真实的学习过程”的评价，有助于培养每一个学习者的自我评价能力。

数学和语言艺术成长记录袋中收集项目举例如表 6-4 所示。

表 6-4　数学和语言艺术成长记录袋中收集项目举例①

数学	语言艺术
一篇数学传记 表明学生学习错误及改正情况的卷子 学生作品的照片或多维数学模型草图 学生向成长记录袋组织介绍每一项目的一封信 小组项目报告 来自其他学科领域但与数学有关的作品，如对社会研究中收集的数据进行分析，并用图表予以呈现 学生自己编制的题目 学生制作的艺术作品，如绳结、坐标 学生在解决复杂数学问题时产生的草稿、修改稿和终稿，包括作文、数据或图表 教师关于能展现学生理解能力的活动的描述 修改过的初稿 关于学生努力的证明	方案、调查及从阅读写作中收集的单元片段 最喜欢的诗歌、歌曲、信件或评论 需要记住的有趣想法 各种文体的习作：议论文、信件、诗歌、通知 跨课程的写作样本：报告、新闻、文学日志 各种文艺作品：剧本草稿、视觉艺术、表格、网页、图标、墙饰、读书录音 阅读录音 对文学成分的认识：情节、背景、观点、角色发展、与生活的联系、主体、相关链接和批评 反映学生阅读过程中批判性思维的作品 个别阅读、写作会议的记录图、标尺或地图 表明学生设计能力（如组织、音色、观众感受、用词的选择、清晰程度）发展的项目 反映学生在自我修改、标点、拼写、语法、形态、选择等方面有所进步的习作 表明从第一稿到终稿发生变化的样本 未参加编辑的初稿

总的看来，档案袋评价着眼于学生的整体发展，兼顾认知、情意、技能的整体的学习评价，适应学生的个别差异，肯定个人的努力进步与整体成就，呈现个别化的学习进程。

案例分析与讨论

案例一　某校开放的多元化的评价体系

开放的多元化的评价体系，包涵着多方面的内容。传统的考试，过多地注重了考试的排序的功能，而忽略了反馈校正的功能，没有达到促进学生自我评价、主动发展的目的。我们的做法是：试卷分数 + 考后感悟 + 课后 100 分。

试卷分数：跟传统的考试一样。

考后感悟：就是考试的分数出来以后，引导学生进行反思的过程。包括：

1. 得意之笔：无论学生考得分数高低，在试卷里总会有值得他自己骄傲的地方。得意之笔就是让学生总结自己在本次考试中的闪光点，总结自己值得骄傲的地方。可以是诚信的考试态度，可以是自己超出预测水平的发挥，可以是自己独特的解题方法，可以是超出预想对手或是达到预期目标的喜悦，可以是对自己进步的骄傲。

2. 进步之阶：这步是学生对自己考试后的优点总结后，再对自己考试中暴露出来的问题和不足进行反思的过程。在这一步中，学生通常要做以下的工作：改正出错的问题，

① ［美］G. D. Borich、［美］M. L. Tombari：《中小学教育评价》，国家基础教育课程改革“促进教师发展与学生成长的评价研究”项目组译，中国轻工业出版社，2004 年，第 222－224 页。

反思出错的原因。如果是失误造成的失分,要提醒自己以后细心;如果是对知识理解上的错误,就要更新对出错知识的理解,实现对知识点全面而正确的认识;如果是技能技巧方面的不足,要提醒自己强化技能训练,并找出相应的训练补偿办法;如果对出错问题真的是一点也不知道,应该通过教师或同学的帮助去学会它,完善自己的知识结构,并有意识地进行强化记忆和练习。

3. 教师的话:这个过程,是教师针对学生在考试过程中暴露出来的问题,通过激励性的手段,对学生进行个性化辅导的过程。这里可以有教师对学生本次考试优缺点的评价,可以有教师对学生前段学习方法或学习态度的评价,可以有教师对学生下一步学习的建议。从表达方式上说,可以是书面的文字交流,也可以是面对面的语言交流。

4. 家长的话:此步旨在引起家长对学生学习成长状况的关注,达到学校、家长、教师共同关注孩子成长,共同评价学生的目的。家长的话可以有对孩子的评价,对孩子的期望和要求,也可以有对学校管理和教师教学方面的意见和建议。教师引导学生对家长的话引起重视,激励自己的学生;对于家长对自己教学方面提出的意见和建议要给予充分考虑,努力改进自己的教学;对家长提出的学校管理方面的问题,及时向学校反映,促进学校管理上的进步。

课后100分:就是在学生对自己考试中出现的问题进行改正反思之后,教师给认为自己考得不好的同学第二次考试的机会,并且把第二次考试的成绩或是两次的平均分作为学生本次的考试成绩。

讨论题

1. 你认为这种新的评价方式有效吗?会给学生带来什么影响?
2. 结合你身边的实际,例举出一些促进学生发展的有效的评价方式。

案例二　一堂美国的自然课

曾有一个中国教育考察团到美国的一所小学听课。老师讲的是"蚯蚓"。老师将课前准备的一包蚯蚓放在讲台上,要求孩子们每人提一条放在课桌上。由于孩子们都很小,或从来没有捉过蚯蚓,教室里乱作一团,不时还有孩子惊恐的尖叫声。老师站在一旁一直不作声。这一过程一直持续了15分钟。终于每个孩子都捉了一条蚯蚓放在课桌上了。

这时,老师才开始"上课"。要求孩子们仔细观察,看课桌上的蚯蚓有什么特点,然后发表自己的看法。

有孩子说:"蚯蚓身上一环一环的。"

有孩子说:"蚯蚓贴地的一面毛茸茸的。"

对每一个孩子的回答,老师都给予鼓励。

有孩子说:"我做了一个实验。我把蚯蚓切成两段,结果两段都还不停地动,说明蚯蚓生命力很旺盛。"

老师对此更是大加赞赏。

又一个孩子说:"我也做了一个实验。我用一根线拴在蚯蚓的身上,然后吞进喉咙里，过了一会再拉出来看，结果蚯蚓仍然是活的。这进一步证明蚯蚓生命力很强。”

老师异常激动地说：“你太了不起了！你为了科学实验大胆尝试的精神，值得老师和每一个同学学习。”于是全班同学为他热烈鼓掌。

这堂课就这样热热闹闹地结束了。课后，考察团与这位老师座谈，问这位老师：“学生捉蚯蚓的过程持续了15分钟，您为什么一言不发？为什么不让课堂尽快安静下来呢？”这位年轻的女老师只回答了一句话：“假如这些孩子连一条蚯蚓都捉不住，那我今天的课还有什么价值呢？”

讨论题

1. 这堂课中教师对学生的评价有何特点？

2. 你对代表团成员问教师“学生捉蚯蚓的过程持续了15分钟，您为什么一言不发？为什么不让课堂尽快安静下来呢？”这样的问题有何评价？

阅读导航

1. 陈玉琨：《教育评价学》，人民教育出版社，1999年。
2. 马永霞：《教育评价》，当代知识出版社，2001年。
3. 黄光扬：《教育测量与评价》，华东师范大学出版社，2002年。
4. [美]高尔，等：《教育研究方法导论》，许庆豫，等译，江苏教育出版社，2002年。

思考与探究

1. 什么是学生学业成就评价？评价的主要理念有哪些？
2. 学生学业成就评价的类型有哪些？
3. 你如何评价新课程倡导的档案袋评价？
4. 试就本专题的内容设计一个测验或评价任务，评价自己学习的效果。

第七篇

班级管理与课外活动

内容提要

与一般的任课教师相比，班主任的角色具有它的特殊性。班主任是中小学日常思想道德教育和学生管理工作的主要组织者和实施者，是中小学生健康成长的引领者。班主任的工作职责具体表现为：组建和管理班集体、全面关心学生的成长；组织和指导开展各种适合学生的班级活动，协调其他任课教师共同发挥育人作用，通过与家长沟通取得家长对学校教育的理解、帮助和支持，从而达成教育的共识等；此外，班主任还要有意识地借助社会力量来教育、影响学生。具体来说，班主任的工作内容涉及了解和观察学生、建立学生档案、对学生进行个别教育、管理班级常规、组织和开展各项课外的班级活动、协调各种教育影响、对学生给予操行评定、制订工作计划、撰写工作总结等各个方面。正是因为班主任的责任重大，因此我们对班主任的素质提出了很高的要求。作为班主任，必须热爱教育事业、热爱学生；班主任肩负学生的日常管理事务，因此要有较强的组织管理能力；作为教育者，班主任要有不断更新的知识结构；作为学生身心健康成长的引领者，班主任还要具备较强的教育能力和心理调节能力。

课外活动是中小学为实现学校教育目的，与课堂教学相配合，在课堂教学之外对学生身心实施多种影响的正规教育活动。课外活动具有很高的自主性，它在形式上具有很大的灵活性，在内容上具有很强的实践性。课外活动对促进学生充分的、主动的、生动活泼的全面发展，全面实现中小学教育目的，科学有效地提高教育效果，具有不可低估的作用。组织课外活动要有明确的目的性和计划性，活动内容要符合学生的年龄特征，有利于发展学生的兴趣和特长，同时，也要积极争取家长和社区的配合。这样，才能使课外活动发挥其应有的作用。

专题一　班级管理

学习要求：了解“班主任”这一教育者角色的含义及班主任对于成长中的学生的重要意义；了解班主任的工作职责及对班主任职业素养的要求；掌握班主任工作的方法；掌握组建班集体的具体原则与策略；明确班主任专业化的目标与途径；初步形成与班主任相关的专业情感与专业角色意识。

一、班主任

（一）班主任的角色描述

教师是“人类灵魂的工程师”，当我们用这句早就为世人所熟悉的话来诠释新时期的班主任时，我们会感到其内涵更加丰富、深刻，班主任肩上的担子更重。当代班主任正处在一个新的时期，现代社会的特征和发生的种种变化使班主任面临着教育上的许多崭新课题，要完成“人类灵魂的工程师”的使命，难度将会更大。

对学生来说，“班主任”三个字听起来是既严肃，又亲切。它是近现代随着班级授课制的出现而产生的一种教育者的角色。我国 2009 年 8 月颁布的《中小学班主任工作规定》指出：班主任是中小学日常思想道德教育和学生管理工作的主要实施者，是中小学生健康成长的引领者，班主任要努力成为中小学生的人生导师。从《规定》中我们可以看出，与一般任课教师相比，班主任这个角色具有其特殊性。首先，班主任是班级教育的主任教师或主要教师。在一个班级，任课的教师都参与班级教育，但班主任是主要的，是主任教师，其他教师协助班主任共同工作。所有班级任课教师都对学生负有教育责任，但班主任是对班级学生进行教育的主要责任人。其次，班主任除教学外，主要是通过班级组织实施教育。对班主任来说，班级组织不仅是教学的基层组织，更是教育工作的基层组织。而其他任课教师主要通过学科教学对学生进行教育，对任课教师来说，班级组织主要是教学的基层组织。

（二）班主任的角色价值

1. 班主任是班集体的组织者和指导者

学校是个育人的大集体，而“班”是这个育人大集体中的一个小集体。班级是学校对学生进行教育的基本单位，是学生集体的基层组织。班级管理是保证班级这一基层组织发挥其育人功能的关键因素。而班级管理效果如何，关键在于班主任。班主任对班级管理工作的质量高低直接影响着学生的成长、学校的声誉、办学水平和发展前景，因此，班主任在班集体中的作用极为重要。苏联教育家包德列夫曾经说过："班主任对学生发生教育影响，不只是由于他的知识，而是由于他的道德威望。教育者的人格，他的道德风范，对学生意识和性格的形成，对其共产主义行为习惯的养成，都能发生决定的影响。"①一个称职的班主任，必须要当好班集体的组织者和指导者，这样才能使班集体朝着健康的方向发展。

2．班主任是学校各项教育计划的实施者

班级是学校的基层组织，学校对学生的教育主要通过班级来实施。所以，作为班级全面负责人的班主任，是学校教育计划的主要实施者，是学校教导工作计划的主要执行者。班主任作为学校教育中最基础、最主要而且是第一线的教育者，能否在班级管理中起到学校领导实施教育教学工作计划的助手作用，能否在学校、社会与家庭教育之间起到桥梁与纽带作用，以及能否在学生全面发展成长中起到导师作用，将直接影响着学生正确的世界观、人生观和价值观的树立。②

3．班主任是各种教育力量与教育资源的协调者

一方面，学生的教育是一个复杂的系统工程，一个班的任课教师必须是一个坚强的集体，对学生进行目标一致的教育。为形成统一、协调的教育力量，班主任要协调与任课教师的关系，与任课教师相互尊重、相互支持、相互配合，组织形成任课教师的"教师集体"，并在教学中共同实施教育。另一方面，在学校内部，班主任在工作中要积极争取学校领导的支持，要团结依靠任课教师及学校的其他教职员工，以此来提高班主任工作的效果和效率。同时，班主任要依靠团队组织，配合班级开展活动，促进班集体不断前进。

与其他任课教师相比，班主任最有可能成为学生发展的重要他人。但能否真正担当起学生发展的重要他人，是受各种条件制约的。就班主任自身而言，应该努力提高自己的专业化水平，真诚地热爱学生，切实地承担起教育责任，以人格影响人格，以智慧启迪智慧。

（三）班主任的角色职责

根据我国《中小学班主任工作规定》（见附录），我们可以将班主任的工作职责归纳为以下内容。

1．组建和管理班集体，开展班级活动

班级是学生在校接受教育的基本单位。组建和管理班级是班主任的基本职责。班主任要通过教育组织工作，通过规章制度，通过发挥学生多方面的积极性、主动性，维持班级正常的教育和教学秩序，保证全班学生能够听从指挥，服从领导，接受纪律的约束，防止我行我素、随心所欲的行为，推动班级成为井然有序、运作正常、团结向上的集体。

2．从德、智、体各方面全面关心学生的成长

班主任要教育学生明确学习目的，端正学习态度，改进学习方法，要求学生认真预习、上课、复习、完成作业，指导学生参加课外兴趣活动，并注意学生学科成绩的平衡发展；要

① ［苏］包德列夫，等：《班主任》，陈友松，等译，人民教育出版社，1956年，第13页。

② 唐宁：《做好高校班主任工作的意义及对策》，《新西部》，2011年第29期。

保护学生的学习积极性，表扬先进、激励后进，对学习困难的学生应满腔热情，真情关爱、悉心指导。班主任还应主动积极地从事学校的德育工作，在日常教育中注重对学生进行思想品德、行为习惯等的教育和指导，教育学生热爱祖国、热爱集体、热爱社会主义，树立正确的世界观、人生观、价值观和社会主义荣辱观，培养学生优秀的道德品质；关心学生的心理状况，指导学生形成积极向上的健康心理，及时发现并帮助学生纠正心理偏差。班主任还应关心学生的身体健康，组织学生开展体育、卫生、文娱活动；要求学生积极参加体育锻炼，教育学生养成良好的卫生习惯，注意保持校园清洁卫生，组织学生搞好教室及保洁区的清洁卫生。

3. 协调同事，沟通家长，争取更多更好的社会教育资源

学生在校接受到的教育是由所有的教师共同实施的，每个教师在其文化知识传授的过程中，在与学生的交往中，都在向学生施加一定的影响，而班主任有义务将这些力量凝聚起来，使之共同发挥育人作用，这是形成教育合力的一个重要方面。

家庭教育对孩子性格的形成、素质的提高及品德的发展有重要的影响，它可以成为学校教育的助力，也可能成为学校教育的阻力。因此，班主任要注重与家庭的联系，经常与家长沟通，取得家长对学校教育的理解、帮助和支持，从而达成教育的共识。班主任要通过家访、家长会、电话或信函等形式及时与家长交流学生的思想、学习、生活等方面的信息，精心组织家长会，争取家长对学校工作的配合。班主任还要有意识地借助社会力量来教育、影响学生，争取社会团体和单位的支持，有效运用社区等教育资源，同时把学生有目的、有组织地放到社会大平台上接受教育，以使学生将来更好地适应社会。

总之，教育和影响学生始终是班主任的中心工作。班主任要通过各种渠道、多种方法对学生成长过程中的所有方面施加有计划、有目的的影响，使他们成长为社会所需要的人才。这些教育主要有思想政治方面的教育，学习态度及学习方法的教育，身心健康的教育，适应社会生活的教育等。班主任的工作内容涉及了解和观察学生、建立学生档案、对学生进行个别教育、管理班级常规、组织和开展各项课外的班级活动、协调各种教育影响、对学生给予操行评定、制订工作计划、撰写工作小结等。要想成为一名优秀的班主任，应当从事务堆中解脱出来，始终保持清醒的头脑，以明确自己的使命。我们要唤醒学生心灵中最美好的东西，使人性散发出灿烂的光辉；要唤醒学生的自主意识和创新精神，使蕴藏在人脑中的巨大潜能得以开发；要唤醒学生对生命价值的深切感悟，使他们懂得在创造生活的过程中，享受幸福的人生！那么，怎样才能完成班主任的重要使命呢？有人总结出“班主任的26个字母”，可供参考。

A——Awake（唤醒）：教育者的使命在于唤醒。

B——Believe（信任）：充分信任所有的孩子。

C——Care（关心）：全面关心学生的成长；Create（创造）：创造是教育事业的灵魂。

D——Democracy（民主）：民主的氛围是培养自强精神的温床；Digest（理解）：理解是开启儿童心灵之门的钥匙；Duty（责任）：责任感是教育者的良知。

E——Enjoy（欣赏）：赏识是孩子的心灵鸡汤；Equality（平等）：人格平等是儿童世界的通行证。

F——Feeling（感情）：以情育情，以情动心。

G——Give(付出)：只知付出，不求回报。

H——Help(帮助)：在学生最需要的时候及时给予帮助；Humour(幽默)：幽默是调节心理的灵丹。

I——Ignite(点燃)：点燃儿童心中的明灯。

J——Justice(公正)：只有公正无偏才能赢得孩子的信任。

K——Kind(亲切)：亲切的态度可以拉近和学生的距离；Knowledge(知识)：知识渊博，魅力无限。

L——Love(热爱)：热爱是最好的导师。

M——Mischief(伤害)：切勿伤害儿童的自尊心。

N——Nature(自然)：顺应自然，因势利导。

O——Observe(观察)：观察是了解学生的重要手段。

P——Patience(耐心)：耐心是获得成功的基础。

Q——Quest(探索)：探索是教育者的优秀品质。

R——Resource(机智)：教育机智叩开成功的大门；Respect(尊重)：教育成功的秘密在于尊重学生。

S——Smile(微笑)：微笑是照亮学生心灵的阳光；Study(学习)：学习是教育者的加油站。

T——Think(思考)：善于思考是教育创新的前提；Tolerance(宽容)：宽容是感化学生的良药。

U——Understand(了解)：了解是教育的起点。

V——Victory(成功)：让所有孩子都体验成功的喜悦。

W——Wrath(愤怒)：切记“制怒”。

X——X factor(未知数)：开发儿童的未知潜能是教育者的天职。

Y——Young(朝气蓬勃)：像青少年那样朝气蓬勃。

Z——Zest(乐趣)：教育工作具有无限的乐趣。

在26个字母中，最后一个字母Z所代表的词汇是“乐趣”。班主任的工作虽然辛苦，但却具有更多的乐趣。美国学者贝德勒说：“生龙活虎的学生一个个在我眼前成长起来，这就是一个教师永不停息的创造性工作的结果……还有什么比创造人类生命的工作更令人激动的呢?”当一个个不懂事的孩子经过班主任和其他老师的精心培育，成为祖国各条战线上的有用之才的时候，我们会感到无比欣慰、无比幸福。魏书生说过：“教育是一种可以给人以双倍精神幸福的劳动。”“教师劳动的收获，既有自己感觉到的成功的快乐，更有学生感觉到的成功的快乐。于是教师收获的是双倍的，乃至更多于其他劳动者数倍的幸福。”一位优秀的班主任会以其创造性的教育劳动打动每个孩子的心灵，因而，他将被许多学生珍藏在记忆的深处。一个人如果能活在别人的心中，那么他的生命将是最有意义的。桃李满天下的班主任，将被那么多学生铭记，这难道不是最幸福的吗?①

---

① 《做一个幸福的班主任——读〈今天，我们怎样做班主任〉一书有感》，http：//blog. sina. com. cn/s/blog_a3d36a050102v84j. html，2014-11-08.

（四）班主任的角色要求

在学校的教育工作中，班主任的责任重大。因此，我们对班主任的素质提出了很高的要求。

1. 班主任必须热爱教育、热爱学生

作为教师，作为班主任，就要热爱教育事业，热爱学生，为学生的健康成长和发展服务；要以身立教、以德立教，注重以人育人；要力求精深地学习、掌握专业知识和技能；要树立正确的教育思想，掌握科学的教育方法；要善于与学生、与其他教师、与学生家长建立良好的人际关系；要以贯彻教育方针、执行各项教育法规为己任。1997 年 9 月 1 日，原国家教委和全国教育总工会颁布的《中小学教师职业道德规范》对教师职业道德做了明确而具体的规定，该文件是我们进行职业道德修养的重要指导文件。

2. 班主任要有较强的组织管理能力

班主任要善于组织学生开展各种各样的活动。较强的组织管理能力是班主任不可缺少的素质。班主任要有较强的组织管理能力，在工作中表现出魄力与魅力，能使学生心悦诚服、令行禁止。班主任要能根据班级管理的规律，结合本班学生的实际提出切实可行的班级工作计划并实施计划的各种方案，有计划地开展集体活动，善于发现、培养积极分子，形成班集体的核心。班主任要善于安排活动与交往，促进班集体每个成员的相互了解与团结，形成良好的舆论和班风。

3. 班主任要有不断更新的知识结构

青少年正处于长身体、长知识的阶段，他们有较强的求知欲，同时有自己的兴趣与爱好。无数教育实践表明，有广博的科学文化基础知识，具备广泛的兴趣与爱好的班主任对学生有较强的吸引力，易于与学生打成一片，便于开展班级工作。系统、精深的专业知识，丰富的教育科学知识，对美术、音乐、体育、社会新闻、天文地理、历史的兴趣和了解，对新兴科技及计算机网络知识的熟悉等，赋予班主任更多的魅力，吸引着学生，滋润着班集体。不断更新的知识结构所产生的精神力量，推动着学生的成长和班集体的发展。

4. 班主任要具备较强的教育能力和心理调节能力

班级管理活动复杂多样，也会遇到各种各样的问题，班主任作为班级管理的主导者，要学会处理各种矛盾，能随机应变地解决各种问题，应付各种尴尬的场面，在工作和生活中具有较强的适应能力。班主任还要能承受各种挫折和压力，在学生面前要保持良好的心理状态，达到“不以物喜，不以己悲”的境界，时时以愉快乐观的情绪去感染学生。

据说苏格拉底小时候，有一次看他父亲在雕刻狮子，便问道：“怎样才能成为一个好的雕塑师？”父亲说：“拿这只石狮子来说吧，我并不是在雕刻它，我只是在唤醒它。”“唤醒？”小苏格拉底不解地问。“对，狮子本来沉睡在石块中，我只是将它从石头监牢里解救出来而已。”苏格拉底从父亲的话中得到启发，日后便成为一位唤醒人们心灵的大师。教育就是一种心灵的唤醒。儿童的成长是其心灵中真、善、美的种子不断生长、自主发展的过程。班主任的使命就是用温柔而灵巧的“教育之手”，去触摸儿童稚嫩的心灵，以唤醒埋藏在他们心底的良知和潜能，促进其自主地成长和发展。

（五）班主任的工作策略

班主任工作是一项艰苦并富有创造性的劳动，涉及面广、任务繁重，要想使工作卓有成效，班主任必须能够灵活运用多种有效的工作策略。

1. 班主任要全面客观地了解学生

班主任了解、研究学生的情况应该是多方面的，既要有广度，也要有深度。班主任首先要全面了解班级基本的、整体的情况及每个学生的基本情况，包括：学生的总人数；男女学生比例；学生的姓名、性别、年龄、来源情况；学生家庭住址、家长职业及文化程度；学生家庭结构；学生在家庭中的排行和地位；独生子女比例；学生的成长环境；等等。班主任还要清楚地了解班级学生及班集体的发展现状，例如，少先队与共青团的组织与活动状况；学生在德、智、体、美、劳、心各方面的具体特点与表现；学生对班集体的态度；学生干部队伍的状况；班级中人际关系状况；班级规章制度的建立和执行情况；等等。

卢梭在《爱弥尔》一书中写道："你必须好好地了解你的学生之后，才能对他说第一句话。"①班主任如果对自己的班级和学生的情况不明，或若明若暗，或不甚了解，那么在教育中就会事倍功半，就要经受挫折，甚至失败。因此，班主任必须切实做到经常、及时、全面地了解、研究学生。这既是做好工作的前提，也是教好学生的基础。一般来说，班主任了解和研究学生的方法主要有以下几方面：

（1）书面资料分析法

书面资料分析法，是指班主任在了解学生情况时，借助有关班级学生的各种书面材料，如入学登记表、作业、日记、答卷、笔记、班级日志、健体检查表、成绩通知单及记载学生情况的各种表格等，来获取有关学生的信息，从而对学生的思想、学习、生活态度、个人爱好、班级基本状况进行间接了解的方法。这是班主任初步认识班级和学生，了解学生基本情况的最简易的方法。有经验的班主任都很重视对学生书面材料的研究，但又从不拘泥于这些材料，而是在与学生的具体接触中，逐步观察和了解学生，随时掌握学生"活"的材料。尤其是对学生过去的鉴定、评语，不能看得过死、过重，要通过随时掌握的材料了解学生的发展和进步。

（2）观察法

观察法是一种直接了解和研究学生的方法。班主任上课和听课，可以观察学生的学习态度、情绪、口头表达能力、听课注意力，还可以弄清学生对各科学习的兴趣，对待分数及学习中成功与失败的态度。课外活动是观察发现每个学生个性特征的有效途径。它可以了解学生的集体观念、爱好、特长、友谊、情感等，可以发现一些在校内、在课堂上难以发现的东西。比如有的学生在老师面前显得很拘谨，在另外的场合却十分活跃；有的学生在老师身边不露锋芒，离开老师却能表现出十分惊人的组织能力和号召力。还可以把学生放在某些特定的环境里进行观察。如让学生完成一项工作，观察他对指定的任务是否有独立完成的能力。

（3）谈话法

运用谈话法了解和研究学生，是指教师通过有目的、巧妙而有说服力地与学生交谈，对学生进行了解并确定教育方案的方法。只有善于与学生谈话，善于与学生交流、沟通，才能真正了解学生。谈话法通常和观察法结合使用，以便更主动、更有意识地了解学生的

---

① ［法］卢梭：《爱弥儿》，李平沤译，商务印书馆，1978年，第97页。

思想活动情况，了解学生的道德观念、理想、追求，了解学生的性格及特长。

（4）调查法

调查法是深入了解班级学生的重要方法。从调查内容看，有一般情况的调查和专门问题的调查两种；从调查对象看，可以向班干部、任课教师、学生家长调查，也可以向学生的朋友、街道干部、邻里群众调查；从调查方式看，有个别访问、开座谈会、书面问卷等方式；从调查途径来说，有直接调查、间接调查等。调查前要根据调查的内容和问题列出调查提纲，考虑好调查的具体步骤和方法，确定调查的重点对象。调查时要热情、周到，边听边记下某些重要的内容。调查后班主任要对调查来的材料及时进行记载、整理，以便综合研究分析学生情况时运用，这些宝贵材料也是班主任总结工作经验、进行教育科学研究的素材。

为了应用好调查法，班主任应经常进行“四访”：访问家长（包括亲友、邻里），访问任课教师，访问本班学生或以前的学生，访问原来的教师。

① 家庭访问是了解学生的一种常用的方法。中小学生同家长接触的时间多，家长的思想、意识、文化修养，甚至性格、习惯对学生的成长都有极大的影响。要充分认识家庭访问对教育学生的重要性。所以，对学生的教育，只有在班主任与家长取得一致、相互配合的情况下，才能收到良好的效果。进行家庭访问的内容是很广泛的，包括了解家庭的成员、经济状况，家长对孩子的教育态度、方法，学生的生活习惯和在家里的表现，等等。走访家庭的重点应放在了解情况，以及和家长探讨教育学生的方法、途径上。为了达到预期的目的，教师在家访前要做好充分的准备。要根据学生特点、家庭的经济状况、家长的教养等不同情况，确定家访的内容和所采取的方式。如有的学生家庭经济状况好，在家有舒适的学习条件，有较多的娱乐条件，对此应着重了解家长对孩子是否能严格要求。有的学生家庭经济状况较差，对此应了解他们是否有必要的学习条件，是否有一定的娱乐时间，还要了解这类孩子的家长对孩子的教育要求，帮助家长创造良好的学习条件。对于暂时表现差的学生进行家访，要向家长如实地反映情况，要充分肯定学生的成绩，不能简单地“告状”，以免引起家长和学生的反感。作为了解情况的家庭访问，重点应放在请家长谈孩子在家的表现，尤其不能因学生有缺点、错误而责备家长。对优秀学生，要注意了解他们在家中表现出来的弱点。家庭访问的材料，要妥善保存，可制成家长工作记录表，作为研究教育学生的依据。

在家庭访问的同时，还要走访学生家庭所在地的工厂、机关、街道、里弄或村镇的干部、群众，向他们做一些专题调查，或对学生校外的表现做一般的了解，以便全面考查学生，有的放矢地教育学生。

② 访问任课教师。学生在校学习与任课教师接触很多，学生学习的积极性，学习的方法，对待成功与失败的态度中反映出来的意志力，与同学共同学习讨论中反映出来的精神境界，等等，任课教师都会有所了解。有的学生在班主任面前的表现同在任课教师面前的表现有所不同。这都说明访问任课教师对了解研究学生是重要的和必要的。

③ 在学生中间了解学生。在学生中间了解学生能及时地、较为准确地反映学生情况。在做这类调查时，要做到以下几点：

- 教育学生反映情况一定要实事求是，不能有偏见。

● 教育学生对同学一定要用与人为善的态度，多看别人的优点、长处。

● 对学生反映的情况要进行核实、分析，要多方面听取情况，不能根据只言片语得出结论，还要正确巧妙地运用学生反映的情况，不要影响学生间的团结。

● 要保护反映情况的同学。向班主任反映情况的同学，通常会受到不正确、不公平的冷嘲热讽。班主任必须义正词严地向学生说明真相，坚定不移地保护这些学生，以发挥他们的积极性，达到激浊扬清、明辨是非的目的。

④ 可访问原校的班主任和任课老师，以了解学生过去的表现。这可以为对学生做比较分析提供宝贵材料。①

以上介绍了班主任了解和研究学生的一些基本方法。为了做好这项工作，需要注意以下三个方面的问题。一是对现代中小学生的思想状况、学习状况，要有正确的估计和认识。二是分析研究学生要坚持全面的观点，一分为二地看待他们。注意发现学生身上的闪光点，善于化消极因素为积极因素，促进后进学生的转化。三是研究和评价学生要坚持发展的观点。对学生既要看到过去，也要看到现在，还要看到将来，更要注重现实的表现，要寄希望于未来，不能以固定的眼光看学生。

2. 班主任应通过各种方法对学生进行全面教育，引导学生健康成长

班主任面对的教育对象是青少年学生，他们正处于一生中成长发育的关键时期，特别需要教育与引导。班主任要做学生学习、生活、心灵的导师，做学生全面发展的领路人，做学生健康发展的守护神。

身体健康是人生幸福的一块重要基石。班主任应该把指导学生学会健康地生活放在首位。班主任不仅应指导学生注意卫生、学会保健、认真做好早操或课间操，还要经常组织学生开展体育活动，使学生身体健康、体型健美，使学生的生活充满乐趣。积极开展安全教育也是班主任的重要职责。学生最容易发生安全问题的时间是活动时和无成人在场时，如体育课或运动会、课间活动、全校集体活动、实验课或劳动课期间，独自上学或放学时等。因此，我们的安全教育要做到及时、有针对性，真正起到预防的作用。在安全教育中，我们要善于学习，善于思考，掌握教育的主动权，有效地消除安全隐患，让孩子们都能安全、健康、茁壮地成长。

21世纪教育的四大支柱是学会学习、学会生存、学会做事、学会合作。因此，引导学生学会学习也是班主任的重要工作。班主任要唤起学生的学习兴趣，要帮助学生树立学习的信心，还要培养学生良好的学习习惯。习惯是一种稳定的品质，它很大程度上决定学习的成败。叶圣陶先生1979年在他的《学习不光为了高考》一文中说："什么是教育？简单一句话，就是要养成良好的习惯。"班主任要培养学生勤奋努力、独立思考、认真专注、珍惜时间等良好的学习习惯。班主任还要引导学生探索有效的学习方法，使学生具有很强的自学能力，从而学会学习。

班主任还要重视发掘学生的创新潜能。教育就是要发掘出学生的潜在能力，而创新能力是各种潜能中最有价值的。班主任要特别关心学生创新意识的培养和创造性思维的锤炼，给学生创建一个能够展示自我的空间，使他们从小就有强烈的创新意识，逐渐培养

---

① 李晓峰：《研究和了解学生》，http：//www.docin.com/p-1469795779.html，2016-06-24.

他们的创新品质。

学会审美是现代教育不可缺少的重要组成部分。审美教育的基本任务，就是要培养和提高学生对美的感受能力、鉴别能力和创造能力，帮助学生树立正确的审美观念和健康的审美情趣，以促进学生身心的全面发展和健康成长。班主任要引导学生感受美、体验美，让学生在真切的感受和体验中练就一双发现美的眼睛，还要通过各种活动提高学生对美的鉴赏能力、创造能力，并使学生在创造美的过程中塑造美的心灵。

3. 班主任要用发展的眼光全面、积极地评价学生

正确地评价学生是班主任工作中的一项重要任务。它是保证班主任工作顺利进行的关键。班主任要建立一种以促进学生的全面协调发展、激发个体内在的发展动力为宗旨的全新的评价体系。在评价内容上，班主任要考虑学生的综合素质和发展潜能，而不是只凭一张考卷分数的高低就给学生简单定性；在评价主体上，要考虑建立学生、教师、家长、社会人士共同参与、交互作用的多元化主体评价机制，以多渠道的反馈信息促进被评价者的发展，而不是持一己之见；在评价方式上，要将量化评价方法与质性评价方法相结合，摒除量化评价的僵化、简单、片面的缺点，突出质性评价的激励和促进发展的功能。

教育评价的目的应是促进学生的发展，因此我们要淡化结果，更多地关注学生在受教育过程中的变化和发展，根据他们的表现，及时给予必要的、适当的鼓励和指导，并做即时的评价，将结果反馈给学生，使每一次评价都成为学生发展的一个新起点，激励其不断攀登新的高峰。

4. 班主任要用高超的教育机智来处理班级的偶发事件

偶发事件，是指突然发生在教育教学活动或学生的日常生活当中，严重影响学生个体或班集体的利益与形象，扰乱正常秩序或危及学生安全的事件。如学生的出走、打架、意外伤亡等。班上发生事先难以预料的偶发事件是一种正常的现象，关键在于班主任能随机应变，正确处理偶发事件。处理得好不仅可以化险为夷，而且还能锦上添花。

班主任在处理偶发事件时，要注意以下几个原则：(1) 要沉着冷静、机智果断。偶发事件事先难以预料，本身又多种多样。当发生偶发事件时，班主任要注意控制住自己的感情，坚持运用冷处理的办法。根据事情的性质、严重程度及当事人的个性特点，相应地采取不同的处理方式和方法，力求取得最佳教育效果。(2) 要认真调查研究，掌握事件发生的全过程，这是班主任处理偶发事件的关键所在。(3) 要认真分析原因，力求做到公平民主、以事实为依据来处理偶发事件。在了解问题发生全过程的基础上，根据客观的情况做具体的分析。(4) 要做到以理服人、积极疏导，并善于抓住教育契机。

处理偶发事件是一门教育艺术，事情处理得好与坏，既关系到学生的健康成长，又关系到班集体的巩固和发展，同时也是对班主任的水平和能力的一种考验。班主任需要用智慧与经验，在不断的实践中探索出具体的、生动的、行之有效的工作方法，以提高自己的教育水平，更好地处理偶发事件。

在联合国教科文组织的一次国际中小学教师、学生联欢活动中，共有20个国家和地区的410位教师、学生参加，其中有一项活动是评选最受欢迎的教育方式。主持者设计了一个问题，要求所有教师都做简单回答。这个问题是：大杰克和小

杰克是孪生兄弟，都是14岁，正在学校读书。他们家离学校比较远，家长给他们配了一辆轻型汽车作为交通工具，让他们开车上学、回家。这兄弟俩由于晚上贪玩，好睡懒觉，经常迟到，虽经多次批评，还是我行我素。有一天上午考试，尽管老师事先警告他们不许迟到，但他们因在路上玩耍，还是迟到了30分钟。老师查问原因，他们谎称汽车在路上爆胎，到维修店补胎误了时间。老师半信半疑，但没有发作，让他们进教室后就悄悄到车库检查他们的汽车，发现四个轮胎都蒙着厚厚的灰尘，没有被拆卸的痕迹。很明显，补胎是他们编出来的谎话。

问：假设你是杰克兄弟俩的老师，你将怎么处理？

208位教师认真思考，积极作答，都在规定的半小时内交上了答卷。主持人经过认真分析整理，从208份答卷中归纳出25种处理方式。其中主要的方式如下：

中国式的处理方法是：一是当面进行严肃批评，责令写出检讨；二是取消他们参加当年各种先进评比的资格；三是报告家长。

美国式的处理方法是：幽他一默——对兄弟俩说："假设今天上午不是考试而是吃冰激凌和热狗，你们的车就不会在路上爆胎。"

日本式的处理方法是：把兄弟俩分开询问，对坦白者给予赞扬和奖励，对坚持谎言者严厉处罚。

英国式的处理方法是：小事一件，置之不理。

韩国式的处理方法是：把真相告诉家长和全体学生，请家长对孩子严加监督，让全班学生讨论，引以为戒。

新加坡式的处理方法是：让他们自己打自己的嘴巴10下。

俄罗斯式的处理方法是：给兄弟俩讲一个关于说谎有害的故事，然后再问他们：近来有没有说过谎？

埃及式的处理方法是：让他们向真主写信，向真主叙述事情的真相。

巴西式的处理方法是：半年内不准他们在学校踢足球。

以色列式的处理方法是：提出三个问题，让兄弟俩分别在两个地方同时作答。三个问题分别是：a. 你们的汽车爆的是哪个胎？b. 你们在哪个维修店补胎？c. 你们付了多少补胎费？

之后，活动主持者把25种处理方式翻译成几种语言文字，分送给参加活动的202名学生，请学生们评选出自己最喜欢的处理方式。结果，91%的学生选择了以色列式的处理方式。

主持人说，绝大部分学生喜欢的方式才是批评教育的最好方式。以色列的方式为什么受欢迎？因为它的批评教育带有游戏性质，学生不怕、不难堪。可见，最受学生欢迎的教育，应该是在游戏之中的教育。①

① 班主任工作网，admin3，《最受欢迎的教育方式》，http：//www. banzhuren. cn/gongzuoyishu/5199. html，2016－06－24.

5. 班主任要善于利用不同的教育资源，形成有效的教育合力

学生在家庭、学校和社会的交往中生活，必然会受到各方面的影响，为此，班级管理者要争取任课教师、学生家长和社会有关方面的配合，形成统一的教育力量。

班级管理者是一个班各项工作的具体组织者和领导者，任课教师是各科文化知识的直接传授者。为了能更好地得到任课教师的协助与支持，作为班级管理者的班主任要给任课教师创造一个良好的上课环境，要在学生中树立任课教师的威信，要利用班会、联谊会、课外活动等增进任课教师和学生之间的感情。

班集体中的共青团、少先队组织是一支强大的教育力量，班级管理者要和他们取得联系，以便共同研究，统一要求，统一步调，互相配合，共同做好班级工作。班级管理者在制订班级工作计划时要考虑团、队组织的活动，同时，还要帮助班上的团、队组织制订好工作计划，使团、队工作要求和整个班级工作一致，以便在工作中取得密切配合。

家庭是人生的第一所学校，父母是学生的第一任教师。家庭教育如何，对学生的成长极为重要，班级管理者要十分重视和家长一起共同努力，做好学生的教育工作。学生来自不同的家庭，有着不同的成长环境，班级管理者走访家长非常必要。访问的主要内容有：向家长介绍学生的学习情况，了解学生在家庭中和社会上的表现，虚心听取家长对班级工作的意见和要求，争取他们与班级密切配合。班级管理者要以协助的态度与家长一起研究教育问题，落实教育措施。要帮助家庭改善学生在家学习、生活的条件。尤其是对于那些因充满矛盾、争吵或邻里纠纷及娱乐和交往不正常而严重影响子女学习与教育的家庭，要做好思想工作，帮助家长提高认识，增强其教育子女的责任心，改善其家庭教育环境，配合学校搞好对子女的教育。有时班级管理者不可能走访到每一个学生的家庭，因而班主任还要利用好学校定期或不定期举行的家长会和家长学校来加强与家长的沟通合作，或者与家长书面联系，包括学生手册、家长联系簿、通讯卡等。

总之，只要班主任充分发挥学校、家庭、社会的不同教育优势与力量，积极组织，努力协调，就一定能整合三方的力量，形成强大的教育合力，使班级管理事半功倍，使我们的孩子健康成长。

（六）班主任的专业化

2002 年 10 月，全国第十一届班集体建设理论研讨会提出了班主任专业化的命题，从此，班主任专业化问题引起了广泛的关注。

班主任专业化是关注班主任成长、帮助班主任实现专业追求的过程。在素质教育和教师专业化发展的背景下，班主任工作必须由“经验型”向“专业化”转变。班主任专业化符合教育职业专业化发展的要求，是教育发展的必然趋势，也是提高班级管理水平的需要。

1. 班主任专业化的含义

班主任专业化是教师专业化的特殊化。班主任是学校委派到班级负责组织、教育、管理班级学生的教师。在一个班级，所有班级任课教师都对班级学生负有教育责任，但班主任是对班级学生进行教育的主要责任人。一个班级中，影响学生成长的教师主要是班主任，但能否成为学生发展的重要他人，是受多方面条件制约的。就班主任自身而言，就是要努力提高自己的专业化水平，真诚地关怀学生，切实地承担起教育责任，以人格影响人

格,以智慧启迪智慧。

首先,班主任的专业化意味着班主任要从“一次受教育”向“终身学习”转变。当前,许多班主任都以为一次受教育就可以受益终身,以至于有的班主任从教数年仍在“吃老本”,坚守着过时的教育观念、死板的教学方法、僵化的管理方式,这些都严重地影响了教育教学质量的提高。布兰克曼曾指出,不论时代如何演变,也不论是自发的还是受赞助的,教师始终都是持续的学习者,这种学习就是“专业发展”。① 由此可知,专业化发展要求班主任走出“给学生一碗水,自己要有一桶水”的旧时代,而是进入“给学生一碗水,自己要有长流水”的新时代。只有班主任率先成为终身学习的模范,才有利于学习型班集体的形成。

其次,班主任的专业化意味着班主任要从“经验型”向“研究型”转变。经验直接源于教育实践,并对实践有着指导意义,班主任在工作中积累的经验尤其难能可贵,往往给工作带来很大的方便。可是,经验一般是零碎的、具体的,带有很大的主观片面性。在遇到突发事件的情况下,仅凭经验往往就会手足无措。专业化发展要求班主任具备专业理论知识和技能,这就需要班主任不断钻研,把经验上升为理论,做专家型的班主任。

再次,班主任的专业化也意味着班主任要从“领导者”向“服务者”转变。长期以来,受传统教育思想影响,在班集体中班主任理所当然地处于领导者、管理者的核心地位。但一部分班主任对学生颐指气使,对同事和家长摆架子,这不仅有损教师职业形象,而且严重地影响了教育的和谐发展。英国社会学家卡尔·桑德斯(Carr-saunders)指出,一种职业成为“专业”的基本属性之一是为公众和社会提供无私的服务,而不是个人谋生的手段。② 因此,专业化的发展要求班主任从台上走到台下,由“领导者”变为“服务者”,以平等的地位、服务者的态度为学生的全面发展谋利益。

最后,班主任的专业化还意味着班主任要从“被动型”向“自主型”转变。班主任是学校领导者实施教育教学工作计划的得力助手和骨干,专业化的基本内涵之一是要有专业的自主性,这就要求班主任从盲目服从与紧密束缚的学校管理中走出来,走向自主和自律的专业化道路。

2. 班主任专业化的目标

在专业化进程中,班主任应树立并达到以下几方面的发展目标:(1)精神目标:真诚的信念与热情——班主任对教育事业的执着精神和对班主任工作的奉献之心。敬业爱岗、为人师表,是教师起码的职业素质。作为班主任,更应有为班级工作献身的“春蚕精神”和“红烛风范”,甘为人梯,实现新时期班主任的人生价值。(2)情感目标:专一的情感与爱心——班主任对学生独有的炽热情感与真挚爱心。班主任比任课教师对学生要更具爱心、更富情感,才能赢得全体学生的信任,才能建立良好的班集体。(3)智慧目标:专业的知识与理论——班主任对班集体建设的丰富知识和正确理念。班主任要以全新的视野看教育,要树立正确的育人理念,要能将教育理论灵活运用到实际工作中。班主任还

---

① 潘婷婷:《教师发展的内涵》,全国中小学老师继续教育网,http://elearning.teacher.com.cn/cms/detail/articleDetail.action?project=41&toolsContentId=657510&toolsId=5&pageType=student&blockId=8011,2016-06-24.

② [美]Carr-saunders A M. The Profession. Clar-endon Press,1933.

要全方位审视自己，不断学习，精益求精，努力做智慧型班主任，让工作闪耀思想的光辉，显现出盎然的诗意，播撒下深刻的智慧。（4）共进目标：共生与共进——班主任与班级荣辱共存，与所有学生共奋进、共发展。班主任必须与学生建立新型的师生关系：师生是平等的、共生的、朋友式的；从教育角度看，师生是互动的、共进的、发展式的。班主任只有与学生共同奋进，才能使全班学生获得主动的、自由的、生动活泼的、有鲜明个性的全面发展。（5）创新目标：开拓与创新——班主任在班务工作上独具的求异与求新。班主任不能满足于一般的“传道”与“解惑”，更不能简单地成为学校行政的“传话筒”，不能满足于班级不出“乱子”。专业化进程中，班主任要树立创新目标，努力使班务工作突破常规，有所创新，有所建树，富有成效，富于特色。（6）责权目标：职责与责任——班主任对班级管理的职业决定权和相应的工作责任。现代班级与社会紧密相融，可以说班集体也是个小社会。班主任要管好这个小社会，必须享有充分的职业决定权。同时，班主任也要对自己的决定和行为承担相应责任，树立责任意识，上对学校负责，下对学生负责，时刻提醒自己及时完成责任目标。这样，班务工作才能富有成效。

专业化的目标，还意味着对班主任要有一个选拔、任用和培养的过程。在选拔与任用上，要制定班主任的选用标准。《中共中央国务院关于进一步加强和改进未成年人思想道德建设的若干意见》中明确指出，“要选派思想素质好、业务水平高、奉献精神强的优秀教师担任班主任”。因此，要把符合这些条件的，热爱学生、热爱班主任工作的优秀教师吸纳到班主任队伍中。在班主任的专业成长过程中，要将班主任培训加以规范化、制度化，使班主任的专业发展走向有序、有组织的状态。为此，可以参考和借鉴教师职称评聘制度，在班主任中试行职级评聘制。根据班主任的学历、任职年限，所任班级的变化、考核结果，班主任和班级在各级评比中所获得的荣誉与奖励，班主任的科研成果等评定班主任的职级。这种做法有利于调动班主任的积极性，也有利于激励班主任进行专业追求，获得专业发展。

3. 班主任专业化的途径

首先，班主任要树立专业化的意识。专业化是班主任工作的理想目标和动态过程。班主任要以专业化的视角，审视班主任角色和班主任工作，不断提高自己的专业素质，这样才能赢得自身在社会中应有的地位，感受工作的乐趣和职业自豪感。当然，班主任专业化不只是班主任个人的事，更是学校的一项重要工作。学校为班主任的专业化发展提供帮助和支持，才能使每位班主任将专业化由无意识行为转化为有意识行为，由个体行为转变为群体行为。

其次，在师范教育中要创立职前职后一体化的班主任培养培训模式。师范教育机构要调整课程结构，加强班主任工作方面的课程设置和教学，使师范生掌握较系统的班主任工作理论，从而奠定班主任专业化的知识基础。教育行政部门也要及时出台相应的班主任培训政策，督促各级教育主管部门和各学校加强对班主任的培训，为班主任的专业化发展创造良好的外部环境。对学校而言，班主任的校本培训是班主任专业化的根本。学校可以开设班主任论坛，请优秀班主任对新班主任进行“传帮带”，开展班级活动观摩，进行班主任工作案例研究等。参加这些校本培训，有利于班主任分享经验教训，互助解决问题，催生工作智慧，促进专业成长。班主任还要善于在实践中不断反思，对自己做出的决定、行为及由此产生的结果进行审视和分析，这是一种通过提高班主任的自我觉察水平来促进其专业能力发展的路径。波斯纳曾提出过一个教师成长的简要公式：经验＋反思＝成长，并指出，“没有反思的经验是狭隘的经验，至多只能形成肤浅的知识，如果教师仅仅满足于获得经验而不对经验进行深入的思考，那么他的发展将大受限制”。① 班主任的专业发展是一个“学习—实践—反思—学习—实践”的过程，为此，我们应充分重视反思在班主任专业成长中的作用，引导班主任在实践中反思，在反思中成长。

最后，班主任参与教育科研是实现班主任专业化的必由之路。班主任开展教育科研，一方面可以增强问题意识，促使自己多关注各种教育现象，并对在班级管理过程中遇到的各种问题进行反思；另一方面可以促进自己广泛搜集研究资料和成果，不断学习和吸收教育科学知识及专业理论，更新专业知识结构。可见，班主任开展教育科研，不仅是改进工作的有效方法，而且是提升专业素质的有效途径。班主任应当学会以研究的态度工作，在工作过程中研究，在不断的研究与工作中确立先进的教育思想和管理理念，掌握科学的研究方法，提升自己的专业水平。

4. 班主任专业化中的自我成长

班主任专业化对于班主任来说，既是机遇，也是挑战。全方位审视专业化发展，它不只是一个目标、一个理论，而是一个系统工程，仅仅凭借班主任个人或是班主任群体的力量是无法实现的。但是，个体专业化的发展是群体专业化发展的前提和基础。作为班主任个体来说，抓住机遇，迎接挑战，从日常工作做起，以提高自身专业化水平来推进整体专业化的发展，是一条切实可行的道路。

首先，班主任要努力塑造健全、完美的人格，来促进自身的专业化发展。班主任的人格力量是影响教育质量的潜在因素。② “教育力”源于学生的认同，只有在学生认可班主任所给予的教育时，教育才发生效力。教育是人与人心灵上的最微妙的相互接触。高尚、健全的人格是为师者的灵魂。班主任只有具有健全、完美的人格，才能扎根于理性的沃土，才能去促进学生智慧的增长。

其次，班主任还要强化主体意识，使自己真正成为“教育者”。班主任的主体意识是专业化重要的动力。班主任必须具有开放的心态与自我反省的能力，能及时调整、修正个人的专业理念，以补充专业知识及技能上的不足；同时，要将已掌握的知识与教育实践的结果，作为自我反省和再学习的基础，进而能对复杂的教育现象进行深层次的理解和诠释，以提高自我的专业敏感度，成为能进行自我更新的“教育者”。

再次，为了实现自我专业化的发展，班主任要积极参与教研活动。在教研活动中班主任要认真听课，要敢于阐述自己的教育理念和教育设计，积极研讨教育问题，主动交流思想；在质疑、交流中提高自己的专业化水平，在交流中更深层次地感悟教育的真谛及终身学习的内涵。

另外，班主任还要学会利用“教育札记”来促进自我专业化发展。写“教育札记”不仅可以让班主任养成反思的习惯，而且可以帮助班主任积累经验，并将经验提升为理论。如

① 王伶俐：《在反思中成长》，《江西教育（管理版）》，2015 年第 7 期。

② 李花欣：《当好麦田的守望者》，《教育艺术》，2014 年第 5 期。

果学校在班主任自己写札记的基础上，定期组织班主任进行“教育札记”交流与分享活动，效果会更好，因为一位班主任的教育心得也许能促进其他教师的进步。

最后，建立“教育档案袋”也是班主任促进自我专业化发展的一种好方法。许多学校为班主任建立了“教育档案袋”，其中包括班主任个人优秀教育活动计划、小结和札记、课题研究的论文、教育案例等，也包括学生的照片、家长的信件等。班主任要重视“教育档案袋”的作用，要经常有目的地研究档案袋里存放的档案，在总结过去教育的成绩与失败的过程中提高认识、转变观念。在研究过程中，还可以请教育专家、学校领导与优秀班主任提供必要的建议与帮助。学校不仅要把“教育档案袋”作为对班主任工作进行评价的手段，还要让它成为促进班主任自我发展的工具。

中小学班主任工作规定

（教育部2009年8月颁发）

第一章　总　则

第一条　为进一步推进未成年人思想道德建设，加强中小学班主任工作，充分发挥班主任在教育学生中的重要作用，制定本规定。

第二条　班主任是中小学日常思想道德教育和学生管理工作的主要实施者，是中小学生健康成长的引领者，班主任要努力成为中小学生的人生导师。

班主任是中小学的重要岗位，从事班主任工作是中小学教师的重要职责。教师担任班主任期间应将班主任工作作为主业。

第三条　加强班主任队伍建设是坚持育人为本、德育为先的重要体现。政府有关部门和学校应为班主任开展工作创造有利条件，保障其享有的待遇与权利。

第二章　配备与选聘

第四条　中小学每个班级应当配备一名班主任。

第五条　班主任由学校从班级任课教师中选聘。聘期由学校确定，担任一个班级的班主任时间一般应连续1学年以上。

第六条　教师初次担任班主任应接受岗前培训，符合选聘条件后学校方可聘用。

第七条　选聘班主任应当在教师任职条件的基础上突出考查以下条件：

（一）作风正派，心理健康，为人师表；

（二）热爱学生，善于与学生、学生家长及其他任课教师沟通；

（三）爱岗敬业，具有较强的教育引导和组织管理能力。

第三章　职责与任务

第八条　全面了解班级内每一个学生，深入分析学生思想、心理、学习、生活状况。关心爱护全体学生，平等对待每一个学生，尊重学生人格。采取多种方式与学生沟通，有针对性地进行思想道德教育，促进学生德智体美全面发展。

第九条　认真做好班级的日常管理工作，维护班级良好秩序，培养学生的规则意识、责任意识和集体荣誉感，营造民主和谐、团结互助、健康向上的集体氛围。指导班委会和团队工作。

第十条　组织、指导开展班会、团队会（日）、文体娱乐、社会实践、春（秋）游等形式多样的班级活动，注重调动学生的积极性和主动性，并做好安全防护工作。

第十一条　组织做好学生的综合素质评价工作，指导学生认真记载成长记录，实事求是地评定学生操行，向学校提出奖惩建议。

第十二条　经常与任课教师和其他教职员工沟通，主动与学生家长、学生所在社区联系，努力形成教育合力。

第四章　待遇与权利

第十三条　学校在教育管理工作中应充分发挥班主任的骨干作用，注重听取班主任意见。

第十四条　班主任工作量按当地教师标准课时工作量的一半计入教师基本工作量。各地要合理安排班主任的课时工作量，确保班主任做好班级管理工作。

第十五条　班主任津贴纳入绩效工资管理。在绩效工资分配中要向班主任倾斜。对于班主任承担超课时工作量的，以超课时补贴发放班主任津贴。

第十六条　班主任在日常教育教学管理中，有采取适当方式对学生进行批评教育的权利。

第五章　培养与培训

第十七条　教育行政部门和学校应制订班主任培养培训规划，有组织地开展班主任岗位培训。

第十八条　教师教育机构应承担班主任培训任务，教育硕士专业学位教育中应设立中小学班主任工作培养方向。

第六章　考核与奖惩

第十九条　教育行政部门建立科学的班主任工作评价体系和奖惩制度。对长期从事班主任工作或在班主任岗位上做出突出贡献的教师定期予以表彰奖励。选拔学校管理干部应优先考虑长期从事班主任工作的优秀班主任。

第二十条　学校建立班主任工作档案，定期组织对班主任的考核工作。考核结果作为教师聘任、奖励和职务晋升的重要依据。对不能履行班主任职责的，应调离班主任岗位。

第七章　附　则

第二十一条　各地可根据本规定，结合当地实际情况，制定中小学班主任工作的具体实施办法。

第二十二条　本规定自发布之日起施行。

二、班级与班集体

（一）班级是师生共同的精神家园

班级是随着17世纪班级授课制这一教学组织形式的产生而出现的一个概念。随着这一组织形式的产生，在学校组织结构中就出现了班级这一层次的管理。班级是学校的细胞，既是学校领导工作的基本单位，也是学生活动的基层集体，学校教育活动的实施大都以班级为单位进行。班级集中反映了社会、学校、家庭等对学生教育的要求，班级是学生实现个体化的重要环境。

一般地说，学生自进入学校的第一天就被分配到一个班级中去，大多数学生就一直在这个集体中度过某一阶段的学校生活。被分配担任管理工作的教师，承担着对全班几十个学生健康成长的全面责任，其他的任课教师也总是具体担任某一个或几个班级的学科教学工作，这些教师构成的小群体与自己任课班级的学生发生着更密切的关系。教师扮演教育者、开导者、组织者等角色，向学生传授社会所需要的文化知识、技能，形成他们的思想品德，引导学生掌握生活经验，推进学生社会化进程。同时，班级学生的活动使学生彼此间形成一定的群体：一种是正式的、制度化的群体，如班级集体、团队组织等正式组织中交往形成的人际关系；另一种是自发形成的非正式组织群体。正式群体通常自觉地对学生产生积极的影响，而非正式群体普遍存在于班级中，其感情色彩浓，对学生产生的影响既有自觉的、积极的方面，也有自发的、消极的方面。班级管理者应自觉引导非正式群体向有利于学生社会化的方向发展。由此可见，班级是一个以学生为主体、以个体社会化为目标的社会组织。①

（二）班级与班集体的区别

当我们接手一个班级时，班级里的几十个学生就像一根根麻绳独立存在着，也像一颗颗珍珠各自散落着。这时的他们，虽然身处一个班级，但还只是一个群体，没有形成集体。我们常说要建设班集体，就是想将这一根根麻绳拧成一股、将这一颗颗珍珠串在一起，发挥它们应有的作用与优势。班级与班集体是两个不同的概念。一般来说，一个班级发展成班集体必须具备以下特征。

1. 有共同的奋斗目标

明确的奋斗目标是集体与个人的发展方向和动力，它具有指向、激励和凝聚集体的作用。培养班集体首先要使集体明确奋斗目标，把个人目标与集体目标统一起来并使个人目标纳于集体目标之中，并为实现这一目标而进行共同的活动。有共同的奋斗目标是群体转化为集体必不可少的要素之一。

2. 有健全的组织机构

马卡连轲认为，“集体是有目的的个人集合，参加这一集体的每个人是被组织起来的，同时也拥有集体的机构。凡是有组织的地方，那里就有集体的机构，那里就有受集体委托

---

① 郝媛媛：《从管理者到守门人——教师在班级管理中的角色转换》，《现代教育科学》，2015年第4期。

的那些全权代表人的组织存在”。[①] 一个班集体应该拥有自己的组织机构，即由全体成员以民主的方式选举出来的班干部组成的领导核心。这一领导核心应有严格的组织性和纪律性，在同学中享有较高的威信。

3. 有良好的舆论和班风

舆论是在集体中占优势的、为多数人所赞同的言论和意见。正确的舆论是集体自我教育的手段，也是衡量班集体是否形成的标志。健全的班集体还要具备优良的班风，即在班集体中引人向上的风气，它能调节集体成员的行为方式。

4. 有严格的制度与纪律

规章制度是维持集体内部的团结、协调集体中的人际关系、指导每个集体成员行为的根本准则。一个班集体必须从实际出发，经过全班学生共同讨论制定出切实可行的规章制度和纪律，并要求学生严格遵守执行。马卡连柯说：“应该给儿童暗示和提出一个重要理论，这就是纪律能美化集体。”[②]严格的规章制度与纪律对学生既有导向作用，又有约束作用。一旦组织健全，职责分明，又有共同遵守的行为准则，班里便形成了有人负责、有章可循的集体模式。

5. 有和谐的人际关系

班级中的人际关系主要是指班主任与全体学生之间的关系、同学之间的关系、班干部与其他同学之间的关系及班主任与班干部之间的关系等。其中师生关系是最重要也最难调节和把握的。师生关系对每个学生和教师的情绪、学习、工作与生活都有着重大的影响。平等和谐的师生关系有利于形成健康向上的班风，有利于完成教育教学目标。班主任是教育活动的主要设计者、教育过程的主要调控者和教育成败的主要责任者，因此构建和谐师生关系的重担主要落在班主任身上，并主要取决于班主任的工作作风和人格品质。

以上是作为一个健全的班集体必备的五大特征。目标是方向，领导是核心，组织机构是骨架，人际关系是基础，活动是动脉，舆论是灵魂，组织制度是保证。它们互相制约，互相促进，形成结构完整的统一体。

（三）从班级到班集体的发展阶段

从班级发展到班集体不是一蹴而就的过程，它需要班主任与全体学生长期共同的努力。从班级的组建开始，要经过以下几个阶段才能建成一个班集体。

1. 班级的组建阶段

一般来说，在入学初期班级就已建立了。这时候班级的核心是班主任，由他对学生提出明确的集体共同奋斗目标和应当遵守的制度与要求，并引导学生有计划地开展活动，促进集体的发展。这个时期班级对班主任有较大的依赖性，不能离开他的监督独立地执行要求。若班主任不注意严格要求，整个班级就会松弛、涣散。

2. 集体初步形成阶段

这一阶段的特点是师生之间、同学之间有了一定的交往和了解，学生中的积极分子不断涌现并团结在班主任周围。班级的领导核心初步形成，他们能够在班主任的指导下积

---

① 王希敏：《渗透“和谐”理念：唱响班级管理的主旋律》，《教育艺术》，2012年第11期。

② 曾燕波：《马卡连柯的集体教育理念》，《家庭教育（中小学版）》，2014年第7期。

极组织和开展班级的工作与活动。班主任开始从直接领导、指挥班的活动,逐步过渡到向他们提出建议并由他们自己来组织开展集体的工作与活动。

3. 集体自主活动阶段

在这一阶段,班级的积极分子队伍扩大,学生普遍关心班集体,能积极承担集体的工作,参加集体的活动,维护集体的荣誉,形成正确的舆论与良好的班风。这时的班级已成为教育的主体,能主动地根据学生和班主任的要求及班级的现实情况,自觉地向集体成员提出任务与要求,自主地开展集体活动。这也意味着真正的班集体已经形成。

已经形成的班集体是一种具有很强约束力的组织形式,在学校中它既是教育的客体,又是教育的主体,全班学生在集体的教育下,能培养自我教育的能力,增强集体责任心和荣誉感,自觉自愿地学习、活动,从而保证班集体各项教育活动的顺利进行。

良好的班集体还是一个舞台,为每一个学生的个性发展提供广阔的空间。每个学生根据各自的兴趣、爱好和特长及班集体的需要,都能在班集体中找到一个适合自己活动和工作的角色与位置,并在班集体的要求和鼓励下,使自己的兴趣、爱好和自治自理能力等在实践中不断得到锻炼和发展。同时,班集体又给学生个性的形成和发展提供了良好的社会心理氛围,在这种心理氛围的笼罩下,集体成员的感觉良好,心情舒畅,各种潜能都会得到发挥。离开了班集体对学生的约束和促进,学生个性的发展就会受到影响。

三、改革中的现代班级管理模式

我国传统的中小学学校管理模式是在强调统一的国本课程的条件下形成的,是以理性主义为基础、以科层体制为模本的刚性管理模式。这样的管理模式过分重视学校工作的静态有序,学校自身形成一个封闭系统,缺少与外界社会的信息交换,学校内部等级森严,管理者和被管理者之间泾渭分明。显然,这样的管理模式与当前的课程改革要求在内在特质上根本相悖。在主体性、创造性日益成为教育主流思潮的今天,我们教育教学工作者应该采取哪些符合现代教育价值取向的班级管理新举措呢?这里介绍几种在新教育理念的指导和课程改革的背景下形成的现代班级管理模式。

(一)柔性管理模式①

"柔性管理",即人性管理,是相对于传统的"刚性管理"的一种新的管理模式。"柔性管理"以"人为中心",是在研究学生的心理和行为规律的基础上,采用非强制方式,在学生的心中产生一种潜在的说服力,从而把组织意志变为个人的自觉行动。其核心思想是尊重人、理解人、信任人、培养人,给人更大的发展空间,给人更多的关爱。郑其绪教授这样概括:"柔性管理:内在重于外在,心理重于物理,身教重于言教,肯定重于否定,激励重于控制,务实重于务虚。"

柔性管理要求班主任带着爱心走向每一个学生,真诚平等地对待每一个学生,尤其是对待那些有着这样那样缺点的学生。让学生在班级中感受到母亲般的温暖,并产生热爱教师的情感,从而形成良好的班级情感氛围。苏联著名教育家赞可夫认为,只有教师把每

① 杨元福:《班级"柔性"管理模式探究》,《甘肃教育》,2012年第10期。

一个学生都理解为是一个具有个人特点、具有自己的志向、具有自己的智慧和性格结构的人的时候，才能更好地去热爱学生和尊重学生。教师应深深地关注学生所有的个性，注意去发现，并扶植和发展学生的性格、正当的兴趣爱好和特殊才能，而不应该将自己的主观意志强加于学生，处处追求整齐划一，把学生模式化，扼杀学生的个性和创造性。

一位班主任在运用柔性管理的教育反思中这样说："班主任工作中，我所追求的是这样一种境界：让班里的每一位学生都能在明媚的阳光中实现自我，感受成功！班上的国豪不仅学习成绩不理想，还经常欺负其他同学。班上的同学都不愿和他在一起，他也就破罐子破摔。每次只要听到老师表扬别的孩子，他总是表现出不屑一顾的神情。对于这样的孩子，作为班主任的我，更要把爱的小雨点洒落在他的身上。于是，我主动和国豪交朋友，每次碰到问题时，我总是先表扬他的优点，再指出其不足之处，让他感到老师和同学们都在关注着他。渐渐地，国豪的脾气好多了，同学中的朋友也多了起来。我感到，如果班主任能真诚地与每一位学生交朋友，那无疑能使班主任的教育充满更多的人情味。"①

柔性管理模式还要求班主任引导学生自主参与班级管理。班主任要坚持把管理的各项工作分给每一个同学。这样，每个人都有自己的任务，各守其职，各负其责，在管理的过程中，每个人的专长都能得以施展，管理能力也会得到提高。这样的工作能让学生能动地、自主地、积极地参与管理，体验个人与集体之间的关系，把为班级和他人服务的义务和荣誉感还给学生，从而促进了学生主人翁意识的形成。班主任可以教学生自己设一个记事簿，把日常表现、取得的点滴进步记下来；小组和班级可设小组日志、班级日志来进行记录。要指导学生学会分析：个人或小组的成绩是怎么取得的，成功的原因有哪些，对今后工作的启示是什么，存在的缺点、问题是由哪些因素造成的，今后怎样才能克服。学生学会这样分析，今后才能扬长补短，不断取得进步。

（二）六维班级管理模式②

六维管理理论是北京大学王建国教授于2006年提出的一个管理学新框架。该理论认为，班级管理不仅应该最大限度地寻求"人"因素的主动性、创造性，也应该最大限度地寻求"非人"因素的支撑性，因为管理文化、管理制度、管理环境等这些"非人"因素的存在往往能左右班级管理效能提升的程度。六维管理理论强调"非人"因素的重要性，班级作为一个现代学校组织，文化管理、信息管理、知识管理、艺术管理、权变管理、执行力管理等构成了其管理的框架，相应地通过塑造高雅的班级文化、广开师生的沟通渠道、建立科学的管理制度、采取恰当的教育方式、强调因人而异的管理方法，并最终坚持以结果为导向，协调以上各方，全面做好班级管理工作。

（三）班级全员自主管理模式③

全员自主管理模式打破传统的以班委为中心的管理体制，以满足学生的需要为着眼点，学生全员参与班级管理，在人人"显优""献优"的管理活动中，增强学生的成就感与自信心，使学生逐渐建立起积极的自我观念，促使学生主动和谐地发展。我们以下面的范例

---

① 姚春荣：《以情感为纽带 让每颗星星都闪亮》，《小作家选刊：教学交流》，2014年第1期。

② 龙汉武：《中学班主任班级六维管理模式建构》，《中国教育学刊》，2009年第7期。

③ 米晓蓉：《中小学生班级全员性自主管理探究》，西南大学硕士学位论文，2010年。

来说明班级全员自主管理的主要内容。

一个36人的班级的全员自主管理模式的主要运作程序与内容

1. 构架

首先,以民主投票和竞争上岗相结合的方式,在全班36位同学中选出威信最高的4位作为班长,让他们在全班同学中各挑选8人自由组阁,9位同学分别担任班长、立法委员、学习委员、生活委员、体育委员、劳卫委员、宣传委员、文娱委员、纪律委员9个职务。这样,全班36位同学分为4组班委,每组9人,每职4人。在老师指导和全体同学参与下,同职务的班委经过讨论确立自己的职责。为方便相互协作、相互学习,4位同职务的班委在教室内座次安排在一起,4人既是一个管理小组、学习小组,又是一个值日小组。

2. 运作

每组班委工作4周。在当值的第一周班会上,由班长向全体同学宣布本届班委工作计划及需要达成的目标,由各职班委向全体同学宣布本职班委工作计划及需要达成的目标,全体同学进行评议和补充。当值班委叫"前台班委",其他同学叫"后台班委"。当前台班委工作时,同职务的其他三位同学——后台班委一起帮前台班委出谋划策。

运作伊始,班主任可向全体同学提出两条要求:第一,当自己做前台班委的时候,要有服务意识。同时自己要以身作则,起到表率作用。第二,当自己做后台班委的时候,要有服从意识。很多一事无成的人,不是因为个人专业水平不够,而是服从能力不够,只能指挥别人,而不能接受别人的指挥。同时,后台班委也要牢记自己的身份,不可降低对自己的要求。

3. 评价

即时评价:全体老师和同学及时发现各职班委4人小组中的优秀表现,以书面形式写在悬挂于教室的小黑板上,以示表彰。

定时评价:同一班会时间,由全体同学进行量化评价。评价分两种:一种是对各职班委的评价。该评价只评价职务,而不评价个人。如"班长"一职,全体同学根据班级量化细则对其进行定量评价,所得分数为4位班长的共同得分,而不是当值班长的一人得分。第二种是对当值班委的评价。全体同学根据前台班委9人的个人表现、合作情况和班级各项工作的量化成绩进行综合评价,平均分即为本届前台班委9人本周的共同得分。所有得分均以柱状表形式公布于教室内,一月内积分最高者既是本月最佳班委,又是各方面的学习标兵。①

① 佚名:《关于开展学生自我教育自主管理的几点思考》,上海市淞江中学网站,http://www.sjsz.sjedu.cn/fczs/jsgl/ghjz/201206/344352.shtml 2016-06-24.

（四）品牌班级管理模式①

品牌班级管理模式认为，具有班级个性特征和现代教育思想的班级文化建设是班级发展的基础。班级的品牌文化建设首先是品牌环境的创设。品牌班级管理强调让学生共同参与班级的物化形态和观念形态的环境建设，在参与环境建设的同时，既使自己的各项能力得到发展，又在环境中受到教育。比如，可以让学生参与班标设计、班级口号的创想等。如一个爱看书的班级，可以进行读书明星的评比、读书卡的展示，在班级一角创设“好书推介”等栏目。在创建品牌环境的过程中，学生学习动手、学习合作，开始思考、开始创造，环境又潜移默化地影响和感染学生，学生的体验加深、能力提高，集体的凝聚力也不断增强。通过班级细节文化的建设，可以帮助学生养成良好的行为习惯，提高做人的修养，提升学生的品位及人格力量，让细节教育成为校园一道靓丽的风景线。例如，教师可以组织学生去探究中华民族的优秀礼仪和文明文化、开设“文明医院”、评比“文明小绅士”、汇编“校园文明名言录”。通过一系列的研究活动，班级的细节文化便会焕发其特有的魅力，学生的综合素养也会不断提高。

在品牌班级管理模式中，教师应组织各种创新的文化活动，给学生提供发挥创造潜能的舞台，锻炼学生组织管理、自主合作的能力，让他们获得新的体验。例如，结合红领巾电视台举办的“我秀我才艺”“实小新动态”等栏目充分展示班级的创新文化活动。再如，在晨会课中，可以把一个星期的晨会课分为“每周辩论”“谈天说地”“新闻发布”“我的心语”“红领巾小诊所”等板块，让学生在自我教育的同时，不断增强创新能力。

（五）生态班级管理模式②

生态班级管理模式是在对当代社会发展过程中人的主体地位和作用日益突出进行反思的过程中提出的一种管理理念。它既强调学生在成长发展中的主体地位和目的地位，又强调学生在成长发展中的主体作用。它体现了一种以人为本的价值取向。教育生态就是让教育这个严肃的工作充满人情味，让受教育者感受爱的温馨，体验责任的动力，享受成功的喜悦；让教育这项艰难的工作不再是冷冰冰的、令人望而生畏的过程，而是让人倍感亲切、充满活力、洋溢激情的神圣事业；教师再也不是威严地站在讲台前，透过厚厚的镜片，两道利剑似的目光直射而去的令人敬而远之的形象，而是可亲可敬的长者，是平等相处的朋友，真正成为太阳底下最值得尊敬的人。

生态班级管理模式建立在对受教育者个性充分尊重的基础上，体现出对教育对象人格的尊重与关怀。提倡教育人性化是对传统教育观念——“师道尊严”的有力挑战。对“爱心”最好的诠释是“责任心”。教师要对学生负责，要对学生的终生负责。要让学生感受到教师的爱心，感受到教师时刻在关怀着他、关心着他的每一次的进步和成长。让他感受到自己取得每一个进步时教师为他发自内心的高兴，以及当他犯下错误时教师为他发自内心的伤心和生气。这样才能真正做到与学生共荣辱、同甘苦，让学生在校有一个精神上的支柱。有时虽然对某些学生批评严厉，但有了爱做基础，他们也会理解教师。

生态管理模式在运用中强调了解学生、多与学生沟通。首先，利用课堂上的机会。教

① 张晓芳：《品牌引领——班级管理的锦囊妙计》，《教师》，2013年第21期。
② 靳丽华：《班级管理的生态化探析》，《教育理论与实践》，2012年第19期。

师争取将目光递给每个学生,关注每个学生的课堂表现,以情感给予鼓励,从语言上进行激励。其次,多与学生谈心。谈心是了解学生的好方法。在课下偶遇时或专门安排在办公室等场合,经常与学生一起聊天,这样既增进了师生感情,也可以了解学生的动态。最后,利用周记等书面方式进行沟通。很多学生把"写周记"作为与教师沟通的一种手段。在每天或每周的生活中,他们将烦恼与困惑写在周记上。大部分学生都很喜欢这种形式的沟通,这是一种"平等的对话"。尤其对于一些出现了问题、需要重点沟通的学生,教师可以通过留言或书信的形式与他们进行沟通。

案例分析与讨论

案例一　解读孙维刚老师

孙维刚老师,这位身患癌症,曾做过五次手术的老师,在北京22中任教38年,不唯官不唯利,以坚强的意志和顽强的拼搏精神呕心沥血,做了长达17年的三轮教改实验,一步一个脚印,一步一个台阶,取得了令重点中学为之咋舌的成绩:学生素质全面,品德高尚,身体强壮;第三轮实验班高考全部上线,上重点本科的占95%,上清华、北大的占55%;并且各轮都有很多学生获学科竞赛国家级奖励,其中有获IMO金牌选手,开北京市之先河。而他每次带班的学生的入学成绩均在北京市区重点中学录取分之下。

孙老师为什么能取得如此成就呢?他采用的是什么样的管理方法呢?

1. 敬业爱生真情育人

20世纪80年代初,曾有3所高校以优越的条件调孙老师去任教,他不为所动,仍留在北京22中这块普通实验田里劳作。领导多次有意安排重要岗位给他升迁的机会,他都痛快地拒绝了。他的高风亮节、无私奉献一直为他的弟子们称颂。

在孙老师第三轮实验班高二时,一个学生由于家境贫寒,其下岗父亲找到孙老师要求孩子跳级,以减轻家中负担。孙老师考虑再三说:"跳级不一定考得上理想的大学,孩子品学兼优,我向学校为他申请奖学金,不仅学费不交,以后的其他费也不用交。"其实孙老师为了不为难校长,替这个学生交了一切费用,还谎称是学校给的奖学金。

2. 建立团结的班集体

孙老师认为,一个人没有目标,他的生活将百无聊赖。一个班级更是如此,要焕发勃勃生机,就要确定一个正确的目标,一个团结大家为之奋斗的理想与追求:建设一个优秀的集体,为人民炼一炉好钢,要求每个学生诚实、正派、正直;树立远大理想与抱负,上一流大学,将来为人民多做贡献;做有丰富感情的人,要因我来到这个世界上,而使别人生活得更幸福。

他高度重视德育为首的建班方针,要求学生明确人生方向,产生学习动力,增强克服困难的勇气和力量;他致力保障良好的学习秩序,营造一个安静的环境、理性的气氛;他帮助学生分析社会现象,明辨是非,教育学生做父母的好儿女;他花了很大的力气抓班主任不在时的管理,培养"自觉战士最光荣",要求每个学生、每个班干部以此共勉。通过较长时间的养成教育,学生行为规范、思想品格拾级登高,校方或年级不用管,甚至无须过问，他的班随时都是最优秀的。

3. 为人师表，身正为范，师生一视同仁

孙老师教改获得成功的一个重要因素是他一向言行一致，光明磊落，他就是学生的榜样。每天早晨7点他准时到校扫地、擦桌子、冲厕所。在他的感召下，学生比他到校更早，后来几乎没有孙老师插手的机会。有一次班上的一项工作没有到位，他批评了两名女班长。通过进一步了解，发现委屈了她们，在家长会、班会的联席会上，孙老师诚恳地承认了自己的错误，当着全班同学与家长的面鞠躬赔礼道歉。他认为，既然要求学生做到，老师为何做不到，要求学生做好，自己为何做不好，何况老师是成人，是有分量的称谓！在一个寒冬的早晨，孙老师骑车上班，在一段坡路上遇一小贩吃力地推着装满菜即将倒退的三轮车，他心里顿感不安，毅然决定帮助小贩一把。当他赶到学校时，迟到了5分钟，他没做任何解释，在黑板上写下“我今天迟到了，我对不起大家”，然后走到门外，在凛冽的寒风中站了整整一小时。①

讨论题

1. 孙维刚老师的案例给了你怎样的启发？
2. 他的班级管理理念中有哪些值得我们学习的地方？

案例二　一篇家长日记

天刚蒙蒙亮，远远就起床了，他忙着把前一天晚上准备好的苹果、橘子什么的装进书包里。脸上满是兴奋——班里要开展“水果大拼盘”活动，还邀请所有的家长来观摩。全班共有七人参加这个项目的比赛。为了夺魁，最近的一两个星期里，远远查阅了有关厨房刀法、拼盘制作工艺之类的书，细细揣摩，天天都得做掉好几盘的水果，害得我现在看见水果就感觉肚子胀。用远远自己的话来说，这叫“十天磨一剑”，今天可是大显身手的日子，他能不开心吗？其实我也很兴奋，因为我知道，凭儿子现在的水平，要打败另外六个选手，已不是什么难事了。

上午九点，“水果拼盘”比赛正式开始，远远一副胸有成竹的模样。首先剥橘子，削苹果，我是看好时间的，他只花了56秒，然后就用刀子在苹果上小心地切呀，刻呀，做成金鱼的头和身子，再摆上一瓤瓤橘子，做金鱼的尾巴，用小樱桃做金鱼的眼睛。不到八分钟，两条栩栩如生的“小金鱼”便呈现在了大家面前，而其他几名同学还正忙着呢！家长中也不时有人对他啧啧赞叹。远远回过头看着我，骄傲地做着鬼脸。

可比赛的结果却是我和远远没想到的。老师说，沈怀远（“远远”是儿子的小名）做得又快又漂亮，很了不起，另外几名同学也做得很认真，很出色。老师甚至还表扬了陆刚同学的那盆“橘子大爆炸”。（很显然，陆刚同学平时根本没有练习做水果拼盘，比赛中，他

---

① 兰馨桂质的博客，佚名：《解读孙维刚老师》，http：//blog. sina. com. cn/s/blog_606ac1cc0102uzud. html，2016－06－24.

只是将四个橘子剥了皮，然后散乱地放在了盘子上。那名字是儿子私下里给取的）七名参赛的同学都得到了同样的奖品——一支精美的铅笔。

回到家，远远缠着我不停地问："爸爸，今天到底谁赢了？""爸爸，你说陆刚做得好吗？老师怎么也表扬他呢？""爸爸，你认为是我的'鱼'漂亮，还是张津津的'花'漂亮？"……

第二天晚上，我问远远："你怎么不做水果拼盘了？"远远嘟哝着小嘴兴趣索然地说："我不想做了。"①

讨论题

1. 你能帮助这位家长回答孩子的问题吗？
2. 你觉得老师在这次比赛的组织中有没有需要反思的地方？
3. 通过这样的反思，老师可得到哪些方面的经验？

阅读导航

1. 推荐网站：

凤凰网教育版，http：//edu. ifeng. com/

国际教育在线，http：//ieol. chsi. com. cn/

中学生联盟，http：//www. cando100. com/

教师在线，http：//www. jszxcn. com/

人教论坛，http：//bbs. pep. com. cn/

2. 与班主任工作有关的文件法规：

《中华人民共和国未成年人保护法》

《教师法》

《中小学德育工作规程》

《中小学教师职业道德规范》

《中学生守则》

《小学生守则》

《中学生日常行为规范》

《小学生日常行为规范》

3. 林建华、曹树：《中学班主任与心理指导》，南京师范大学出版社，2003 年。

4. 萧宗六：《学校管理学》，人民教育出版社，2008 年。

5. 陈桂生：《教育实话》，华东师范大学出版社，2003 年。

6. 扬州大学网络教学平台"班主任"课程教学资料，http：//eol. yzu. edu. cn/eol/tea_main. jsp.

---

① 刘丰兰：《小学活动的开展》，http：//www. docin. com/p-34580028. html，2016－06－24.

思考与探究

1. 请你谈谈怎样才能做到“从群体到集体，从集体到个体”。

2. 作为班主任，我们要善于向同行学习。在这样的学习过程中，齐白石对那些模仿他的画风的人所说的“学我者生，似我者死”这句话对你有什么样的启发？

3. 走访几位班主任，询问他们在班级管理工作中感到最困惑、最困难的是什么。你怎样看待他们的困惑与困难？

专题二　课外活动

学习要求：了解课外活动的含义、特点，以及在学校开展课外活动对学生成长与发展的重要意义；理解课外活动组织的基本形式与要求；掌握课外活动的实施原则与常用的方法；形成乐于在正确的教育观、学生观的理念下运用开放、科学的教育思想去设计、实施符合学生发展要求的各种课外活动的态度。

一、课外活动概述

课外活动可以分为校内活动和校外活动，二者的区别在于组织指导的不同。校内活动是由学校领导、教师组织指导的活动；校外活动是由校外教育机关组织指导的活动。应注意的是，校内活动并不仅仅限于学校范围之内，也可以是在校外组织活动，它与校外活动的区别只是在组织和领导方面的不同。我们常常把校内活动和校外活动统称为课外活动。课外活动是培养全面发展人才的不可缺少的途径，是课堂教学的必要补充，是丰富学生精神生活的重要组成部分。

（一）课外活动的概念和特点

课外活动是中小学为实现学校教育目的，与课堂教学相配合，在课堂教学之外对学生身心实施多种影响的正规教育活动。① 课外活动与课堂教学虽然都是实现教育目的的重要途径，但由于课外活动在活动内容、组织形式、活动方式等方面又不同于课堂教学，因此，它又具备了自己的特点。

1. 课外活动具有很高的自主性

课外活动是在课堂教学以外进行的活动。组织者根据教育教学的实际需要，可随时随地地经常组织形式多种多样、内容丰富多彩的活动。课外活动有时是学校或校外教育机关统一组织的活动，还有很多时候是在学校或校外教育机关的指导下，受教育者根据自己的兴趣、爱好、特长及实际的需要，自愿地组织、选择和参加的活动。受教育者自愿地组织、选择和参加课外活动，不仅能发挥受教育者的积极性和主动性，而且能使受教育者的才能、个性得到充分发展，有利于受教育者的优良个性品质的培养。

---

① 张永：《在课外活动中引导学生自主发展》，《中小学校长》，2006 年第 6 期。

2. 课外活动的形式具有很大的灵活性

课外活动的开展，可以根据学校的实际情况和受教育者的身心发展状况等来确定。活动规模的大小、活动时间的长短、活动内容的选择等都可以灵活掌握，没有固定模式，生动活泼，灵活多样。进行课外活动也可以根据本地区、本学校的实际情况或受教育者的不同愿望，开展内容丰富多彩的活动。课外活动不像课堂教学那样，要按照统一的教学大纲、教学计划和教科书的要求去做。活动内容可由学校或校外教育机关根据实际需要自行决定，内容可深可浅，可多可少，还可以不断变动，具有很强的伸缩性。

3. 课外活动的内容具有很强的实践性

课外活动与课堂教学相比，具有很强的实践性。在课堂教学中，受教育者可以获得知识，培养思想品德，提高审美能力等。在课外活动中，受教育者有直接动手的机会，在其亲自参与、组织、设计的各项实践中，他们能获得实际知识，提高思想道德素质和身体素质，各方面的能力都能在实践活动中获得发展。

课外活动的内容，是根据教育的培养目标、课外活动的具体要求、儿童身心发展的特点及校内外实际来安排的。中小学的课外活动范围广泛，形式多样，按其性质可分为思想品德教育活动、科技活动、学科活动、文学艺术活动、体育活动、科技活动及劳动技术活动等。

（三）课外活动对学生成长与发展的意义

课外活动与课堂教学是一个完整的教育系统，课外活动是课堂教育的必要补充，二者相互作用、相辅相成，对完成教育任务、实现教育目的具有同样重要的作用。课外活动对解决受教育者的全面发展与因材施教、一般发展与特殊发展、间接经验与直接经验等矛盾具有重要的意义。从课外活动的性质和特点中，我们可看出它在教育过程中特有的意义与作用。

1. 课外活动可以丰富学生的课余生活并有效地培养学生优良的思想道德品质

中学生一天中的大部分时间，是按照课程规划规定的科目上课，但仍有许多课余时间由学生自由支配。中学生正处于发育阶段，他们精力充沛，活泼好动，富于幻想，对周围一切都感兴趣。学校在课余时间为他们组织丰富多彩的课外活动，不仅可以使他们避免不良影响，抵制社会上各种不良风气的侵袭和污染，而且能够把他们旺盛的精力、浓厚的兴趣爱好引导到健康发展的轨道上来，满足他们多种多样的精神需求。在课外活动中，学生走出课堂，通过参观、访问，搞社会调查，接触实际，接触社会，能够激起他们革命理想的火花，培养他们热爱家乡、热爱祖国和社会主义事业的思想感情。在课外活动中，学生通过完成一个实验、制作一个作品、完成一项劳动、研讨一个课题、取得一个科学数据等各种实践，可以培养缜密的科学态度，培养为实现一个目标而努力的集体主义精神和克服困难的毅力，以及团结互助、爱科学、爱劳动、遵守纪律、爱护公物等品德。总之，在课外活动中，生动形象的教育和亲身的实践往往能在学生的心灵上留下深刻的印象，产生良好的教育效果。

2. 课外活动能够促成学生在全面发展的基础上充分发挥各自的特长

作为基础教育的中学教育，应当通过课堂教学和课外活动，促使每个学生都得到全面发展，这是毫无疑义的。但是，“全面发展”只是出人才的基础，只是出人才的必要条件，而不是充分条件。从对人才的培养来说，必须把全面发展的统一性与充分发挥个性特长的多样性结合起来，即在“每个学生尽自己的可能在各方面都得到充分发展”的基础上，充分发挥每个学生的兴趣爱好、才能特长，做到“全面发展打基础，发挥特长育人才……使学生成为既全面发展又各有所长的人”。①

3. 课外活动能够使学生多渠道地获得即时信息，扩大知识面，开阔视野

随着科学技术的迅猛发展，许多新科技、新发明、新创造、新成就，通过各种信息传递的手段，广泛地影响着每一个中学生，而且，随着社会的进一步信息化，这种影响力还会大大增强。目前，各种现代化传播手段发达，其信息传递之快、之广，已大大超过课堂教学这个信息传递的形式。课外活动不受课程、教材的束缚，它可以运用报刊、广播、电视、电影、课外书籍等传播信息的工具，通过各种灵活多样的活动形式，帮助学生吸收新的知识，获得课外的“即时信息”。课外活动对于扩大学生知识面，增加信息量，对于缩短课堂传授的“过时信息”和科技迅猛发展之间的距离，了解世界新的动向和趋势，跟上时代脉搏，对于培养学生主动获取信息、处理信息的能力，都是十分重要的。

4. 课外活动可以使学生手脑并用，培养其独立性和创造性

和课堂教学相比，课外活动的实践性更强。从事课外活动，往往既要用脑劳动，又要用手劳动，如搞科技制作与实验，制作标本、模型，进行种植、养殖试验，植树、种花草等，都需要把动手和动脑结合起来。在动手中遇到难题，便需要学生动脑反复思索，寻求解决问题的答案，这样，就充分体现了把智力劳动和体力劳动很好地结合起来，培养了学生手脑并用的实践能力。

此外，学生参加各种文化、娱乐、体育活动和公益劳动，能够发展学生的艺术兴趣，陶冶学生的高尚情操，调节大脑，提高学习效率，使他们愉快活泼，活跃身心，增进健康。

总之，课外活动对促进学生生动活泼地全面发展，全面实现中学教育目的，科学有效地提高教育效果，具有不可低估的作用。在整个教育活动中，课外活动的影响是广泛而深刻的。作为教育途径中一条十分重要的途径，课外活动在学生的身心发展中有着重要的意义和作用。

美国青少年参与政治活动

参与政治活动是美国青少年课外活动的一部分内容，和打球、玩游戏、开派对、做家务一样。参与政治与上述活动相比并不具有任何特别之处。对于美国青少年来说，参与政治活动是一件普普通通、平平常常的事情。

现在正值暑假，纽约每年都有暑期工项目，为青少年安排暑期实践。该项目的经费是政府预算的一部分。参与暑期工的青少年，有的去公司学习商业运行；有的去各种社区团体，学习怎样通过社团来服务社区；有的去民选官员的办公室，协

① 佚名：《课外活动的作用和意义》，人民教育出版社，http：//www.pep.com.cn/xgjy/jyyj/jyts/jyx/zdjy/201008/t20100827_803751.htm，2016－06－24.

助民选官员处理政务，亲身体验政治运作。

值得一提的是，青少年到民选官员办公室参与暑期实践，和到公司从事商业实践、到社团从事社区服务实践一样，在性质上都是青少年接触社会、增长才干的活动，没有哪一种活动比哪一种活动特别的地方。

在美国，青少年的理想色彩斑斓。有的人想搞商业，他可能就愿意选择商业单位实践；有的人愿意扎根社区，他可能就愿意去老人中心、反家暴中心等社区团体锻炼；有的人想搞政治，他就更愿意去市议员、州议员等民选官员办公室去观察学习政治如何运作。

今年（2012年）是美国的大选年，各路政客的选站团队中，青少年的身影随处可见。青少年是这些政治人物的义工，他们帮助候选人街头发传单，挨门逐户敲门拜票，利用自身力量去影响周围的人来支持自己支持的候选人。参与复杂的选战活动，青少年们把民主政治的理念和复杂生动的实践结合起来：第一，他们更好地理解了政治；第二，激发了政治兴趣；第三，具有政治天赋的青少年，会在这样的政治实践中脱颖而出。

在美国，青少年参与政治受到普遍鼓励。就纽约华裔来说，纽约市主计长刘醇逸掌管全市财政大权，在行政序列位居第三，他不过四十出头；纽约州众议员孟昭文不过三十出头，她刚刚取得联邦众议员初选大捷。他们都是纽约的政治明星。这些年轻的华裔政治人物成为青少年的榜样，他们不但用行动鼓励年轻人，还用言论来激励年轻人，包括青少年。华裔如此，其他族裔也如此。

在占领华尔街运动高潮的时候，甚至有中学把青少年学生带到占领者的营地，让他们了解这个运动的各个方面。在去年（2011年），受到金融危机的打击，纽约财政紧张，政府拟削减青少年暑期工的预算，这导致了包括华裔中学生在内的各族裔学生到市政厅前集会，这些青少年们发表演讲，反对政府损害他们的利益，迫使政府在很大程度上恢复了预算金额。①

二、课外活动的组织和实施

提高课外活动有效性已经成为当前教育改革的重要课题。② 学校要真正组织好课外活动，使之成为教育学生的重要途径，必须依据学校现有的主客观条件来确定活动的内容与形式，同时积极创造条件，发挥各方面潜力，力求做到课外活动丰富多样并保证质量。为此，组织好课外活动应遵循以下几点要求。

（一）开展课外活动要有明确的目的性和计划性

组织课外活动必须从全面贯彻教育目的、落实培养目标的高度来确定每一项课外活动的具体目标要求。要仔细周到地考虑每一具体活动可以使学生受到哪一方面思想品德

① 佚名：《美国青少年时期政治活动》，《深圳特区报》，2012年7月25日，第3版。

② 刘琳：《有效课外活动的实施策略》，《科教导刊旬刊》，2013年第3期。

教育、要使学生掌握何种类型的知识与技能、发展什么样的智力与非智力因素等。对那些庸俗的、低级趣味的、有损学生身心健康的活动要加以抵制。目标的确定要做到明确、具体。开展任何一次课外活动都不能目标不明，为活动而活动。

（二）课外活动应具有知识性、科学性和趣味性

知识性是指课外活动能给学生以一定的知识、技能，使学生有所收获，不过，它不同于课堂教学，而是寓知识于活动之中，让学生在活动中接受知识教育；科学性要求课外活动的内容应该正确，活动的形式要符合学生特点；趣味性是指课外活动对学生来说是有趣味的、吸引人的。其中知识性是整个活动的基础，将知识教育寓于多种形式之中，学生参加活动犹如在知识海洋中遨游；科学性是活动的标准，要求活动必须符合学生实际并维护科学的严肃性；趣味性是吸引学生参与活动的手段。许多教育实践证明，具有科学性、知识性和趣味性的课外教育活动，才能真正吸引学生，起到教育作用。知识性、科学性实际上是课外活动中“学”的方面，而趣味性是“乐”的方面。在课外活动中，要特别注意处理好“学”与“乐”的关系，应将它们有机结合起来，既不能把两者割裂开来，也不能互相代替。首先，课外活动必须具有“乐”。对学生具有吸引力，能激发学生参加活动的兴趣，引起学生参加活动的愿望和内在要求。但并不能单纯追求趣味性，因为课外活动的根本目的是让学生在活动中受到深刻的、生动的思想教育，提高觉悟、陶冶情操，让学生在轻松愉快的气氛中增长知识、扩大视野、锻炼能力。

（三）在安排课外活动时要充分发挥学生的积极主动性和创造精神

课外活动是学生的自主性活动，因此要充分依靠和发挥学生的自主性、积极性和主动性。在各项活动中，要使学生参与设计、管理、评价的全过程，使之感到自己真正是活动的主人，从中学会自治、自理和培养独立思考、独立工作的能力。

强调学生的主体作用和积极创造精神，并不意味着忽视教师的作用。教师是活动的指导者。他们应当帮助学生选择参加的活动项目，为学生进行活动提供条件；并在活动中给学生启发诱导，从知识技能、思想倾向及活动的组织等各个方面给学生以辅导，帮助他们解决疑难问题。但教师要信赖学生，相信他们能把活动搞好。即使学生在活动中出现了一些问题，甚至是错误，教师也不必大惊小怪，而要加强帮助和指导。事实上，困难和挫折也有助于学生锻炼成长。活动中强调教师的作用是为了更好地发挥学生的主体作用和积极创造精神。那种不信任学生、越俎代庖、包办代替的做法，只能压抑学生的积极主动性，窒息他们的创造精神，不会给课外活动带来什么积极效果。

（四）课外活动的主题要符合学生的年龄特征，满足学生的兴趣，发展学生的特长

低年级和高年级学生的课外活动内容和形式应有所不同。初中低年级学生的兴趣及知识水平和能力虽有一定的发展，但兴趣尚不稳定，独立性仍不强，因此教师可以组织一些文艺小说、科技知识的阅读活动及专门活动小组。随着学生年级的上升，学生兴趣的稳定，知识水平及独立工作能力的相对提高，教师可以组织一些具有较高水平的科技活动及智力、体力活动。在同一年级中还要考虑学生的个别特点、个人兴趣爱好，应承认学生之间的差别，鼓励个人发挥特长，不可强求一律。对于某些有特殊才能的学生，要重点加强培养，使他们的才能得到进一步发展。

学校组织课外活动应该反映学生的身心发展状况与知识水平，反映学生的实际需求。

一方面，不同年龄段的学生发展水平不同，课外活动应有所不同；另一方面，同年龄段的学生之间也存在着个别差异，活动应针对学生不同的兴趣爱好、智力、才能有所侧重，做到因材施教。活动的内容和形式要能为学生所理解、所胜任。即便是同一性质的活动，在高年级和低年级的要求也应有所不同，在同一年级还要考虑学生的个别特点、个人的兴趣爱好，不可强求一律。课外教育工作与教学工作相比，更加强调要承认差别，鼓励各人发挥专长。对于某些有特殊才能的学生，可以由有专长的教师着意指导或选送到校外教育机构去培养，使他们的才能得到进一步的提高。

（五）开展课外活动要因地、因校制宜

我国幅员辽阔，各地情况千差万别。发达地区和边远地区、城市和农村、重点学校与一般学校，在经济文化背景、学校物质条件和师资水平等方面相差很大。不过，任何学校都有自己的特点和自己的优势。因此，开展课外活动要因地制宜、因校制宜。条件较好的城市中学可开展一些先进科学技术的活动项目，如“三模一电”（航模、船模、车模、无线电）等。又如，大城市学校可以利用当地的图书馆、博物馆、文化馆、动物园、植物园等文化场所，开展课外活动。农村处在自然环境之中，有山有水，有农田、林场、苗圃、菜圃、养鸡场等场所，学校也可利用农村的特点，建立小植物种植园、小动物饲养园、小果树园、小苗圃、小花园、小气象园等实验园地，开展各种农业科技实验活动。各学校在具体选择课外活动的项目内容时，还宜根据各校教师的特长、设备确定，这样才能扬长避短，人尽其才，各具特色。

（六）课堂教学和课外活动要互相配合、互相促进

课外活动与课堂教学有着密切的联系，两者都是实现教育目的的途径，因此应当互相配合，互相促进。通过课堂教学，学生掌握了一定的系统的文化科学知识、技能和思想理论，发展了智力和体力。组织学生参加课外活动，可以使他们加深理解并运用课堂上学到的知识，可以扩大视野，丰富知识，提高认识，并能大大提高实践能力。学生在课外活动中获得的感性知识和直接经验，有时也可作为课堂教学时掌握理论知识的准备。进行课堂教学时，教师要注意运用学生参加课外活动所获得的经验，促进课堂学习得的进行。在设计、组织、实施学生课外活动时，教师要注意把课堂上的知识加以运用并转化为技能技巧。在指导学生选择和确定活动项目时，教师要注意以课堂讲授的知识为基础，使学生得到运用和深化知识的机会，补充教学的不足。

课外活动和课堂教学是各自独立的途径。不能利用课外活动的时间为学生补课或者让学生做作业，使课外活动成为变相的课堂教学，变成“课外课”。同时，应以校内教育为主阵地，充分发挥校外教育的独特功能，促进校内校外教育的有机结合，密切配合家庭教育和社区教育，努力创建良好的课外教育环境。

（七）开展课外活动要积极争取家长和社区的配合

课外活动的内容广泛，涉及面广，需要学校、家庭、社会多方面的配合。在校内，除学校要对课外活动加强领导外，还要求教导处、总务处把课外活动的开展当作一项重要工作来抓，切实保证活动开展。要求各教研室指派得力的指导教师，具体落实活动计划。此外，还应充分发挥共青团、少先队、学生会的作用。在校外，要积极与当地的文化体育团体、科研单位、工厂、社团、街道、驻军联系，聘请辅导员，请他们帮助提供活动场所和物资设备,同时要主动争取广大家长的积极支持。总之,只有得到社会各方面的支持,才能使课外活动持久、有效地开展下去。

另外,在课外活动的组织与实施过程中,要制定具体有效的安全措施、应急措施和防范措施,避免和防止意外事故的发生。同时,也要防止以怕出事故为由不积极开展课外活动的倾向。

从初一到高二,段胜利参加南开中学气象小组已经整整五年了。他自豪地说:“我们小组十几年来坚持观测记录,积累了几十万字的材料,能够做出较为准确的天气预报,还写了不少小论文。”他写的《一九八〇年天津市汛期降水异常分析》论文,获得了第一届全国青少年科学讨论会银质奖。其他同学写的小论文像《云》《试论南亚地区季风气候的形成》等,有的在报刊上发表,有的在电台中广播,有的受到行家的好评。小组中不少同学已爱上了气象专业。段胜利说:“课外活动给了我智慧和理想,将来我是打算学习大气物理的。”①

四、学校对课外活动的管理

课外活动是中小学教育的重要内容,是实施素质教育不可或缺的途径和手段。对于学校来说,加强对课外活动的管理具有非常重要的意义。

(一)学校的管理者要提高对课外活动的认识

国内外大量资料表明,人才成长的途径有三条:一是课堂教学的引导;二是课外科普读物的启迪;三是课外科技活动的培育。有些发达国家的学校组织了各种各样的课外科技实验小组和少年俱乐部,引导学生从小养成善于动脑、动手的习惯。苏联著名教育家苏霍姆林斯基认为,要发展学生的智力,光靠课堂教学还不够,必须有丰富多彩的智力生活来保证,而建立多种多样的课外活动小组是智力生活的基地。

受应试教育的影响,当前我国有些中小学的课余生活比较枯燥、单调乏味,或过于紧张,使学生对校内生活感到厌烦,觉得学校生活并不那么可爱,这是一种不正常的现象。要改变这种现象,把学校变成儿童的乐园,变成学生德、智、体、美全面发展的场所,就应把课外活动列入学校的工作计划,从实际出发,因地制宜,广泛深入地开展课外活动,把学校办得更加生机勃勃。

(二)学校要完善课外活动的管理机制

学校的课外活动能否正常开展,关键在于领导。要坚持不懈地、健康地开展课外活动,必须有健全的组织。在学校的各项工作中,领导要像安排课堂教学工作那样安排好课外活动,把它纳入教学工作量的组成部分,制定长远规划和近期目标,做好长计划短安排,有步骤地开展活动,规划好每周课外活动的总课表,包括各种活动的时间、地点、辅导老师等,以保证课外活动有秩序地顺利进行。

---

① 周新民:《课内打基础,课外出人才》,《天津教育》,1983年第8期。

（三）学校要培养选拔有效的课外活动组织队伍

要开展好课外活动，还必须有一支由教师和学生骨干组成的辅导队伍。学校领导必须有意识地选择和培养一批有特长的教师组成课外活动骨干队伍，并通过这些教师去选择和培养一批学生中的课外活动骨干分子，依靠他们去带动广大学生、广泛深入持久地开展课外活动。这批师生组成的骨干队伍，必须有明确的职责，分散在各课外小组中起骨干带头作用。

各教研组、年级组、班主任是指导、组织课外活动的依靠力量。学校领导应该把课外活动的任务交给他们，充分发挥他们的作用。各年级组和班主任应负责指导和组织本年级、本班的课外活动；各科教研组应负责本学科或邻近学科的兴趣小组活动。

体育、音乐、美术教师是指导学生开展文体美术活动的骨干力量，要有重点地组织培养有特长的学生开展活动，培育人才。同时，要指导全校师生广泛开展文体美术活动，促进师生身心健康发展。

共青团和少先队要在课外活动中起带头作用。学校要教育团、队干部和成员积极参加课外活动，成为各种课外活动的核心力量。此外，还要发挥图书馆、实验室的基地作用。

为弥补校内辅导力量的不足，学校可以到校外教育机构聘请辅导员，还可以邀请家长、校友及社会人士担任辅导工作。

为保证课外活动能正常开展，必须在实践中逐步建立和健全适应各个学校特点的课外活动制度。例如，活动计划的制订和审定制度、辅导员职责制度、定期总结检查制度、比赛评比制度、成果展览奖励制度等。这些制度一旦建立起来，就可以把课外活动纳入正常轨道，使之有条不紊地顺利进行。

（四）学校要力求课外活动内容丰富，办出特色

课外活动必须根据培养目标、现代科技发展的需要及各地的实际情况、学生的年龄特点和兴趣爱好等，安排内容，采取多种形式，办出特色，这样才能收到良好的效果。目前，中小学的课外活动内容，可分为两大类：一是结合课程进行的活动；另一类是根据学生的个人爱好、兴趣、特长安排的活动。

结合课程进行的活动有各学科的兴趣小组和结合教学进程而开展的观察、智力游戏及各种学会、科学晚会等。活动目的是扩大学生的知识面，开拓其视野，发展其思维，增强其知识运用能力。

结合学生个人爱好、兴趣、特长和社会需要而开展的各种活动，其目的是按照学生个人爱好，培养兴趣，发挥特长才能，增强素质，发展学生的创造才能，为培养各种人才打下良好的基础。

在广泛开展课外活动的基础上，各校可以根据自身的传统优势、教师力量、当地科学技术的实际需要和学生的兴趣、爱好等，着重开展几项课外活动，办出学校自身的课外活动特色，这样效果会更为显著。

（五）学校管理者要善于总结经验，坚持不懈

为了保证课外活动能持续地开展，作为学校领导，必须经常深入到师生的课外活动中去，了解师生在课外活动中的经验与问题，鼓励师生发扬作风，克服困难，创造新的成绩，这是维护师生积极性的重要措施。

学校领导在抓好典型项目的基础上，及时总结经验，组织展览，评选优胜，逐步推广经验，不但能促使广大师生积极地开展课外活动，促进人才的成长，而且能为国家、社会做出贡献。

附　不同年级的活动主题参考

初一(上)：做合格的中学生

当我迈进新校园时	(新生谈进校体会)
难忘啊！"黄金时代"	(家长回忆中学生活)
我是这样起步的	(高年级优秀学生介绍)
我在祖国怀抱里成长	(诗歌朗诵会)
我和 ABC 交朋友	(英语学习)
我是家长小助手	(家务劳动比赛)
欢快的十分钟	(小型、多样的体育比赛)
方寸天地趣无穷	(集邮知识讲座)
学海初航品甘苦	(学习心得交流)
致敬，亲爱的老师！	(尊师活动)

初一(下)：做家乡的小主人

请尝尝我们做的菜	(自炊)
小记者奔向四面八方	(调查)
请听我们的建议和呼声	(献策)
沿着历史的足迹前进	(参观历史陈迹或博物馆)
今日家乡在腾飞	(信息交流)
为了家乡，我愿……	(一分钟演讲比赛)
共献我们的青春和热血	(联谊)
刻苦学习为我家乡	(学科竞赛)
家乡蓝图任我描绘	(访上级领导)
家乡，请听我们的报告	(模拟新闻发布会)

初二(上)：迈好青春第一步

青春，人生最宝贵的年华	(青春期知识讲座)
在平凡的岗位上建功立业	(劳动模范报告)
伟大的时代召唤着青年	(家长与学生座谈)
十四岁，奋飞的起点	(介绍我心中的英雄)
在建设祖国的行列中	(访工厂青年突击队或农村青年专业户)
青春在边陲闪光	(与边防战士通信)
最美好的青春乐章	(音乐欣赏)
练就我们强健的体魄	(青春杯体育竞赛)
爸爸妈妈，你们听我说	(学生与家长谈心)
十四岁，新的高度	(14 岁集体生日庆典)

初二(下)：我为团旗添光辉

团旗指引我成长	(老共青团员作报告)
怎样才能成为光荣的共青团员	(论辩)
用热血填写我们的志愿书	(入团志愿书介绍)
烈士墓前的沉思	(祭扫烈士墓)
团旗在我心中飘扬	(编报评比)
在欢乐的"团员之家"	(游艺)
雷锋在我们的行列中	(走向社会的义务劳动)
伴着青春的旋律前进	(集体友谊舞)
我们是光荣的后备队	(入团宣誓)
谱写我们的青春之歌	(营火晚会)

初三(上)：谱写人生新一页

不朽的英名　壮丽的人生	(讲故事比赛)
成功在于实践	(小发明、小实验、小制作、小考察、小论文成果介绍)
我将这样对待生活	(答辩)
路，在我们脚下	(班级演讲比赛)
迈开步伐，走向远方	(远足)
我最敬仰的英雄们	(剪报交流)
我向教师进一言	(与任课老师通信)
钢铁是怎样炼成的	(书评)
我最喜爱的一句格言	(格言交流)
高歌新生活　立志献四化	(看画赛歌)

初三(下)：母校永在我心中

一颗红心献祖国	(家长寄语介绍)
我为母校添春色	(建校劳动)
为母校争光的人们	(与校友通信)
温故知新话复习	(学习经验交流)
奋发努力硕果多	(学习成果介绍)
我为母校献一计	(献计)
学海无涯勤作舟	(学科智力竞赛)
在我成长的路上	(征文)
同窗情深共勉励	(临别赠言)
二十年后再相会	(联欢)

高一(上):高擎理想的火炬

在新的起跑线上	(交流新学期计划)
高中生活应当这样起航	(班主任老师指导)
百行百业状元郎	(新闻人物特写报告)
"人才成长百例"的思考	(实话实说)
怎样使你更聪明	(学习方法指导)
我们握有金钥匙	(学习经验交流)
向着更高、更快、更强	(班级微型室内运动会)
我最喜爱的一首歌	(歌曲欣赏)
共同扬起理想的风帆	(联谊)
迈向新的高度	(十佳评选表彰)

高一(下):让生活充满阳光

做一个道德高尚的人	(文娱表演)
奔涌的科技新潮流	(科技知识讲座)
怎样才能成为生活的主人	(小组演讲对抗赛)
假如我当班级活动主持人	(最佳主持人评选)
他与时间	(学习习惯评点)
薪火相传勇向前	(五四抒怀)
我们拥有一块绿洲	(个人爱好交流)
歌唱生活、歌唱理想	(班级优秀歌手评选)
校长同志,我们建议	(参政)
一路欢歌向未来	(自行车郊游)

高二(上):全面发展谱新篇

家乡的昨天和今天	(专题调查汇报)
让喜讯传遍家乡	(为低年级同学演讲)
青年志愿者的报告	(青年志愿者活动报告)
笔下走龙蛇,丹青绘宏图	(书画作品比赛)
漫游智力世界	(学科智力竞赛)
警钟在这里长鸣	(模拟法庭辩论)
聚焦热点	(热门话题大家谈)
班级轶事面面观	(小论文评选)
剪得报春第一枝	(综艺)
我们是初升的朝阳	(模拟中外记者招待会)

高二(下):在党旗的召唤下

我在党旗下成长	(优秀共产党员报告)
人生·理想·信仰	(团支部与同学对话)
踏着先烈的足迹	(英雄诗抄朗诵会)
以革命的名义想想过去	(参观党史展览或纪念地)
党旗在我心中飘扬	(自编小报评比)
小草的情怀	(走访不同行业的共产党员)
我心中的标尺	(座谈)
我与老共产党员交心	(忘年交通信)
党旗颂	(年级歌咏比赛)
我们向祖国宣誓	(18岁成人仪式)

高三(上):莫让年华付水流

莫让年华付水流	(同龄人谈心)
假如我是……	(班级演讲比赛)
祝福你,闪光的年华	(为同学庆祝生日)
友谊与事业	(论辩)
青春的价值	(书评或影评)
我为同学送温暖	(互助交流)
在神奇的化学王国	(科技魔术)
生活教育了我	(自拟格言交流)
师长,你的心愿我明白	(猜测师长赠言)
青春礼赞	(师生联欢)

高三(下):走向美好的明天

当祖国召唤我们的时候	(家长与学生谈心)
在共和国辽阔的版图上	(剪报交流)
难忘的高校生活	(优秀大学生报告)
好儿女志在四方	(校友成就介绍)
时代风云胸中翻滚	(时政知识竞赛)
三年学习得失谈	(用外语交流学习体会)
光荣属于母校	(学习成果汇报)
情系母校	(征文评选)
留给母校一片情	(赠物留念)
我们走向美好的明天	(毕业庆典)

案例分析与讨论

案例一　某中学课外活动管理制度

课外活动是培养学生个性与特长的重要途径,因此根据学校的实际情况,因地制宜地开展好课外活动显得非常重要。为了全面加强对课外活动的管理,真正将课外活动的开展落到实处,特制定此制度。

一、认真贯彻党的教育方针,促进学生全面发展,培养爱科学、学科学、用科学的良好品质。

二、激发学生求知欲,深化课堂教学内容,开辟学生汲取知识的渠道。

三、发展学生个性特长,培养学生多种能力,陶冶情操,培养良好的心理素质。

四、主要学科都必须成立课外活动小组,活动要求经常开展,同时学生参与面必须达到95%以上。

五、课外活动和学校全面工作同时计划,同时布置,同时检查,同时总结,同时评比。

六、按照各部门颁布的要求,保证学生体育活动时间、兴趣小组活动时间,活动课程进入课表,统一管理。

七、所有的任课老师都有主动带领课外活动小组的义务和职责,提倡其他有特长的领导、老师担任活动课的辅导老师,适当聘请校外辅导员。活动分班级、年级、校级三个层次。其活动时间、成效、规模等由校活动领导小组拟定。

八、课外活动小组的活动时间、内容、人员、场地可由各个学科的辅导员自己确定。

九、课外活动小组应做到有计划、有名单、有活动记载成果。

十、要求努力培养学生的创新精神和实践能力,注重发展学生特长,组织开展小发明、小创造、小制作、小论文活动或科技、艺术活动,有措施,效果好。

十一、创设必要条件,尽量满足经费开支,搞好课外活动辅导员的队伍建设,优先提供出外培训和学习机会。

十二、加强检查落实,奖罚分明,逐次检查,学期进行总结评比,一年举办一次成果发布或展览。①

讨论题

1. 对照中学课外活动的实施原则与要求,请你分析一下上面这则管理制度是否合理。为什么?

2. 如果你是该校的班主任老师,你会根据该管理条例组织学生开展哪些课外活动?

案例二　初中英语课外活动方案

英语兴趣小组是课堂教学的补充和延伸,其目的在于培养学生对英语的兴趣、爱好,帮助学生增长知识、提高技能,丰富学生的课余文化生活。兴趣小组活动与课堂教学相比更具灵活性、可塑性,因而学生非常乐意参加。本学期我们将根据学校的具体情况有计划、有目的地开展活动,重视教学质量,调动学生的积极性,努力把英语兴趣小组活动搞得有声有色。为了给爱好英语的同学一个良好的学习环境,现将本学期英语兴趣小组的活动安排制定如下:

① 《学校课外活动管理制度》,http://wenku.baidu.com/link?url=aq6kT0t8P9gzzWw_ghW95GTzV0nYRSA8qpsa-93Fx9lRWp4Rbb7POt79mqv-ISMJGQuBd9EM2UvO4uKSaN8hc_EB4ElG_zADwJMP42A7C0G9i,2016-01-22.

一、活动目的

作为一个兴趣小组，重点在于兴趣小组成员的吸纳完全本着自立自愿的原则，组织开展的活动小组成员可以自由参加，兴趣相投的同学在一起。通过形式各异的活动来激发学生学习英语的兴趣，形成英语学习的氛围，培养学生的综合语言运用能力。通过活动，更好地发展学生的特长，进一步提高学生语音语调的准确性，提高学生的口头表达能力及表演能力。

二、活动要求

兴趣小组人数不宜过多，10到20名左右。活动固定，每周两次，活动制度化。遇到有特殊情况择日进行，不轻易暂停。参加成员坚持自愿报名。精心制订活动计划，保证兴趣小组的深度、广度和密度。要求如下：

1. 组织学生按时参加活动。

2. 每周一、四下午第三节课后进行活动，小组成员必须准时到达活动地点。

3. 小组成员应严格遵守纪律，不准在活动室大声喧哗，破坏、损毁活动室的财产。

4. 每次老师布置的作业，学生都应按时完成。

三、活动目标

1. 开展丰富多彩的英语活动，通过小对话、歌曲、编儿歌、小组活动等来调动学生学习的兴趣，培养学生正确的学习方法，养成学生良好的学习习惯。

2. 让学生利用课余时间去收集有关英语的广告、图片、商标等，期末展评，调动学生学习的积极性。

3. 通过本学期的活动，拟定让学生掌握四季、星期、月份、动物、水果等基本名称，掌握一些基本的日常用语，并能在情境中加以运用。

四、采取的措施

1. 做好组织工作。在学生自愿报名参加的基础上，要挑选各班有一定英语基础、成绩较好的学生参加。要选出有工作能力、成绩也好的学生担任组长。兴趣小组要在教师的指导下充分发挥学生的骨干力量。

2. 教师要认真负责，把它看成学校教育的组成部分，使小组活动开展得生动、活泼、丰富。

讨论题

1. 你如何评价这份初中英语的课外活动方案？

2. 请仿照该方案自行拟定一份初中数学的课外活动方案。

阅读导航

1. 推荐网站

凤凰网教育版，http：//edu. ifeng. com/

国际教育在线，http：//ieol. chsi. com. cn/

中学生联盟，http：//www. cando100. com/

教师在线，http：//www. jszxcn. com/

人教论坛,http: //bbs. pep. com. cn/

2. 高德毅:《舞动成长的翅膀: 上海市中小学课外活动实施指南》,上海教育出版社,2014 年。

3. [美]埃利森,等:《365 天课外活动》,姜蕾译,辽宁教育出版社,2001 年。

4. 萧宗六:《学校管理学》,人民教育出版社,2001 年。

5. 王一军、李伟平:《班级活动设计与组织实施》,教育科学出版社,2007 年。

6. 辛颖:《中学生课外活动指南》,吉林教育出版社,2012 年。

7. 扬州大学网络教学平台"班主任"课程教学资料,http: //eol. yzu. edu. cn/eol/tea_main. jsp.

思考与探究

1. 你认为课外活动最大的优势是什么? 在组织与实施课外活动的过程中,如何最大限度地发挥这一优势?

2. 评价一次课外活动成功与否的标准是什么?

3. 9 月是新学期的开始,请你为刚接手的初一年级学生设计一次主题班会方案。

4. 了解几名学生,听听他们对班级活动最多的不满和最大的希望是什么。

第八篇

教育环境建设

内容提要

教育环境是指直接或间接影响人的生存和发展功能的外部世界,可以分为现实环境和虚拟环境两种基本类型。教育现实环境的核心构成要素包括学校、家庭和社区。学校是为了教育目的而专门设计的特殊环境,不同于其他“偶然的环境”。学校对人的影响的主渠道是校园文化环境和课堂学习环境。家庭是教育的第一场所,是孩子成长的天然学校。家庭对人的影响集中体现在家庭条件、家庭氛围和家庭教育方式等方面。社区是学校教育、家庭教育在时间和空间上的延伸与拓展。社区塑造了特定的教育背景,也蕴含着丰富的教育资源。形成学校、家庭、社区相结合的教育机制是教育发展的必然要求,既要促进学校与家庭之间有效对接,也要实现学校与社区之间的通力合作。

教育虚拟环境主要是指信息网络环境。信息社会中的学习,正从储备学习走向终身学习,校园的边界也日益模糊。信息社会中的教学,无论是在教学内容和教学方式上,还是在教师的作用上,都发生了显著变化。网络虚拟空间对青少年成长影响巨大,一方面网络环境已然成为青少年发展的重要推动力量,在发展青少年主体性、拓宽青少年交往渠道、促进青少年社会化等方面功不可没,但另一方面网络时代也产生了一系列的青少年成长问题,突出表现在网络伦理失范、自我认同和社会认同困惑、网络成瘾等方面。面对网络环境下的新问题,教育的应对之策应包括:一是要重新设计教师的角色,使教师成为终身学习者、学习指导者和网络生态教育者;二是要及时调整学校的工作方向,打造网络教育的主阵地;三是要开展网络环境的综合治理,建设绿色网络空间。

专题一　学校、家庭和社区

学习要求： 理解学校、家庭、社区环境在青少年成长中的作用及其影响方式；认识到学校、家庭、社区三方合作的重要性，掌握学校与家庭、与社区互动的策略。

就像鱼的成长离不开水一样，人的发展也离不开环境的作用。环境是指围绕在个体周围并对个体自发地产生影响的外部世界。从某种意义上说，教育就是依靠环境的力量引起个体逐渐产生某种行为的系统。这里的环境不仅表示围绕个体的周围事物，还表示周围事物和个体的活动之间特定的相互作用的持续过程。通常认为教育环境的核心要素主要包括学校、家庭和社区，教育活动的效果是三股力量共同作用的结果。学校是育人的主阵地，是有目的、有计划、有组织地培养人才的特定机构，学校环境对育人效果产生关键影响。家庭是教育的基础，父母是孩子的第一任教师，家庭环境的熏陶对孩子个性、习惯和道德行为的养成产生独特影响。社区是一种特殊的教育场所，社区环境对青少年的健康成长产生重要影响。

一、学校环境

学校一直被认为是最具塑造力量和最具影响作用的特殊环境。学校环境的特殊性在于它是为了教育的目的而专门设计的环境，其他类型的环境更多地属于“偶然的环境”，而非“控制的环境”。法国社会学家涂尔干将学校比作一种“社会共同体”，具有自身的统一性、自身的构造和自身的组织，学校通过“提供一个道德上颇具凝聚力的环境，紧密围绕在孩子们的周围，对他的整个本性施加影响”。[①] 美国学者杜威把学校这一社会机构的职责概括为三个方面：第一，学校提供的是一个简化的环境，从人类复杂的文明中选择基本的并适合青少年身心发展的种种特征，建立起循序渐进的秩序；第二，学校提供的是一个净化的环境，尽力排除现存环境中的丑陋现象，以免影响儿童的心理习惯；第三，学校提供的是一个平衡的环境，协调不同环境中的行为准则和情感标准，使青少年不受原来环境的限制。[②] 从这一意义上讲，学校是学习的场所，是育人的圣地，是促进社会一体化和年轻一代社会化的地方。

① ［法］涂尔干：《教育思想的演进》，李康译，上海人民出版社，2006 年，第 35 页。
② ［美］约翰·杜威：《民主主义与教育》，王承绪译，人民教育出版社，2001 年，第 25－29 页。

（一）校园文化环境

我们之所以在校园中学习，不仅仅因为校园提供了学习的固定场所，更因为它有独特的文化品格。教育是对人类文化的传承和发展，校园是教育的基本场所，同时校园本身也是一种文化的集合。这种文化包含了校园的知识、思想、艺术、道德、制度，以及校园风尚、行为习惯、环境、建筑等。总体上，校园的文化品格可以从物质形态、活动形态和精神形态等方面来考察。

1. 校园的物质具有文化性

校园建筑、校园景观是最基本的物质形式。好的校园建筑既是一种物质生产，又是一种艺术创造，它在满足使用要求的基础上，通过其巨大的空间形象，表现特定的地域风情、精神风貌、思想情感和审美趣味。它作为设施，影响师生的活动范围和学习条件；作为景观，影响师生的视觉感受和心理情绪。优美的校园景观可以陶冶学生的情操，艺术的山水园林设计可以激发学生关爱自然、关爱社会的热情，内涵丰富的雕塑、书画作品，可以营造高尚健康的人文氛围。师生在校园中开展丰富多彩的寓教于文、寓教于乐的教育活动，使学生在求知、求美、求乐中受到潜移默化的启迪和教育。正如陀思妥耶夫斯基所说，人活在树木和水塘之间，活在劳动和精神自由之中，活在诗歌和艺术的边缘，活在有尊严和挚爱的生活之中，定会活得更舒服些。物质文化是最外在的一种文化形式，它最容易被观察、被注意，最容易形成视觉的冲击力和艺术的感染力。物质文化虽属于校园的硬件，但却与校园的“软件”（精神文化）紧密联系。“神”往往寓于“形”之中，悠久的校园物质文化往往是学校精神的固化和集体智慧的凝聚，折射出一所学校的精神特征和文化品位。

2. 校园的活动具有文化性

校园若只是物质的存在而缺少人的活动，就必然失去文化的真正意义。教育并不是一件“告诉”（教师）和“被告知”（学生）的事情，而是一个主动的和建设性的过程。因此，校园活动是教育过程的基础。人的素质是在活动中形成的，也是在活动中得以表现与完善的。这种活动不仅包括最基本的教学活动，还包括课外活动、管理活动、人际交往和社会实践等各种丰富多彩的活动形式。在活动中，学生的精神生活得以丰富，学生的交往需要得以满足，学生的个性得以张扬，学生的团队意识和团队精神得以培养。在某种意义上说，只有在活动中，那些对人生具有真正价值和意义的东西才有可能真正影响人的价值观念，改变人的气质和态度。校园的活动构成了一种“活文化”（活动文化或行为文化），是人们最经常、最直接感受和表达的文化形态，它以师生为主体，以活动为载体，影响人的行为方式、活动方式、精神状态和文化品格。

3. 校园的精神具有文化性

学校的历史和传统、师生共同遵循的文化观念、价值观念和生活观念，构成了校园文化的精髓。这种精神文化是一个学校本质、个性和精神面貌的集中反映，它经历史积淀而形成，相对稳定，对师生具有一种无形的感染力。在精神文化的作用下，会形成一所学校根本区别于另一所学校的校园氛围。这种氛围会对学生的发展产生潜移默化的影响。一个团结友爱的氛围，会增进全校的团结；一个学习钻研的氛围，会激励学生探索；相反，浮躁的氛围，会造成不务实、片面追求升学率等问题。校园氛围已经成为一种巨大的教育力量，不仅具有约束力，而且有促进和塑造功能。良好的氛围代代相传，相沿成风，会使得一届又一届的毕业生保持共同的作风，并将其带到工作岗位和社会中去，影响深远。

校园文化环境对人的发展的影响具有三个方面的特点。一是影响方式上呈现潜隐性，即校园文化环境对学生的影响方式是朦胧的、抽象的，效果也是迟缓的，非立竿见影的；二是影响途径上具有多元性，即校园文化环境对学生的影响既有物质层面的途径、也有活动层面、精神层面的途径；三是影响范围上具有弥散性，即校园文化环境对学生的影响是全天候、全方位的，具有广泛性、持久性的特点。教育家涂又光先生提出"泡菜坛子理论"，即把校园环境比作制作泡菜的坛子，不同的校园环境塑造出学生的精神风貌和行为风格也不同，一如泡菜坛子与泡菜风味的关系，这一理论形象揭示了校园环境对人的发展的重要影响。

(二) 课堂学习环境

课堂学习是我们学习的主阵地，学校教育的主要形式是课堂教学。课堂对于青少年成长的重要性在于它有系统设计的教学情境、教师的积极引导、师生的密切交往与同伴的相互影响。

1. 系统的学习

课堂进行的是有目的、有计划、有组织的教学活动。人类知识的发展经历了从孤立到综合、从分散到系统的过程。现代知识作为一个系统性的组合体，反映到教材和课程中，就表现为学科知识的序列性和逻辑性，而且与其他学科的知识紧密相关。自班级授课制诞生至今，班级始终是教学的基本单位。课堂教学的内容是适合学生年龄特征而进行的有序安排，功课被仔细分成若干阶段，先学的内容为后学的内容开辟道路，保持循序渐进，最终使学生全面、深刻地掌握知识，并易于形成学生系统性的信息加工模式。课堂的组织和纪律，也有助于学生行为习惯的养成。

2. 教师的引导

课堂学习与自我学习最大的不同就在于，后者缺少教师这一活动主体，而课堂有教师的引领和指导。如果说园丁需要经验和技艺，使花园的幼苗避免枯萎，那么，引导学生发展也需要经验和技巧，即需要受过专业训练的教师。在情感环境中，教师的期待效应是对学生个体成长产生重要影响的一种心理环境。教师的期待效应，也称"皮格马利翁效应"。教师的期待对学生的健康成长起到重要作用，它是一种信任、一种鼓励、一种爱，犹如催化剂和加热剂，有了教师的期待，日积月累，学生就会产生力量和信心，学习变得更努力勤奋，取得教师所期待的效果。如果教师把学生看死了，认为学生的成绩不可能提高，缺点不可能改正，对差生缺乏信心，或者教师偏心，厚此薄彼，学生就会自暴自弃、不求上进，产生逆反心理。有的学生对自己要求不高，随遇而安；也有的学生自认为先天条件差，不思上进。他们的目标过低，无须付出太多努力就能达到，这样容易养成懒惰的习惯，不利于成才。对这些学生，教师要帮助他们修正自己的期望目标，督促他们努力。教师不仅要向部分学生提出期望目标，而且要向全体同学提出基本的期望目标，以使他们的身心都得到发展，达到大面积丰收。

3. 师生的交往

师生人际关系对学生学习有重要影响。良好的师生关系既是课堂教学的前提，也是影响课堂教学效果的关键因素。融洽的师生关系有助于营造良好的课堂气氛，学生学习的积极性会得到更好的激发，学生的想象力、创造力会得到更好的发挥。在融洽的师生关系中，学生的认知水平可以得到提高，交往的需要和情感的需要也可以得到满足，最终有利于学生健全人格的形成。正如苏霍姆林斯基所说，关怀别人、合理的善良，是儿童集体生活应有的气氛，是师生相互关系应有的主要品质。我国近代教育家夏丏尊也指出，教育之没有情感、没有爱，如同池中没有水一样，没有水就不成其为池塘，没有爱就没有教育。社会心理学的研究表明，民主、融洽、和谐的师生关系有助于学生形成健全的人格，紧张、冷漠的师生关系不利于学生人格的健康发展，甚至会造成人格障碍。因此，建立民主、和谐、进步的师生人际关系是提高教学效果、促进学生健康成长的保证。

4. 同伴的影响

夸美纽斯指出，即使父母有时间教育自己的子女，青年人最好还是一同在班级里接受教导。同龄的青少年在同一班级里学习具有分别学习所不具有的优势，那就是广泛存在的模仿与竞争。榜样的力量要远远大于训条的力量，它会激发青少年模仿同伴的优秀表现。竞争是青少年学习的一种最好刺激，就像骏马有敌手才会跑得更快一样，人有了竞争才会奋发图强。同伴的交往还会满足情感的需要，让学生找到归属和友谊。同伴间的影响非常之大，甚至可能超过父母和教师对一个人的影响。正如夸美纽斯所说，一个人的心灵可以激励另一个人的心灵，一个人的记忆也可以激励另一个人的记忆。

二、家庭环境

人的教育是由家庭开始的，家庭是教育的第一场所，在这个意义上家长是孩子的第一任教师，家庭是孩子的天然学校。家庭教育是人类教育活动的重要组成部分，它同学校教育和社会教育一起构成教育的有机整体，是人们实现社会化的必由之路。对于人的素质和能力的培养来说，家庭教育的责任十分重大。有学者指出，虽然1～7岁只占人生的10%，却完成了人生70%的习得；只有用好未成年人阶段的18年，才能过好人生的一辈子。

家庭教育相对于其他教育机构、教育组织而言有着它独特的有利条件。家庭教育的影响最鲜明的特点是先入为主的定式作用，奠定了一个人接受教育的基础。此外，家庭教育中家长对子女的控制是通过情感的和经济辅助的纽带去实现的，它的方式具有多维性；家庭群体中交往接触的密切性，教育和生活的统一性，教育者对受教育者了解和影响的深刻性，这些特点都是家庭对孩子教育起着特殊作用的有利条件。

（一）家庭条件

有两种观点曾经在社会上引起热烈的争论，一种认为顺境造就人才，一种认为逆境造就人才。顺境和逆境是指包含了家庭境况在内的人的成长环境。大多数情况下，家庭的经济状况决定了家庭的生活质量。生活在贫困线以下的家庭，由于物质资料贫乏，生存问题会超越教育问题成为家庭面临的核心问题，食物消费会大于文化消费成为家庭消费的最大开支。在这种家庭经济状况下，家庭对教育的最突出的影响表现为，青少年的失学风险加大，接受良好教育的机会减少，教育的质量无法保证。由于家庭贫困造成的失学问题在我国一度非常普遍。另外，家庭经济状况不佳会导致子女必要的和基本的学习条件无法得到充分满足，各种兴趣爱好和精神需要也受到抑制，生存和学业压力增加，进而会给青少年的成长带来一系列的不利影响，甚至带来严重阻碍。我们注意到家境贫困仍取得成功的人不在少数，但我们无法否认家境贫困给人的发展带来的不利因素，在现代教育对物质条件保障要求愈来愈高的今天更是如此。

是不是家庭经济条件愈优越愈有利于青少年的成长呢？也不尽然。家庭经济条件在青少年的成长中所扮演的角色是一个必要条件，而非充分条件。青少年的成长离不开一定水平的经济条件作为保障，但并不是优越的家庭条件必然带来子女教育上的成功。因为除了家庭条件以外，家庭的文化环境和家长的教育方式等对子女的教育有更为重要的影响。我们也注意到，超过正常学习需求的物质条件，对子女的学习和教育而言不再产生积极作用，相反还有可能养成子女养尊处优、贪图享受、相互攀比的习惯，此时优越的物质条件反而会成为影响他们学习的不利因素。

（二）家庭氛围

家庭是人成长的摇篮。家庭中双亲与子女的互动及彼此间的影响，始终是在一定的家庭氛围下发生的，家庭氛围直接影响着家庭中每个成员的心理，尤其对子女个性、品格的形成有特别深刻的意义。有人认为，孩子的天性本来应该是“阳光”的，之所以到了后来有活泼与胆怯、开朗与多疑、大方与自私、合群与孤独、谦逊与骄蛮、诚实与虚荣、好学与懒惰、节制与放任、礼貌与粗鲁等的差异，多与家庭氛围的熏陶有关。

每个人每天约有一半以上的时间都是在自己的家庭中度过的。和谐、温馨、求知气氛浓厚的家庭环境，对孩子的未来成长起着积极作用。在快乐家庭中生活的每一个人，几乎都是快乐的，尽管有时会产生意见分歧，但在原则问题上是团结一致的，在这样的家庭氛围中，子女不但学会了与人沟通、交流与合作的方法，思维意志、交流能力等得到和谐发展，而且还能从中获得安全感，形成乐于接受教育的自觉性。争吵、繁乱、寻求享乐刺激的家庭环境，对孩子的未来成长起着消极作用。在烦闷、对抗家庭中生活的成员，很难享受到家庭的温暖，这不仅影响孩子的学习，更严重的是不利于孩子的身心健康发展，也许会在孩子心中留下永久的伤痕。

望子成龙一直是为人父母者最大的心愿和动力，家长期望值的高低会形成一定的家庭气氛。期望过高，盲目攀比，拔苗助长，会给子女造成很大的心理压力。有的家长把追求高分摆在家庭教育的首位，以考试分数的高低评价孩子。有的家长把自己未能实现的目标转嫁到孩子身上，这种一厢情愿的心理跟孩子真正的兴趣、爱好有时是背道而驰的，这会增加孩子的心理负担，甚至导致孩子丧失对学习的兴趣。相反，期望过低，自由放任，不管不问，会使子女失去成就的动力和动机。

（三）家庭教育方式

在家庭环境中，父母的教育方式对青少年成长产生重要影响。在家庭教育中，常见一种专制的充满命令和强迫的教育方式，人们称之为“强权式的教育”。这种教育方式深受传统观念的影响，“家长制”的权威不容置疑，父母完全支配子女的一切事项，以父母的标准代替孩子的愿望，以父母的好恶代替孩子的决定，并伴以恐吓、威胁、辱骂、体罚等心理和生理损伤手段。强权式教育常伴以高期望值，将父辈失落的理想完全寄托于子女身上。过度强权的教育方式会造成儿童个性的扭曲，或懦弱畏缩、优柔寡断，或表里不一、阳奉阴违，或暴戾成性、冷漠无情，给孩子的健康成长和家庭的幸福都埋下了隐患。

与强权式的教育完全相反，有一种教育方式，家长沦为孩子的奴仆，孩子变为家长的上帝，人们称之为“溺爱式的教育”。在这种教育方式中，父母对孩子百般宠爱甚至到了毫无原则的地步。主要表现在两方面：一是过度保护，将子女置于自己设定的“保险柜”和“安全圈”之内，圈定孩子的交往范围，限制孩子的自主活动；二是骄纵惯养，毫无节制地满足孩子的各种欲望，毫无原则地偏袒孩子的各种缺陷。

从强权式到溺爱式，是从一个极端走向了另一个极端。家长对孩子过度的溺爱，不利于孩子自立自强，不利于他们顺利地与人交往和融入社会，会像强权式教育一样，阻碍孩子社会化的进程。

除此之外，还有放任式的教育方式，即父母对孩子采取不闻不问、放任自流的态度；还有收买式的教育，即将父母对孩子的教育等同于物质交换和赤裸裸的金钱关系；等等。

针对以上各种家庭教育方式的弱点，有人提出家长要给孩子自我发展的空间，充分尊重和信任孩子，以平等的身份与孩子交流，有限度地指导和帮助孩子，着重发挥孩子的自身潜力和积极主动性。这种方式被称为“民主式的教育”。

相比较而言，民主式的家庭教育方式符合现代的教育观念，具有很大的优越性。但我们同时认为，家庭教育方式像学校教育方式一样，教无定法，也很难找到对所有家庭同样适用的唯一的教育方式。成功的家庭教育都是根据子女的特点实施的个性化的教育。但这并不妨碍我们去追寻成功的家庭教育的共同之处。有研究表明，世界上诺贝尔奖获得者的成长过程有一个共同特点，即父母的教育方式特别科学、特别人性化。他们教子成才的共同经验是：鼓励孩子从小立志；为他们创造良好的学习环境；培养学习兴趣，满足孩子的求知欲望；对孩子提出严格要求，让他们懂得学习需刻苦；指导孩子观察，让他们从大自然中学知识；启发孩子积极思考，多问为什么；培养孩子的动手实验能力；把孩子作为启蒙教育或教育实验的对象等。

三、社区环境

从开放的观点看，学校不是与世隔绝的，社区是学校教育、家庭教育最直接的外部环境条件，因此，学校是“社区中的学校”，学校教育、家庭教育离不开社区大环境、大背景的影响，社区成为学校教育、家庭教育在时间和空间上的延伸与拓展。学生一走出校园，即进入了社区，社区是个人成长的重要环境。这一环境显然不像学校那样纯净和简单，它对青少年成长的影响是复杂的、多面的。

（一）社区塑造教育背景

社区是一种区域性的社会，是聚集在某一地区中的社会群体所形成的区位关系，是一个相对集中的区域。社区以一定的地理区域为前提，是人们社会生活的基本环境。相对于家庭和学校，社区中人们之间的交往，是充实青少年社会生活的一项重要内容，也是青少年社会化的一条重要路径。从地域空间上，社区是家庭、学校赖以存在的地方，社区内人与人的交往，尤其是成人之间的交往，客观上为青少年接触社区成员、了解社会生活、认识各种社会现象、培养各种社会能力提供了社会基础。

同时,社区也为青少年的成长提供了基本的文化背景。社区是具有文化属性的。社区文化包括了社区人群的信仰、价值观念、行为规范和社会习俗等,它影响着人们的思维模式和行为方式,对社区成员的精神面貌和生活方式具有导向作用。青少年的成长过程不可避免地会打上其所在社区的文化烙印。优秀的社区往往具有健康向上的社区文化。社会环境在人的成长过程中发挥的作用很大,尤其对于心智尚未成熟的青少年来说更是如此。青少年在思想上和行为上具有极大的模仿性和受感染性,社区的风气、文化氛围、风俗习惯,社区中普遍存在的思想倾向、价值观念、审美情趣、思维方式等都会对青少年产生潜移默化的影响,影响着青少年思想道德、观念意识、心理素质的形成和发展。健康向上的社会风气能够大大地促进青少年的健康成长,是对青少年进行教育的最生动活泼的教材。而作为社区文化的重要组成部分,社区青少年文化对青少年的影响更为直接、具体和巨大,因为那是属于青少年自己的文化。

(二)社区蕴含教育资源

社区中蕴含着丰富的资源,对教育而言,有些资源是显在的,有些资源是潜在的,只有在有心的教育者眼中,这些资源才能真正为教育服务,才会对青少年的健康成长产生倍增效应。

首先,社区可以为学校提供丰富的人才资源。青少年的素质教育仅靠学校的专职教师是远远不够的。社区中有大量的有识之士和热心教育的人士,他们愿意且有能力参与学校内外的教育教学活动,如共同开发课程、参与管理、兼职教学等。更为重要的是,他们可以将学校中难以接触到的丰富的直观经验引入教育教学中,丰富教育内容,开阔学生视野。

其次,社区可以为学校提供丰富的物质资源和人文资源。社区内硬件资源较为集中,坐落在社区内的科技馆、图书馆、音乐厅、影剧院、歌舞厅等大型文化娱乐设施,为青少年提供了广阔的生活、学习和娱乐的舞台,有利于丰富教育的形式,做到寓教于乐。社区内拥有的历史文化遗产等,是开展社区教育得天独厚的人文资源。社区的物质资源和人文资源都对青少年的成长具有重要作用。优秀的社区会充分挖掘、开发、创造和整合社区资源,为青少年的校外活动及参与社区服务和社区建设提供物质保障,并号召全社区都来关心青少年成长,参与青少年的素质教育。

四、学校、家庭、社区的合作

形成学校、家庭、社区相结合的教育机制是当前教育发展的必然。首先,学校、家庭和社会这三个方面以不同的空间和时间形式占据了学生的整个生活,无论哪一个方面出现空白,都将使学生在一定的时间、空间范围内放任自流,为一些不健康的东西乘机渗入提供机会。其次,如果学校教育、家庭教育和社区教育在基本方向上不能保持高度一致,那么,它们各自的作用不仅会互相抵消,还会给学生的思想造成很大的混乱。最后,学校教育、家庭教育、社区教育不仅在时空上有所不同,而且在教育内容、教育方法、教育效果上也有各自的特点和优势,它们之间很难互相代替,只有把这三个方面协调起来,取长补短,充分发挥它们各自的特长的多渠道一致影响的叠加效应,才能取得最佳的整体教育效果。

（一）学校与家庭的对接

德国教育家福禄贝尔指出：“学校与家庭一致，家庭生活与学校生活一致，是这一时期完善教育的首要和必不可少的条件。”①已有的研究表明，家长的参与是提高学生学业成绩的最快、最重要途径。教育的实践也告诉我们，单独依靠学校并不能圆满解决孩子的所有问题，就像不能单独依靠家庭一样。家庭与学校的协作和对接，是现代教育的必然要求。

首先，学校与家庭的对接，要有自由的、经常性的信息交流。信息交流可以促使教师了解与学生有关的信息，更多地了解孩子的成长经历和对他们的行为起决定性作用的影响因素。据此，教师可以了解家长是如何思考和行动的，以及家长的生活态度和他们对孩子的要求。由于这种交流，教师会对学生区别对待并且能够更加明智地处理孩子们的需要，真正做到因材施教。信息交流也可以帮助家长获取有价值的信息，在家庭中更好地与孩子相处，实施家庭教育。家长们往往对孩子在家庭以外的表现，孩子在与人相处方面的表现不够关心和重视。同样，家长对孩子在学校的经历及教师在指导孩子成长时所持的主张也知之不多。通过对考试结果、学校记录、行为报告、课堂作业的分析，家长可以了解自己的孩子取得了多少进步，以及在家庭的帮助下他们还能取得多大进步。家庭和学校的密切信息沟通，有助于赢得家长对学校教育的理解和支持。

其次，成功的协作关系不仅包括学校与家长的信息交流和让家长熟悉学校，还应包括对影响儿童和教育事业发展的问题进行协商探讨和参与决策。这就要求学校实行真正意义上的开放办学，建立家长参与学校决策的制度。传统的观点认为，家长在教育问题上是非专业人士，因此没有资格来确定什么教育对儿童最好，以及课程设置和教学程序等技术问题。然而现代观点认为，没有一个公民组织能比家长在公众意见上产生更大的影响。因此，只有争取广泛的民众支持，学校才能取得更显著的进步。家长对教育的发展应该而且可以做出自己的贡献。家长可以与行政官员和教师讨论教育的目的，以及他们对孩子的具体期望。家长在某些专门领域内的知识使他们成为课程改革中重要的人力资源。他们的技能和才干可以被用来丰富课程和课外活动。许多家长在分析现实问题和阐述教育政策上具有很强的能力。我们赞同把技术问题留给经过专业训练的教育者，家长是描绘教育事业蓝图的有效帮助者。此外，密切家长与学校之间的联系可以依托一些业已证明行之有效的活动。如举办家长—学校联谊活动；召开家长会；邀请家长参观校园，参与开放式课程，观摩课堂教学，在食堂就餐；邀请家长委员会定期与校长会面，讨论学校的重大改革事项，讨论学校教育的优缺点及课程中的热点敏感话题；给家长写信，介绍学生情况，沟通思想，或发出活动邀请；向家长发放调查表或征求意见函等。

（二）学校与社区的合作

作为“社区中的学校”，学校与社区相互依存、相互影响、相互制约，共同构成了社区体系。学校教育在社区的学习和文化活动中也常常充当主导角色。当前，终身学习已然是大势所趋，未来的社会将逐渐走向学习型社会。在这种历史潮流的驱动下，学校和社区的关系将更加紧密，“学校社区一体化”是发展的基本走向。未来的学校和社区将走向整

---

① 贾玉霞、姬建锋、李峰：《教育学》，陕西人民出版社，2011年，第275页。

合,学校与社区之间的界限将逐渐消失,一个共生的、多元的、持续的、不可分的整体将会悄然出现。

学校与社区在平等、尊重、双赢的基础上互惠合作是“学校社区一体化”的必由之路。首先,学校要积极与社区沟通,并寻求社区支持。社区对教育的关心和支持是学校发展的重要外部条件,这需要积极有效的沟通来实现。作为学校要制定学校—社区关系的总体规划,积极建立与社区之间的建设性合作关系;要建立并保持学校和社区公众之间通畅的交流渠道;要在重大教育政策和问题上与社区中的重要团体和个人进行合作;要为社区公民提供参与教育改进的机会;要通过开学典礼、公开演出等活动宣传和塑造学校良好形象;等等。在双方建立有效沟通和合作关系的基础上,学校可以获得社区的更多支持,包括物质资源、人力资源和社会环境等方面的支持。其次,学校要充分依托社区,服务社区,融入社区。社区既是青少年成长的外在环境,也是社会实践的主要场所。充分依托社区丰富的资源,开展社会实践和教育教学活动,可以实现社区的教育功能。当前,结合课堂学习与社区服务的教育模式——“服务学习”已在世界范围内蓬勃开展,它强调课程教育与服务社区相融合,在“做中学”,在“服务中学”,在“学中服务”。真正把社区作为教育的大课堂,在社区中学会学习,学会做事,学会与人相处,学会生存,并把社区作为教育服务的对象和反哺的对象。学校与社区双方互惠双赢的关系,有利于“学校社区一体化”的发展。

服务学习——学校与社区结合的路径

服务学习(Service-Learning)是当代美国教育改革中一种颇为引人注目的课程形式,目前在美国中小学校已趋于普及。“服务学习”,就是将服务与学习相结合,在服务的过程中获得学习的效果,与杜威所说的“从做中学”有异曲同工之妙。服务学习理念的提出在20世纪60年代,20世纪80年代真正步入人们的视野,20世纪90年代美国《国家与社区服务法》(1990)及《国家与社区服务信托法》(1993)的实施标志着服务学习课程的全面推行。

《国家与社区服务信托法》中“学习与服务美国”计划(Learn and Serve America)将“服务学习”界定为:(1)社区、学校和社区服务计划中心相互配合,安排学生完成社区真正需要的服务,以帮助学生或参与者的学习与成长;(2)培养学生的公民责任;(3)将学生的学科课程与社区服务整合为教学单元;(4)给学生或其他参与者一定的时间去分享服务所得经验与心得。由此可以看出,服务学习强调“学习”与“服务”并重,与传统的社区服务(Community Service)有很大的不同。

服务学习课程方案的设计要经过“明确课程目标、依据课程目标选择服务主题、经反复讨论确定课程实施方案”等步骤,“服务学习”的实施过程可以分为“准备、服务、反思”等阶段,“服务学习”的评价主要涉及“背景的评价、方案的评价、实施过程的评价、成果的评价”等内容。

(卢浩、杨海燕:《美国中小学“服务学习”课程:内涵、方案、实施及评价》,《外国教育研究》,2005年第1期)

案例分析与讨论

案例一 “家校通”能取代家访吗?

不知从何时起,有了“家校通”,沟通似乎随时随地都可以实现;在高科技面前,家访变得不再那么重要了。如今,学校和班级的规模也一扩再扩,在一个假期里,挨个学生都家访一遍,似乎也成了老师们难以完成的功课。于是,就有了疑问:家访,还要不要?

正方:可以关照到每一个孩子

韩永萍(北京十一学校初中教师):“家校通”最大的优点是可以群发消息,能照顾到大多数孩子,不像家访那样只能处理一部分孩子的问题。而且,现在学校和家长需要进行沟通的事情很多,单个沟通的话时间成本很大,“家校通”帮了老师不少忙,老师可以腾出更多时间和精力来辅导学生。

王老师(海淀区某中学教师):现在学校要求我们在寒假走访至少三分之一的学生家庭,而事实上今年除夕前的日子很短,一一走遍有困难,春节后很多学生又要走亲访友。在这时,“家校通”的优势就显而易见了,能让我与所有班上学生的家长联系,反映学生的情况。

反方:面对面交流不能被替代

王女士(媒体从业者):“家校通”发送文字的篇幅有限,遇到复杂的问题可能说不清楚,而且太概括,缺乏针对性。这种“硬件沟通”也不如面对面沟通准确,因为在交流中,人的身体语言是很重要的,老师、家长双方仅凭声音或者文字判断对方的反应,很有可能造成误差。而且据我所知,很多“家校通”都是班主任委任学生干部管理,这就错失了对话的意义。有的学校,总是随意编辑一些内容就发给家长,而且一天发好几条,给家长带来垃圾信息的困扰。此外,家访是老师、家长、学生三方沟通,而“家校通”则是老师、家长两方的沟通,等于是剥夺了孩子的话语权。

王世东(海淀教师进修学校副校长,原海淀区八一中学党总支书记):过去八一中学也曾开通过“家校通”类似的交流平台,但后来发现沟通效果远没有家访来得好,最终还是取消了。近些年来,八一中学不仅要求各位班主任每年寒暑假走访班上至少1/3学生,还要求学校领导家访老师,可见对家访作用的肯定。

(资料来源:巩育华:《家访“三辩”:“家校通”能取代家访吗?》,“新浪教育”,http://edu.sina.com.cn/zxx/2012-01-20/1111324613.shtml,2012-01-20.)

讨论题

1. 你认为传统家访被“家校通”等现代信息技术取代的真正原因是什么?
2. 如果你是一名中小学教师,你会怎样进行家校之间的沟通?

案例二　英国家长成为教学助手

20世纪80年代以来，英国政府逐渐认识到青少年的教育仅靠学校单方面的力量难以完成，需要各方尤其是家长的密切配合。最终，政府以国家法规的形式对家长参与学校教育的相关事宜进行了规定和指导。

近年来，英国部分学校专门从家长中招聘课堂教学的协助人员，又称“学习支持助手”(Learning Supporting Assistant)。教学助手受过专门培训，能够协助教师工作，从而更好地照顾学生的个别差异，提高教育质量，是家校合作中家长的一种高层次的参与形式。

以赫里福郡为例，该郡对学校中需要教学助手完成的工作也做出了规定，这些工作包括三部分：支持学生、支持教师和支持学校。

在沟通学校与家庭的关系方面，家长担任教学助手显示出极大的优势。首先，他们本身作为家长，能够深入家长群体中了解他们的需求、意向、建议等；其次，他们生活在当地，能够使学校更多地与社区、家长建立联系，尤其是协助教师和家长之间建立起真正的协作和信任关系；最后，教学助手自身作为家长，其教育能力的提高直接推动了该地区家庭教育质量的提高。

在与教师合作方面，教学助手会同教师一起讨论和沟通各自工作中的问题。教学助手能为教师提供学生学习情况的详细反馈，及时发现学习有困难的学生，对教师的教学提出具体的建议。教师普遍反映教学助手提供的口头和书面反馈信息能极大地帮助教师对学生的表现及成绩做出客观的评价，并使教师的工作更有效，课堂教学的重难点更为突出，极大地提高了学校的教学质量。

在对学生影响方面，教学助手对学生的最明显的影响包括以下几方面：小组学习中能够得到更多的指导；整个学习过程更加紧扣目标；在个别学习或作业过程中更易得到帮助。事实上，教学助手对学生的帮助和指导包括方方面面。如针对社交障碍的儿童，教学助手将对他在学校的行为进行监督，了解他如何与其他儿童和成人交往，帮助他选择玩伴，有意识地鼓励他与其他儿童交往，并通过家校联系将信息及建议传达给他的父母，共同帮助儿童克服困难。

(资料来源：曹阳:《家校关系大不同　各国处理有高招》,《现代教育报》,2014年8月22日。)

讨论题

1. 家长成为教学助手体现了家长和学校双方怎样的教育理念?
2. 你认为家长教学助手制度的优势和挑战各有哪些?

阅读导航

1. [美]约翰·杜威:《民主主义与教育》,王承绪译,人民教育出版社,2001年。
2. [美]安妮特·拉鲁:《家庭优势：社会阶层与家长参与》,吴重涵,等译,江西教育出版社,2014年。

3. ［美］钱德勒·巴伯、［美］尼塔·H. 巴伯、［美］帕特丽夏·史高利：《家庭、学校与社区：建立儿童教育的合作关系》，丁安睿，等译，江苏教育出版社，2013 年。

思考与探究

1. 如何理解校园环境的独特性？

2. 怎样看待家庭环境和社区环境对青少年成长的影响？

3. 如果你是一所中小学校的校长，你将如何设计与家长的合作，又如何进行与社区的共建？

专题二　信息社会的生活与教育

学习要求： 了解信息社会中教育变革的内容；理解网络环境对青少年成长的影响；掌握应对网络环境的策略。

20世纪70年代末，个人计算机问世。计算机几十年来的发展，尤其是多媒体的问世和互联网的飞速发展，已经影响到知识的创造方式、传播方式和处理方式，其规模如此之大，被联合国教科文组织形容为"我们正处在一个崭新的知识时代的前夜"。[①] 毋庸置疑，信息社会的出现是20世纪对未来有重大影响的事件之一。信息社会是相对于传统的农业社会和工业社会而言的，因此也被称为"后工业化社会"。在农业社会和工业社会中，物质和能源是主要资源，所从事的是大规模的物质生产。而在信息社会中，信息成为比物质和能源更为重要的资源，以开发和利用信息资源为目的的信息经济活动迅速扩大，逐渐取代工业生产活动而成为国民经济活动的主要内容。

一、信息社会中的教育变革

英国学者詹姆斯·马丁统计，人类知识的倍增周期，在19世纪为50年，20世纪前半叶为10年左右，到了70年代，缩短为5年，80年代末几乎已到了每3年翻一番的程度。90年代，计算机网络的出现使得知识增长速度进一步加快，网络扩张的轴线有两条：横向上加速了传递，知识更新速度越来越快，数量越来越多；纵向上加强了连接，知识的传播途径越来越多，传播速度越来越快。据测算，互联网上的数字化信息每12个月就会翻一番。知识数量的急剧膨胀并没有给人类存储和传播知识带来太大的麻烦。以计算机技术和网络通信技术为代表的现代信息技术有效地解决了这一问题。从存储的角度来看，一张高密度的光盘就可以存储一套24卷本的百科全书的所有内容。从传播的速度来看，一根光纤电缆就可以每秒钟传送几千万个电子信息。人类获取和传播信息的途径和方式已经悄然发生了根本性的改变。计算机网络技术的发展引发了人类历史上继文字和印刷技术之后的第三次信息革命。建立在现代信息技术基础上的教育，具有与传统的工业化教育模式完全不同的新特点。

---

① 联合国教科文组织：《迈向知识社会》，2005年，第29页。

（一）储备学习走向终身学习

现代科学技术的飞速发展深刻地改变着人类的生活，知识更新和转化为现实生产力的速度大大加快。有关资料显示，一个人所掌握的知识半衰期①在18世纪为80～90年，19～20世纪为30年，20世纪60年代为15年，20世纪80年代为5年左右。进入21世纪，知识的半衰期缩短的趋势愈加明显。从知识的层面来看，中小学校的知识可利用周期最长，约为20年，高等学校的知识可利用周期为10年，电子数据处理和工艺的知识可利用周期仅为1～3年。知识裂变速度可以用“一日千里”来形容，原有的储备学习将无法长久适应信息社会的发展，学校再也不会是一个为学生的一生准备一切的地方。因为一个人如果不学习或停止学习的时间太久，就会与社会脱节。正如联合国教科文组织强调的那样，“教育，如果像过去一样，局限于按照某些预定的组织规划、需要和见解去训练未来社会的领袖，或想一劳永逸地培养一定规格的青年，这是不可能的了。……教育正在日益向着包括整个社会和个人终身的方向发展”。② 今天的学习只是适应今天的社会需要，要适应明天的社会需要，还需要明天加倍地学习。人们在学校中的学习只是人生学习过程中的一个基础阶段而已，个人从出生至临终的全部历程都必须是学习的历程。“活到老，学到老”是信息社会中现代人生存和发展的基调。

终身学习时代的来临并非意味着传统学校教育作用的降低，而是要求学校教育做出适当的变革，以适应时代的要求。在信息社会中，人们必须具有比现在更强的能力、知识、首创精神。学校教育是掌握这些“关键能力”的前提条件。其中培养学生“驾驭媒体的能力”是学校最主要的任务之一，即要使学生掌握运用新媒体促进学习的能力，包括针对已知媒体的信息进行选择、判断和运用的能力，学生可以借助这种能力在新的媒体世界里充满自信地、自主地和有责任心地探索和行动。

学生在离开学校后的职业发展，本质上依赖于学习领域的拓宽和学习进程的加快。信息社会中，知识是社会财富的基础，新知识的创立及解决问题的新方法，都能创造性地应用到新产品和新服务中去。学习成为社会进步的主要推动力和个人生活的第一需要。学习将发生在未来的一切领域：在工作中、在业余时间里、在家里、在旅途中等。一个重大的变化存在于经济界，它将成为传统学校之外的学习过程的基本承担者。学习已进入生产力要素中，而且是作为最富有革命性的要素加入进去。学习，是动态的技术，是鲜活的知识，是生生不息的超前的创造力。这一状况标志着终身学习时代的来临。

（二）校园边界逐渐模糊

传统中的学校是一个相对封闭的系统，教育活动主要在校内进行，校园的边界毫无疑问就是学校的围墙。随着学校、家庭与社区的合作日益受到重视，现代学校逐步走向一个开放的系统，教育活动与家庭活动尤其是社区活动产生了越来越多的互动，校园的边界逐渐向社会领域延伸。信息社会的到来，使校园的边界无限延伸。随着计算机网络越来越广泛地进入学校，今日的校园已不再是单纯的物理空间，它还包括虚拟的网络校园，在世

---

① 知识半衰期指一个在某一领域很有学问或有丰富专业知识的人，如果不再学习，在一定时间后就进入知识半衰期，即基础知识仍可用，其他的一半知识已经落伍。

② 联合国教科文组织：《学会生存——世界教育的今天和明天》，教育科学出版社，1996年，第199－200页。

界的任何角落,都可以通过互联网访问学校并进行网络学习,校园的边界越来越模糊。网络时代的到来使学校的开放性具有新的时代意义,它突破了传统校园边界的限制,向全世界进行文化辐射,同时从世界范围内获得新的教育资源。在这个意义上,学校已经成为超越围墙的"虚拟公共机构"。

教学中的网络应用越来越多,最普遍的一种模式是将网络以资源共享的方式引入传统课堂,使网络成为学生在教师指导下进行探究性学习的工具。教师通常会给出相关问题的情景,对结论的方向不做事先预设,学生以小组的形式在网络提供的丰富信息环境中自行搜索、浏览、下载对解决问题有用的信息,并自主得出相关问题的结论。这种模式将课堂学习拓展到虚拟世界,也可以说把虚拟世界引入课堂,这种结合的良好形式有时甚至分不出是教学在网络中,还是网络在教学中。

此外,基于网络的国际教育合作项目是当前发达国家的一种流行模式。这些合作项目以环境保护、能源开发、气候变化、宇宙探索等主题为研讨对象,以电子邮件、视频会议和最先进的网络虚拟情境为工具,组织不同国家和地区的学生共同参与讨论。它充分发挥了网络超时空性、互动性、资源共享性的特点,把身处世界各地的儿童联系在一起,相互交流和学习。这是发挥网络功能的新途径,完全超越了学校的界限甚至国家的界限。

另外,网络教育在大学教育和继续教育中的运用相当普遍和成功,在基础教育中的运用也紧随其后。没有现实校园的网络虚拟学校已在世界范围内纷纷建立。同步的远程教育即通过提供虚拟教室,由教师在一个地方教学,学生同步在异地通过互联网来上课,师生实时对话交流。异步的远程教育不受时间的限制,可以全天候地在线学习,但没有实时的交流。基于网络的远程教育已经使校园完全虚拟化。

(三)信息社会中的教学变革

1. 教学内容的变化

信息社会是信息快速传递、知识不断更新的社会,也是信息互动生成、知识资源共享的社会。信息社会为教学带来的变化突出地反映在教学内容的拓展上。有学者认为"教育知识"向"教育资源"的拓展是信息社会在教育内部产生的极为重要的影响之一。在教育的语境中,与知识相联系的是"学习"和"传播",而与资源相联系的是"开发"和"利用"。传统意义上的教育知识是一种带有高度选择性质的知识,正如美国学者阿普尔(Michael Apple)所说,在整个可能获得的知识领域中,只有有限的部分被视为法定知识和"值得"传递给下一代的知识。① 信息社会中人们借助于信息化平台,大大拓展了教育知识的领域,生成了大量的教育资源,包括电子书籍(EBs)、电子期刊(EPs)、网上数据库、百科全书、教育网站、虚拟软件库和新闻组等,当前专门以课程为对象的网络教育资源库建设也取得了重大进展。相对于传统意义上的教育知识的生成而言,教育资源的生成更为宽泛与灵活,它不是封闭的,而是开放的,不是单主体参与的,而是多主体参与的,不是单纯自上而下的,而是多种路径并行的。随着教育资源的日益丰富,法定的教科书将逐渐成为一种教学的参考,教学将由"从教材开始到教材结束"走向"从学生开始到学生结束",教师将从"教教材"走向"用教材教"。现有的学习方式如图 8-1 所示。

---

① [美]阿普尔:《国家权力与法定知识的政治学》,《华东师范大学学报(教育科学版)》,1992 年第 2 期。

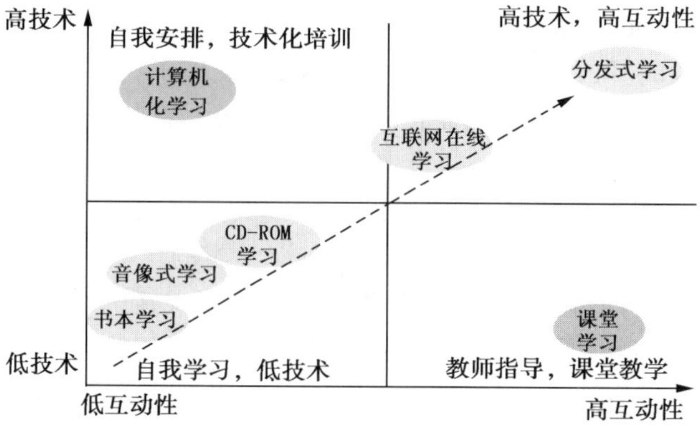

图8-1 现有的学习方式

2. 教学方式的变化

信息社会是一种全新的、开放式的教育系统，它允许任何人在任何时间和任何地点学习，并使个人掌握学习的主动权和控制权，从而有可能实现联合国教科文组织所阐述的"使教学本身适应于学习者，而学习者不应屈从于预先规定的教学规则"的理想，为学习方式多样化提供了最大限度的方便。信息社会学习方式的变化主要表现在：（1）基于人工智能的教学系统，能够根据学生的不同个性特点和需求进行教学和提供帮助，实现个性化教学。随着计算机科学的发展，以及控制论、信息论等多学科的交叉渗透，各种人工智能的技术手段先后涌现并不断改进，如智能软件、智能设备、智能网络、智能计算机、智能机器人等。在教育领域广泛应用的是智能教学系统（Intelligence Tutorial System），它以学生为中心，以计算机为交互媒介，利用计算机模拟教学专家的思维过程，形成开放式的人机交互系统。这个系统最主要的特点是具有问题解决能力、诊断纠错能力与自然语言的生成和理解能力，使个性化的学习拥有了技术上的支撑。（2）基于超媒体、交互性的学习资源为开展自主学习提供了条件。在信息技术条件下，学生拥有了更多自主利用教育资源的权利，也拥有了更多自主选择学习材料、寻找学习兴趣、确定学习目标、制定学习进度和评价标准的机会，他们不再拘泥于教材的内容和教师的讲授，而是在自主学习中培养积极思考和解决问题的能力，学生的主体性真正得到彰显。（3）在网络交流和网络通信的基础上更容易实现合作学习。在计算机网络的支持下，在教师的指导下，由多个学习者组成协作小组，共同完成某一任务，这是合作学习在网络环境下的发展。网络不仅提供了一个有助于维持学生兴趣的学习环境，而且提供了一个更加自然的学习场所，在这个场所中，系统与每个学生交互作用，使学生不再是一个孤立的学习个体，而是以小组成员的角色参与广泛的讨论协商式的探究性学习活动，为达到共同目标而结成了"学习共同体"。在共同体中，学生可以发挥自己的主体性，可以获得参与学习、体验成功的机会，还可以通过互动交流提高表达能力和沟通能力，培养责任意识和团队精神。（4）虚拟学习、研究性学习在信息技术的支持下也更加卓有成效。借助于网络和多媒体技术，"在虚拟的环境中学习客观世界"成为可能，这就是虚拟学习。虚拟学习的学习环境是建构在网络虚拟世界中的，但虚拟学习的内容及其展示的情境是真实世界的反映。当前3D虚拟技术给虚拟学习内容带来了一个全新的提升，学习者可以对学习内容有特别"真实"的感性认识。网络虚拟实验室可以随时为学生提供更多、更新、更好的仪器,在网络中模拟一些实验现象,让学生"身临其境"地观察实验现象,还可以和异地的学生合作进行各种实验。随着网络的普及和在教学中的广泛应用,基于网络的研究性学习作为传统研究性学习的补充得以深入开展,它以丰富的网络教育资源为依托,在动态开放的、交互的学习环境下,在教师的指导下,就相关研究专题进行探究,培养学生独立自主地发现问题,以及获取知识、应用知识、解决问题的能力。

3. 教师作用的变化

信息社会中的教师面临着教育知识的拓展和教学方式的变化等诸多挑战,教师不再是过去知识的"唯一拥有者",教师所具有的传统教育经验的优势地位也在逐渐削弱,但教师的作用依然无可取代,仍旧至关重要。正如《世界教育报告.1998:教师和变革世界中的教学工作》指出的那样,信息社会使得"教师从来没有像现在这样对我们共同的未来举足轻重"。教师的作用更多的不再是传授知识,而是在帮助学生去寻找、发现、组织和管理知识,教师的角色逐渐从"独奏者"过渡到"伴奏者"。此外,教师的重要作用突出地表现在学生学习的"好奇心"仍需教师来激发,学生的学习态度仍需教师来引导,学生的分析判断能力和批判精神仍需教师来培养,教师要承担起帮助学生寻找、发现、组织、管理和处理信息的责任,帮助学生对信息去粗取精、去伪存真,教会学生思考,提高其"思考的严谨性",帮助学生克服"闭门索居"现象,保证学生身心健康和正常融入社会,特别要重视学生"终身的基本价值"和人格精神的培养。

二、网络空间中的青少年成长

根据中国互联网络信息中心的报告,截至2015年底,中国网民规模达到6.88亿,位居全球首位,互联网普及率达到50.3%。其中,学生群体在网民各类职业中占比最高,达到25.2%。毫无疑问,一个被美国数字未来学家唐·泰普斯科特(Don Tapscott)所称的"网络世代"(net generation)正在我国崛起。

网络空间是一个依靠计算机和网络技术支撑的数字化信息世界,这些数字化信息以多媒体形式呈现在人们的面前。网络空间的基本特征是虚拟性、自由性和即时性。当我们借助因特网收发电子邮件、进行商务活动、与他人交流思想和进行娱乐的时候,我们已经置身于一个虚拟空间中。计算机模拟现实和网络技术的快速发展,已经把虚拟社区、虚拟医院、虚拟课堂甚至虚拟战场这些人机互动、虚实相生的特殊物质形态带入我们的生活当中。在网络空间中,人们退到了信息终端的背后,在现实交往中备受关注的诸多特征,如性别、年龄、身份、性格等,都能借助虚拟技术得以充分的隐匿和更换,人们的行为也因此符号化和虚拟化了。虚拟技术带来的全新的生活场景和生存方式,正如心理学家和社会学家雪利·特克(Sherry Turkle)所说,"既然网络世界的各种活动常是在虚实相掩之中,谁说你爱上的ICQ网友不会是一个自行运作的计算机主机呢?"①

网络空间虚拟性伴生了自由性的特点。在虚拟空间中,没有国家和地域界限,借助代

① [美]雪利·特克:《虚拟化身:网络时代的身份认同》,谭天,等译,台湾远流出版公司,1998年,第90页。

理服务器，人们可以自由穿梭于网络任何一个地方，现实生活中的地域、行政限制在虚拟空间中不复存在。人们在网络中可以比较自由地选择、发布信息，而且人与人的交流不必是面对面的直接互动，网络中显示的只是一个个闪动的符号，因此，人们可以将现实中所隐藏起来的内在情感、观念无所拘束地展示出来。现实的道德、风俗、政治、法律约束因之也很难对人们起到有效的制约作用。

此外，网络空间的特点还表现为即时性。网上信息的超地域传播，打破了国家和地域的界限，把全球不同角落的人们联系起来，人们不再受时空的限制，可以自由地交往。借助快速的信息传递技术，人们对遥远地方所发生的事件也具有身临其境之感，甚至比对眼前的事件更感到亲切。遥远地方发生的事件在短时间内也会对人们的生活产生重大影响，在人们心灵深处留下深刻的印象，这就使事件的发展呈现出即时性的特点。

（一）网络空间对青少年成长的影响

网络空间作为青少年成长的全新环境，必然对身处其中的青少年产生深刻影响，这种影响是全方位的。

1. 网络是青少年发展的重要环境

首先，全新的网络学习方式有助于发展青少年的主体性。在现代教育观念中，反思的活动和体验的过程对于青少年的自我建构具有非常重要的作用。青少年自我的学习活动和发展过程是这种反思和体验的基础与本位。互联网的出现为确立学生的主体地位，为学生的学习活动成为本位，提供了必要的保证。网络教育的出现，使学习具有更大的选择性，使任何个人在任何地方、任何时间的任何学习需要，都能够得到一定的满足。而且，这种学生的主体地位也必然要求加强学习过程中的内化，即反思和体验等活动。同时，互联网的出现，使得教育活动的一体化真正成为可能。通过虚拟的网络空间，过去在传统社会中的“不在场存在”，在今天已经成了具有现实意义的“在场存在”，青少年的生活和学习借此实现了一体化。

其次，全新的网络交往方式拓宽了青少年的交往渠道。网络技术的神奇功能为人们的社会交往提供最先进的手段，无限扩大了人们的交往范围，把“天涯若比邻”变为现实。史蒂夫·罗伯茨认为，在网络空间中“物理位置是无关紧要的。真正的友谊不受条件的限制。人与人之间的友谊来自心心相印，而不是因为他们住在一个城镇。而且，通过网络，人们无需见面便可以交流关系”。《中国未成年人互联网运用状况调查报告》显示，交友交流是青少年上网的最主要目的之一，72.0%的未成年人使用手机上网进行QQ聊天，交友交流是未成年人手机上网的最主要活动。调查还显示，网络交往是未成年人联络朋友的重要纽带，其中，一半的未成年人通过网络结交到新朋友。未成年人网络社交的主要渠道是QQ空间，其次是微信、微博。超八成的未成年人经常使用QQ空间进行网络交往，超六成的未成年人至少几天更新一次自己的空间，大部分内容是发布自己的心情感悟和兴趣爱好。由此可见，互联网空间的开放性、交互性、虚拟性等特质，突破了传统地域和时空的限制，为人们的社会交往提供了更多的选择性、灵活性、快捷性。网络化的交往方式使个体接触到不同的文化传统、价值观和行为规范的评价，扩大了个体的社会认定范围，提高了个体的社会认定程度，由此个体之间的同质性减弱，异质性增强。有学者指出，网络空间不仅影响人类认知方式的变革和文化的演进，而且将真正促进人类行为规则的创新，并由此推动社会生活和社会交往方式的变革。

最后,全新的网络实践促进了青少年的社会化。社会化的核心内容是学习扮演社会角色,青年时期社会化的主要任务是依照社会对青年的要求和标准学会承担特定的社会角色,即实现期待角色与现实角色的整合。自由开放、平等多元的虚拟网络作为人类新的生存方式——与追新求变、渴望独立、藐视权威的青少年不谋而合,为他们提供了各种不同的角色模式、角色评价、价值标准、行为规范,成为影响青少年社会化的重要因素之一。在物理空间中,青少年的社会化是一个历时较长的过程,但网络超时间和空间的特性缩短了这一进程。传统社会化中青少年始终处在"受动"状态下,主体的选择性微弱。通过网络,青少年不仅能与他们的同辈群体和同地域的人相互交往,而且也能与不同辈和不同地域、不同阶层的人建立联系,从中获得社会生活方方面面的信息。网络信息作为一种无孔不入的存在,将所有人平等地拉到一起。大家彼此交流信息,不存在谁压迫谁、谁统治谁、谁高于谁的问题,大家是平等的,父辈权威不可避免地被削弱。网络中,青少年主体的能动性得到充分发展,能积极地参与社会生活、参与社会关系,能动地内化及发展社会文化,发展自己的社会性,在网络虚拟社会中尽情地交流各种信息与情感,由此达到自我认知、自我表露并建构起多元化的自我人格结构的目的。

2. 网络时代青少年成长出现的问题

首先,网络伦理失范对青少年道德发展有不利影响。由于网络空间的虚拟性和自由性,诸多网络行为面临的伦理风险日益加大。在虚拟社区的人际互动中,作为生命体的"身体"特征被全部或部分地隐藏于电脑屏幕之后,这种"身体缺席"的状态为人们提供了保护膜和隐身术,使人们能够以一种更为开放、更为大胆的姿态介入虚拟社区,人在网络中的行为往往更加原始、更加直率。同时,规范现实交往活动的伦理道德和法律法规在网络中的约束力大大折减,加之网络本身又是新生事物,全球性网络规范和网络法律建设相对滞后,网络世界几乎成为一个不受现实社会法律和道德约束的天地。网络伦理失范问题由此产生:任意发布虚假信息,使用不友好语言,不负责任地交友等,导致了信息污染和信息欺诈;传播色情图片,制造、传播黄赌毒;侵犯个人隐私,实施"人肉搜索",掀起网络暴力;侵犯他人著作权益,肆意复制盗用;滥用计算机技术,实施黑客入侵,制造电脑病毒。青春期的孩子对异性和武力比较感兴趣,而网络里的色情信息和暴力信息就成为戕害他们的毒药。中国青少年研究中心等部门发布的《青少年网络伤害问题研究报告》显示:48.28%的青少年接触过黄色网站;43.39%的青少年收到过含有暴力、色情、恐吓、教唆、引诱等内容的电子邮件或电子贺卡。报告还指出,根据北京市海淀区法院的统计,抢劫罪的数量在1999年后上升为未成年人犯罪之首,性犯罪的案例近年来也有所增加,而其中八成左右与网络有关。一些青少年强奸类犯罪的违法犯罪动机就是受到网络中淫秽信息的诱惑。在网络游戏中长期的砍杀、爆破、飙车、打斗、枪战,也会使青少年的道德认知发生错位,逐渐认为网络中的砍杀在现实生活中也是合理的,从而在现实中予以实施。对很多青少年来说,电脑黑客中那种"自由、反叛及侠客精神"具有很大的吸引力。黑客行为正在日益流行,少年黑客越来越多,他们利用信息技术制造恶意程序,传播计算机病毒,窥探别人隐私,一些青少年甚至做黑客盗取国家机构和个人机密,以此来炫耀自己的计算机技能,获得心理满足,有些已经走到了犯罪的边缘。而在广大青少年心中,黑客行为仍

上低俗之风泛滥，严重危害广大青少年身心健康，殃及千家万户，祸及子孙后代，必须加强网络环境治理。2009年开始，国家相关部门开展了整治互联网和手机媒体淫秽色情及低俗信息专项行动，关闭了一批违法违规网站，有效斩断淫秽色情和低俗信息的源头，同时严惩一批违法犯罪分子，净化了网络环境，取得了阶段性成效，但整治网络环境的任务依然艰巨，相关的长效机制建设还需加强，以防止低俗信息死灰复燃。

此外，建设绿色网络场所也非常重要。早在2002年国务院就发布了《互联网上网服务营业场所管理条例》，严令禁止网吧接纳未成年人，中学、小学校园周围200米范围内和居民住宅楼（院）不得设立网吧。然而总有一些“黑网吧”顶风作案，面向学生和未成年人开放，学生一旦沉迷网络，轻者影响学业，重者使人生走向歧途。

网络环境的净化除了靠行政部门严格执法以外，还需要全社会共同关注青少年的成长。比如网络游戏的开发商和运营商应当担负起应有的社会责任和道德责任，鼓励其开发健康游戏产品；应该借鉴国外成功经验，根据成年人、青少年、儿童等不同用户群对网络游戏进行分级，经营性网吧也可以根据提供的游戏类别区分为成年人网吧和为未成年人用户服务的绿色网吧等。

此外，净化社会大环境，营造健康积极的社会氛围，加强文化建设，是促进青少年一代健康成长的重要保证，这需要全社会的参与和配合。

案例分析与讨论

案例一　十四款网络游戏最让未成年人沉迷

中国青少年网络协会针对411名网瘾青少年进行的调查结果显示，玩网络游戏是这些未成年人上网的主要目的。《地下城与勇士》是最让未成年人沉迷的网络游戏。其他13款网络游戏分别是：《劲舞团》《梦幻西游》《魔兽世界》《穿越火线》《天龙八部》《诛仙》《永恒之塔》《QQ炫舞》《热血传奇》《魔域》《跑跑卡丁车》《问道》和《神鬼传奇》。

玩网络游戏成为上网主要目的

此项调查由中国青少年网络协会委托中国传媒大学调查统计研究所完成。调查从今年10月份开始，针对北京、上海、江西、河北、山东等地网瘾治疗机构共411名在校学员进行……关于“上网目的”的调查，回收的有效样本为406个。根据选择频率和频数的多少，排名分别是：网络游戏、视频音频、联络朋友、搜寻信息、论坛/BBS、个人空间、浏览新闻、网络购物。

有306人选择了以玩“网络游戏”作为上网的主要目的，占有效样本数的75.4%，居于榜首。有251人选择了“视频音频”，占61.8%。有206人选择了“联络朋友”，占50.7%。

值得注意的是，选择“浏览新闻”的只有59人，占14.5%。

哪些游戏最让孩子们上瘾

……

中国青少年网络协会针对这些孩子进行了“最喜欢的网络游戏”的调查，回收有效样本388个。统计显示,有105人选择了《地下城与勇士》,占有效样本数的27.1%,位居第一。调查中,中国青少年网络协会的工作人员和孩子们进行了深入交流。孩子们就《地下城与勇士》给出了如下评语:“打打杀杀的很过瘾,百玩不厌”,“游戏的虚拟,刺激,还有现实中做不到的,在网络中能够做到”。

网络游戏企业应找准发展道路

“不良网络游戏对未成年人的影响,无异于花儿在成长的季节遇上毒针。”著名素质教育专家陶宏开在接受记者采访时说。

中国青少年网络协会秘书长郝向宏长期关注青少年网瘾问题,他在接受记者采访时表示,以上曝光的14款网络游戏,是网瘾青少年以自己的宝贵年华、父母的血汗钱和透支明天的亲身经历锁定的最让未成年人成瘾的网游。这说明不良网游和网游不良内容、不良机制的影响是当前未成年人思想道德建设迫切需要解决的问题。我们吁请政府监管部门加大《未成年人保护法》的执法力度,保持净化网络环境和打击不良网游的高压态势。我们要求网游企业要在产业发展、文化传承和未成年人权益保护的统筹考量中,找准发展道路。中国青少年网络协会也将联合有关部门,适时推出网游企业社会责任报告,全力为未成年人的健康成长营造绿色网络空间。

(资料来源:蔺玉红:《十四款网络游戏最让未成年人沉迷》,《光明日报》,2009年12月23日,节选)

讨论题

1. 网游企业在青少年网络成瘾问题上负有怎样的责任?
2. 你认为青少年网络成瘾的根本原因是什么?如何解决?

阅读导航

1. 联合国教科文组织:《学会生存——教育世界的今天和明天》,教育科学出版社,1996年。
2. [美]詹姆斯·凯茨、[美]罗纳德·莱斯:《互联网使用的社会影响》,郝芳,等译,商务印书馆,2007年。
3. [美]弗兰克·韦伯斯特:《信息社会理论》,曹晋,等译,北京大学出版社,2011年。
4. 汤敏:《慕课革命:互联网如何变革教育》,中信出版社,2015年。
5. 吴小玲:《幻象与真相:网络游戏的文化建构》,西安交通大学出版社,2015年。

思考与探究

1. 信息社会带来了哪些深刻变革?学校教育如何做出有效的应对和调整?
2. 如何在中小学有效地开展网络学习?如何培养学生良好的网络使用习惯?
3. 如何认识中小学生网络成瘾的现象?这一现象背后的原因有哪些?如何预防和矫正中小学生网络成瘾?

第九篇

教育科研方法

内容提要

教师的教育科研是教师职业专业化过程中的一个必要条件,是教师个体专业成长的必经之路。当前教师的教育科研与学生的学习方式变革一样,成了课程改革中的一大亮点。课程改革极大地激发了广大中小学教师的科研兴趣,教师的教育科研正在由个人兴趣转变为一种职业生活方式,成为教师专业发展的新路径。教育科研也是学校持续发展的重要动力与保障,为学校发展提供后劲。教育科研在解决学校当前问题的同时,提出后续努力的方向,进一步明确后续科研要探索的路径,通过持续不断的科研,使学校步入良性发展的轨道。学校应将教育科研活动当作一种经常性活动,将科研作为学校发展的持续动力。在检验学校教育科研活动时,在着眼于是否解决了当前问题的同时,还要考虑科研活动在多大程度上为学校的后续发展提供了支撑。问题是开展教育科研的起点,只有与问题为伴,善于发现问题、思考问题的教师才能够创造性地开展教学工作。研究问题确定后,还需要做一个科学、合理的研究计划。这样将使要研究的内容更加明确和细化,使研究行动具体化,并能够为此后的研究提供明确的方向和具体的行动指南;做好研究计划也可以为研究的检查与评估提供依据,为其他教师和教育科研工作者等科研人员开展科研论证工作搭建对话的平台。教师在制订研究计划及开展教育科研活动的过程中,常用的传统教育科研方法包括文献法、观察法、历史法、调查法、实验法。近年来,教育科研工作中还运用了许多新的研究方法,如案例研究、教育叙事、行动研究等。

专题一　教育科研的意义

学习要求： 理解教育科研是教师职业专业化过程中的一个必要条件，也是教师个体专业成长的必经之路，懂得科研与教学并不矛盾，以及科研与教育发展之间的关系。

教育不仅仅是一门传授知识、培养技能的艺术，更是一门需要我们用心去思考和研究的科学。教育科学研究（简称教育科研），就是以教育现象和教育问题为对象，运用科学研究的原理和方法，探寻教育活动规律及有效教育途径和方法的一种科学实践活动。教育科学是一门以人为中心的科学。教育的对象是人，而人的本性又具有丰富性、微妙性、多样性与多面性，这也就决定了教育科学研究既是复杂的，又是有趣的。著名教育家苏霍姆林斯基曾经说过："教育，就其广义的理解来说，这是一个受教育者和教育者都在精神上不断地丰富和更新的多方面的过程。同时，这个过程的特点是，各种现象具有深刻的个体性：某一条教育真理，在第一种情况下是正确的，在第二种情况下是无用的，而在第三种情况下就是荒谬的了。"①

教师的教育科研是教师职业专业化过程中的一个必要条件，也是教师个体专业成长的必经之路。当前教师的教育科研与学生的学习方式变革一样，成了课程改革中的一大亮点。课程改革极大地激发了广大中小学教师的科研兴趣，教师的教育科研正在由个人兴趣转变为一种职业生活方式，成为教师专业发展的新路径。

一、科研与教学并不矛盾

在当今的教育教学中，随着课程改革的推进，随着学生个体和群体变化的加剧，教师时常会在教学过程中感受到各种各样的疑难或困境。例如，教师的教学设想、计划有时会与实际的教学效果有很大差距。教师在备课过程中精心设计的教学预案在实践中收效甚微，甚至效果相反；在教育教学情境中，教师与学生之间、学生与学生之间会表现出目标和价值的冲突与对立；又如，教师在处理学生个体发展与班级整体发展之间的关系时总是会陷入两难境地。这些疑难问题，教师几乎每天都会遇到，而对于这些问题并没有固定的、统一的可借鉴的解决方法，教师只能将其作为研究对象，在研究过程中逐渐找到削弱其障碍、转化其限制力量的对策。

① ［苏］苏霍姆林斯基：《给教师的建议》，杜殿坤编译，教育科学出版社，1984 年，第 452 页。

（一）教师的教育科研误区在哪里

当前，我国教师的教育科研意识与能力从总体上来看还是相对薄弱的，其中一个重要的原因就是教师对教育科研的认识存在着误区。尽管教育科研与教师的工作、生活密切相关，而且从事教育科研已经成为当代教师专业发展中的一个不可逆转的大趋势，但是因为怕改革、怕影响升学率、怕家长抱怨，教师被迫或自愿地遵循机械式的教学模式，靠单纯的说教对学生进行教育，如此年复一年、日复一日地靠苦干、加班、超负荷地工作来换取升学率，而很少或从未试图去寻求更科学、有效的方法或途径。教师、学生、家长都因此疲惫不堪。还有些教师头脑中存在这样一些错误的观念和意识：把教育科研神秘化，认为搞科研只是教育理论研究者和教育专家的事，是高深莫测、很难做的工作，搞科研对于教师是额外负担；把教育科研简单化、功利化，认为能写出文章、发表文章、有助于凭职称就是搞科研。实际上，多数教师尚未认识到什么是真正的教育科研，为什么要进行教育科研；多数教师也并未意识到教师自身正是教育科研的主力军，从事教育科研是每一位教师的分内工作。只会讲课而不会开展教育科研的教师在当代教育改革的新形势下很难称得上是合格的教师。

教师只有深刻意识和感受到教育科研对自身生活的意义，才能对教育科研投入精力，才可能在科研活动中逐渐改变和成长。教育科研本身蕴含着改变和发展教师的积极因素和力量，教师完全可以通过自己的努力从教育科研中体会和发现这种力量，从而获得教育科研带来的快乐与幸福。

（二）教师有哪些科研优势

课堂中的教师不仅仅是教育者，更应该成为教育科研者，因为教师是教育改革中最基层的实践者，是教育中最具有发言权的人；教师也必然成为教育科研者，因为教育科研是实现教师专业化的重要路径之一。教师的专业化发展是实现本次课程改革的关键一环。教师只有在不断地学习与研究中才能实现自身的成长与发展，才能有效地促进学生的发展。

教师开展教育科研的优势主要表现为：教师工作于真实的教育教学情境之中，最了解教学的困难、问题与需求，能及时清晰地感知到问题的存在；教师与学生的共同交往构成了教师的教育教学生活，因此教师能准确地从学生的学习中了解到自己教学的成效，了解到师生互动需要改进的方面，尤其是能从教育教学现场中、从学生的文件（如考卷、作业、作文、周记等）中获得第一手资料，这为研究提供了良好的条件；实践性是教育教学研究的重要品性，教师是教育教学实践的主体，教师针对具体的、真实的问题所采取的变革尝试能够在实践中得到检验，进而产生自己的知识，建构适合情境的教学理论。这些优势是专家学者所不具备的。

虽然世界上没有在工作中不犯错误的人，但是教师的工作却是最不容许犯错误的。为了不犯大错误，或少犯错误，乃至尽可能不犯错误，从事教育工作者就不得不小心谨慎、如履薄冰。要做到这一点，没有其他办法，只有不断地思考、研究和改进教育工作。因此，教师从事教育科研实际上就是一种自我认识的过程。研究自己正是为了更新自己、超越自己，并朝向更理想的人的生活道路迈进。

（三）教育科研对教师的教学有什么促进作用

教师参与教育科研，一方面将改变教师的生存态度与生活方式，进而将提高教师的工作积极性；另一方面，教师的专业能力与教学水平也将在科研过程中不断提高。

教学研究并不是简单的“教学＋研究”，教师的教学研究是与教学活动本身紧密交织在一起的。因此，教师要在教学中做一个有心人，每天上完课都要进行及时的反思，或者养成写教学日志、教学随笔的好习惯。这其中既有对某个教学问题的困惑，也有成功的喜悦和自己的感悟。多种多样的教学研讨、教改实验、科研立项等科研活动也正在摆脱以往的形式化，走进真正的科学研究领域。课程教学新理念下的教育科研为教师的思考、探索、发展提供了广阔的空间。我们会发现教案不再是教师实施课堂教学的唯一依据，评价不再是教师个人的“专利”，学生的学习方式也不再是单一、被动的接受式学习，课桌的摆放也不再拘泥于整齐划一的“秧田式”，学生的视野不再被束缚在课堂之内、学科之内。

教师是学校课程中最为重要的因素，是国家课程、地方课程、校本课程的最终决定者和实践者；教师也是课程中最重要的元素，因为教师本身就是课程，教师的学识水平、精神风貌、行为举止无时无刻不影响着学生、教育着学生。教育科研引导下的合理教学将直接对学生的发展产生有益影响。更重要的是，教师参与教育科研也将直接或间接地影响学生科研素质的养成。我们很难想象：一个没有问题意识的教师能够有效地指导学生发现问题；一个自身从来没有做过教育科学研究的教师能够合理地引导学生开展研究性学习，帮助学生成长为研究型、创造型人才。

二、科研与兴校之间的关系

当今中小学的发展也同样面临着许许多多的新情况、新问题，遇到了形形色色的新矛盾，这些都将制约学校的发展，影响着学校的教育教学变革，如果不能及时对这些问题进行处理和解决，就难以使教育适应社会发展和学生个体发展的需求，难以达到预期的教育目标。由于这些问题和矛盾是伴随教育的快速发展和社会的转型而出现的，原有的经验不能奏效，已有的老办法不能破解，因而教育科研成为解决这些问题或矛盾的前提与基础。[①] 因此，教师的教育科研工作不仅会推动教师的个人成长，也是推动学校更好发展的必要条件。教师教育科研不仅可以维持和完善学校正常的教育教学秩序，也将会破解学校发展过程中的一些瓶颈问题，使学校的特色得以凸显，将学校潜在的资源提升到显在的层面上加以整合，从而使学校呈现出新的发展态势，形成学校办学的新气象。

“科研兴校”近年来已经成为中小学校的普遍共识，许多学校都从自身的立场出发，开展了多种多样的科研活动，这些科研活动已经在其中的部分学校成了学校持续发展的动力与保障。但与此同时，我们也不难发现在数量庞大的中小学教育科研成果中充斥着很多质量低劣的“成果”，这种只重数量不重质量的教育科研对于教师个人和学校的发展几乎无法发挥积极作用，换句话说，这样的“校兴科研”非但没有产生“科研兴校”的效果，

---

① 郑金洲：《教师如何做研究》，华东师范大学出版社，2005 年，第 9 页。

反而给教师、给学校增加了很多不必要的负担。既然中小学教育科研是学校发展的一种自身要求，那么，在科研指向上就应该自始至终都围绕着学校的发展来进行。学校和教师都要有清晰的问题意识，要明确地认识到借助于研究想去解决学校的哪些问题，什么样的研究活动才能达到这一目的。中小学教育科研活动要为学校发展提供后劲，在解决学校当前问题的同时，提出后续努力的方向，进一步明确后续科研要探索的路径，通过持续不断的科研，使学校步入良性发展的轨道。学校的问题是层出不穷的，常常是一个问题解决了，新的、更难以理解的问题又冒出来了，学校的科研活动也因此不能一蹴而就，需要在一轮研究活动结束、解决了一个问题的同时，设计出新的研究计划或方案，去解决新的难题。这就需要学校将教育科研活动当作一种经常性活动，将教育科研作为学校发展的持续动力。在检验学校教育科研活动时，在着眼于是否解决了当前问题的同时，还要考虑这项科研在多大程度上为学校的后续发展提供了支撑。

阅读导航

1. 郑金洲：《教师如何做研究》，华东师范大学出版社，2005 年。
2. 陈大伟：《教育科研与教师成长》，华东师范大学出版社，2009 年。
3. 梁惠燕：《中小学教育科研的 N 个问题》，广东高等教育出版社，2014 年。
4. 孙向阳：《教师教育科研最需要什么》，南京大学出版社，2010 年。

思考与探究

1. 中小学教师具有哪些教育科研优势？
2. 教育科研对于学校发展的重要意义是什么？

专题二　教育科研的计划与方法

学习要求： 了解教师如何在工作中发现研究问题，掌握设计研究计划的策略，学会运用教育科研中的研究方法，初步形成开展案例研究、叙事研究与行动研究的能力。

一、关注身边的教育问题

问题是教师研究的起点，只有与问题为伴，善于发现问题、思考问题的教师才能够创造性地开展教学工作。爱因斯坦说过，提出一个问题往往比解决一个问题更重要。因为解决问题也许仅是一个数学上或实验上的技能而已；而提出新的问题、新的可能性，从新的角度去看旧的问题，都需要有创造性的想象力，而且标志着科学的真正进步。

（一）如何发现问题

教师在日常教学实践活动中经常会遇到一些实际性的教学难题与教学中的困惑。例如，在课程改革教学实践中，教师要改变传统教学中教师讲、学生听的单一教学方式，要把课堂留给学生，增加学生的交流与表达机会。但在这样的改变中，很多教师发现了新问题：低年级的学生因急于表现、表达而缺乏倾听的习惯，教室里经常闹哄哄的；高年级课堂秩序较好，但学生发言的少且发言的在发言，其他学生各干各的，也没有倾听。如果教师不想办法解决这些问题，就很难上好课，教学质量也会受到严重影响。实践中遇到的困难就是问题，而这些问题就很有可能成为有意义的研究问题。

除了在教育教学实践中发现问题外，我们还可以在进一步的学习和阅读中发现研究问题。教师研究教育教学问题，不能将眼睛仅仅盯在教育上面，要学会从其他学科中学习和借鉴，这样更容易发现教育实践中的问题。"不识庐山真面目，只缘身在此山中"，跳出教育来看教育，我们可以获得认识和理解教育的新视角，发现过去没有发现的问题。仅仅在教育内部研究教育，不容易再有新的突破和超越，借鉴其他学科的研究成果不仅更容易发现研究问题，而且更容易形成研究成果。

教师也可以尝试将教育领域中的热点、难点与自身的教育教学实践相结合来开展研究。研究热点问题和难点问题的重要性当然是不言而喻的。例如，推进素质教育是国家的大政方针，是时代的要求和呼唤，教师有责任和义务把国家的大政方针落实在自己的实践中，体现在教学行动上。但如何在学科教学中进行实践，如何在平常的教学工作中落实呢？这就需要研究。研究这样的课题并付诸实践，不仅可以提升自己的教学质量，而且成果发表后，还会引起正在思考类似问题的其他教师的思考和实践的兴趣，从而产生更大的影响。

选择热点与难点问题进行研究的研究者可能不在少数。因此，教师自己选择的研究问题还必须具有创新意义。首先要多读，要研究他人的研究成果，要了解自己的观点别人是否已经发文阐述过了。同时，要判断和比较自己的观点是否有新意。如果涉及方法和操作实践的问题，就要看一看自己的方法是否有实效性、操作性和推广的可能。另外，也要看一看自己的文体和风格是否适合要投稿的刊物，或是否符合所申报的课题指南要求。

（二）如何确定问题

教育科研选题具有三个基本的原则：有价值、有新意、有可行性。其中，研究问题的价值与新意具有相对性。如果要研究国家级的课题，那就要从全国范围内考虑所研究的问题的价值与新意；如果研究的是学校里的问题，那就要考虑对学校改革和发展有没有价值，相对于学校的现状，此研究是否有创新；如果针对的是个人在教育教学中的实践问题，那就要看这样的研究对改变自身实践问题有没有价值，有没有可能"新知、新事、新人"。

我们都希望自己的研究问题很有价值、具有教育创新意义，但是，我们还不能忘记一点，即选题的可行性原则。如果一线教师从一开始就选择研究大问题，很可能会受到很多条件的限制。因此，教师在最初从事科研时，最好先从自己的问题入手，从小问题做起，研究好了，研究水平和研究能力就会上一个新台阶，然后再尝试和参与一些重大课题的研究和实践。

二、好的研究计划是科研成功的一半

研究的问题确定后，还需要做一个科学、合理的研究计划。这会使要研究的内容更加明确、细化，使研究行动具体化，并能够为此后的研究提供明确的方向和具体的行动指南；做好研究计划也可以为研究的检查与评估提供依据，为其他教师和教育科研工作者等科研人员开展科研论证工作搭建对话与讨论的平台。一般而言，研究计划主要包含三个方面：研究什么；为什么要做这项研究；如何研究。

（一）问题怎样变成课题

上述所谈到的研究问题还不能直接作为我们的研究课题，要确定研究主题还需要对研究问题进行推敲和论证。

1．使研究问题形成系列问题

教师在找到研究问题后还要善于转换问题的提法，不断地试着从新的角度提出问题。寻找研究问题的过程就好像是通过不同的窗口看外面的风景。一个窗口有一个窗口的视角，我们在每一个窗口所看到的风景也不同。对于我们所发现的问题，从不同的角度、不同的层次去看，会有不同的感受，会产生不同的看法，也就会形成不同的问题。

我们在选择研究问题时，最初大多范围比较宽泛。对于这样的问题，教师在实际操作时应该通过界定研究范围将其分解为一系列子课题，而且子课题还有可能分解为一些更小的子课题。课题具体了，研究范围缩小了，研究也就容易操作了。教师在选题时应当根据自己的能力，选择相对较小的课题进行研究。

例如：若我们选择的研究问题为“发挥学生主体作用的研究”，经过思考我们就可以将这个研究问题进一步转化为如下问题：

- 在课堂教学中发挥学生主体作用的研究
- 在初中课堂教学中发挥学生主体作用的研究
- 在初中语文课堂教学中加强学生自主学习的研究
- 在初中阅读教学中加强学生自主学习、提高阅读能力的研究

又如：若我们选择的研究问题为“激发高中学生英语学习兴趣的研究”，那么可以将问题转化为：

- 激发高中学生英语学习兴趣的研究
- 激发高中学生英语课堂学习兴趣的研究
- 激发高中学习困难学生英语学习兴趣的研究
- 高中学习困难学生英语学习兴趣的调查研究

2. 确定课题名称

课题的名称必须明确表述所研究的问题。合适的标题可以清晰地表达所选择的研究问题，标题最好能涉及研究的范围、对象、内容、方法。如“某市小学五年级语文识字量调查研究”，这一标题大家不必费脑筋猜想和琢磨就能明白研究的主题。又如，从“某县小学生学习方法的调查研究”这个课题中，可以清晰地看出研究对象是“某县小学生”，研究内容是“学习方法”，研究方法是“调查法”。

总之，一个好的课题名称要简明、具体，准确反映研究范围、内容和实质，要符合以下要求：（1）准确，即课题名称要把课题研究的问题（研究内容）和研究的对象交代清楚。课题的名称一定要和研究的内容相一致，不能太大，要有一个适宜的切口，能准确地把研究的对象和问题概括出来。（2）规范，即所用的词语和句型规范、科学，似是而非的词不能用，口号式、结论式的句型不能用。因为课题就是我们要解决的问题，这个问题正在探讨，正准备进行研究，所以不能有结论性的口气。（3）简洁，即名称不能太长，能不要的字尽量不要，一般不超过 20 个字。（4）醒目，即课题研究的切口适宜、新颖，使人一看就对课题留下深刻的印象。

3. 形成研究假设

无论选择哪种类型的教育研究，教师都首先要对所研究的问题有一个基本的想法。一般来说，研究者在确定课题的过程中，就逐渐建立了关于这个问题的某种想法，确定了解决这个问题的可能的答案。这些想法、猜测或“答案”，都是研究者从相关的理论和经验出发，对问题和解答做出的假设，这可以作为解决问题的出发点。把这些猜测或设定的答案用明确的语言表达出来，就构成了一个研究假设。① 因此，教师首先要界定研究中的变量及关键词，这会使人了解自己的研究范围与研究对象；然后要讨论研究的假设，让人理解自己的研究依据，明白在研究中想讨论的变量关系。变量是指在研究过程中在质或者量上有变化的因素，它可以分为自变量、因变量和无关变量。

在此以课题“小学语文创造性教学对学生写作能力的影响研究”为例进行分析，其

---

① 马云鹏：《教育科学研究方法导论》，东北师范大学出版社，2002 年，第 77 页。

中，“小学语文”是研究牵涉的对象和学科，“创造性教学”“学生写作能力”就是这个课题的两个关键词。那么，在“创造性教学”“学生写作能力”之间是怎样一种关系呢？

“创造性教学”是我们研究中要做的工作，我们要对“创造性教学”进行设计和操控，这个变化因素的投入可能引起“学生写作能力”的变化，因此，“创造性教学”就是研究中的自变量。自变量就是那个具有影响作用的变量，其变化水平完全取决于研究者的操纵与设计，是引起或产生变化的原因。

“学生写作能力”将可能因研究所开展的“创造性教学”而改变，它的改变可能是实施“创造性教学”的结果，因此，我们可以说“学生写作能力”是研究中的因变量。因变量就是受自变量的变化所影响的变量，是自变量作用于研究对象所产生的效应，是研究者要测定的假定的结果变量。

除了“创造性教学”“学生写作能力”两个变量以外，研究中还涉及一些因素，如教学时间、教学环境、学生的智力、知识基础等。这些因素会干扰自变量和因变量的对应关系。这些研究者不想研究，但却又可能影响研究进程而需要研究者加以控制的变量就称为“控制变量”。上述诸多控制变量与“创造性教学”混杂在一起时，往往导致人们难以确定创造性教学是否产生效果，以及效果的优劣；无法判断最终学生写作能力是来自创造性教学，还是来自教学时间、教学环境、学生智力、原有知识基础等其他因素。因此，如果研究者能有效控制这些无关变量，研究结论——创造性教学和学生写作能力之间可能存在的某种关系——才会比较明确、可靠。

4. 有效表达研究目标

研究假设是研究的前提和基础，它指引和规划了研究者的行动，并直接决定了研究的目标。课题研究的目标就是通过研究要达到什么目标，要解决哪些具体问题。研究的目标是比较具体的，不能笼统地讲，必须清楚地写出来。（参见下面研究目标写作范例）只有目标明确而具体，才能知道工作的具体方向是什么、研究的重点是什么，思路才不会被各种因素干扰。确定课题研究目标时，一方面要考虑课题本身的要求，另一方面要考虑课题组实际的工作条件与工作水平。

课题：农村小学牛津英语教学中开展“小小组活动”的实践研究

研究目标：探索“小小组活动”的目标要求、内容、途径和组织形式，探索具体的操作措施及科学的评价体系，建立一种灵活、开放、积极的教学组织形式，从而获得牛津英语教学的一般规律。

课题：小学语文阅读教学中学生探究性学习指导的实践研究

研究目标：探索一套让学生主动探究阅读的教学方法；总结有效提高小学生语文探究学习能力的措施与途径；形成可行性强的过程性、欣赏性和反思性评价方式。

（二）课题是否值得研究

教师在教育科研的课题选定、目标明确的前提下，还要说明研究的缘由、背景和动机，并表明研究的重要性和必要性，解释研究的意义和价值。

1. 课题研究的背景与现状

阐述这部分内容时，要认真、仔细地查阅与本课题有关的文献资料，了解前人或他人对本课题或有关问题做过哪些研究及其研究的指导思想、研究范围、方法、成果等，把已有研究成果作为自己的研究起点，并从中发现以往研究的不足，说明本课题研究的地位和价值。

2. 课题研究的理论价值和实践意义

研究者要阐述此项研究的目的和意义，即说明为什么要研究，研究的价值是什么，解决什么问题。这通常是通过理论价值与实践意义这两方面进行阐述的。下面是常用的基本表述格式：

（1）理论价值。（研究是对××××相关理论的细化和补充；研究是对×××的具体阐述；研究是对××××理论的充实；等等。）

（2）实践意义。（研究有利于促进学生×××的发展；研究有利于带动×××；研究有利于转变教学观念；研究有利于教学方式的改变；研究有利于实施新课程；研究有利于提高教育教学质量；研究有利于提高教师素质；研究有利于学校的可持续发展；等等。）

（三）课题应该怎样开展

在研究计划中，研究者除了要明确所研究的问题，阐述课题的研究背景、现状及理论价值、实践意义以外，还需要重点考虑的就是如何开展这项课题研究。因此，研究计划中还要表明研究的主要内容是什么（如研究是否有子课题，子课题如何分解），将运用哪些主要的研究方法，研究的时间和步骤如何划分，各阶段的主要目标和任务是什么，研究人员如何组织，资源如何调配，如何有效保障研究活动，等等。

1. 课题研究的基本内容

有了课题的研究目标，就要根据目标来确定这一课题要研究的内容，研究内容要比研究目标写得更具体、明确。教师科研中在这方面通常存在的主要问题是：（1）只有课题而无具体研究内容；（2）研究内容与课题不吻合；（3）课题很大而研究内容却很少；（4）把研究的目的、意义当作研究内容。这对我们整个课题研究十分不利。因此，我们要学会对课题进行分解，一点一点地去做。例如：

某省"九五"重点课题"初中语文活动课研究和实验"的研究方案指出，本课题研究的中心是，如何科学有序、切实有效地开展初中语文活动课。具体内容包括下列三个方面：（1）根据初中各年级学生的情况和语文教学要求，对初中各年级语文活动课对学生认知领域、情感领域和动作技能领域素质的发展进行详细的目标规定，从而建立初中语文活动类课程的目标体系。（2）根据初中各年级语文活动课目标和语文学科的特点，安排初中各年级语文活动课的内容，内容的安排力求充实、精确、有序，并初步形成一个相对完整的活动课内容体系。（3）根据初中各年级语文活动课目标内容和初中各年级学生的特点，探索初中语文活动类课程的学习活动方式，确定活动类课程的教学时间、空间及程序，并在此基础上形成多种切实可行的、可操作的语文活动教学模式。

2. 课题研究的方法

科学研究除了要应用哲学方法和一般科学方法之外，还要有具体的研究方法和技术手段。“研究方法”部分主要反映一项课题的研究通过什么方法来验证假设，为什么要用这个方法，以及要“做什么”“怎么做”。教育研究的方法很多，包括历史研究法、调查研究法、实验研究法、比较研究法、理论研究法、行动研究法等。一个大的课题往往需要运用多种方法；小的课题可能主要运用一种方法，但也要利用其他方法。我们在运用各种方法时，一定要严格按照每一种具体科研方法的要求，不能凭经验、常识去做。比如，我们要通过调查了解情况，就要仔细考虑如何制作调查表、如何进行分析，而不是随随便便发一张表，搞一些百分数、平均数就行了。这是教师科研工作中必须解决的问题。（关于研究方法的具体要求，此处略，后文将详细说明。）

3. 课题研究的步骤和计划

课题研究的步骤，就是课题研究在时间和顺序上的安排。研究的步骤要充分考虑研究内容的相互关系和难易程度，一般情况下，都是从基础性问题开始，分阶段进行，每一阶段从什么时间开始、至什么时间结束都要有规定。每一阶段的工作任务和要求，研究者不仅要胸中有数，还要落实到书面计划中，从而保证课题研究按时保质保量完成，课题研究的管理者也可据此对课题研究进行检查、督促和管理。

上述课题研究计划的设计也是构成课题开题报告的核心部分，开题报告的格式与写作方法请参考附录1：开题报告范例《多媒体网络环境下的教与学的研究》。

三、教育科研的传统研究方法

（一）如何查阅文献

文献检索是教师教育科研过程中的一项基础性工作，通常贯穿于教育研究过程的各个阶段之中。从各种文献中迅速、准确地查找研究所需要的信息和有价值的线索，并有效利用这些文献资料，将有助于教师全面把握教育研究的前沿动态，提高自身科研效率与质量。

教育科研的文献资料主要分布在教育类书籍（包括教育名著要辑、教育专著、教科书、资料性工具书及科普读物）、教育档案（包括教育年鉴、学位论文、教育法规集、教育统计、教育调查报告、学术会议文集、政策、法规、文件汇编等）、教育专业报纸与期刊。（国内外主要的教育研究专业期刊见附录2。）

上述文献资料主要集中在图书馆、档案馆、研究机构和学校等单位。但当前最大的教育文献资料检索源还是互联网。利用计算机储存和互联网交流信息资料在教育研究中的应用越来越广泛。在网络上查找资料需要借助网络搜索引擎，如谷歌、百度等，同时也需要了解一些常用的教育类网站（见附录3）。此外，还可以通过一些重要的图书馆网站，查询馆藏书目，下载电子文献，也可以利用网络提供的数据库联机检索（见附录4）。

在开展文献检索工作的同时应注意对资料一边搜集一边整理。随着文献数量的增多，如不及时进行分类、记录、归纳，很有可能会遗漏一些重要的信息、线索。因此，为避免重复劳动，保证文献资料的条理性，必须按照所研究的主题和总体思路将文献资料加以分类，及时做好文献的归纳、整理工作。

（二）极具价值的历史法

教育科学的历史研究法，是通过收集各种教育现象发生、发展和演变的历史事实，加以系统可观的分析研究，从而揭示其发展规律的一种研究方法。用历史法研究教育，涉及的主要对象是：研究教育实际和教育理论发生、发展、演变过程的历史规律。教育实际，指各个历史发展阶段的文教政策、教育实施、教育制度的发展演变，以及社会上的教育变革与教育家的教育实践活动等；教育理论，包括历代教育家的教育思想和理论、教育思潮及教育流派的理论观点。采用历史研究方法，要揭示一定时期的教育实际和教育理论如何受当时社会政治、经济、哲学、宗教、文化、科技等条件的制约和影响，同时又继承以往时期的教育传统而形成一个时代、一个时期教育发展的独特模式和传统。

教师在进行任何一个重要的教育问题研究时，还需要从历史渊源和时代背景方面得出更深刻、更科学、更真实的结论。通过历史法开展教育研究，尊重历史的本来面目，从历史过程中正确地截取矛盾所经历的发生、发展过程作为独立的研究对象，搞清所研究的教育现象产生的历史条件、理论条件，及其产生后对当时和以后教育发展所产生的影响，以及经过了几个怎样的发展阶段而不断得到改造和完善。正是纵向的对历史发展进程的考察，提供从过去到现在的发展轨迹，体现从原因到结果的发展趋势。在进行历史研究的同时，还要进行横向的现实研究，分析当前时代的发展提出了哪些新的要求，为了回答新的挑战，该教育问题出现了什么样的新特征和新发展。

历史研究法主要适用于研究过去的教育实践和教育思想理论，包括：对各个时期教育发展情况的研究；对历史上教育家们的教育思想理论观点的研究；对一个时期教育流派、教育思潮的分析研究，以及对不同教育流派理论的比较研究；对一定时期教育制度，如法令、计划、政策等的评判分析；对外国教育发展状况的分析；开拓新的教育领域。

历史研究法分为四个步骤：第一步，确定研究问题。第二步，收集和评价原始资料，分为外在评价和内在评价。历史研究中的外在批评是评价文献在哪里产生、什么时候产生、谁记录的。内在评价是在历史研究中评价文献内容的意义、精确度和值得信任的程度。第三步，对原始资料中的信息进行综合。第四步，分析解释、形成结论，假设得到支持或被拒绝。①

（三）最实用的观察法

教育观察法是教育科研中最基本的一种研究方法，在实际应用中操作简便，一般不需要特殊的设备和场地，很适合中小学教师采用。教师可以凭借自身的感官或必要的辅助工具，有目的、有计划地对教育活动中自然状态下的研究对象进行系统的、连续的观察，及时做出准确、具体、详细的记录，并进行深入的理性分析。② 所以，教育科研中的“观察”不是我们日常生活中的简单看看或了解。教育观察中的一个关键问题就是围绕研究主题如何获取和整理资料，显然，观察记录表是我们不可缺少的研究工具（如表9-1、表9-2所示）。

---

① 裴娣娜：《教育研究方法导论》，安徽教育出版社，2000年，第136－142页。
② 沈英：《教师校本研究与专业成长》，北京出版社，2005年，第94页。

表 9-1　儿童游戏行为观察表

被试行为	1	2	3	4	5	6	7	8	…
独自游戏									
与朋友合作游戏									
带头游戏									
受别人支配游戏									
游戏中爱吵闹									
什么也不玩									
其他									

表 9-2　课堂学习主体能动性观察表

行为表现	呈现人数
老师提问，学生没有举手	
老师提问，学生举手	
学生举手，并被老师提问，回答一般	
学生举手，并被老师提问，回答很好	
学生没有举手，但被老师提问，回答错误	
学生没有举手，但被老师提问，回答一般	
学生没有举手，但被老师提问，回答很好	
学生主动积极举手，向老师提出问题	

（四）教育调查如何设计

调查法是教育科研中最基本、最常用的一种研究方法。在实际操作中，教育调查法又分为问卷调查法和访谈法等具体方法。

1. 问卷调查法

问卷调查法是以书面形式提出问题、搜集资料的一种研究方法：通过采用统一的提问、回答的形式与内容，对所有的被调查者以问卷的形式进行询问，同时以同种方式发放、填写问卷。在问卷调查中，被调查者通常是匿名填写问卷，调查者可以不与被调查者直接见面。问卷的基本结构一般由前言、主体及结语组成。其中，问卷的主体内容主要根据研究对象、研究范围和研究主题等因素进行设计。

调查问卷可分为三种类型：封闭式问卷（又称为“结构型问卷”）、开放式问卷（又称为“非结构型问卷”）、半封闭式问卷（又称为“综合型问卷”）。下面是各类型问卷中的问题设计示例：

（1）封闭式问卷中的问题类型主要包括：是非式问题、选择式问题、排序式问题、划记式问题。

是非式问题，如：

我自己决定的事，别人很难让我改变主意。A. 是　B. 否

选择式问题,如:

你最喜欢的课程是(　　)

A. 数学　B. 语文　C. 英语　D. 物理　E. 历史

排序式问题,如:

请将下列电视节目,按你喜欢的程度,由1—8排出序次:

(　)动物世界　(　)天地之间

(　)文化生活　(　)儿童故事片

(　)科技生活　(　)美术动画片

(　)世界各地　(　)电视连续剧

划记式问题,按照同意或不同意在答案上划"√"或"×",如:

(　　)考试前我非常紧张,常担心自己的成绩会落后于他人。

(2) 开放式问卷中的问题,如:

你认为家庭教育在学生成长中起到什么作用?

(3) 综合型问卷(半封闭式问卷):上述两种形式的结合。

你认为,教学的目的是:

A. 学习基本知识　B. 训练基本技能　C. 培养基本能力

D. 培养学习态度　E. 其他________________(请自己填写)

2. 访谈法

教师所做的研究中,较大规模的、相对复杂的问卷调查并不常见,教育调查法中访谈法的运用相对来说更为普遍。访谈是一种研究性交谈,是按调查提纲个别进行的一问一答的谈话。这种方法有时规定访谈内容,有时采用开放结构,围绕一个问题由被访者回答,访者再根据问答情况的调查需要追问,但不可分散中心主题而跑题漫谈。在访谈中,要善于创造轻松和谐、相互理解支持的气氛。访问者一定要善于倾听、捕捉有价值的信息,让受访者充分阐述自己的观点。①

在进行访谈之前要围绕研究主题制订访谈计划,设计访谈中的问题。访谈时的问题要切合所研究的主题,提出的问题要通俗易懂,而且问题的措辞不能带有某种倾向性、暗示性,例如:"你认为初中阶段男生比女生的学习要好一些吗?""你认为教师的负担重吗?"所有访谈的问题并不是随意去问的,而是要体现出层次与次序。例如,如果想调查教师的工作量状况及教师对工作量的看法,我们可以按照问题的难易程度与顺序拟定下面这样一些问题:

您参加工作多长时间了?

您教的班有多少学生?

您每周上多少节课?

除上课和批改作业外,还有什么工作要做?

备课一般都用什么时间?

批改作业大约要用多长时间?

---

① 全国十二所重点师范大学联合编写:《教育学基础》,教育科学出版社,2002年,第306页。

您认为现在的负担怎么样？

您对工作的安排是否觉得合理？

准备好访谈计划就可以到现场访谈了，访谈时要有意营造一个有利于访谈调查的交流范围，使被访者放松心情，打消被访者的顾虑，要让被访者明白访谈的目的、意义、内容，争取被访者的支持与合作。访谈时，主动访问的一方最好关闭手机，除纸笔记录外，在征得被访者同意的情况下，还可以使用录音笔、摄像机等。访谈调查中的倾听也是很值得重视的。通过恰当的提问和倾听技巧，既要从被访者的谈话中听出他对问题的看法与态度，也要注意被访者谈话中的“言外之意”。

（五）教育实验如何开展

教育实验法是研究者运用科学实验的原理和方法，以一定的教育理论及其假设为指导，有目的地控制和操纵某些教育因素或教育条件，通过观测与所控制的条件相伴随的教育要素或教育现象变化的结果来揭示教育活动规律的一种方法。教育实验的开展，可以促进教育理论的发展；可以检验现有教育理论和观点的科学性和先进性；可以深化、改造或发展国外一些比较先进的教育理论和方法；可以验证新的教育理论假设，有利于创造新的教育理论；同时也可以促进教育改革的深化，为解决教育实践活动中的现实问题提供理论依据，为改进教育实践提供最优化的互动策略。

与观察法、调查法在自然状态下消极等待研究现象的出现不同的是，实验法是在严格控制的条件下，人为设置某种情境，积极主动地促使某些现象、性质特征的出现，进而揭示事物、现象发生的原因。在教育实验中，自变量即实验因素，因变量即实验结果，它是依赖于其他变量而变化的变量，是实验因素等变量作用下的反应，是实验的结果。如在教学方法改革的实验中，教学方法即自变量（实验因素），教学质量是因变量（实验结果），实验控制即控制除实验因素以外的其他因素（如年龄、人数、智力、学习成绩、教师水平、教材、学生努力程度、教学时间等）对实验结果的影响。控制是实验法的本质特征和精髓，没有控制，也就称不上是实验。

中小学教师常用的教育实验方法主要有以下两种类型：

1．单组实验设计

向一个或一组研究对象施加某一个或数个实验因子，然后测量其所产生的一种或数种变化，借以确定实验因子的效果如何。具体如表9-3所示。

表9-3　单组实验设计

组别	前测	实验变量	后测
实验组	√	√	√

2．等组实验设计

以不同的实验因子分别施行于两个或几个情况基本相同或相等的研究对象，然后比较其所发生的变化。具体如表9-4、表9-5所示。

表 9-4　等组实验设计(一)

组别	前测	实验变量	后测
控制组	√		√
实验组	√	√	√

表 9-5　等组实验设计(二)

组别	前测	实验变量	后测
实验组 1	$√_{前1}$	$√_{1}$	$√_{后1}$
实验组 2	$√_{前2}$	$√_{2}$	$√_{后2}$

四、教育科研方法动态

案例研究、叙事研究与行动研究是近几年我国教育界颇受关注的三种新的研究模式。比起传统的研究方法,这三种方法更接近教师的教育教学实践,更能够引起教师的研究兴趣。在“教师成为研究者”这样的大背景下,案例研究、叙事研究与行动研究已经成为一线教师参与和实践中所采用的主要教育科研方法。

(一) 案例研究有何特殊意义

每一位教师在其教育生涯中都会遇到这样或那样的事件,可能会面对一些学习困难的学生,也可能会面对一些学业成绩优良的学生。在学生中,有些人某门或某些学科的成绩较好,而对其他学科的掌握却显得薄弱;有的认知与情感发展不均衡。教师也会在课内外遇到这样或那样的难题;在与同事、学校管理者交往中有时可以应对自如,有时难免会束手无策。诸如此类事件,其实都可以经过一定的思考、加工,以案例的形式体现出来,成为大家共同探讨的问题。

在当代中小学教育领域中,案例正在越来越密切地与教师的教育研究结合为一体。案例在教师的职业生涯中扮演着越来越重要的角色。案例研究,又称为个案研究,是以研究对象的单一性来界定的,是针对某一研究对象在某种情境下发生的特殊事件,广泛系统地收集有关资料,从而全面地分析、解释、推理的过程。个案研究的单一研究对象可以是个人,也可以是个别团体或机构。对中小学教师的教育科研来说,个案研究有特别现实的意义。因为个案研究对象易选择,又可以结合日常的教育教学工作,并且不会影响展开研究,尤其是对成绩优秀的学生、行为不良的学生的研究,个案研究方法有其非常大的价值。案例研究有助于教师更深刻地认识自己工作中的重点与难点;促进教师对自身行为的反思,提升教师的专业化水平;也有益于教师之间分享经验和交流心得。

在中小学教师的案例研究中,最常见的是课堂教学案例。课堂教学案例并不是简单的课堂实录,由课堂教学实录到课堂教学案例还要经过一个“再创造”的过程。课堂实录是对课堂教学活动的真实记录,要详细记录课堂中的每一个细节。教学案例则是对课堂实录进行思考与编辑,针对课堂中的某个矛盾冲突对课堂实录进行有选择性的加工与调整。在案例内容的选择上必须紧紧围绕案例的主题,体现出事件的矛盾冲突,只有这样才能显现出案例的典型性。本专题文末的案例一就是在课堂实录基础上整理出来的案例（参见本专题案例一《在全班讨论中，他站在学生的……》片段）。

（二）什么是教育叙事

简单地讲，教育叙事就是"教师讲故事"。这里的"故事"，专指教师在日常生活、课堂教学与教改实践中曾经发生或正在发生的事件，也包括教师本人撰写的个人传记、教学日志、网络博客、个人经验总结等。这些故事是对实践的记录，是教师个人的主观体验，是具体的、情境性的。教育叙事描绘出的是教师的经验世界，记录的是教师心灵成长的轨迹，道出的是教师在教育教学活动中的真情实感（参见本专题案例二《教案：下课之后才完成的故事》）。

教育叙事比较容易被教师所掌握和应用，不像量化研究那样需要教师具有较高的专业知识技能。叙事研究对于教育研究的最大意义在于它强调差异性。可以说，世界上有多少位教师，就会有多少种不同的教育故事。教育叙事研究的目的，并不是检验某种教育理论，也不是构建某种新的教育理论，更不是向别人炫耀自己的研究成果。教育叙事一方面是教师在讲述自己的过去与历史，另一方面也是用过去的故事和历史来照亮前程、引领未来。因此，在教育叙事中，教师创造了故事，同时这些故事也创造了教师自身。在叙事研究中，教师不再是"传声筒"，不再是"应声虫"，教师最为看重的是自己的思想，不再依靠别人的思想而生活；教师要倾听自己内心深处真实的声音，反思自己和挖掘自己。

那么，如何开展教育叙事研究呢？教育专家给出了以下建议：

（1）每个教育教学叙事必须蕴含一个或几个在教育教学过程中出现的有意义的教育教学问题或发生的某种教育教学"意外"。由于教育教学叙事是对具体事件的叙述，因此叙述必须相应地显示出一定的情节性和可读性。如对教学事件的叙述就既不能等同于教学之前的教学设计方案，也不能等同于教学之后的课堂记录。

（2）每个教育教学叙事所叙述的事件必须具有典型性，有较强的说服力。叙事可以反映教师以自己的方式解决事件之后获得的某种效果，也可以反映教师忽视了事件之后导致的某种遗憾。

（3）教育教学叙事的写作方式以"叙述"为主。这种"叙述"可以是教师本人在反思的基础上以第一人称的预期撰写教育教学事件，尽可能地表现教师在教育教学事件发生时的心理状态，可以使用"我当时想……""事后想起来……""我估计……""以后如果遇到类似的事件，我会……"这样的句子。此类描写促使教师在反思某个具体的教育事件时显露或转换自己的个人教育理论和教育信仰。

（4）一份完整的教育教学叙事报告必须有一个贯穿全文的主题。这个主题常常是教育教学理论中已经被提交出来讨论的一个问题，如：怎样加强中学生的性教育？但它与纯理论研究中的主题的不同之处在于：教育叙事的主题是从某一个或几个教育教学事件中产生并发现的，是用事实演绎理论，而不是将教育教学事件作为支撑某个理论问题的例证。

（三）怎样开展行动研究

20世纪40年代美国心理学家科特·勒温（Kurt Lewin）和社会工作者约翰·考利尔（John Collier）提出了一种新的社会科学研究方法，即从实际工作需要中发现问题、寻找问题，在实际工作中进行研究，由实际工作者和研究者共同参与，使研究成果能够为实际工作者所理解、掌握和实施，从而达到解决实际问题的目的。这种研究方法事实上就是将“行动”与“研究”有机地结合起来，因此被称为“行动研究”（action research）。20世纪70年代以来，行动研究越来越受到教育科研工作者的重视；80年代被引入我国，当前行动研究已经成为促进教师专业发展的主要教育科研方法之一。

简言之，“行动研究”就是“行动+研究”。在行动中研究，在研究中行动。教育行动研究中的教师本人既是行动者，又是研究者，同时还有专职教育研究者的合作参与，行动与研究合为一体。行动研究的目标定位是“为行动而研究”。行动研究不是寻章摘句的理论研究，它直接面向行动，面向实践。行动研究的研究成果是为教师解决实际问题服务的，是以改善教师的教育行为方式、提高教育质量为首要目标的。

教育行动研究过程分为四个环节，即计划、行动、观察和反思（参见本专题案例三《行动研究应用于英语课堂教学改革的尝试》）。

（1）计划

教师在制订行动研究计划时，要以大量的实践和调查研究为前提：首先要明确存在的问题；然后分析问题的成因，设想制约问题解决的关键性因素及改进的方式和条件；最后拟定计划。行动研究的计划应包括总体设想和每一个具体行动步骤的计划方案，至少要安排好第一步和第二步行动研究的进度。行动研究的计划不能是僵化固定的，必须具有灵活性、开放性，它可以伴随实践的展开而随时修改。

（2）行动

行动是按照目的实施计划，是行动研究的中心环节。在行动研究中，行动是行动者在获得有关行动的反馈信息后，经过自身的思考及理解与内化，带有一定的目的性、计划性，为解决问题所开展的研究性实践活动。当然，开展实践行动也应是灵活的，要重视实际情况的变化，要不断调整活动，逐步实现解决问题的目的。修改计划与变化行动是不分先后、主次的，两者的最终目的都是以解决问题为大前提，应根据不断出现的现实新问题做出适当的调整。

（3）观察

由于教育教学实践不可避免地受到实际环境中多种因素的制约，而这其中的大部分因素是无法预测和控制的，这些因素的突然出现经常会打乱计划、干扰活动，它们可能会为实施行动研究的行动者带来意想不到的灵感，也有可能使行动者一时不察而完全偏离研究目标，因此观察在行动研究中的作用分外重要。行动研究中的观察可以由行动者本人通过观察进行记录，也可以是从他人视角得来的观察。观察的主要内容包括参与行动的人员、使用的材料、出现的意外干扰、预期的与非预期的行动结果等。

（4）反思

反思是一个循环的终结环节，也承接着下一个循环的开始。反思的主要内容包括：选定的研究问题是否合适？对问题的界定是否明确？计划是否周密？行动是否按照计划展开？出现了哪些预期的积极的结果？又有哪些结果是没有预料到的且具有消极的影响？观察的过程及记录是否全面、客观？资料的描述与解释是否合理？反思环节中还需在整理和描述的基础上，对行动的过程和结果做出评判和评价，对有关现象和原因做出分析和解释，为进入下一个循环做好铺垫。反思也可以通过撰写行动研究报告的形式进行，这种方法更有利于及时将研究成果与他人共享，并通过他人客观的审视改进研究过程。

案例分析与讨论

案例一 《在全班讨论中，他站在学生的……》

…………

开始教室里很安静，所谓读课文实际上是默读。几分钟后，渐渐有了讨论的声音。估计小组讨论的内容已经完成，江老师拍手示意停下来，准备开始全部讨论。他首先提出讨论规则，要求“一定要听好别人是怎么说的，其他同学要补充的等一会再各抒己见”。他的话音刚落，就有两位同学同时站起来要发言，看来同学们讨论的积极性提高了不少。

小 A：课文首先介绍死海的地理位置，然后再介绍死海得名的原因，接着……

小 A 滔滔不绝……还未等他坐下，就有几个同学同时站了起来。其中有一位男生小 B，他与小 A 同组，不知是老师没有注意到，还是为了坚持另外一条讨论规则，只见他微笑着说：“女士优先。”

站起来发言的女生小 C 对小 A 的观点进行了补充。

小 C 的话刚一完，马上又有几个同学站起来要求发言。……几个同学此起彼伏的争相发言，标志着全班讨论高潮的到来，尽管发言的内容主要是补充和纠正。

小 D(男生)：他刚才说死海得名的原因是造了许多游乐场，这不是主要原因，死海真正得名的原因我认为是死海周围没有鱼虾水草，海边也寸草不生，这才是它得名的主要原因。

小 D 的发言好像离开了老师的要求，按照要求，讨论的内容是“作者是怎样介绍死海的，文章的思路是怎样的”，而他在探讨死海得名的原因。我们看了看江老师，他仍然在专心地听同学们的发言，并未制止。小 D 的发言使后面的讨论有些“跑题”。

本组的另一位男生小 E：……

小 F(女生)：……

（资料来源：郑金洲：《教师如何做研究》，华东师范大学出版社，2005 年，第 182－183 页。）

讨论题

1．根据上述案例，思考：课堂实录与课堂案例究竟有哪些区别？

2．请思考：教师开展案例研究具有哪些现实意义？

案例二 《教案：下课之后才完成的故事》

这段时间我一直在思考“备课怎么备”“教学设计如何设计”“写教案如何写”之类的问题。在大学读书时，教《教育学》的老师在讲到“如何备课”这一节时，苦口婆心地强调要“备教材”“备学生”，以教材的“知识结构”和学生的“学情”作为选择教学方法和教学工具的依据。记得期末考试的考题就是“怎样备课”。

自己做了教师之后，我一直按“备教材”“备学生”这两个要求来设计我的教学。后来我发现，“备教材”“备学生”其实是合而为一的事情，而并非分开的两个要求或两个程序。我将它理解为“根据学生的学情梳理教材的知识结构”。

有一段时间，我很为我自己的这个想法和做法得意。学校曾在全校范围内检查教师的教案，我写的教案作为优秀教案受到学校领导的认可和赞赏。

但做教师的时间长了，我感觉我的教案越来越没有个性，越来越没有生机。像周围其他老师一样，我发现我的教案不过是在不断“重复”昨天的、过去的故事。教案也越来越简单，有时甚至懒得做教学设计，懒得写教案。

我开始为教案的问题感到困惑。

前两天接到学校通知，说有大学的专家来听我的语文课。学校领导提醒我“要注意教学设计”，“专家可能要看教案的”。

我对这个任务并不陌生，我已经习惯于上所谓的“公开课”了。

但是，在为这节“公开课”准备教案的过程中，在我自己提醒自己“要注意教学设计”的过程中，我开始反思我自己以往的“公开课”的得意与失意。我意识到我所有的得意与失意，似乎都与“教案”“教学设计”相关。而且，关键的问题似乎还不在“上课前”我如何设计教案，关键是“在课堂教学过程中”如何根据学生在课堂中的实际状况调整我的原先设计好的“教案”。如果这样来看，“教案”可能不完全是在上课之前设计好的，真正的教案，是在教学之后。

我不知道我这个想法是否正确，但我很愿意按照这个想法来展开这次的“公开课”。

（资料来源：任英：《教案：下课之后才完成的故事》，《人民教育》，2002 年第 12 期。）

讨论题

1. 如果说教育叙事研究就是“教师讲述自己的故事”，那么在教育叙事研究中怎样体现出“研究”的意义呢？

2. 结合上述案例谈谈教育叙事研究对于教师的教学有哪些帮助。

案例三 《行动研究应用于英语课堂教学改革的尝试》

吉林省长春市某重点中学的张老师，从 2002 年开始担任初中二年级五班和七班的英语教师。两个班的英语成绩优秀率基本持平，但平均分相差较远，五班低于七班 10 分左右。为了改变这种状况，张老师加大了五班的课堂练习量和作业量，除了和七班一样做课本上的习题以外，还布置了额外的练习卷子。但经过半个学期的努力，期末考试时，五班的平均分仍落后七班 9.6 分。这使张老师意识到增加练习题量和作业量并没有带来预期的效果。于是，张老师决定采用科研方法来分析问题、解决问题，提高五班的英语成绩。基于五班的课堂听讲情况，以及学生对教学的反应与七班没有大的差别，张老师选择从作业入手，开展行动研究。实施步骤如下：

（1）发现问题。为了提高五班的英语成绩，张老师加大了该班的练习量与作业量，但收效不佳，五班的英语成绩仍没有提高。

（2）确立研究主题。在阅读了有关英语教学实验改革及学习理论的资料后，张老师向英语教学法专家、本校教研组长及同事请教，经过认真思索，考虑现有的研究条件与自身研究水平，确定以初二英语教学为研究重心，将改进英语练习作业布置、提高英语教学质量作为研究主题。

（3）文献阅读与资料收集。主题确定之后，张老师开始查询有关初中阶段学生的学习特点、初中英语特别是初二英语教学改革的文献资料；参阅名师教案、习题集等；分析五班历次主要考试的考卷；对比原定的和额外的练习作业；搜集学生对作业的意见。

（4）制订计划。在问题分析和资料收集的基础上，张老师得知五班的作业量虽然增加了，但作业的实质性内容并没有增加，大部分是在简单地重复，而且作业主要集中于客观记忆部分，学生得不到实际应用的足够练习。因此，张老师选定五班为实验班，拟采用问卷法、比较法、观察法和实验法进行一个学期的改进英语作业与练习的研究，以英语成绩的提高作为预期结果。

（5）提出假设。张老师根据文献查阅与资料收集提出了假设：在英语作业中增加主观应用部分（如造句、作文、翻译等），减少客观记忆部分（如背诵单词、课文及语法规则），调整英语作业的结构，将主观部分与客观部分的比例设定在6：4，这样可以提高英语作业的质量，从而提高学生的英语成绩。

（6）具体实施。在为五班留作业的时候，张老师注意按照设定的比例增加主观应用部分，在帮助学生牢固掌握英语知识的情况下，尽量避免重复内容的出现；每次作业批改后，记录学生作业的完成情况。从实施过程中的各单元测验中，张老师发现中等水平学生的成绩有所提高，而原来成绩处于下游的学生成绩下降，原来成绩较好的学生变化不大。

（7）反思结果。测验结果表明：英语练习作业主观部分与客观部分6：4的比例，对于一些基础较薄弱的学生不合适，他们的练习和作业中客观部分的比例应该增加，但同时还要注意到其他学生的需要。张老师为此准备确定三种比例5：5、6：4、7：3，综合考虑测验成绩及学生意愿进行选择（作者注：由此张老师的行动研究进入下一个循环，程序与上面的内容基本相仿）。

在一个学期之后的期末考试中，五班的平均分比以前提高了4.52分，效果显著，这表明张老师的行动研究取得了成效。

（资料来源：沈英：《教师校本研究与专业成长》，北京出版社，2005年，第152－154页。）

讨论题

1. 根据上述案例，谈谈在教育行动研究中，“行动”与“研究”的关系是怎样的。
2. 请思考本案例中的“反思”在行动研究全部过程中的地位与作用。

阅读导航

1. 庞国彬、刘俊卿：《实用教育科研方法》，北京师范大学出版社，2013年。

2. 孙菊如、周新雅：《学校教育科研》，华东师范大学出版社，2007 年。
3. 赵家荣、乔建中：《教师的教育科研方法》，北京师范大学出版社，2014 年。

思考与探究

1. 什么是教育叙事研究？教师在开展教育叙事研究过程中应注意哪些问题？
2. 什么是行动研究？行动研究包含哪些主要环节？
3. 请按照本篇中研究计划的设计方法，在教师职业道德方面确定一个选题，围绕该选题设计一份课题开题报告。

附录一　开题报告范例

《多媒体网络环境下的教与学的研究》开题报告①

一、课题研究的背景

信息化是当今世界经济和社会发展的大趋势，以多媒体和互联网为核心的信息技术已成为拓展人类能力的创造性工具。面对高度信息化的社会生活，获取和处理信息的方式和能力成为人类生存必备的知识和能力素质；高度信息化的社会生活环境和知识环境必将改变教师和学生的教与学的条件和教与学的环境。社会的高度信息化对学校教学产生了根本性的影响，促使了教育需求、教育功能、教育环境、人类知识体系的重新建构。

当今社会，科学技术转化为生产力的速度越来越快，速度快、周期短的特点对教育的滞后提出了严峻的挑战，对教育的目的、任务、课程、教材、教法、手段提出了从注重知识传授向重视创造能力改革的要求，需要创造一种有利于培养学生综合能力、有利于学生持续发展的教学体系和教学模式。

由此可见，以网络化、数字化、多媒化和智能化为代表的现代信息技术，正在改变人们传统的生活、学习和工作方式，影响教育的内容与方法。信息技术教育成为全世界教育课程改革的热点研究课题。

二、课题研究设计

（一）课题依据及实际意义

1. 课题的理论依据

本课题依据邓小平同志“三个面向”的理论、第三次全国教育工作会议和全国基础教育工作会议的精神，从德育学、教育学、心理学和教育社会学等角度出发，突出多媒体教学的发展性、创新性、与时共进性，紧密联系教育教学实际，从实践中发现问题，从实践中解

① 本范例为湖南省长沙市砂子塘教育集团天华寄宿制实验学校 2001 年全国教育科学“十五”规划课题“多媒体网络环境下的教与学的研究”开题报告。

决问题。

在多部“教育心理学”著作中，心理学家均指出，人类的感觉器官获取信息的比例为：视觉80%、听觉11%、嗅觉1%，由此可见，教学中运用多媒体，可刺激学生各种感官，特别是听觉和视觉，从而收到良好的教学效果。

“合作教育学”于1986年在苏联提出。其有关思想，对于我们的课题研究也有一定的借鉴作用。

首先，素质教育是面向全体学生、促进每一个学生全面素质发展的教育，必须坚持因材施教。“合作教育学”认为，过分强调统一的教学内容、教学进度和教学方法，是与学生实际不符合的。实验证明，只要教育思想端正，教学方法适当，可以保证每一正常学生达到普及教育的标准，中等生可提高到优等水平，而优生可超纲地学到更多东西。所以，教师教给学生的内容要有一定超前性和一定难度，要拓宽教学和学习领域，有选择地增加教学信息量。

其次，素质教育是开发每个学生潜能、促进个性发展的教育。“合作教育学”也提出教育教学必须从发展儿童的个性出发。一是给学生自由选择的权利。传统教学活动中，教师压制了学生的积极性、独立性和创造性。“合作教育学”倡导教学中要使儿童有自由选择感。当然，这并非放任自流和降低教学要求，而是根据儿童的个性特点及生活经验和可能达到的能力，运用巧妙的教学艺术，使必需的学习任务变为学生内在的自觉要求。二是争取、创造机会让学生从事自己感兴趣的活动：少留家庭作业，使学生可以当堂完成作业；引导学生大量阅读，改善学生“智力背景”；引导学生从事创造性制作活动，让学生在多种多样的活动中发展个性。多媒体教学完全可以创造这样的条件。

2. 课题的实际意义

通过该课题研究，我们力求在理论上，以时代精神和新的教育理念对各学科教学在多媒体使用过程中的事实、行动和经验进行系统梳理，探索规律，为国家的课程改革提供多媒体方面的支持；在实践上，注重多种教学媒体的综合运用，加强实验研究，突出小学各学科多媒体的整体设计，系统研究，发挥综合效应。以课题组为中心，点面结合，资源共享，探究综合运用多种教学媒体的新的教育方式和新的学习方式，以促进全体学生的个性化发展；促进全体学生能力，特别是自学能力的培养；促进全体学生的个性品质发展，为学生的终身学习和未来发展打下坚实的基础。本课题的研究成果将会以多种形式呈现，有研究报告、论文、专著、地方课程与学校课程资源教材、学习材料、案例选、设计方案、教学资源库、虚拟实验室、物质化的教具、学具和各种材料等，对教育教学实践具有指导性、示范性和实用性价值。

（二）实验假设

课堂教学是在科学指导下的行为，根据教育学、心理学和教学理论探索，在互联网（INTERNET）和内联网（INTRANET）环境下的针对小学的网络型多媒体教学，能提高教学效益，促进教学的发展。

多媒体的综合运用所形成的良好的课堂教学环境，可以促进学生的学习与发展，反过来也能加速教师教学观念的更新和教学方法的改革。

在课堂教学中对多媒体的综合协调、合理运用，一定能促使学生积极主动、自主探索地学习,从而促进学生的发展和教学质量的提高。

(三)研究目标及研究内容

1. 研究目标

根据实验假设,本实验要达到的主要目标是:

- 探索多媒体网络开放式教与学的教学理论和教学模式
- 研究多媒体网络开放式教与学的体系结构
- 研究多媒体网络开放式教与学的课件的结构和开发模式
- 探索多媒体网络开放式教与学在教学实践中的应用与研究
- 开发一批具有一定智能的多媒体网络课件

2. 研究内容

- 多媒体网络开放式教与学的体系结构
- 多媒体网络开放式教与学的教学理论、教学模式及教学实践
- 多媒体网络型课件的开发模式、结构和实践

(四)研究的方法与步骤

在研究中,我们将采用理论和实践相结合的方法。在全面贯彻"以学生发展为本"的课程改革中,对多媒体网络开放式教与学的教学理论和教学模式、多媒体网络开放式教与学的体系结构的研究主要以理论研究为主,对多媒体网络开放式教与学的课件的结构和开发模式、多媒体网络开放式教与学在教学实践中的应用等的研究则主要采用实验的方法,同时开发了一批具有一定智能的多媒体网络课件。整个课题的研究,我们将实施滚动式推进,边研究、边实践、边总结、边出成果。

在实践中,我们将采取两步走。第一步:在 2001 年 6 月以前,硬件落实到位,创建良好的现代教育技术环境,主要在校园内的多媒体网络教室中进行各种探索;第二步:2001 年 6 月后,将实现全校联网,让本校师生和其他学校的师生到我们的教学网站进行多媒体网上教学,开辟专题学习网站,营造网络学习氛围,借此总结课题研究经验,综合汇编各学科课题研究资料。

(五)课题研究进度计划

1. 2000 年 10 月—2001 年 1 月:学习研究相关教育教学理论,阅读参考文献资料,制订课题研究的实施方案。
2. 2001 年 2 月:开题报告,分配研究任务,开始第一轮实验。
3. 2001 年 2—6 月:教学实验,完善课题研究方案。
4. 2001 年 8 月:完成第一轮实验,以论文的形式提交中期成果。
5. 2001 年 9 月—2003 年 6 月:总结阶段性成果,进行第二轮实验。
6. 2004 年 3 月:完成结题报告和各学科网站建设,出版教师论文集。

(六)实验的预期成果及成果形式

1. 课题研究总报告:《多媒体网络环境下教与学的研究实验报告》。
2. 论文不少于 30 篇,其中发表在国家级核心期刊上的论文不下 2 篇,并出版论文集。
3. 教学实践成果,包括公开课,不同课时实验,不少于 30 次。
4. 开发网络型智能多媒体课件,课件不少于 30 课,并在实践中运用。

为提高研究成果及实效，本课题本着边研究、边出成果的原则，积极鼓励课题组成员总结阶段性成果。

三、课题的研究人员及分工安排

1. 课题的领导小组：
A1　钟克佩　长沙市雨花区教育局局长
A2　蔡定田　长沙市雨花区教研室主任
2. 顾问指导小组：
B1　钱建昌　湖南省电教馆教研室主任
B2　刘　忠　中国国防科技大学博士后
B3　邹淑萍　湖南省电教馆教研员
B4　李　湘　湖南省电教馆教研员
3. 课题研究小组：
C1　孟　毅　长沙市雨花区砂子塘小学校长
C2　邓　栩　湖南省第一师范专科学校高级讲师
C3　黄梦钧　长沙市雨花区砂子塘天华寄宿制实验学校校长
C4　王连华　长沙市雨花区砂子塘天华寄宿制实验学校校长助理
C5　谢秀云　长沙市雨花区砂子塘天华寄宿制实验学校教导主任
4. 参与人员：天华实验学校以学会组为单位的全体教学人员
5. 课题的分工：
语文组　多媒体网络开放式教与学的教学理论和教学模式的探索
负责人：斯思、方红
电脑组　多媒体网络开放式教与学的课件结构和开发模式的研究
负责人：蒋勇、李良
数学组　多媒体网络开放式教与学在教学实践中的应用与研究
负责人：卢楚芝、周铭芳
综合组　各学科交互式课件或网站的研究与制作
负责人：熊铁军、谭洁玉、王勇等

四、实验研究条件

1. 实验经费：30 万元
2. 设备：
A. 多媒体网络教室（64 结点 + 服务器 + 教师机，已有）
B. 课件服务器（联想或惠普服务器，已有）
C. 多媒体网络开放式教与学环境软件（待购部分）
D. 多媒体网络开放式教与学课件编辑软件（待购部分）

E. 多媒体网络开放式教与学素材库软件(待购部分)

3. 设施:本校具备各种实验的场地和设施。

4. 主要研究人员情况:

孟毅:长沙市雨花区砂子塘小学校长、湖南省小学语文协会会员;主要研究领域为教育管理、小学语文教学;撰写的论文多次在省、市获奖。

邓栩:湖南省第一师范专科学校高级讲师、湖南省家庭教育协会常务理事;主要研究领域为教育学、心理学;论文曾获全国中师教育学论文比赛一等奖等多项奖励,并在《课程·教材·教法》《中国电化教育》等国家级核心刊物上发表文章数篇。

黄梦钧:长沙市雨花区砂子塘天华实验学校校长、中学高级教师;主要研究领域为低年级部件识字教学;参与多项课题实验,并在全国、省、市获奖。

刘忠:国防科技大学博士后;主要研究领域为网络、分布式协同系统;获多项国家级科技进步奖,发表论文十余篇。

谢秀云:长沙市雨花区砂子塘天华实验学校教导主任。承担过国家"九五"课题"电化教育促进学生自学能力的发展"、长沙市"小学语文 CAI 课件制作与使用"等课题的研究工作;论文多次在全国、省、市获奖;设计的教学软件、投影片在全省公开发行;执教的 CAI 教学对全省开放并获得好评,执教的作文指导课获省一等奖。

其他研究人员为天华实验学校各学科骨干教师。

五、实施课题的措施

1. 领导高度重视,从省、市电教馆的领导到雨花区的领导,对本项目都很重视,并亲自指导,为本项目的实施提供了良好的环境。

2. 理论联系实际,通过对多媒体网络开放式教与学的教学模式和体系结构的研究,指导基于多媒体网络开放式教与学的实践,并在教学中丰富教学模式和体系结构。

3. 真抓实干,建立一套完整的多媒体网络型智能课件,并通过我们自己的网站为自己的学生和其他学校的师生服务。

4. 建立健全课题研究的有关制度,激励广大教师积极参与,充分发挥教师的主观能动性和研究的创造性。

附:部分参考文献

[1] [美]加德纳:《多元智能》,沈致隆译,新华出版社,1999 年。

[2] 祝智庭:《现代教育技术学——走向信息化教育》,教育科学出版社,2000 年。

[3] 李其维:《破解"智慧胚胎学"之谜——皮亚杰的发生认识论》,湖北教育出版社,1999 年。

[4] 何克抗:《建构主义——革新传统教学的理论基础》,《学科教育》,1998 年第 3 期。

[5] 英特尔未来教师培训教材(Intel Teach to the Future)中文版 3.0,英特尔公司,2000 年。

附录二　相关期刊推介

1. 有关教育理论和实践研究的主要期刊
《教育研究》(中央教育科学研究所)
《教育研究与实验》(华中师范大学)
《上海教育科研》(上海市教科所)
《教育理论与实践》(山西省教科所)
《教育科学》(辽宁师范大学)
《课程·教材·教法》(人民教育出版社)
American Educational Research Journal(《美国教育研究》)
Elementary School Journal(《小学教育》)
The Journal of Experimental Education(《实验教育杂志》)
Educational Researcher(《教育研究者》)
2. 介绍世界各国教育的主要期刊
《比较教育研究》(北京师范大学)
《全球教育展望》(华东师范大学)
《外国教育研究》(东北师范大学)
《外国中小学教育》(上海师范大学)
Comparative Education(《比较教育》)
Comparative Education Review(《比较教育评论》)
International Review of Education(*UNESCO*,《国际教育评论》)
The Education Digest(《教育文摘》,美国)
3. 有关教育心理学理论与研究的主要期刊
《心理学报》(中国心理学会)
《心理发展与教育》(北京师范大学)
British Journal of Education Psychology(《英国教育心理学》)
Journal of Education Psychology(《教育心理学》)
4. 有关教育管理的主要期刊
《中小学校长》(国家高级教育行政学院)
《中小学管理》(北京教育学院)
Education Administration Quarterly(《教育行政管理季刊》)
Administrative Science Quarterly(《管理学季刊》)

附录三　实用教育类网站

http://www.moe.edu.cn(中华人民共和国教育部网站)
http://www.pep.com.cn(人民教育出版社网站)
http://www.cnki.net(中国期刊网)

http：//www.g12e.com（中国中小学教育网）
http：//www.k12.com.cn（中国中小学教育教学网）
http：//www.chinaedu.edu.cn（中国教育信息网）
http：//www.teachers.net（教师网，英文网站）

附录四　主要的图书馆网址

http：//www.nlc.gov.cn（中国国家图书馆）
http：//www.library.sh.cn（上海图书馆）
http：//162.105.139.185/portal/index.jsp（北京大学图书馆）
http：//www.lib.bnu.edu.cn/index.jsp（北京师范大学图书馆）
http：//lib.nju.edu.cn/docs/main.php（南京大学图书馆）
http：//www.lib.ecnu.edu.cn/structure/index.htm（华东师范大学图书馆）
http：//www.las.ac.cn（中国科学院图书馆）